教育部职业教育与成人教育司推荐教材

职业教育电力技术类专业教学用书

U0655694

电气安装与调试技术

（第二版）

主　编　盛国林　袁　帅
副主编　夏敏静　胡　平
编　写　韩宏亮　王　恺　戴盼攀
　　　　蔡　雯　王晓敏　林庭双
主　审　王宏伟

中国电力出版社
CHINA ELECTRIC POWER PRESS

内 容 提 要

本书为教育部职业教育与成人教育司推荐教材。

本书主要讲述电气安装与调试的基本方法，并注重对学生实际动手能力的培养。全书共分为十一章，主要内容包括电力系统及电气安装基本知识，电力变压器，高低压开关设备，仪用互感器，母线、绝缘子和电缆，架空线路，高低压配电装置，电机，防雷设备和电气接地装置，电气识绘图基本知识，电气安全技术等。

本书为高职高专电力技术类专业及相近专业的教材，也可供相关工程技术人员参考。

图书在版编目(CIP)数据

电气安装与调试技术/盛国林，袁帅主编. —2 版.—北京：中国电力出版社，2013.1 (2021.5 重印)

教育部职业教育与成人教育司推荐教材

ISBN 978-7-5123-3829-6

Ⅰ.①电… Ⅱ.①盛… ②袁… Ⅲ.①电气设备-设备安装-高等职业教育-教材②电气设备-调试-高等职业教育-教材　Ⅳ.①TM05

中国版本图书馆 CIP 数据核字(2012)第 299973 号

中国电力出版社出版、发行

(北京市东城区北京站西街 19 号　100005　http://www.cepp.sgcc.com.cn)

北京九州迅驰传媒文化有限公司

各地新华书店经售

*

2005 年 9 月第一版

2013 年 1 月第二版　　2021 年 5 月北京第十三次印刷

787 毫米×1092 毫米　16 开本　19.25 印张　464 千字

定价 35.00 元

前　言

　　本书是根据《国务院关于大力发展职业教育的决定》、教育部《关于全面提高高等职业教育教学质量的若干意见》等文件精神及教育部审定的电力技术类专业主干课程的教学大纲编写而成的。本书经中国电力教育协会和中国电力出版社组织专家评审，同意列为教育部职业教育与成人教育司推荐教材，作为高等职业教育电力技术类专业教学用书。

　　本书是在 2005 年出版的《电气安装与调试技术》第一版的基础上进一步修订而成的。

　　本书体现了职业教育的性质、任务和培养目标；符合职业教育的课程教学基本要求和有关岗位资格和技术等级要求；具有思想性、科学性、适合国情的先进性和教学适应性；符合职业教育的特点和规律，具有明显的职业教育特色；符合国家有关部门颁发的技术质量标准。本书既可以作为学历教育教学用书，也可作为职业资格和岗位技能培训教材。

　　本书结合我国电力系统的实际情况，紧密联系生产实际，着重阐述电气安装与调试的基本方法，在内容上加大了对现代电力系统中许多新设备的介绍力度。本书克服了传统教材泛泛而谈的不足，各种设备的安装与调试技术针对性强，更加注重对学生实际动手能力的培养。每章的思考与练习题都结合章节特点，提出了相应的重难点内容，便于学生对每章重难点内容的把握。整个教材突出新知识、新技术、新工艺、新方法的引进与运用。

　　本书由三峡电力职业学院盛国林、袁帅主编，王宏伟教授主审；参加编写的还有三峡电力职业学院夏敏静、韩宏亮、王恺、戴盼攀、王晓敏、林庭双，长沙电力职业技术学院胡平，无锡纺织职业技术学院蔡雯等。

　　本书在编写过程中还得到了三峡电力职业学院同行及葛洲坝集团公司许多工程技术人员的大力支持，在此一并表示衷心的感谢。

　　限于编者水平有限，书中难免有疏漏之处，欢迎广大读者批评指正。

编　者
2012 年 10 月

目 录

第一章 电力系统及电气安装基本知识

电力系统是由发电、输配电、用电等多个环节共同组成的，其内部包括发电机、变压器、输配电线路、开关电器以及各种保护和测量装置等电气设备（元件），本章主要介绍电力系统及电气安装的基本知识。

第一节　电力系统及电气设备概论

近代大规模的工农业生产、交通运输和人民生活等，都需要大量的电能。电能是由发电厂生产的。随着生产的发展和用电量的增加，发电厂的数目也在不断地增加，各发电厂独立运行的状态已经不能满足生产的需求了，这样一来，便出现了将发电厂、输配电线路和变电站等互相连接成一个"电"的整体供电给用户，这个整体即是电力系统。电力系统包括了从发电、输配电直至用电的全过程。

一、电力系统的组成

电力系统是由发电厂中的电气部分、各类变电站、输配电线路及各种类型的用电设备等组成的。

1. 发电厂

发电厂的作用是生产电能，即将其他形式的一次能源经发电设备转换为电能。根据所利用的一次能源的不同可分为火力发电厂、水力发电厂、核能发电厂以及利用其他能源（如地热、风力、太阳能、石油、天然气、潮汐能等）的发电厂。目前，在我国大型电力系统中占主要地位的是火力发电厂，其次是水力和核能发电厂。

2. 电力网

电能的输送和分配是由输配电系统完成的，输配电系统又称电力网，它包括电能传输过程中途经的所有变电站和各种不同电压等级的电力线路。

3. 电力用户

电力用户也称为用电负荷，根据用户的性质不同，可将其分为工业用户、农业用户、公共事业用户和人民生活用户等；根据用户对供电可靠性的不同要求，目前我国将用电负荷分为三级。

（1）一级负荷。对这一级负荷中断供电会造成人身伤亡事故或造成工业生产中关键设备难以修复的损坏，以致生产秩序长期无法恢复正常，造成国民经济的重大损失，或使市政生活的重要部门发生混乱等。

（2）二级负荷。对这一级负荷中断供电将引起大量减产、造成较大的经济损失，或使城市大量居民的正常生活受到影响等。

（3）三级负荷。对这一级负荷的短时供电中断不会造成重大的损失。

对于不同等级的用电负荷，应根据其具体情况采取适当的技术措施来满足它们对供电可靠性的要求。一级负荷要求供电系统必须有备用电源，当工作电源出现故障时，由保护装置自动切除故障电源，同时由自动装置将备用电源自动投入，以保证对重要负荷连续供电。对于二级负荷，应由双回路供电，当用双回线路供电有困难时，则采用专用架空线供电。对于三级负荷，通常只是采用单回路供电。

二、电力系统的作用

形成统一电力系统具有很多优点，主要有如下几点。

1. 降低最高负荷、减少装机容量

不同地区最高负荷出现的时间是不同的，故系统的综合最大负荷一般小于各发电厂独立供电时最大负荷的总和。因此，形成电力系统后可以减少发电机的总装机容量，节约了设备和投资。

2. 减少备用容量

在电力系统的设计运行中，考虑到发电机在检修或发生故障时仍能给用户供电，往往留有一定数量的发电机组作为备用。在形成电力系统以后，各发电厂可以错开检修机组的时间，当机组发生故障时，也可以相互支援，可以减少总的备用容量。

3. 便于安装大容量机组

装设大容量发电机，可以节约投资、加快建设速度、降低成本和提高劳动生产率。一般认为：100 万 kW 以上的电力系统，单机容量可为系统容量的 10%，而较小容量的电力系统，当负荷增长较快时，单机容量为系统容量的 20%。在电力系统形成和扩大以后，便于采用大机组。

4. 提高供电的可靠性和电能质量

当电力系统容量较大时，个别机组的故障对系统的影响较小，而且不同发电厂之间在电厂或线路事故时还可以互相支援，因此供电的可靠性和电能质量提高了。

5. 提高运行的经济性

在发电厂独立运行情况下，机组数量较少，又必须留有足够的备用容量，故各台机组的功率较低，常常不能使发电机运行在最优功率状态。在电力系统中可以通过各发电厂之间合理分配负荷，增加各台发电机的功率，降低整个系统的电能成本。此外，形成电力系统还可以合理利用动力资源，充分发挥水力发电厂的作用。另外，随着系统容量的增加，使得采用单台大容量机组成为可能，这可降低单位千瓦造价和运行损耗。这些因素表明，系统运行的经济性提高了。

三、发电厂、变电站电气一次设备

电气一次设备是指发电厂和变电站中直接用来发电、输配电及用电的主系统上所用的设备。电气一次设备可分为以下六种类型：

（1）生产和转换电能的设备。如发电机将机械能转化为电能；电动机将电能转化为机械能；变压器将电压升高或降低，以满足输配电的需要。这些都是发电厂中最主要的电气设备。

（2）接通或断开电路的开关电器。例如断路器、隔离开关、熔断器、接触器等，它们用于电力系统正常或事故状态时，将电路闭合或断开。

（3）限制故障电流和防御过电压的电器。例如限制短路电流的电抗器和防御过电压的避雷器等。

（4）接地装置。如各种工作接地、各种保护接地等。

（5）载流导体。如裸导体、电缆等，它们按设计的要求，将有关电气设备连接起来。

（6）交流电气一、二次之间的转换设备。如电压和电流互感器，通过它们将一次侧的电压、电流转变给二次系统。

在整个电力系统中，各种电气设备必须按相应的技术要求连接起来，连接示意如图1-1所示。

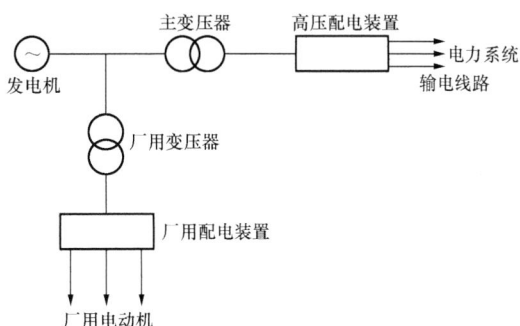

图1-1 电气设备连接示意图

四、发电厂、变电站电气二次设备

电气二次设备是指对电气一次设备的工作进行检测、控制、调节和保护等所需的电气设备，如测量仪表、继电器、控制操作开关、按钮、自动控制设备、信号设备、控制电缆以及供给这些设备电源的交直流电源装置等。

（1）测量表计。测量表计用来监视、测量电路的电流、电压、功率、电能、频率及设备的温度等，如电流表、电压表、功率表、电能表、频率表、温度表等。

（2）绝缘监察装置。绝缘监察装置用来监察交、直流电网的绝缘情况。

（3）控制和信号装置。控制主要是指采用手动（用控制开关或按钮）或自动（继电保护及自动装置）方式通过操作回路实现配电装置中断路器的分、合闸。断路器都有位置信号灯，有些隔离开关有位置指示器。主控制室设有中央信号装置，用来反映电气设备的事故或异常状态。

（4）继电保护及自动装置。继电保护的作用是当发生故障时，作用于断路器跳闸，自动切除故障元件；当出现异常情况时发出信号。自动装置的作用是用来实现发电厂的自动并列、发电机的自动调节励磁、电力系统频率自动调节、按频率启动水轮机组；实现发电厂或变电站的备用电源自动投入、输电线路自动重合闸及按事故频率自动减负荷等。

（5）直流电源装置。直流电源设备包括蓄电池组和硅整流装置，用作开关电器的操作、信号、继电保护及自动装置的直流电源，以及事故照明和直流电动机的备用电源。

（6）高频阻波器。高频阻波器是电力载波通信设备中必不可少的组成部分，它与耦合电容器、结合滤波器、高频电线、高频通信机等组成电力线路高频通信通道。高频阻波器有阻止高频电流向变电站或支线泄漏、减小高频能量损耗的作用。

五、电气设备的主要参数

1. 额定电压

额定电压（U_N）是国家根据国民经济发展的需要、技术经济合理性以及电机、电器制造水平等因素所规定的电气设备标准的电压等级。电气设备在额定电压下工作时，其技术性能与经济性能最佳。

我国的额定电压分三类：第一类是100V及以下者，主要用于安全照明、蓄电池及其他特殊设备；第二类是100～1000V之间的电压，广泛应用于工业与民用的低压照明、动力与控制；第三类是1000V及以上的电压，主要用于电力系统的发电机、变压器、输配电线路及高压用电设备。我国所指定的各种电气设备的额定电压见表1-1。

表 1-1		电气设备的额定电压		（kV）
用电设备额定电压	发电机额定电压	变压器额定电压		
		一次绕组	二次绕组	
0.22	0.23	0.22	0.23	
0.38	0.40	0.38	0.40	
3	3.15	3、3.15	3.15、3.3	
6	6.3	6、6.3	6.3、6.6	
10	10.5	10、10.5	10.5、11	
35		35	38.5	
110		110	121	
220		220	242	
330		330	363	
500		500	550	

由于线路上的电压损失，同一电压等级下各电气设备的额定电压不尽相同。

（1）电网的额定电压：通常采用线路首端电压和末端电压的算术平均值。目前，我国电网的额定电压等级有 0.4、3、6、10、35、60、110、220、330、500、750kV 等。

（2）用电设备的额定电压：用电设备的额定电压就等于其所在电网的额定电压。

（3）发电机的额定电压：发电机的额定电压比其所在的电网的额定电压高出 5%，从而保证末端用电设备工作电压的偏移不会超过允许范围，一般为 ±5%。

（4）变压器的额定电压：升压变压器的一次绕组的额定电压高出电网额定电压的 5%，即与发电机的额定电压相同；降压变压器的一次绕组的额定电压等于所接电网的额定电压。变压器二次绕组的额定电压视所接线路的长短及变压器阻抗电压大小分别比所接电网高出 5% 或 10%。

2. 额定电流

额定电流（I_N）是指在规定的基准环境温度下，允许长期通过设备的最大电流值，此时设备的绝缘和载流部分的长期发热的最高温度不会超过规定的允许值。

我国采用的基准环境温度：电器，+40℃；导体，+25℃。

第二节　电气安装基本操作工艺

一、电工基本操作工艺

（一）常用工具

工具是电气安装工人的武器，完善的工具是提高施工进度，保证安装质量的重要条件，因此，对于工具必须十分重视和爱护。由于工具品种繁多，这里只能对常用的电工工具和一些非电工专用的常用工具作一个简要的介绍。

1. 常用电工工具

常用电工工具是指电气工作人员随身携带的工具，包括电工钢丝钳、螺丝刀、活动扳手、电工刀、验电笔、尖嘴钳等。其中钢丝钳、尖嘴钳、螺丝刀、活动扳手等均以它们本身的长度为规格。钢丝钳总计有 150、175、200mm 三种规格，螺丝刀有 50～300mm 等 8 种规格，活动扳手有 100、125、150、175、200、250mm 和 300mm 等多种规格。常见的验电笔有钢笔式和螺丝刀式两种。按刀片长短不同电工刀分为大号、小号两种。

使用电工工具应注意以下事项：

（1）使用钢丝钳之前应注意检查其绝缘是否可靠，以防带电作业时发生触电。在剪断电线时，千万不可同时剪断两根带电导线，以免造成短路。平时一定要注意对钢丝钳进行保养，以保证其使用灵活，不要代替榔头使用，免遭损坏。

（2）螺丝刀的选用要和螺丝钉相配合，使用时应垂直用力。电工用螺丝刀宜在金属杆上套上绝缘管，以防在带电作业时发生触电或短路事故。要避免将螺丝刀当凿子使用，不能用榔头敲击螺丝刀柄头。

（3）使用电工刀时，刀口应向外，用完后应将刀片折叠放回刀柄。

（4）在使用活动扳手时，应调节扳手开口的大小，使其正好夹住螺母，以免打滑损伤螺母或手指。

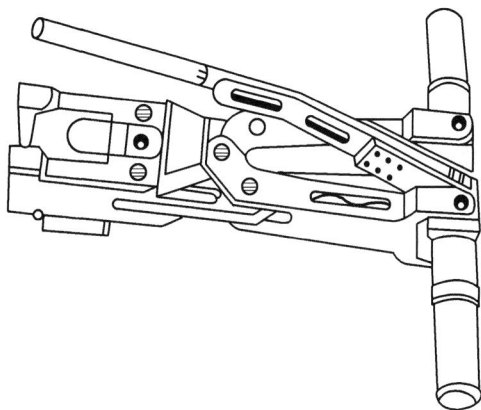

（5）使用验电笔前必须验证其好坏，使用时要使氖管小窗背光朝向自己。若测试时氖管不发光，为防止判断错误，应用验电笔多接触几下。

2. 其他常用工具

（1）机械压接钳。机械压接钳是利用机械力臂传递压力进行铜、铝导线冷压连接的工具。现常用的有 QYQ-12 型和 QXS-12 型两种，最大压力 118N，可用于 16～240mm² 铝导线或 25～300mm² 铜导线的压接，外形如图 1-2 所示。

图 1-2　机械压接钳

（2）压接枪。压接枪是利用火药爆炸产生的压力对导体进行高效率冷压连接的新工具，适用于 16～240mm² 导线的连接。压接枪的结构如图 1-3 所示。

压接枪配备有黄、红、黑三种颜色的压接弹，对不同规格和型号的导线可以选用不同颜色的压接弹。

（3）电钻与冲击电钻。电钻是手提式，其体积小、重量轻、携带方便，适用于因场地、工作形状、加工部位等限制不能用钻床进行钻孔的金属、木材和塑料上钻孔，在施工中得到广泛应用。

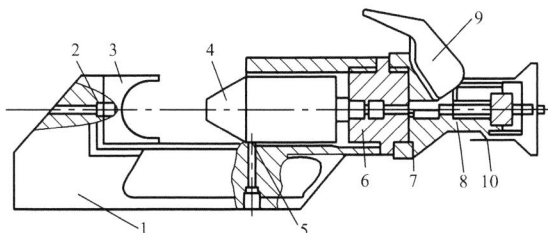

图 1-3　压接枪

1—枪体；2—定位销；3—阴模；4—阳模；5—定位珠；
6—枪膛；7—压接弹；8—撞针；9—扳机；10—弹簧

冲击电钻是一种特殊的电钻，具有可调节的冲击机构，使钻头能产生单一旋转或旋转带冲击运动。当它装上镶有硬质合金钢的麻花钻头时便可用于在混凝土、岩石、砖瓦等脆性材料上钻孔。冲击电钻的结构如图 1-4 所示。

（4）射钉枪。射钉枪是利用弹药爆发产生的冲击力将钉子射入钢板或混凝土等构件内的工具。射钉枪配用的弹药有红（强）、蓝（中）、绿（弱）三种颜色，都由厂家配套供应。其结构如图1-5所示。

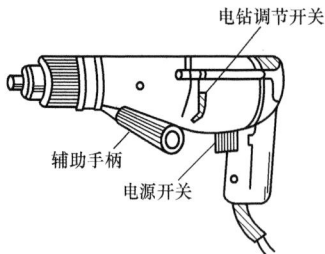

图1-4　冲击电钻　　　　　　　　　　　　　　　图1-5　射钉枪

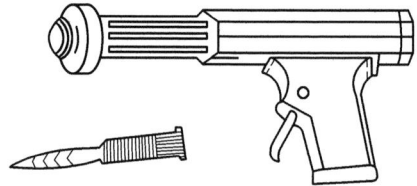

（二）导线的连接

1. 导线绝缘的剥削

剥削导线的绝缘时，应使刀口向外，以45°角倾斜切入绝缘层，不可垂直切入，以免损坏导线芯。绝缘层的剥削步骤如图1-6所示。

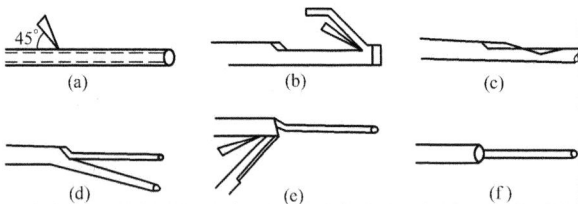

图1-6　绝缘层的剥削步骤

(a)以45°角将电工刀倾斜切入绝缘层；(b)用力将刀片向线头推削；(c)剥去上部塑料层；(d)把余下塑料层向下翻；(e)切去下部塑料层；(f)把线头的塑料层切割整齐

2. 导线的连接

导线连接应满足：连接紧密，使接头处电阻最小，连接处的机械强度与非连接处相同，连接处的绝缘强度与非连接处相同。由于导线的结构和连接要求不同，所以连接方法也不一样。

（1）绞接法。绞接法一般应用于直径3.2mm以下单股铜线的连接。其方法如下：用纱线把导线端部约100mm左右打光，将两根导线线头搭在一起，先在中间部分相互绞2～3圈，然后将两线头在另一根线上各缠绕5～6圈后收尾，其余部分剪去，如图1-7所示。

（2）绑扎法。绑扎法适用于直径3.2mm及以上单股铜线的连接。连接时，首先用纱布擦净连接线两端的附着物，然后将两线并在一起，并接长度是接头长度加上60～80mm。之后在两线之间凹进去的地方加一根同样材料的辅助线，辅助线的长度大约是接头长度的一倍。最后用一根与被连接导线同样材料的导线进行绑扎缠绕，缠绕到规定长度后把主线的多余部分弯起来，再把主线和辅助线一起缠绕5～6圈收尾，如图1-8所示。

（3）插接法。插接法适用于架空用铝绞线、钢芯铝绞线等的连接，如图1-9所示。连接步骤为：先将导线芯分开、拉直，顺次解成30°伞状，用纱布将表面擦净，剪去中心股，再把两个伞形线头一根隔一根交叉插在一起，然后在一端取两股自中部起缠绕5～6圈，之后，另取两股按相同方法缠绕5～6圈，并将原先两股线头压住，如此下去，直至导线解开点为止，剪去余下线头后收尾。另一端以同样方法制作。

（4）压接法。压接法通常用于室内外负荷较大的铝绞线、钢芯铝绞线等的连接。接线时，先选好合适的压接管［见图1-10（a）］，清除线头和压接管内壁上的氧化物和污物，然后将两根线头相对插入，使两线头各自伸出压接管外25～30mm［见图1-10（b）］，最后用压接钳进行压接［见图1-10（c）］。压接好的导线接头如图1-10（d）所示。

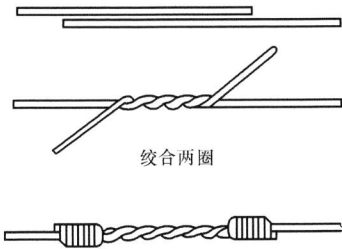

绞合两圈

图 1-7 绞接法

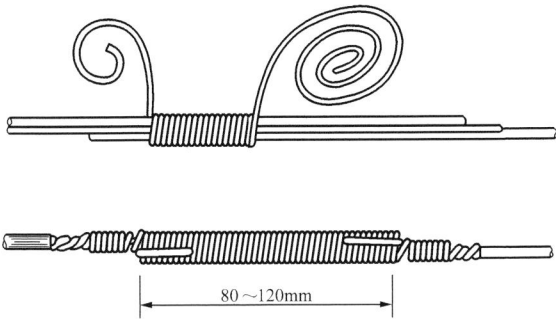

80～120mm

图 1-8 绑扎法

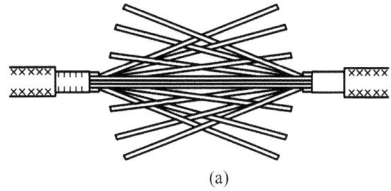

(a)

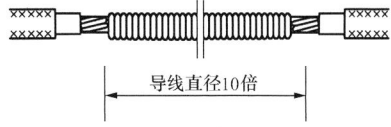

导线直径10倍

(b)

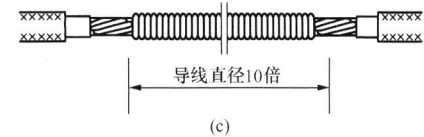

导线直径10倍

(c)

图 1-9 导线的插接

(a) 步骤一；(b) 步骤二；(c) 步骤三

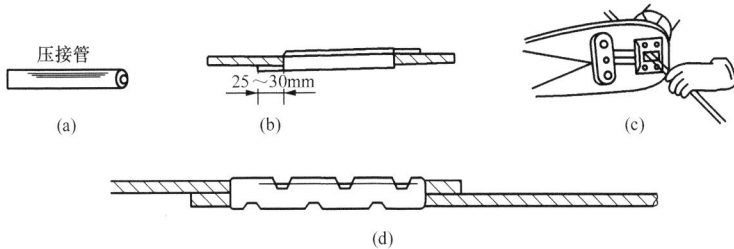

压接管

(a)   25～30mm (b)   (c)

(d)

图 1-10 压接方法及压接管

(a) 压接管；(b) 穿进压接管；(c) 压接；(d) 压接后的铝芯线

（三）导线与接线柱的连接

导线接到接线柱上或螺钉下时，需要做到两点：①接触面紧密，接触电阻小；②连接牢固，不易松动脱落。

导线与接线柱的连接方法有两种，当导线截面比较小（单股导线 $10mm^2$ 以下，多股导线 $4mm^2$ 以下，软线 $2.5mm^2$ 以下）时，可以直接接到接线柱上。此时，先按顺时针方向将导线端部弯制成一个圆圈，圆圈应比接线柱直径稍大一点，然后将弯制好的圆圈套在接线柱上，加上垫圈，再将螺丝拧紧。如果是多股导线或软线，应首先将线头拧紧、搪上焊锡，使之成为一个整体，然后再弯成圆圈和接线柱连接。导线和接线柱直接连接如图 1-11 所示。

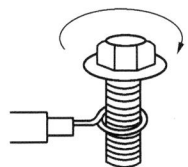

图 1-11 导线和
接线柱直接连接

导线截面较大时，由于弯制圆圈比较困难，同时由于接触面小，使接触电阻增大而容易发热，常借助于接线端子（接线鼻子）与接线柱进行连接。

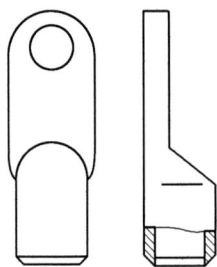

接线鼻子有铜接线鼻子、铝接线鼻子及铜铝接线鼻子，分别适用于铜芯导线和铝芯导线与接线柱的连接，其规格有 $4\sim400mm^2$ 共 15 种，如图 1-12 所示。

铜接线鼻子与铜芯导线的连接通常用焊锡焊接，铝接线鼻子与铝芯导线的连接通常采用压接，铜铝接线鼻子适用于铝线和变压器及大电流开关接线柱的连接，铝线与铜铝接线鼻子的连接也是采用压接。

图 1-12　接线鼻子

二、设备固定构件的埋设

每一台电气设备都需要安装固定，电气设备一般通过螺栓或焊接方式固定在底盘或支架上，而底盘或支架则需要直接固定于基础、墙、柱、梁或构件上，由于情况较为复杂，常常需要以不同的方法来解决，下面对于设备固定构件的各种埋设方法作简要叙述。

（一）预埋铁件法

在混凝土结构或砖结构上，预先埋设带有弯钩或圆钢脚的铁板，甚至整根角钢等，统称为预埋铁件。有了预埋铁件，将来便可直接在这些铁件上焊制固定支架，不仅施工方便，而且连接强度高。

（二）留孔埋设法

安装于混凝土基础上的设备，常常在设计图上画出预留孔的位置，土建浇灌时留出孔洞，安装时地脚螺栓悬挂于设备底座上，然后以混凝土灌浆，最后再二次灌浆。此法广泛应用于油断路器、电动机、避雷器等较大设备的安装。

为了增加抗拉力，固定构件的地脚埋入部分应分别做成弯钩、圆圈、焊圆钢、开尾、焊钢筋钩等式样。

（三）打孔埋设法

当要安装设备，但又没有预留孔洞或预埋铁件时，则可采用打孔埋设法。这种方法就是在砖结构上或混凝土上人工凿出洞来，然后再埋设地脚。

（四）露筋法

在钢筋混凝土结构上要固定设备，还可以采用露筋法。露筋法就是将表层混凝土凿去，露出里面的钢筋，然后将支架用电焊焊接于钢筋上。焊接时应用水平尺把支架调整水平。露筋法通常应用于事先没有预埋铁件的场合。

（五）膨胀螺钉法

膨胀螺钉法是一种较先进的施工方法。先用冲击电钻在混凝土、砖墙等基础上钻出与膨胀螺钉直径相同的洞眼，轻轻打入膨胀螺钉，再套上螺帽，用扳手拧紧，螺钉就逐渐伸出，此时便将螺钉紧固在混凝土（砖墙）上，这时便可在螺钉上安装固定支架、卡子或直接安装设备，安装步骤如图1-13所示。

三、设备安装找正法

电气设备安装的总体要求，除了

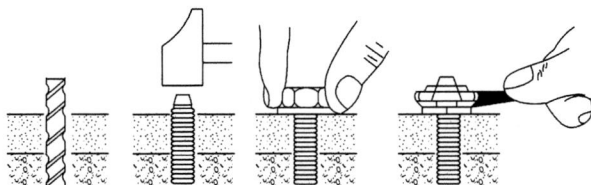

图 1-13　膨胀螺钉的安装步骤

应满足各项电性能要求和固定牢靠之外，另一点就是要求设备安装应整齐、美观，即安装后的设备应保持一定的水平度和垂直度，要达到这一点，就要借助于水平尺、水平仪等工具。

（一）水平尺、水平仪找正法

铁水平尺的外形如图 1-14 所示。使用前要检查水平尺自身的准确度，使用时，将水平尺搁置于设备或设备的支架、底盘上，如若水平，气泡便处于刻度线中间。气泡偏向一头，说明设备安装不平，这时应进行调整。

水平尺亦可用于检测设备的垂直度，此时应将水平尺的垂直边竖直紧贴在设备的垂直面上进行测量。

水平尺适宜于检测长度不大或刚性的设备。对于多台设备或分散排列的支架之间的水平或垂直就不便应用，这时可以采用水平仪进行检测。

图 1-14　铁水平尺外形

水平仪可以在较大长度范围内检测水平，如用来检测分相安装的高压电器、室外配电装置、成列设备等的总体水平。

（二）垂线找正法

利用水平尺检测垂直度是在设备尺寸不大且刚性物体时才适用，如果物体较高、较大，或者是多个单一物体的垂直场合（如垂直母线墙架），利用吊线锤的方法检测就比较方便。

线锤是由铜或铁制成的圆锥体，当用线把它吊起来，并等其稳定下来后，检查吊线与设备间的距离便可判别设备是否垂直。

现以立盘为例（见图 1-15），以一木棒置于盘顶，木棒一端系上线锤，并使线锤沿盘边（或盘面）吊下（不能相碰），待稳定后用钢板尺测量吊线与盘边（或盘面）的上、下距离。当上下距离不等时，表示盘体倾斜，此时需要进行相应的调整，之后再进行测量，并反复调整，至四面垂直度均合乎规定要求为止。

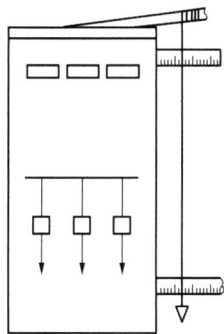

图 1-15　垂直度检测

（三）U 形软管水准尺找正法

前面说过，当设备尺寸较大及高压设备分相安装时，用普通水平尺难于检测水平；用水平仪测量长列配电屏底盘之类的设备也不方便。这时，如果应用 U 形软管水准尺就能很方便地进行长距离的水平检测。U 形软管水准尺是在一定长度的胶乳管或软塑料管的两头装上玻璃管，再注入带有颜色的水，利用管内的水自动保持水平的特性，再借助钢尺量出两端距离，即可判断底盘的水平度，如图 1-16 所示。

这种水准尺可以很方便地应用于长底盘埋设、蓄电池母线支架安装、高低压母线桥架安装等场合的水平测量，对于有隔墙的两侧设备安装又需要同一水平时，更显示出它的优越性。

四、钳工基本操作

钳工工作量在电气线路和电气设备的安装和维修作业中占有一定比例，因此电气人员也要学会一般钳工的基本操作技能。下面介绍电气人员必须掌握的几种钳工基本操作。

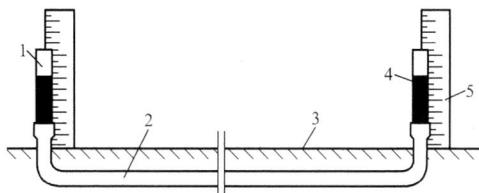

图 1-16　U 形软管水准尺使用示意图
1—玻璃管；2—橡胶管；3—测量面；
4—液面；5—钢板尺

（一）锯割

锯割就是利用锯条（锯盘）对金属材料和非金属材料进行切割的一种加工方法。电工常用的锯割工具有型材切割机和手锯。下面简要介绍手锯的构造和使用方法。

1. 手锯的构造

手锯由锯弓和锯条组成。锯弓用于安装锯条，它分为可调式和固定式两种。

2. 锯条的正确选用

根据锯齿齿距的大小，锯条可分为细齿（1.1mm）锯条、中齿（1.4mm）锯条和粗齿（1.8mm）锯条，实际生产中可以根据所加工材料的软硬、厚薄情况合理选用。锯割软材（如紫铜、青铜、铅、铸铁、低碳钢和中碳钢等）或较厚的材料时，应选用粗齿锯条；锯割硬材或较薄的材料（如工具钢、合金钢、管子、薄钢板、角铁等）时，应选用细齿锯条。

3. 割据姿势

（1）手锯的握法。右手满握锯柄，控制锯割的推力和压力，左手轻扶锯弓前端，配合右手扶正手锯，不要施加过大的压力，如图 1-17 所示。

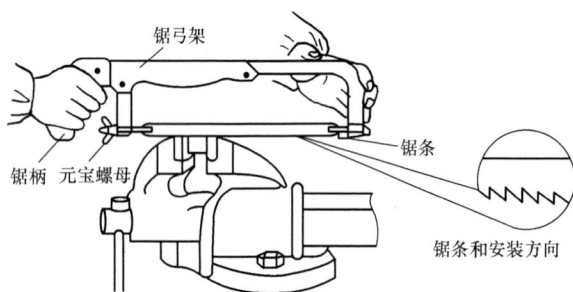

图 1-17 手锯的握法

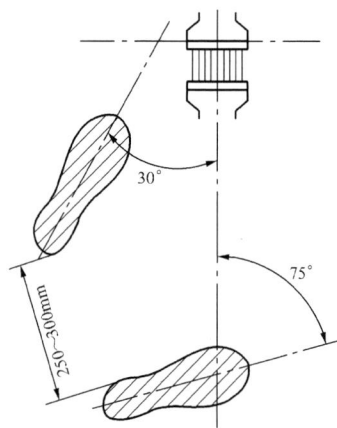

图 1-18 锯割操作站立位置

（2）站立姿势。两脚按如图 1-18 所示位置站稳，左脚跨前半步，膝部要稍弯曲，右脚在后，右腿伸直，两脚均不要过分用力，身体自然稍向前倾。

（3）运动和速度。锯割时两臂一般为小幅度的上下摆动，即手锯推进时，身体稍向前倾，双手压向手锯的同时，左手上翘、右手下压，回程时右手上抬，左手自然跟回。对锯缝底面要求平直的锯割，应直线运动。锯割时的频率一般为每分钟 40 次左右，锯割硬材时慢些，锯割软材时快些，同时，锯割行程应保持均匀，回程的速度应相对快些。

（二）锉削

锉削是用锉刀对工件表面进行切削加工，使工件的尺寸、形状、相对位置和表面粗糙度等都符合要求的加工方法。

1. 锉刀

锉刀的构造如图 1-19（a）所示。常用的普通锉刀按截面形状不同分为平锉、方锉、三角

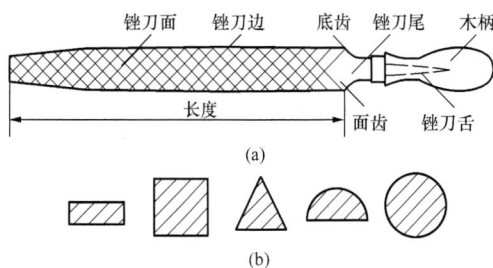

图 1-19 锉刀

(a) 结构；(b) 普通锉刀截面形状

锉、半圆锉和圆锉等，如图 1-19（b）所示。锉刀的齿纹有单齿和双齿两种，锉削软金属时使用单齿纹锉刀，其他场合多用双齿纹锉刀。双齿纹锉刀又分粗齿、中齿和细齿三种，粗齿锉刀一般用于锉削软金属材料以及加工余量大或精度、光洁度要求不高的工件，细齿锉刀则用于与粗齿锉刀相反的场合。

2. 锉削操作

（1）锉刀的握法。锉刀大小、形状和使用要求不同，它的握法也不一样，其一般握法如图 1-20 和图 1-21 所示。

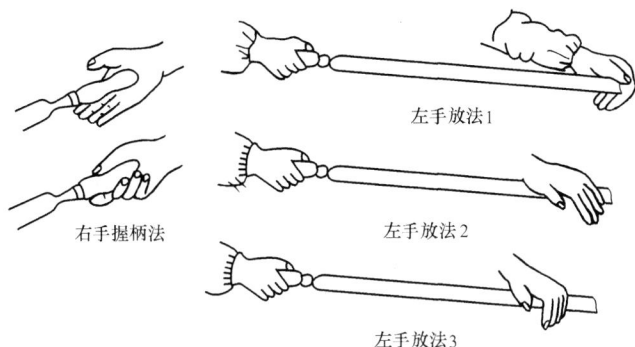

图 1-20　较大型锉刀的握法

（2）锉削时的站立姿势。锉削时双脚站立的姿势与锯割时站立的姿势相同。

（3）工件夹持。工件应夹持在虎钳的钳口中心，伸出部分应尽量低，以免锉削时产生振动。既要夹持牢固，又不使工件变形，夹持加工过或精度较高的工件时，应在钳口与工件之间垫上铜皮或其他软金属保护衬垫。

（4）锉削方法。要使锉刀的锉削保持直线运动，在推进过程中，为了防止锉刀上下摆动，必须使锉刀在工件任意位置时前后两端所受的力矩保持平衡。锉削频率一般为 40 次/min 左右，推进稍慢，回程稍快，动作要自然协调。

（三）钻孔

利用钻头在工件某个部位加工出孔的工作称为钻孔。

1. 钻孔设备和工具

（1）台式钻床。台式钻床简称台钻，它由工作台、底座、立柱、电动机、传动带、主轴、工作头等部分组成，如图 1-22 所示，一般用于加工直径小于 12mm 的孔。

（2）手电钻。手电钻主要由电动机、传动机构、开关、钻夹头、壳体等部分组成。

（3）钻头。钻头的型式有多种，常用的是麻花钻头，其外形如图 1-23 所示。

（4）钻夹头和钻头套。钻夹头和钻头套是夹持钻头的工具，直柄式钻头用钻夹头夹持。操作时，先将钻头的柄部塞入钻

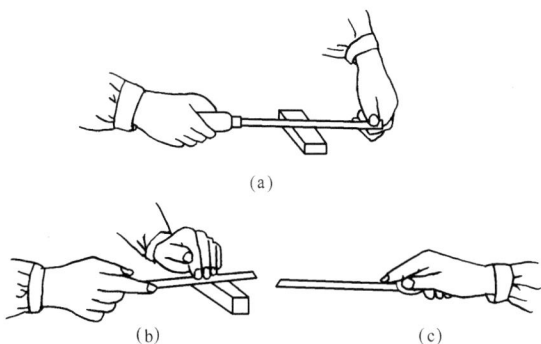

图 1-21　中小型锉刀的握法

(a) 中型锉刀握法；(b) 小型锉刀握法；(c) 最小型锉刀握法

夹头的三卡爪中，塞入长度不得小于 5mm，然后用钻夹头钥匙旋转外套，以夹紧钻头，如图 1-24（a）所示。

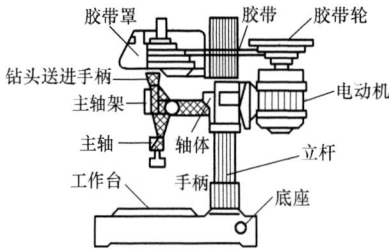

图 1-22　台式钻床　　　　　　　　图 1-23　麻花钻头

锥柄式钻头用钻头套夹持，直接与主轴连接，连接时必须先擦净主轴上的锥孔，并使钻头套矩形舌的方向与主轴上的腰形孔中心线方向一致，利用向上冲力一次装接，拆卸时用斜铁顶出，如图 1-24（b）所示。

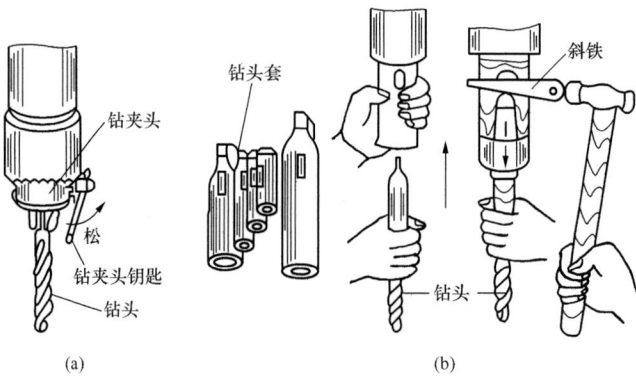

2. 钻孔操作

（1）划线和打样冲眼。按钻孔位置尺寸划好十字中心线，并打出小的中心样冲眼。

（2）工件的夹持。钻孔时应根据孔径和工件的形状、大小，采用合适的夹持方法，以保证钻孔质量和安全。常用夹持方法有手握法、钳夹法、螺栓定位法和压板夹持法等，如图 1-25 所示。

（3）钻头的选择。钻头选择是否得当，直接关系到钻孔的质量和进度，是钻孔作业的重要一环，选择钻头应考虑工件材质、形状、钻孔质量要求等因素。

图 1-24　钻头的装拆
（a）直柄钻头的装卸；（b）锥柄钻头的装卸

麻花钻头按材质不同可分为两种：一种是通体均为合金钢制成，另一种是只在钻头刃口处镶有硬质合金。按钻头顶角、前角的不同，分为通用钻头、毛坯钻头、薄板钻头等，常用的是通用钻头和薄板钻头。通用钻头顶部尖锐，排屑连续，钻孔位置准确，钻入力强，适用于加工较厚、较硬材料。薄板钻头刃部为复合硬质合金，顶部有定位导向

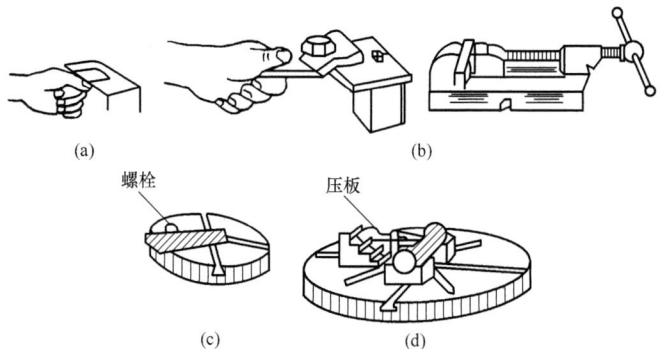

图 1-25　钻孔工件夹持方法
（a）手握法；（b）钳夹法；（c）螺栓定位法；（d）压板夹持法

用中心尖，两个削刃比中心尖稍低，工作中可预先观察到孔位置，这种钻头工作平稳，钻孔底部平整，边缘光滑，钻孔效率高，适用于较薄工件或要求不钻透的工件。

（4）钻孔时的切削用量。切削用量是钻削速度、进给量和吃刀深度的总称。通常钻小孔时的钻削速度可快些，而进给量要小些；钻较大的孔时，钻削速度要慢些，而进给量则要适当加大；在硬质材料上钻孔时，钻削速度要慢些，进给量也要小些；在软材料上钻孔时，钻削速度要快些，进给量也要大些。

（5）钻孔操作方法。钻孔时，先将钻头对准中心样冲眼进行试钻，试钻出来的浅坑应保持在中心位置，若有偏移，则要反方向推移，达到逐步校正。当试钻满足孔位要求后，即可压紧工件完成钻孔。钻孔时要经常退钻排屑，孔接近钻穿时，应减小进给力，以防止钻头折断或工件随钻头转动。

（6）钻孔时的冷却液。为了使钻头散热冷却，减小钻削时的摩擦，提高钻头的耐用度和改善钻孔表面质量，钻孔时要加注足够的冷却液。钻钢件时，可加注 3%～5% 的乳化液；钻钢、铅和铸铁等材料时一般可不加冷却液，而用 5%～8% 的乳化液连续加注。

五、绳结

在安装和检修电气设备时，往往需要用麻绳或钢丝绳捆绑，或者将物体固定到起重机的吊钩上，这时绳索就要结成各种形状的绳结。一个好的绳结，必须是打结方便、不会滑脱，且又容易解开。下面将施工中常用的绳结加以介绍，如图 1-26 所示。

（一）加长绳子用结 ［图 1-26 (a) ～图 1-26 (e)］

（1）平结。用于两根绳头连接，自紧，不易解开。

（2）活结。用于两根绳头连接，自紧，能迅速解开。

（3）组合结。用于两根绳头连接，自紧，能迅速解开。

（4）节结。用于两根绳头固定连接。

（5）展帆结。用于钢丝绳及麻绳的绳环与细软绳索的连接。

（二）固定绳索用结 ［图 1-26 (f) ～图 1-26 (h)］

（1）琵琶结。用于绳头的固定和作溜绳时与吊物的连接。

（2）梯形结。用于桅杆扎缆风绳用。

（3）松绳结。用于慢慢放松吊物，绳圈应排列整齐，活头在下。

（三）吊轻荷载用结 ［图 1-26 (i) ～图 1-26 (o)］

（1）木工结。用于麻绳提升较轻荷重，易于解开。

（2）倒背结。用于麻绳提吊垂直长物件。

（3）杠棒结。用于两人用麻绳抬物件。

（4）双结。用于麻绳提吊轻的荷重。

（5）8 字结。用于麻绳提吊轻的荷重。

（6）束马结。用于麻绳提吊轻的荷重，容易解开。

（7）绝缘子结。用于麻绳提吊悬式绝缘子串，容易解开。

（四）吊较重荷载用结 ［图 1-26 (p) ～图 1-26 (q)］

（1）水平通用结。用于吊较重荷重。

（2）死结。用于起吊重物。

（五）吊钩缠绕用结 ［图 1-26 (r) ～图 1-26 (v)］

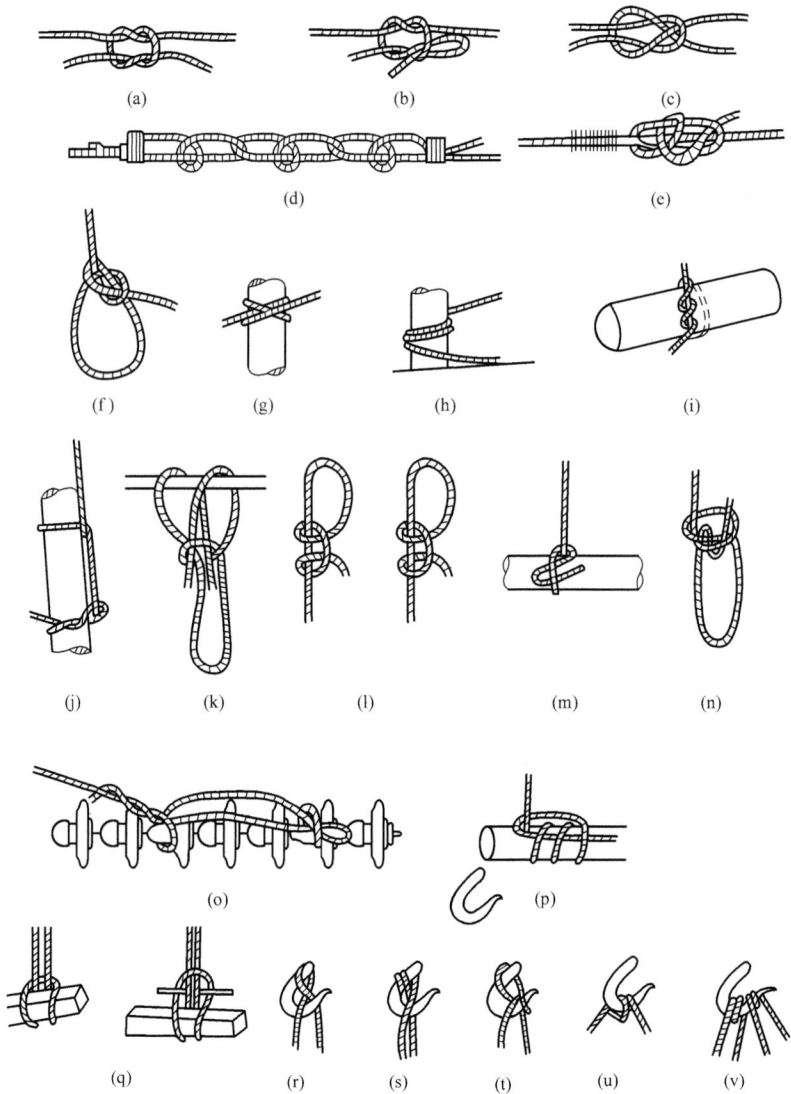

图 1-26　绳结

（a）平结；（b）活结；（c）组合结；（d）节结；（e）展帆结；（f）琵琶结；（g）梯形结；
（h）松绳结；（i）木工结；（j）倒背结；（k）杠棒结；（l）双结；（m）8 字结；（n）束马
结；（o）绝缘子结；（p）水平通用结；（q）死结；（r）单绕缠钩结；（s）双绕缠钩结；
（t）钩头结；（u）两端吊挂缠钩法；（v）四端吊挂缠钩法

（1）单绕缠钩结。起吊千斤绳，只缠一圈。

（2）双绕缠钩结。起吊千斤绳，缠两圈。

（3）钩头结。起吊千斤绳，缠至钩尖。

（4）两端吊挂缠钩法。一根千斤绳吊物。

（5）四端吊挂缠钩法。两根千斤绳吊物。

思 考 与 练 习

1. 什么是电力系统？什么是电力网？简述电力系统中各部分的作用。
2. 什么是电力一次设备？发电厂、变电站中包括哪些类型的一次设备？
3. 导线连接的常用方法有哪些？各自的步骤如何？
4. 电工常用工具有哪些？使用时各应注意什么问题？
5. 设备安装找正的方法有哪几种？各适用于什么场合？
6. 试述锯割、锉削、钻孔等钳工操作的基本方法与注意事项。

第二章 电 力 变 压 器

第一节 变压器的类型和作用

一、电力变压器的性能和用途

电力变压器是电力系统及工厂变配电系统中重要的设备，其主要用途有：

（1）用升压变压器将发电机的端电压升高到几万伏或几十万伏，以降低输送电流，减少输电线上的能量损耗，不增大导线截面积将电能远距离输送。

（2）用降压变压器将高电压降低到适合于用电设备使用的低电压。为此在供用电系统中需要大量的降压变压器，将送电线路输送的高电压变换成各种不同等级的低电压，以满足各类用电负荷的需要。

二、电力变压器的结构和种类

变压器是由一个共用的铁芯和与其交链的绕组组成，它们是相对位置不变的静止电器。当一次绕组从交流电源接受交流电能时，通过一次绕组的电感生磁和二次绕组的磁感生电的电磁感应原理来实现能量的转换和传递，若一次绕组和二次绕组的匝数不相等，则起到改变电压的作用，故称变压器。

电力变压器的规格和品种繁多，一般分为电力变压器和特种变压器两大类；有时也按用途分为升压变压器、降压变压器、配电变压器、联络变压器（作为几个不同电压等级的电网联络用）和厂用变压器（作为发电厂、变电站自用电的供电设备）等几种；还可以按绕组数分为自耦变压器、双绕组变压器、三绕组变压器和多绕组变压器；按相数分为单相、三相变压器和多相变压器；按冷却方式和冷却介质分为油浸式、干式和充气式变压器；按调压方式分为无励磁调压变压器和有载调压变压器。

常用的 S7（SL7）、S9（SL9）系列、10～35kV 电力变压器是更新换代产品。这种变压器采用 45°全斜铁芯接缝和优质冷轧硅钢片，并用粘带和钢带绑扎，绕组导线选用酚醛漆皮线，外壳采用片状散热器等新材料、新工艺，与同等级老型号比，具有损耗低、体积小、重量轻、节约能量、节省运行费用的优点。

电力变压器是由闭合铁芯和套在铁芯上的绕组及油箱、储油柜、冷却装置、呼吸器、防爆管、绝缘套管、分接开关等组成，此外还有气体继电器和温度信号保护装置。

气体继电器装于变压器的油箱和储油柜的连接管上。当变压器内部发生故障时，其内部的绝缘物和油分解产生大量气体（瓦斯），这些气体从油箱通过气体继电器流向储油柜时，使气体继电器动作，从而实现了相应的保护。

温度信号保护由装有测量上层油温用的温度计、常用带电触点温度计、受热器、连接细管和温度指示表、外加连接的报警信号（电铃或信号灯）组成。当变压器上层油温升高时，在受热器中的液体膨胀，经连接细管使温度指示表中的液体压力表感应部分所受的压力增大，从而使指示指针的位置改变。当指针达到定位指针预先放置的位置时，定位指针的一对触点接通，发出预告信号。

三、变压器的选用和型号含义

变压器的选择应考虑下列因素：

（1）变压器的相数（单相或三相）。

（2）变压器的绕组数（三绕组或双绕组）。

（3）变压器的高、中、低压侧的额定电压。

（4）变压器绕组的导线（铝线或铜线）。

（5）变压器的调压方式（有载调压或无载调压）。

（6）变压器的冷却方式（风冷、自然冷却、强迫油循环冷却或干式）。

（7）变压器绕组的连接组别标号。

（8）合适的装置类别（户内或户外）。

变压器的型号含义：

①　②　③　④　⑤　⑥—⑦/⑧

①——相数。S—三相，D—单相。

②——冷却方式。F—风冷，P—强迫油循环，自然冷却不表示。

③——绕组数。S—三卷，O—自耦。

④——调压方式。Z—有载调压，无载调压不表示。

⑤——绕组导线。L—铝线，铜线不表示。

⑥——设计序号。

⑦——额定容量（kVA）。

⑧——高压绕组电压等级（kV）。

四、变压器本体的基本结构（见图 2-1）

（一）油箱

油箱是油浸式变压器的外壳，箱内灌满了变压器油，变压器器身放置在箱内，变压器油主要作为绝缘介质，另外作为散热的媒介。

变压器油箱主要有两种型式，即器身式和钟罩式。一般中、小型变压器的油箱做成器身式，检修时将箱盖和器身一起吊起；中、大型变压器的油箱做成钟罩式，只将箱壳（钟罩）吊起，就可以对变压器器身进行检修。

（二）铁芯

1. 铁芯的作用和分类

变压器铁芯采用磁导率很高的电工硅钢片，且带有绝缘，涡流损耗很小。铁芯是变压器的磁路。

变压器铁芯是框型闭合的，其中套绕组的部分称芯柱，不套绕组的部分，即只起闭合磁路作用的部分称铁轭。现代铁芯的芯柱和铁轭在一个面内，即称平面式铁芯。

铁芯又分为两大类，即壳式铁芯和心式铁芯。铁轭包围绕组的称壳式铁芯，否则称心式铁芯。每类又分叠铁芯和卷铁芯两种。由片状电工硅钢片叠积而成的称叠铁芯，由带状电工硅钢片卷制而成的称卷铁芯。国内变压器铁芯多采用心式单框叠铁芯，卷铁芯只用于小型变压器。

2. 铁芯的截面、夹紧装置、绝缘和接地

（1）芯柱截面。铁芯柱的截面，在容量较小的变压器中做成方形或长方形的，当容量稍

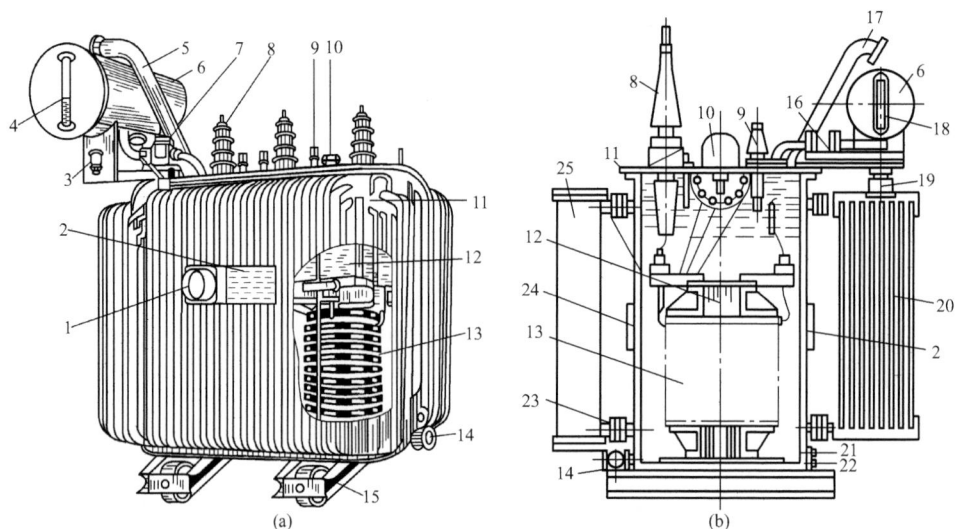

图 2-1　油浸自冷式、风冷式变压器结构图

（a）油浸自冷式变压器；（b）油浸风冷式变压器

1—温度计；2—铭牌；3—吸湿器；4—油表；5—防爆管；6—油枕；7—气体继电器；8—高压套管；9—低压套管；10—分接开关；11—油箱；12—铁芯；13—绕组；14—放油阀；15—小车；16—气体继电器；17—安全气道（防爆管）；18—油位计；19—呼吸器；20—散热器；21—接地螺栓；22—油样活门；23—阀门；24—信号温度计；25—净油器

大，为节省材料和空间，铁芯柱的截面做成十字形截面。随着变压器容量的不断增大，铁芯柱的直径也增大，阶梯的级数增加，成为多级阶梯形截面。为达到良好的冷却效果，大容量变压器还设有散热沟（铁芯油道）。

（2）铁轭的截面。铁轭的截面有方形和各种梯形的。

（3）铁芯的夹紧装置要求。铁芯的夹紧装置分芯柱绑扎、铁轭夹紧、整体夹紧等。

（4）铁芯柱的夹紧结构。用硬纸筒和芯柱间撑条锲紧芯柱；采取穿芯螺杆夹紧，铁芯柱必须冲孔；用环氧玻璃丝粘带绑扎，可取消夹紧螺杆，减少铁芯损耗；或采用钢带绑扎代替玻璃丝粘带绑扎。

（5）铁轭夹紧结构。采用铁轭螺杆夹紧；两边为方铁结构，中间为铁轭螺杆夹紧；两边为方铁结构，中间为绑扎钢带或半干性粘带；两边为铁轭螺杆，中间为绑扎钢带或半干性粘带。

（6）铁芯的绝缘和接地。铁芯的绝缘分片间绝缘和铁芯片与构件之间的绝缘。片间绝缘不能太大也不能太小，否则涡流损耗很大，不能将铁芯看成等电位。铁芯油道两侧需要连接起来。铁芯片与结构件的绝缘，首先是铁轭螺杆的绝缘，其次是旁螺钉侧梁、上梁和垫脚的绝缘，另外对夹件的绝缘也必须良好。

铁芯及金属构件在绕组电场的作用下，具有不同电位，因此铁芯必须接地，且只允许一点接地。如果有两点以上接地，则接地点间可能形成闭合回路，产生环流，造成局部过热，发生事故。

（三）绕组

绕组有如下几种形式：

（1）低压圆筒式绕组。用于 630kVA 及以下变压器 0.4kV 电压等级的低压绕组。

（2）高压圆筒式绕组。用于 630kVA 及以下变压器 3～35kV 电压等级的高压绕组。

（3）连续式绕组。用在 3～110kV、容量在 800～10 000kVA 及以上的变压器。

（4）纠结式绕组。用于 220kV 及以上电压等级（全纠结式绕组）；纠结式连续式线饼用于 63～220kV 电压等级。

（5）螺旋式绕组。用于 10kV 及以下等级大电流变压器低压绕组。

（6）内屏蔽式绕组。用于 220kV 及以上大容量高压绕组。

第二节 变压器的安装

一、准备工作

1. 安装前准备工作

（1）编制变压器安装施工设计，确定组织措施、技术措施、安全措施和工期。

（2）对参与施工安装的人员进行技术交底，分工并提出施工质量要求。

（3）按施工设计的要求，现场布置安全措施和防火措施。

（4）施工机械设备、施工材料准备。

（5）变压器补充油准备。

（6）变压器的基础及轨道的埋设。

（7）制造厂指导人员进场，施工天气、温度、湿度应符合规程要求。

2. 施工场地的准备

施工现场要做到三通一平，即水通、路通、电通和场地平整。堆放变压器附件的场地要求面积大、平整，不能有积水和潮湿现象。施工工棚应靠近变压器的安装地点，便于存放小型设备和变压器零配件。安装一个滤油场地，以便放置油罐或油桶、滤油机等。

3. 变压器的开箱检查

变压器经过长途运输和装卸，到达施工现场后，应进行开箱检查，以便及时发现质量缺陷和由于运输造成的损坏和丢失。检查时应由运行单位、制造厂和施工单位共同参加。检查内容有：

（1）变压器的型号规格。

（2）变压器的外壳是否有机械损伤及渗漏情况。

（3）各人孔、套管孔、散热器蝶阀等处的密封是否严密，螺钉是否紧固等。带油运输的变压器储油柜是否正常。充氮运输的应检查箱内为正压，其压力为 0.01～0.03MPa。

（4）变压器出厂资料齐全。

（5）按装箱单检查附件应齐全。

（6）装有冲击记录仪的设备，变压器到达后应立即检查记录设备在运输和装卸中的受冲击状况。

（7）绝缘油应储藏在密封清洁的专用油罐或容器内。

（8）通过检查判断变压器有无受潮的可能。

二、变压器的安装

各种电力变压器的结构虽然相似，但因变压器的运输状态和各电压等级的变压器在绝缘处理上的要求不同，所以安装程序并不完全一样。以下介绍 110kV 及以下变压器的安装。

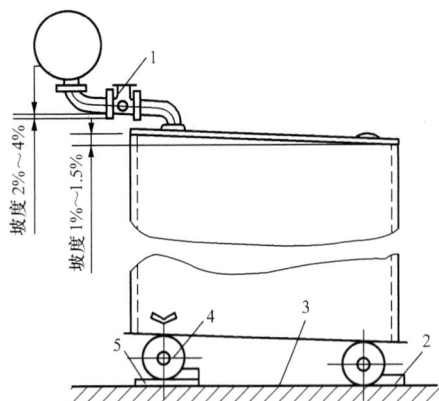

图 2-2　箱盖和气体继电器的安装坡度图
1—气体继电器；2—制动铁；3—轨道；
4—底架上的轮子；5—垫铁

（一）变压器的就位及注油保护

1. 变压器的就位

在变压器吊装就位时，必须先找好变压器的安装方向，使高低压套管出线符合设计要求，确定好变压器的就位尺寸。变压器就位后，核对中心位置和进出线方向符合设计要求后，用止轮器将变压器固定好，以防滑移倾倒。规程规定变压器安装气体继电器侧应有 1%～1.5% 的升高度。其目的是使油箱内产生的气体易于流入继电器。在变压器就位前询问厂家变压器壳体是否考虑倾斜度，若没有，在预埋钢轨时应考虑，也可在轮子下面加垫铁达到升高 1%～1.5% 的要求，如图 2-2 所示。

2. 注油保护

变压器就位后，如果 3 个月内不能安装，为防止变压器受潮，应将变压器注入合格的变压器油，油面高过铁芯即可，空余部分仍注入氮气，氮气压力为 0.01～0.03MPa。

（二）变压器附件清扫和检查

1. 套管的清扫和检查

开箱后检查套管有无损坏，清点零配件是否齐全，并将套管擦洗干净。若是充油式或电容式套管，要检查油位是否正常。检查完后，要做电气试验，测量主套管及小套管的电阻、介质损耗角，若介质损耗大于标准，说明已受潮，此时应检查绝缘油的性能，更换合格的绝缘油，若还不行，应对套管进行干燥处理。

2. 冷却装置的清扫与检查

冷却装置的清扫与检查是为了清除焊渣和铁锈，检查密封是否良好，有无渗油。方法如下：

（1）强迫油循环风冷却器，持续运行 30min 应无渗漏。

（2）漏气检查除观察气压表指示值是否下降外，还应用手仔细触摸或涂肥皂水观察。

3. 风扇检查

风扇叶片安装牢固，转动灵活，无卡阻，叶片无扭曲变形和损伤。检查电机绝缘并试转，无振动和过热现象。

4. 储油柜、安全气道、净油器、吸湿器等附件的清扫及检查

储油柜可注入变压器油清洗，并检查焊缝是否渗油。胶囊式储油柜的胶囊应完整无损，并用不大于 200MPa 的压缩空气检漏。胶囊的长方向与柜体平行，与法兰口的连接无扭转皱叠现象，同时检查油位计应完好。

安全气道及连通管清洁干净，安全气道隔膜无损坏。

净油器内部清洁干净，检查滤网完好，硅胶或活性氧化铝干燥。

吸湿器内部硅胶干燥无变色。

5. 气体继电器和温度计的检查

气体继电器应送电气试验室做试验，项目为：

（1）密封试验。

（2）轻瓦斯动作容积试验。

（3）重瓦斯动作流速校验并整定。

6. 电流互感器的检查

套管式电流互感器经电气试验合格后方可使用。本体上的电流互感器检查和试验项目有：

（1）检查铭牌与设计是否相符。

（2）变比测量。

（3）极性检查。

（4）绝缘电阻测量。

（5）伏安特性测量。

（6）二次耐压试验。

7. 变压器配件的检查

变压器配件如橡皮圈、防爆玻璃、螺丝、压圈等应认真清点妥善保管。使用时应清洗干净，没有锈蚀和污垢。

（三）变压器器身检查

变压器器身结构示意如图 2-3 所示。

变压器经过长途运输和装卸，芯部常因振动和冲击使螺钉松动或掉落，螺栓也可能折断，穿芯螺栓也常因绝缘损坏而接地，铁芯可能移位、零件可能脱落，所以需要进行芯部检查。通过芯部检查还可以发现制造上的缺陷和疏忽，以及是否受潮等。

1. 吊罩前的准备工作

（1）编制技术措施，进行人员分工。

（2）联系气象部门，选择晴朗无大风天气。空气温度不低于 $0℃$，湿度不高于 75%。

（3）吊罩时，变压器芯部温度不宜低于周围空气温度，低于时应加热变压器，使其比周围空气高 $10℃$，防止结露使绝缘降低。

（4）滤油系统能随时开动，补充合格油。

（5）起吊机械有足够的起吊高度，制动装置良好，升降速度运作良好，钢丝绳等工具合格。

（6）准备好检查时需要的工具如电动工具、小撬棍、塞尺等，全部工具应有专人保管。

（7）根据需要搭好脚手架。

（8）备好试验仪器、温度计、湿度计。

（9）备好劳保用品，如工作服、耐油

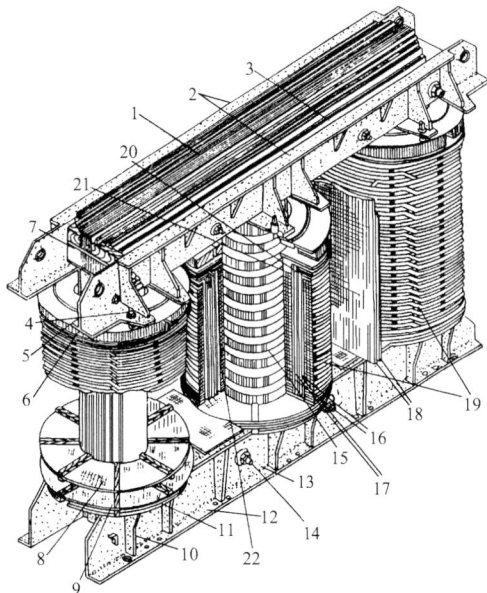

图 2-3 变压器器身结构示意图

1—上夹件绝缘；2—上夹件；3—铁轭；4—方铁；5—压钉；6—绝缘纸圈；7—连接片；8—下铁轭绝缘；9—平衡绝缘；10—下夹件加强筋；11—下夹件上肢板；12—下夹件下肢板；13—铁轭螺杆；14—下夹件腹板；15—铁芯柱；16—油隙撑条；17—绝缘纸筒；18—相间隔板；19—高压绕组；20—角环；21—静电环；22—低压绕组

鞋等。

(10) 配置消防器材，做好保卫工作。

(11) 发现缺陷及时记录。

2. 变压器吊罩检查的步骤和方法

(1) 工作条件。当地确定无雨、雪及大风时，空气相对湿度小于 75% 时可开始工作。

(2) 排氮（放油）。充氮变压器起吊前应通过专用的压力释放阀将油箱内的压力释放。钟罩吊开后，让器身在空气中暴露 15min 以上，使氮气充分扩散后再进行芯部的工作。充油变压器，应将油全部放光，为减少芯部在空气中暴露的时间，放油速度要快，可用油泵或潜油泵直接接在放油阀上放油。油放到铁芯顶部以下时，拆去盖板，记下分接开关位置，拆下无载分接开关的转动部分；拆下铁芯接地套管及其他有相连的部件。有载调压装置应根据说明书来拆卸。油放完后应立即过滤处理。

(3) 吊罩检查。氮气排完或油放完后，即可拆卸钟罩下部四周的螺栓，起重人员系钢丝绳，系时应加葫芦调整防止偏心（吊索与铅垂线的夹角不宜大于 30°），再一次检查起吊设备控制和制动情况是否良好。注意以下两点：

1) 严格防止油箱在吊起过程中与芯部碰撞。

2) 试吊时为防止重心掌握不好，在四周的螺钉孔内由上向下穿临时定位棒，当吊起 50～100mm 后检查起吊中心、重心，一切正常后，再慢慢吊起放到干净的枕木上。

(4) 器身的检查内容。检查器身的工作人员应穿专用工作服和耐油鞋，所用工具要用白布带系在手腕上。检查以下内容：

1) 运输支撑和器身各部位应无移动现象。

2) 所用螺栓应坚固，并有防松措施，绝缘螺栓应无损坏，防松绑扎完好。

3) 铁芯检查：①铁芯应无变形，铁轭与夹件间的绝缘应良好；②铁芯应无多点接地；③铁芯外引接地的变压器，拆开接地线后，铁芯的对地绝缘良好；④打开夹件与铁轭接地后，铁轭螺杆与铁芯、铁轭与夹件、螺杆与夹件间的绝缘应良好；⑤当铁轭采用钢带绑扎时钢带对铁轭的绝缘应良好；⑥打开铁芯屏蔽接地线，检查屏蔽绝缘应良好；⑦打开夹件与线圈连接片的连线，检查压钉绝缘应良好；⑧铁芯拉板及铁轭拉带应坚固，绝缘良好。

4) 绕组检查：①绕组绝缘层应完整，无损伤、变位现象；②各绕组应排列整齐，间隙均匀，油路无阻塞；③绕组的压钉应牢固，防松螺母应锁紧。

5) 绝缘围屏绑扎牢固，无破损、拧弯现象，引出线绝缘距离合格，固定牢固，接线正确。

6) 无励磁调压切换装置各分接头与线圈连接应坚固正确；各分接头应清洁且接触紧密、弹力良好；所有接触到的部分用 0.05mm×10mm 塞尺检查，应塞不进去；转动触点应正确地停留在各个位置，且与指示器所指位置一致；切换装置的拉杆、分接头凸轮、小轴、销子等完整无损；转动盘应动作灵活，密封良好。

7) 有载调压切换装置的选择开关、范围开关接触良好，分接引线应连接正确、牢固，切换开关部分密封良好。

8) 绝缘屏障应完好，且固定牢固。

9) 检查强油循环管路与下轭绝缘接口部位的密封情况。

10) 检查油箱底部有无油垢、杂物和水。

然后做试验：①铁芯绝缘测量；②测量绕组高、低压侧及对地绝缘电阻；③测量绕组直流电阻；④测量变压器的变比，其误差应小于0.5%。

吊罩时间从放油开始到注油为止，器身在空气中暴露的时间不超过16h。

（5）扣罩和注油。试验完成后，变压器正常可回扣钟罩，注意事项与吊罩相同，采用定位棒确保穿装螺钉的工作顺利进行。将分接开关恢复装好，然后开始采取真空注油，油从下部注油阀注入，没过铁芯为止。空隙部分仍是真空，待变压器所有附件安装完毕再将油注满。

3. 变压器可不进行芯部检查的条件

满足以下条件之一可不进行芯部检查：

（1）制造厂规定不必做芯部检查的变压器。

（2）容量在1000kVA及以下，运输中无异常的变压器。

（3）就地生产、短途运输的变压器。

（四）变压器的附件安装

1. 变压器的套管安装

（1）低压套管的安装。卸开低压套管盖板及旁边的人孔盖，在套管上放好橡皮圈及压圈，将套管缓慢放入，再把低压绕组引出线连接在套管的桩头上，调整引出线的位置，使其离箱壁远一些，再把套管压件装上，将套管紧固在箱盖上。

（2）高压套管的安装。高压套管常用电容式穿缆套管。先拆去油箱上高压套管孔的临时盖板，安装套管式电流互感器和升高座，安装绝缘筒时注意开口方向，并注意电流互感器铭牌向外，放气塞位置应在升高座最高处，电流互感器和升高座的中心一致。吊套管前，先拧下顶部的接线头和均压罩、压盖板，拆取为运输而设计的密封垫和密封螺帽，先卸下下部均压球，用变压器油冲洗干净后重新装上。

套管吊装应由专业起重工指挥，电气安装工配合。安装时，先将引线拉入套管内，慢慢放下套管，直至拉线拉出套管，注意当套管落至引线根部应力锥时，应保护应力锥完好进入套管均压球内，应力锥不得受力。套管就位后可穿上引线接头的固定销，高压套管与引线接口的密封波纹盘结构的安装按制造厂规定进行。充油套管的油标应朝向外侧，套管末屏应接地良好。

2. 冷却装置的安装

先关闭变压器本体上的螺阀，再除去法兰临时封闭板，用起重机将风冷却器吊起，上好橡皮圈，拧紧上、下连管法兰螺栓。

强迫风冷却器还要装上潜油泵、净油器及控制箱。净油器应装上干燥的活性氧化铝。潜油泵装好后可接临时电源空转一下（不超过10min），检查有无异常噪声、振动和过热，应无渗漏或进气现象。

流速继电器安装前应检查合格，装于潜油泵的出口联管上，轴向保持水平。注意密封严格，接线正确。

安装风扇的连接电缆应用耐油性的绝缘导线，并固定在油箱的支架上。风扇的风向是吹向冷却器的。

3. 储油柜的安装

大型变压器采用胶囊式储油柜，其结构原理如图2-4所示。

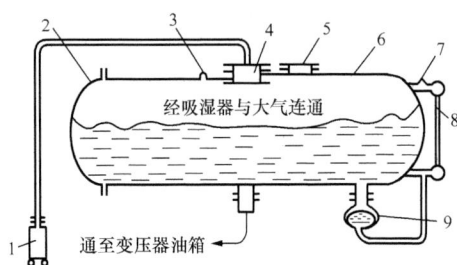

图 2-4　胶囊式储油柜结构原理图

1—呼吸器；2—胶囊；3—放气塞；4—胶囊压板；
5—安装孔；6—储油柜本体；7—油表注油及呼
吸塞；8—油表；9—压油袋

（1）胶囊的安装。首先向胶囊内充 0.002MPa/cm² 压力的干燥气体，作气漏检查，合格后，将胶囊安装在清洁的储油柜内，胶囊方向与储油柜方向一致，不扭偏，胶囊口密封良好，呼吸通畅。

（2）油位计胶囊注油。用手压扁油位计胶囊，排净空气，然后从油位计上座呼吸塞用漏斗向胶囊内慢慢注油，直至注满到油位升到玻璃内为止，打开油位计放气塞调整油位至最低位置。

（3）储油柜就位。吊装储油柜就位，安装储油柜到变压器之间的管道。

（4）储油柜注油。先将胶囊内充满气体，打开储油柜放气塞，在变压器下部放油阀加压注油，直到油从放气塞溢出为止。旋紧放气塞，静止 2～3h 后，打开变压器下部的放油阀，将油面放至要求的油位，最后装上呼吸器。

4. 安全气道、气体继电器及净油器的安装

安全气道要求内壁干净、玻璃隔膜完整、材料符合技术规定，各处密封良好。

气体继电器安装前需经检验合格，安装水平密封良好，顶盖标志箭头应指向储油柜。

净油器安装前将内部用变压器油清洗干净。罐内装上干燥的吸附硅胶或活性氧化铝。滤网安装在出口侧，打开连接碟阀将油放入，同时旋开上部放气塞排气，直至油溢出，即空气排尽，旋紧放气塞，关闭连接阀。

5. 温度计的安装

温度计安装前应进行校验，信号触点动作正确，导通良好。绕组温度计应进行整定。插入式温度计插座内应清洗干净，并注入变压器油，密封良好。信号温度计的细金属软管不得压扁或急剧扭曲，其弯曲半径不得小于 50mm。

6. 补充油

变压器附件安装完后，应通过储油柜上的专用添油阀经滤油机加补充油至额定油位。注油完毕后将除胶囊式储油顶部放气阀外所有放气阀打开放气，并同时开启潜油泵、风扇，直到变压器内部放净气体为止。

新油注入变压器以前要采取过滤的方法除去油中的水分和杂质，提高绝缘油的绝缘强度。通常过滤的方法有压力滤油法、离心分离法和真空喷雾法三种。压力滤油法是使用压力滤油机，用油泵压力使油通过滤纸除去其中脏物和水分；离心分离法是使用离心式滤油机，利用离心力将密度大于油的水分和杂质从油中分离出来；真空喷雾法是用真空滤油机，把加热的油注入负压容器内，用喷嘴将油雾化，使油中的水分自行扩散与油脱离，并被真空泵抽出，油经压力滤油机再除去杂质。

第三节　变压器的交接试验

电力变压器的试验项目有以下 15 项。

（1）测量绕组连同套管的直流电阻。

1）测量应在各分接头的位置进行。

2）1600kVA 及以下三相变压器，各测得值的相互差值应小于平均值的 4%，线间测得的值的相互差值应小于平均值的 2%；1600kVA 以上的三相变压器，各相测得值的相互差值应小于平均值的 2%，线间测得值的相互差值应小于平均值的 1%。

3）变压器的直流电阻，与同温下出厂实测数相比较变化不大于 2%。

4）由于变压器结构等原因，差值超过上述第 2 条时，可只按第 3 条进行比较。

（2）检查所有分接头的变压比。变压比与铭牌相比无明显差异并符合变比规律。绕组电压等级在 220kV 及以上的电力变压器，在额定分接头其变比的允许误差为 0.5%。

（3）检查变压器的三相连接组别和单相变压器引出线的极性。应与设计要求及铭牌标记和外壳符号相符。

（4）测量绕组连同套管的绝缘电阻、吸收比或极化指数。

1）试验时所测得的绝缘电阻值不得小于出厂试验值的 70%。

2）变压器电压等级为 35kV 及以上且容量在 4000kVA 及以上时，应测量吸收比，其值应与出厂值无明显差别，常温下不小于 1.3。

3）变压器电压等级为 220kV 及以上且容量为 120MVA 及以上时，宜测量极化指数，测得值应与出厂值无明显差异。

（5）测量绕组连同套管的介质损耗角正切值 $\tan\delta$。

1）变压器电压等级为 35kV 及以上，容量在 8000kVA 及以上时，应测量介质损耗角正切值。

2）被测绕组的 $\tan\delta\%$ 值不大于出厂试验的 130%。

（6）测量绕组连同套管的直流泄漏电流。

1）当变压器电压等级为 35kV 及以上，且容量在 10 000kVA 及以上时，应测直流泄漏电流。

2）试验电压标准见表 2-1。当施加电压 1min 时，在高压端测得泄漏电流。

表 2-1　　　　　　　　　油浸式变压器直流泄漏试验电压标准　　　　　　　　　　（kV）

绕组额定电压	6～10	20～35	63～330	500
直流试验电压	10	20	40	60

注　1. 绕组额定电压为 13.8kV 及 15.75kV 时，按 10kV 标准；18kV 时按 20kV 标准。

　　2. 分级绝缘变压器按被试绕组电压等级的标准。

（7）进行绕组连同套管的交流耐压试验。容量为 8000kVA 以下，绕组额定电压在 110kV 以下的变压器，按试验标准进行交流耐压试验。

（8）进行绕组连同套管的局部放电试验。

（9）测量与铁芯绝缘的各紧固件及铁芯接地线引出套管对外壳的绝缘电阻。

1）测量可接触到的穿芯螺栓、轭铁夹件对铁轭、铁芯、油箱及绕组压环的绝缘电阻。

2）采用 2500V 兆欧表测量 1min，无闪络及击穿现象。

3）当轭铁梁及穿芯螺栓一端与铁芯相连时，应将连片断开后测量。

4）铁芯必须为一点接地；在变压器注油之前测量铁芯接地引出线对变压器外壳的绝缘。

（10）非纯瓷套管的试验。

（11）绝缘油的试验。

（12）有载调压切换装置的检查和试验。

1）测量限流电阻的电阻值，与出厂值比较应无明显差异。

2）检查切换开关触头的动作情况，应符合规定。

3）检查切换装置在切换过程中无开路现象，电气和机械限位动作正确；在操作电源电压为额定电压的 85％ 及以上时，切换应可靠进行。

4）在空载下检查切换装置三相切换同步性和电压变化的范围和规律，与出厂数据比较应无明显差别。

（13）额定电压下的冲击合闸试验。额定电压下，在高压侧对变压器冲击合闸试验 5 次，每次间隔 5min，应无异常现象；试验时是中性点接地的变压器中性点必须接地。

（14）检查相位。变压器相位与电网相位必须一致。

（15）测量噪声。1600kVA 以上的油浸式电力变压器的试验应全部进行；1600kVA 及以下的油浸式电力变压器的试验，只需进行 1、2、3、4、7、9、10、11、12、14 项；干式变压器则需进行 1、2、3、4、7、9、12、13、14 等项的试验；电压等级在 35kV 及以上的电力变压器，交接时应提供变压器及非纯瓷套管的出厂试验记录。

第四节　变压器的试运行

一、准备工作

（1）安装收尾工作达标，交接验收合格和结束后，再一次对变压器本体工作状态复查，没有发现缺陷或在全部处理完安装缺陷后方可进行试运行。

（2）试运行前对电网保护装置通过试验与整定合格，如对电网及变压器自身的保护、控制与闭锁装置进行试验完毕，各动作准确、可靠，方可进行试运行。

二、变压器的试运行

先做空载运行，再做负载运行。

（1）试运行的电源可从变压器的任意一侧绕组引接，但电源侧应有完善的保护措施，以便在发生故障时，能将变压器迅速断开。

（2）空载运行：

1）10～35kV 的变压器空载运行时，因其所带母线的三相对地电容不相等，会产生中性点的位移，使三相电压不平衡，可能引起接地保护动作发出音响信号，一旦变压器带上负荷，这种情形将消失。

2）220kV 及以上的变压器在高压电网下试运行，若电压互感器绕组的电感阻抗大于母线的对地电容阻抗，空载变压器中性点位移较大，可能产生谐振过电压，应注意预防。

3）强风或强油循环冷却的变压器，要检测空载下的温升。即不开启冷却装置，使变压器空载运行 12～24h，记录环境温度和变压器上层油温；当温度升到 75℃ 时，启动一两组冷却装置，记录油温，直到油温稳定。

（3）负载运行。空载运行正常，可负载运行：

1）负载应逐步增加，从 25％ 负载开始投运，然后增加到 50％～75％，最后满载运行。

2）带负载运行中，随着变压器温度升高，应陆续启动冷却器。

3）满载运行 2h，检查变压器本体及各组附件正常，即可结束试运行。

（4）变压器试运行过程中的检验项目：

1）相位检定。变压器试运行前，应检查其相位是否与电网相位一致，尤其对两台并列运行的变压器，安装后更应仔细检定相位，把相位不同的变压器连接在一起，将造成相间短路。

2）空载冲击合闸与分闸试验。

目的：考核变压器能否承受过电流的电动应力及绝缘强度，验证继电保护。

3）冷却装置的运行方式的试验。

目的：校核冷却器制造厂对空载下冷却器的启动是否符合实际，确定变压器在不同负荷投入冷却器的组数，作为以后正式运行时的依据。

4）气体继电器的报气检验。

在安装过程中，油箱、储油柜、分接开关、吸湿器及气体继电器在注油排气过程中，空气未排彻底，故油箱内部与绝缘油中有空气存在，可打开气体继电器的排气阀门进行排气。

如放气后仍未好转，气体继电器仍动作频繁，则需将积聚在气体继电器内的气体进行化验。当气体无色且不可燃，说明空气未排尽，继续排气即可；如收集的气体有色，化验为可燃气，说明变压器在试运行中可能出现了新的故障，或变压器出场后即存在故障隐患，在试运行中暴露出来了，应取油样进行气相色谱分析，根据化验结果判定故障类别，并排除故障。

5）发变组单元接线的，在第一次投运时做零起升压试验，其他变压器应全电压冲击合闸，检查励磁涌流不会引起保护误动；第一次带电运行时间不少于 10min，期间检查变压器应无不正常。

变压器开始受电到带一定负荷运行的 24h，均属于试运行期间，在此期间，运行人员应对变压器加强巡视检查。试运行结束后，安装部门移交运行单位。

第五节　室外配电变压器的安装与试验

配电变压器保护装置简单，只有高低压侧熔断器，容量不大于 400kVA 的安装在电杆上；容量不大于 800kVA 的安装在混凝土台上（称室外变压器台或变台）。室外变台常用于 10kV 配电线路，低压 220/380V，中性点直接接地，具有零线，用于低压动力和照明电路中。室外变压器台和架空线路同时安装。

一、杆上配电变压器台的安装

（一）杆上配电变压器台的形式

杆上变压器台有三种形式：①双杆变压器台；②单杆变压器台（见图 2-5）；③本杆变压器台（见图 2-6）。

容量在 100kVA 以下的变压器，将其直接安装在线路单杆上，常设在线路终端，为单台设备供电。

杆上变压器台安装方便，工艺简单，主要有立杆、组装金具构架及电气元件、吊装变压器、接线、接地等工序。

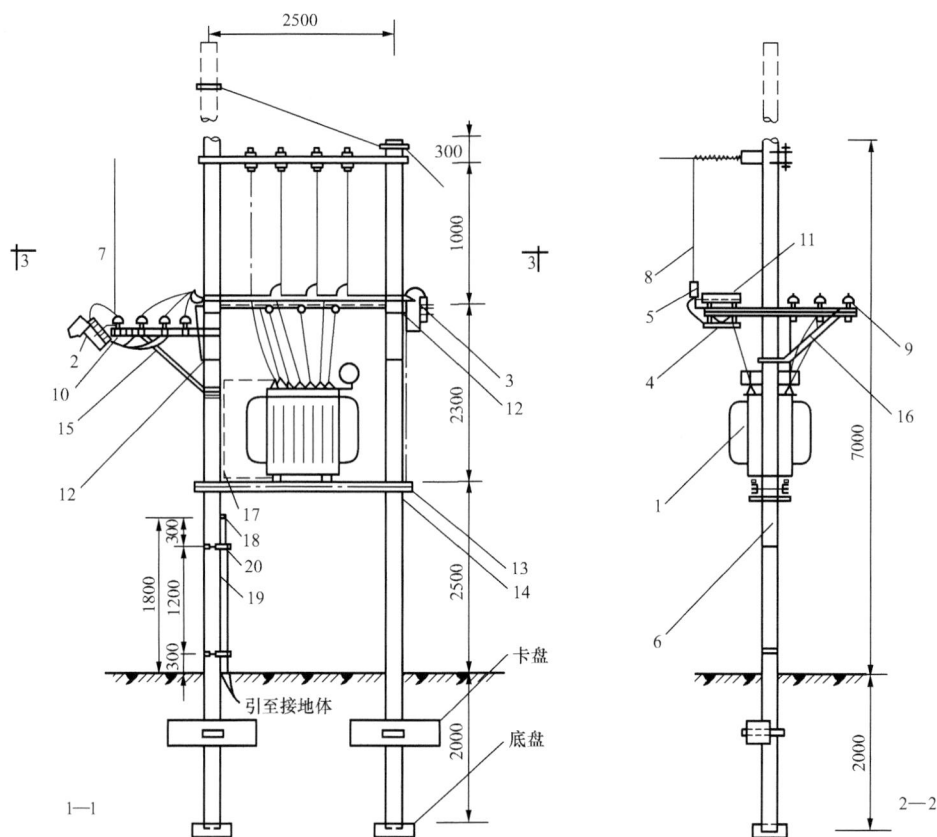

图 2-5　单杆变压器台示意图

1—变压器；2—消弧跌开式熔断器；3—避雷器；4—单级户外隔离开关；5—关角保险；6—电杆；
7—高压引下线；8—低压引出线；9—高压针式绝缘子；10—跌开式熔断器横担；11—单级隔离开关
夹紧支持；12—U形抱箍；13—变压器台架；14—变压器台架支持抱箍；15、16—撑铁；17—接地
引下线；18—并沟线夹；19—钢管或塑料管；20—抱箍

（1）变压器安装在平台横担上，使油枕侧有 1‰～1.5‰ 的坡度。

（2）跌开式熔断器安装在高压侧丁字形的横担上，用针式绝缘子的螺杆固定连接，再把熔断器固定在连板上，如图 2-7 所示。其间隔不小于 500mm，以防弧光短路，熔管轴线与地面的垂线夹角为 15°～30°。所有附件均无破损、裂纹，连接处结合紧密无松动，操动机构部分动作灵活；带电部分和固定板的绝缘电阻用 1000～2500V 绝缘电阻表测试，其值不小于 300MΩ，35kV 的跌开式熔断器须用 2500V 的绝缘电阻表测试，其值不小于 500MΩ。

（3）避雷器的安装。避雷器安装在距变压器高压侧最近的横担上，可用直瓶螺钉或单独固定。其间隔不小于 350mm，轴线与地面垂直，抱箍处要垫 2～3mm 厚的耐压胶垫。用 2500V 绝缘电阻表测试其带电端与固定抱箍的绝缘电阻应不小于 5000MΩ，或测量泄漏电流。

（4）低压隔离开关的安装。低压隔离开关通常装在距变压器最近的横担上，有三极的，有三只单极的，目的是更换低压熔断器方便。要求分闸有足够的电气间隙，三相联动同步，

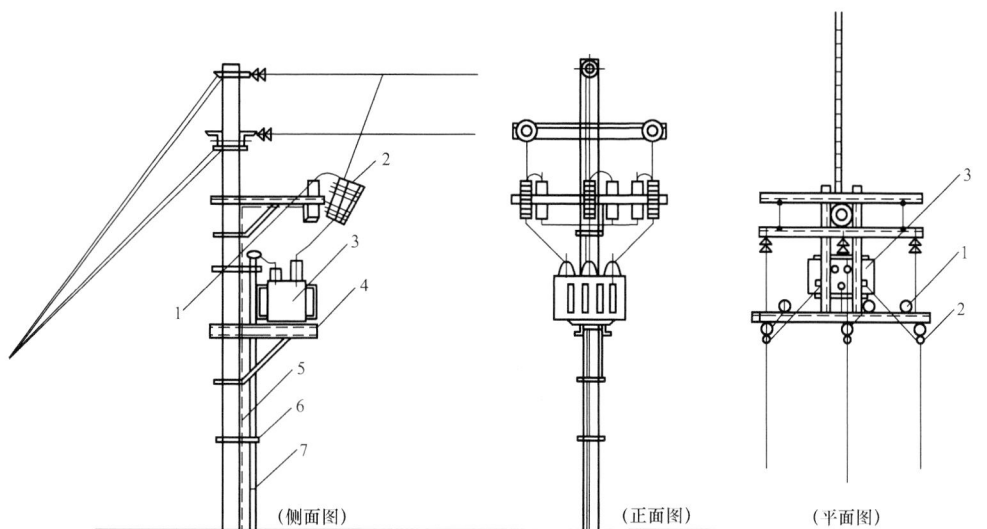

图 2-6　本杆变压器台示意图

1—避雷器；2—跌开式熔断器；3—变压器；4—10 号槽钢架；

5—避雷器变压器地线；6—抱箍卡子；7—低压管通至设备柜

动作灵活。

（二）变压器的安装

变压器的安装主要包括变压器的吊装、绝缘电阻的测试和接线等项目。

1. 变压器的简单检查和测试

（1）外观无损伤，无漏油，油位正常，附件齐全，无锈蚀。

（2）高压套管无裂纹，螺栓紧固，油垫完好，分接开关正常。

（3）铭牌齐全，数据完整，接线清晰。

（4）10kV 高压绕组用 1000V 或 2500V 绝缘电阻表测试，绝缘电阻应大于 300MΩ；35kV 高压绕组用 2500 或 5000V 绝缘电阻表测试，绝缘电阻应大于 400MΩ；低压 220/380V 绕组用 500V 绝缘电阻表测试，绝缘电阻应大于 1.0MΩ；高压侧与低压侧的绝缘电阻可用 500V 绝缘电阻表测试，阻值应大于 500MΩ 以上。

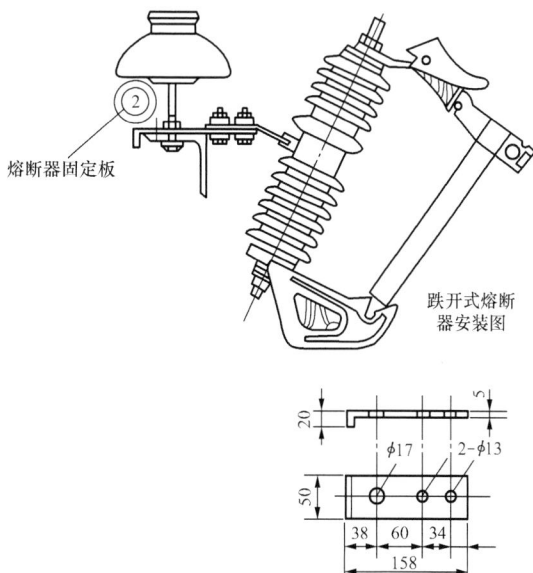

图 2-7　跌开式熔断器安装示意图

2. 变压器的接线

（1）接线要求：

1）和电器连接紧密可靠，螺栓应有平垫和弹垫，与变压器和跌开式熔断器、低压隔离开关的连接，必须压接线鼻子过渡连接；与母线的连接应用 T 形线夹；与避雷器的连接可直接压接连接；与高压母线的连接，用绑扎法时，绑扎长度不应小于 200mm。

2）接线应短而直，保证线间及对地的安全距离。

3）避雷器和接地的连接线通常使用绝缘铜线，避雷器上引线截面不小于 16mm^2，下引线截面不小于 25mm^2。若使用铝线，上引线截面不小于 25mm^2，下引线截面不小于 35mm^2，接地线截面不小于 35mm^2。

4）导线在直绝缘子上的绑扎按如图 2-8 所示进行。

（2）接线工艺：

1）将导线撑直，绑扎在原线路杆顶横担上的直绝缘子上和下部丁字横担的直瓶上，与直绝缘子的绑扎应采用始终式绑扎法，同时将下端压接线鼻子，与跌开式熔断器的上闸口接线柱连接拧紧，如图 2-9 所示。

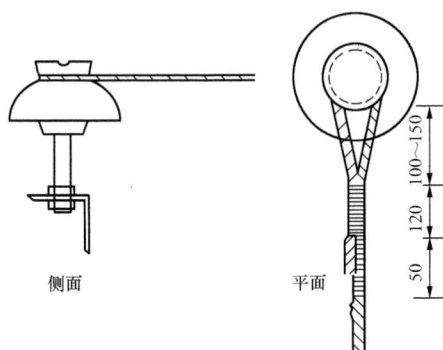

图 2-8　导线在直绝缘子上的绑扎

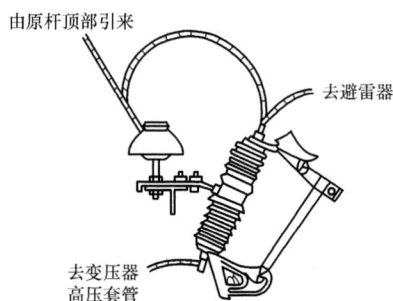

图 2-9　导线与跌落开关的连接

2）高压软母线的连接：

① 将导线撑直，一端绑扎在跌开式熔断器丁字横担的直绝缘子上；另一端水平通至避雷器的横担上，并绑扎在直绝缘子上，与直绝缘子的绑扎方式如图 2-9 所示。同时丁字横担直绝缘子上的导线按相序分别采用弓子线的形式接在跌开式熔断器的下闸口接线柱上。

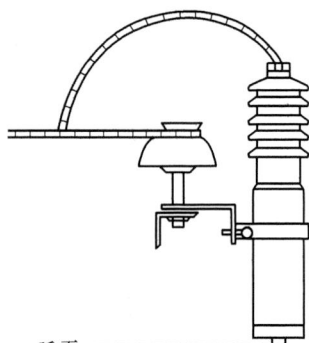

图 2-10　导线与避雷器的连接示意图

弓子线要做成铁链并自然下垂，按图 2-9 的绑扎方法将 A 相和 B 相直接由跌开式熔断器的下闸口翻至丁字横担下方的直绝缘子上，而 C 相则由跌开式熔断器的下闸口直接上翻至 T 字横担上方的直绝缘子上。软母线的另一侧，均应上翻，接至避雷器的上接线柱，方法如图 2-10 所示。

② 将导线撑直，按相序分别用 T 形线夹与软母线连接，连接处应包两层铝包带，另一端直接引至高压套管，压接线鼻子，按相序与套管的接线处接好。

3）低压侧的接线。将低压侧三只相线的套管，直接用导线引至隔离开关的下闸口，导线撑直，用线鼻子过渡。

将线路中低压的三根相线及一根中性线，经上部的直绝缘子直接引至隔离开关上方横担上的直绝缘子上，绑扎如图 2-8 所示。直绝缘子上的导线与隔离开关上闸口的连接如图 2-11

所示,其中熔丝与导线的连接可直接用上面的元宝螺栓压接,按变压器低压侧额定电流的
1.25 倍选择与熔丝配套的熔件。零线直接压接在变压器中性点套管上。

如果变压器低压侧供低压配电室用电,则应按硬母线的安装进行。如果变压器专供单台
设备用电,则应将低压引至设备的控制柜内。

4)变压器台的接地。有三个点:变压器外壳的保护接地、低压侧中性点的工作接地、
避雷器下端的防雷接地。三个接地点的接地线应单独设置。接地极可设一组,接地电阻小于
4Ω。接地极的设置同防雷接地,将其引至杆处上翻 1.2m 处,一杆一根,一根接避雷器,另
一根接中性点和外壳。

接地线采用截面 $25mm^2$ 及以上的铜线或 $4mm\times40mm$ 的镀锌扁钢。其中,中性点接地
应沿器身翻至杆处,外壳接地应沿平台翻至杆处,与接地线可靠连接;避雷器下端可用一根
导线串接后引至杆处,与接地线可靠连接。装有低压隔离开关时,其接地螺钉应另外接线与
接地体可靠连接。

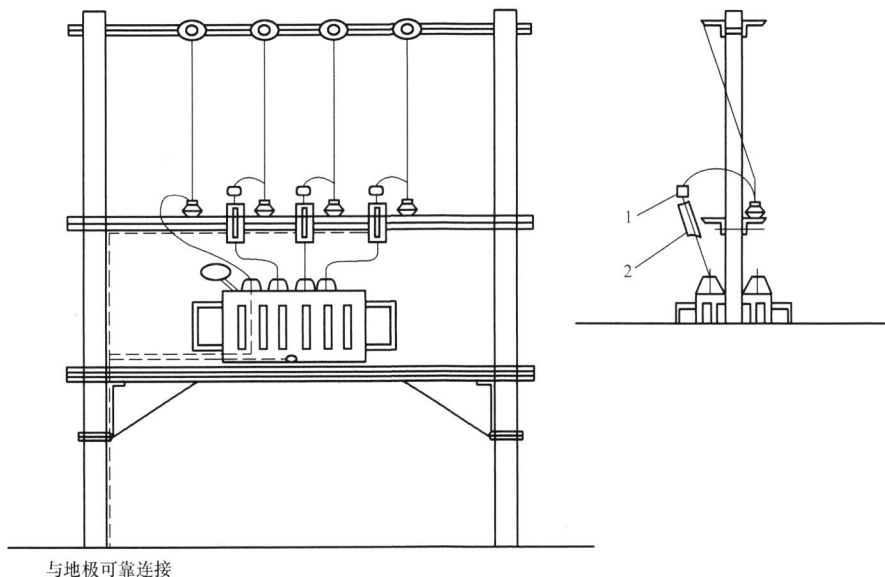

与地极可靠连接

图 2-11 低压侧连接示意图
1—熔体;2—隔离开关

5)将高压跌开式熔断器的熔管取下,按额定电流的 2~2.5 倍选择高压熔丝,将其安装
在熔管内,然后挂在卡环内。

与电力企业联系,停电时挂好临时接地线,将三相高压电源线与线路相接,通常用绑扎
或 T 形线夹的方法连接。接好后,拆除接地线,与电力企业联系送电。

3. 试验

(1)将低压隔离开关断开。

(2)再次测量绝缘电阻。

(3)与供电企业联系,说明合闸试验的具体时间。

(4)无风天气,先合两个边相的熔断器,后合中相的;有风天气,先合上风侧的熔断
器,后合下风侧的。合闸用高压绝缘拉杆,戴高压绝缘手套,穿高压绝缘靴或铺高压绝

缘垫。

（5）合闸后进行检查，无异常噪声、无漏油、无异常振动。进行 5 次冲击合闸试验，且第一次合闸时间不少于 10min，每次合闸后变压器正常。低压电压为 220/380V，三相平衡。

（6）挂标示牌，空载运行 72h，无异常即可带负载运行。

二、落地变压器的安装

落地变压器是将变压器安装在地面上的混凝土台上，标高大于 500mm 以上，上面装有与主筋连接的角钢或槽钢滑道，油枕偏高。安装时将变压器的底轮取掉或装上止轮器。其他安装、接线、测试、送电合闸、运行等与杆上变压器相同。

安装好后，应在变压器周围装设防护围栏，高度不小于 1.70m，与变压器距离大于或等于 2.0m，并挂"禁止攀登，高压有电"。落地变台的布置如图 2-12 所示。安装方法同前。

架空线路经过安装测试试运行后，即可交付正式运行。

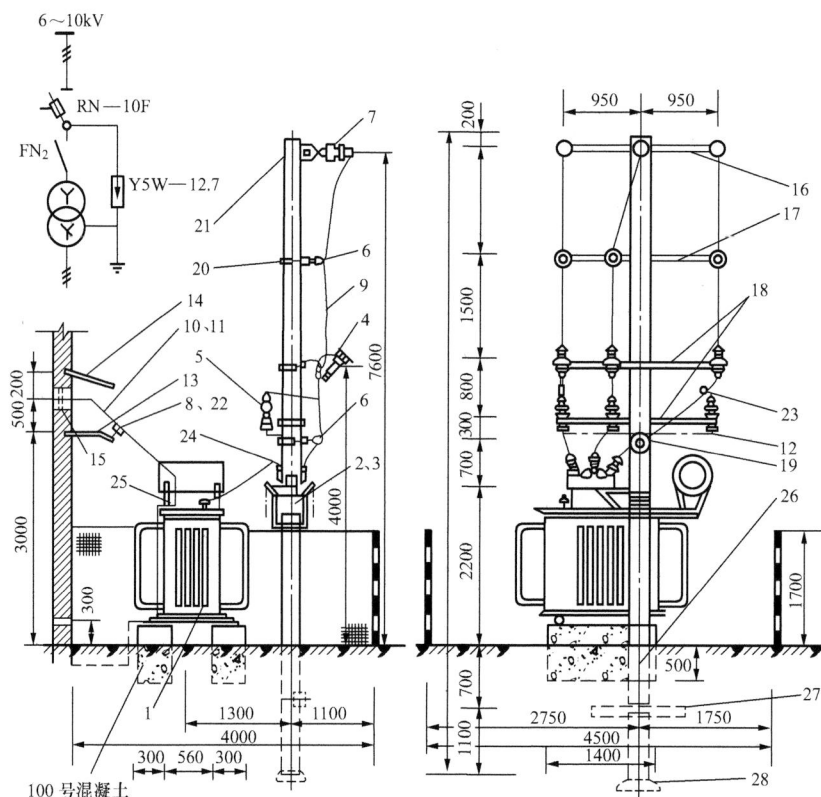

图 2-12　室外落地变压器台布置图

1—变压器；2—负荷开关；3—负荷开关支架；4—跌落保险；5—避雷器；6—针式绝缘子；7—悬式绝缘子；8—支柱绝缘子；9—高压母线；10—低压母线；11—中性母线；12—避雷器接地线；13—低压母线支架；14—防雨罩；15—穿墙隔板；16—双横担；17、18—单横担；19—绝缘子抱箍；20—抱箍；21—螺栓；22—母线固定金具；23—内沟线夹；24—设备线夹；25—铜铝过渡板；26—电杆；27—卡盘；28—底盘

思 考 与 练 习

1. 变压器由哪些元件构成？其基本结构如何？
2. 变压器可以不进行芯部检查的条件是什么？
3. 简述变压器附件安装的内容。
4. 附件安装结束后变压器如何补油？
5. 试述变压器吊罩检查的步骤与方法。
6. 安装后变压器交接试验内容有哪些？
7. 简述室外杆上配电变压器的安装内容。

第三章　高低压开关设备

第一节　高压开关概述

一、高压开关的功能及分类

在电力系统中，高压开关是最重要的电气设备之一，它是用于分断或接通电压为 3kV 及以上线路的机械开关装置，其所承担的任务：正常工作情况时，可靠地接通或断开电路；通过高压开关的切换操作灵活地改变运行方式；系统发生故障时，迅速地切除故障，以保证非故障部分能够正常运行；在设备检修时隔离带电部分，以保证工作人员的安全。

通常，根据高压开关在电路中担负的任务不同将其分为高压断路器、隔离开关、负荷开关和熔断器等几类（见表 3-1）。此外，还可按其所控制电路的性质（交流与直流）、应用环境（户内与户外）、灭弧介质、结构特征等进行分类。

表 3-1　　　　　　　　　　高压开关的分类及功能

分　类	主要作用	正常负载电流			短路电流			执行标准
		长期承载	开断	关合	短时承载	开断	关合	
断路器	控制、保护	√	√	√	√	√	√	IEC 60056；GB 1984
负荷开关	控制	√	√	√	√		(√)	IEC 60265；GB 3804；GB/T 14810
隔离开关	保护、安全隔离	√			√			IEC 60129；GB 1985
熔断器	保护	√			√	√		IEC 60282.1～2；GB 15166.2～5

注　√—有此功能；(√)—有的具备此功能。

二、高压开关的基本组成部分及功能

各种高压开关均由五个基本部分组成（见表 3-2），其中操动机构可根据性能要求选配。

表 3-2　　　　　　　　　　高压开关的基本组成部分及功能

组成部分	功　　能	主要零部件
合、分单元	分断或接通线路、安全隔离电源、使停止运行的线路及设备可靠接地	主导电回路、主触头、主灭弧室、辅助灭弧室、辅助触头、并联电阻、并联电容
绝缘支撑	可靠支撑合、分单元，并保证各种绝缘要求	瓷、环氧树脂、SMC、DMC 及其他绝缘材料制成的支柱、管、棒及其他制品
操作传动件	组合分单元的触头、动作阀门或其他操作元件传递操作指令及能量	各种连杆、拐臂、齿轮、绝缘拉杆或转动绝缘棒管、气动、液压管道等
基座	合分单元及整台产品的支承和安装基础	底座、金属壳体
操动机构	执行操作指令、提供操作能量、实现各种分合闸操作程序	弹簧、电磁、液压、气动、手动机构的本体及其配件

三、高压开关的主要技术参数

高压开关的主要技术参数见表 3-3。

表 3-3　　　　　　　　　　高压开关主要技术参数

名　称	单　位	定　义
额定电压	kV	根据规定的工作条件，由制造厂确定的电压。其数值等于所在系统的系统最高电压，线电压有效值
额定绝缘水平	kV	表征产品绝缘耐受能力的一组电压值 ≤363kV：额定雷电冲击电压和短时工频耐受电压 ≥363kV：额定操作和雷电冲击耐受电压
额定电流	A	可以长期承载的电流有效值（由制造厂规定）
额定短路开断电流	kA	在规定条件下，开关能正常开断的最大短路电流有效值
额定短路关合电流	kA	在规定条件下，开关能正常关合的最大短路峰值电流
额定短时耐受电流	kA	开关在闭合位置下，在规定时间内能耐受的最大短路电流有效值
额定峰值耐受电流	kA	开关在闭合位置下，能耐受的最大短路峰值电流
开断时间	s 或 ms	从开关接到分闸命令起，至各极中的电弧最终熄灭为止的一段时间
关合时间	s 或 ms	从开关接到合闸命令起，至某一极中的首先流过电流瞬间为止的一段时间

注 额定短时耐受电流和额定短路开断电流数值相等；额定短路关合电流和额定峰值耐受电流数值相等，且为额定短路开断电流的 2.5 倍。

除了表 3-3 所列参数外，高压开关的主要技术参数还包括断流容量、操作循环、合闸与分闸装置的额定操作电压等。

第二节　高压断路器

一、概述

（一）高压断路器的用途和型号

1. 高压断路器

高压断路器是指能带电切合正常状态的空载设备和能开断、关合和承载正常负荷电流，并且能在规定的时间内承载、开断和关合规定的异常电流（如短路电流）的高压电器，且工作电压为 3kV 及以上的断路器。

2. 高压断路器主要功能

高压断路器在关合状态时应为良好的导体，能承受正常工作电流和规定的短路电流的热效应和电动力效应的作用；断口间、相与相间具有良好的绝缘性能；在关合状态的任何时刻，在不发生危险过电压的情况下，应能在尽可能短的时间内开断额定电流及以下的电流；在开断状态的任何时刻，应能在较短时间内安全地关合规定的短路电流。

3. 高压断路器的型号

断路器的类型和性能特征是用汉语拼音字母和数字来表示的，依次如下所示：

（1）断路器的种类：S—少油，K—压缩空气，Z—真空，L—六氟化硫，Q—自产气，C—磁吹。

（2）使用场所：N—屋内，W—屋外。

（3）拼音文字之后的数字依次表示：设计序号、额定电压（kV）、额定电流（A）、额定开断电流（kA）。

（4）在额定电压数字后有时用拼音字母表示特殊性能，如 G—改进型，W—防污型等。

4. 高压断路器的类型

实际生产中通常按触头所处的介质或环境条件来划分高压断路器，其分类及主要特点见表 3-4。有时也可以根据用途不同分为发电机保护用、输电用、配电用和特殊用途的高压断路器。随着用户对断路器少维护、免维护要求的越来越高，也可将断路器分为一般（A 级）断路器和少维护（B 级）断路器。

表 3-4　　　　　　　　　　交流高压断路器的分类及主要特点

类　别		灭弧方式或特征	优　缺　点
油	多油	均具有灭弧室，油中自能式油气吹熄电弧	结构简单，制造方便，成本较低，技术性能较差，维修工作量大，变压器油易燃易爆，并可能引发次生事故，已被列入淘汰产品
	少油		
压缩空气		利用压缩空气吹熄电弧	能流及开断能力大，动作时间短，结构复杂，工艺要求高，噪声大，需配置压缩空气系统。除大电流发电机保护用断路器外，已属淘汰产品
六氟化硫（SF_6）		利用 SF_6 气体特殊的热化学性和强电负性，并靠电弧和气体的相对运动来熄灭电弧	能流及开断能力大，断口电压高，技术性能好，使用寿命长，结构较简单，但工艺要求高
真空		在高真空容器中使电弧熄灭	开断能力大，技术性能好，寿命长，可频繁操作，少维修，环境污染小，在电感性小电流和容性电流开断时可能产生操作过电压
磁吹		应用磁场及缝隙在空气中冷却熄灭电弧	额定电压低，技术参数差，结构复杂，体积大，仅用于户内，已很少使用
固体产气		利用固体产气材料受电弧作用的分解气体吹熄电弧	结构简单，制造方便，重量轻，技术参数低，噪声较大，检修工作量大，用于户外时易受环境条件的影响

（二）高压断路器的基本结构

高压断路器的类型很多，结构比较复杂，但从总体上由以下几部分组成：

（1）开断元件。包括断路器的灭弧装置和导电系统的动、静触头等。

（2）支持元件。用来支撑断路器器身，包括断路器外壳和支持瓷套。

（3）底座。用来支撑和固定断路器。

（4）操动机构。用来操动断路器分、合闸。

（5）传动机构。将操动机构的分、合运动传动给导电杆和动触头。

（三）主要类型断路器的特点

实际生产中常用的高压断路器主要是油断路器、真空断路器和六氟化硫（SF_6）断路器。这三类断路器各有特点，现分述如下。

1. 油断路器的特点

油断路器作为第一代产品，在过去和现在都发挥了极为重要的作用，而且至今在我国电力系统中仍占有相当大的比重，但它存在下列突出的缺点：

（1）油断路器以变压器油作灭弧介质，变压器油是可燃液体，在电弧作用下会分解出大量易燃气体，在一定条件下甚至可发生爆炸，不能满足防火安全的要求。因此，大型建筑物的底层或地下室内的高压配电室中不允许采用油断路器，有易燃易爆气体的化工、矿山企业也不能采用油断路器。

（2）不允许频繁操作。油断路器切断电流熄灭电弧要经历一个过程，变压器油受电弧作用分解出的气体需要一定的时间才能消散，油断路器油筒中的油气压力的缓解也需要时间。

频繁操作轻则引起喷油，重则导致断路器爆炸。

（3）油断路器中的变压器油可能会造成环境污染。随着整个社会对环境保护的要求越来越高，油断路器的污染问题变得越来越突出。

（4）油断路器需要维修的零部件较多，维修的项目和工作量较大，维修时间长且周期较短，因而维修费用高。当今，新的设备管理观念要求设备的维修周期尽可能长，甚至是无检修期（免修），油断路器作为重要的电气设备，难以满足这一要求。

以上诸多缺点决定了油断路器将被逐渐淘汰，然而由于各种原因，当前电力系统中仍有较大数量的油断路器在运行使用中。

2. 真空断路器的特点

（1）真空断路器以真空作为绝缘介质，没有油或其他易燃易爆物质，具有很高的可靠性和安全性。它的动、静触头皆密封在真空泡内，分合电流引起的电弧被密封在真空管中，产生的炽热气体不外泄，无爆炸危险，这对于防火防爆要求较高的工矿企业，优点是很突出的。

（2）操作简单，电气寿命长（比油断路器长 50～100 倍），维修工作量小，真空断路器中的真空开关管本身无需维修。

（3）灭弧能力强，燃弧时间短，动作快，一般全开断时间都小于 0.1s。

（4）真空断路器在分断电流时，电弧在真空中很快熄灭，然后真空的绝缘性能迅速恢复。此外，真空断路器的开关动作行程小，动导电杆惯性小，很适合频繁操作的场合使用。其不足之处是操作过电压高，需要采取限制过电压的措施。

（5）对环境无污染，也不存在介质劣化问题。

以上特点决定了真空断路器在一定电压范围内必将取代油断路器。

3. 六氟化硫（SF_6）断路器的特点

（1）绝缘性能好，结构设计更为紧凑，节省空间，操作功率小，噪声小。

（2）检修周期间隔长，寿命长，适用于频繁操作。如 LN2-10 型断路器开断额定电流 2000 次，或操作 6000 次，或运行 10 年后才需检修。

（3）使用安全、可靠，无火灾、爆炸危险。

（4）要求密封良好，防止漏气和潮气侵入，故对加工工艺和材料性能要求高。

（5）可以发展为全封闭组合电器，节省大量土地，降低投资和运行成本。

根据以上对三种主要类型断路器特点的比较可知，SF_6 断路器与真空断路器一样都具有很好的短路电流开断能力，两者都能满足配电系统的要求。比较而言，真空断路器更适用于操作特别频繁的场合，如电弧炉、高压电动机、电力电容器组的控制。

真空断路器易产生较高的操作过电压，真空开关管的制造工艺也较复杂。

SF_6 断路器和真空断路器一样，维修非常简单。但 SF_6 的电弧分解物有毒，因此检修其灭弧室时要采取防护措施，防止人员中毒，而真空断路器不存在这个问题。

真空断路器的价格比 SF_6 断路器稍低，但两者价格均比油断路器高得多，价格成为推广使用这两种性能优良的断路器的主要障碍，随着我国制造技术、工艺水平的不断提高，相信价格问题将逐渐解决。SF_6 断路器和真空断路器必将取代油断路器。

二、真空断路器

（一）真空断路器的结构

真空断路器的型号很多，但结构上大同小异，本节以 ZN12-10 型真空断路器为例，对真空断路器作概括性介绍。

真空断路器主要由真空灭弧室（又叫真空开关管）、支撑部分及操动机构组成。图 3-1 所示为 ZN12-10 型真空断路器总体结构图。

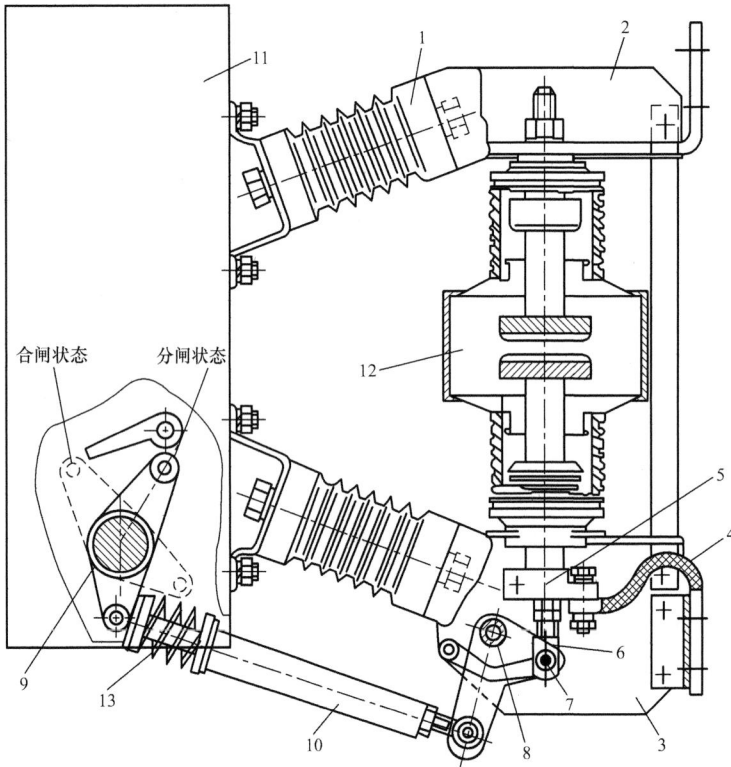

图 3-1　ZN12-10 型真空断路器总体结构图

1—绝缘子；2—上出线端；3—下出线端；4—软连接；5—导电夹；6—万向杆端轴承；7—轴销；8—杠杆；9—主轴；10—绝缘拉杆；11—机构箱；12—真空灭弧室；13—触头弹簧

1. 整体结构

如图 3-1 所示，在用钢板焊接而成的机构箱 11 上，固定着六只环氧树脂浇注绝缘子，每相两只，上边一只，下边一只。三只灭弧室（真空开关管）通过上、下出线端 2、3 固定在绝缘子上。下出线端上装有软连接 4，软连接 4 与真空灭弧室动导电杆上的导电夹 5 相连。在动导电杆底部装有万向杆端轴承 6，该轴承通过轴销 7 与下出线端上的杠杆 8 相连，断路器主轴 9 通过三根（每相一根）绝缘拉杆 10 把力传递给动导电杆使断路器合闸或分闸。

2. 真空灭弧室（真空开关管）

真空灭弧室由气密绝缘系统、导电系统和屏蔽系统组成，图 3-2 所示为真空灭弧室的剖面图。

（1）气密绝缘系统。气密绝缘系统一般由气密绝缘筒、端盖和波纹管组成。气密绝缘筒可由硬质玻璃、陶瓷或微晶玻璃制成。图 3-2 中是由一个金属圆筒屏蔽罩和上、下两只瓷管分别封在一起作为外壳，上、下两只瓷管分别封在上、下法兰盘上，动、静触头分别焊在动、静导电杆上。静导电杆焊在上法兰盘上，动导电杆与波纹管焊接在一起，波纹管的另一端焊在下法兰盘上，由此形成一个密封的腔体，该腔体抽成真空。分、合闸操作时，动导电杆上下运动带动波纹管被压缩或拉伸，而灭弧室的真空度不变。由于动触头的行程只有（11±1）mm，所以波纹管的运动并不剧烈，因而波纹管的寿命可以很长，一般在 10～20 年内真空灭弧室的真空度都不会降低到规定值以下。

（2）导电系统。导电系统由静导电杆、静触头、动触头、动导电杆、导向套等组成。合闸时，操动机构带动动导电杆向上运动，使动触头与静触头接触闭合，为减小触头间的接触电阻且保持稳定，同时为了保证承受短路电流时具有可靠的稳定性，动导电杆外设置有导向套，并用一组压缩弹簧使触头间保持一定的压力。分闸时，操动机构带动动导电杆向下运动，两触头分离并产生电弧，电流自然过零时电弧熄火，完成电路的开断。

真空断路器的触头材料对电弧的形成与熄灭影响很大，真空灭弧室的性能主要取决于触头材料。真空断路器与其他断路器一样，要求触头材料具有较大的开断能力、较高的耐压水平、较好的抗电磨损能力、尽可能低的含气量和较好的抗熔焊性能。

近年来，通过理论和实践研究，找到了两类适合做真空断路器触头的合金材料：一类是以良导电金属为主体的合金，如以铜为主体的铜铋（Cu—Bi）、铜铋铈（Cu—Bi—Ce）、铜碲（Cu—Te）、铜铟（Cu—In）和铜铬（Cu—Cr）合金，这些合金材料的整体特性发生了质的变化，提高了抗熔焊性能，降低了截流水平，降低了电弧电压，电弧比较稳定，这类材料的触头现在使用最多；另一类是以难熔金属为主体的合金，如以钨为骨架，加入少量铜、铋、锆等，均匀分布在钨骨架间隙中，这样形成的合金既抗熔焊，截流水平又低，但由于受极限开断电流的限制，目前这类材料使用得并不多。

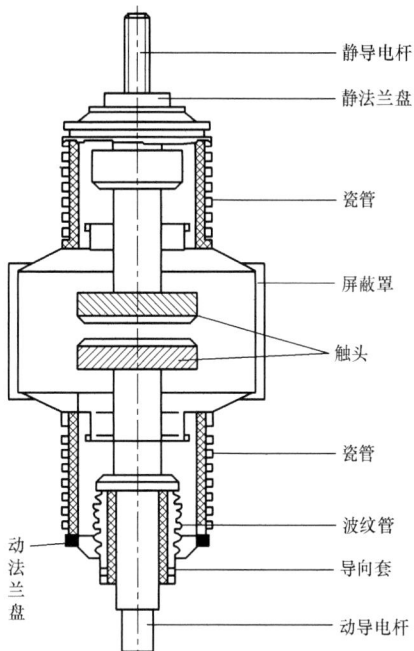

图 3-2　真空灭弧室的剖面图

国产真空断路器触头的结构大致有三种：圆柱形触头、带有螺旋槽距弧面或带斜槽的杯状的横向磁场触头以及单极纵向磁场触头。

（3）屏蔽系统。屏蔽系统主要有三个作用：

1）防止触头在燃弧过程中产生的大量金属蒸气和液滴喷溅污染真空灭弧室绝缘外壳的内壁，造成外壳绝缘下降或产生闪络放电。

2）改善真空开关管内部的电场分布，有利于真空灭弧室的小型化。

3）吸收部分电弧能量，冷凝电弧生成物，提高触头间的介质恢复速度，增加开断容量。

屏蔽系统由屏蔽筒、屏蔽罩和其他辅助零件组成，按支撑方式不同可分为多种结构形式。

3. 操动机构

真空断路器的操动机构主要有电磁式、弹簧储能式和直线电机式三种类型。目前 10kV 系统中主要采用电磁式操动机构，10kV 以上系统中趋向于使用电动弹簧储能式操动机构，直线电机式操动机构目前应用还不普遍。

（二）真空断路器的灭弧原理

1. 真空电弧的产生

正常运行时，真空灭弧室内封闭的动、静触头中流过工频交流电流，当断路器分断时，动触头快速离开静触头，在电极（触头）刚分离的瞬间，电流将集中到触头的几个点上，表现为电极间电阻的急剧增加、温度急剧升高，致使电极这几个点处金属蒸发，同时形成极高的电场强度，导致强烈的"场致发射"及间隙击穿，从而形成真空电弧。真空中的电弧与空气或油中的电弧在形成方式和特性方面有着本质的不同。

2. 真空电弧的两种形式

真空电弧有扩散型和收缩型两种。

（1）扩散型真空电弧。电弧电流集中在阴极的几个点上，电流密度在 $10^4\,A/cm^2$ 以上，阴极的这几个局部区域的金属不断熔化和蒸发，并在阴极上形成斑点。电流频率为 $50Hz$，电弧存在半个周内。在半周内，一个触头是阳极，另一个触头则为阴极，在阴极上出现的斑点叫阴极斑点。阴极斑点将不停地运动，由电极中心向电极边缘运动，到达边缘时这个阴极斑点就熄灭了，但在电极中心又产生了新的斑点。阴极斑点的运动对真空灭弧室极为有利，它使阴极斑点经过的电极表面加热时间很短，只有表面极薄的一层金属熔化，只要阴极斑点一离开，在几微秒内，熔化的金属表面层就会冷却凝固，且阴极表面不会出现大面积的熔化区。

（2）收缩型真空电弧。电弧电流不超过 $8\times10^3\,A$ 时形成扩散型电弧，当电流超过 $10\times10^3\,A$ 时，电弧的外形突然发生变化，出现收缩型电弧。这时阴极斑点不再向四周作扩散运动，而是互相吸引，所有的阴极斑点聚集成一个斑点团，阳极上出现阳极斑点，且阴极斑点团和阳极斑点几乎不移动，因此两极表面都被局部强烈加热，会导致严重熔化。

3. 真空电弧的灭弧原理

真空电弧是依靠电极斑点上挥发出来的金属蒸气维持的。当电极上的工频电流过零时，热斑点很快冷却，相应的蒸气密度也迅速降低，所以电极间的介质强度也迅速恢复。相对于其他灭弧介质而言，真空介质恢复绝缘的速度要快得多，因而电弧能够快速熄灭。

显而易见，切断的电流比较小，电弧为扩散型时，灭弧就容易一些；但如果切断的电流很大，电弧为收缩型时，灭弧就困难得多，有时甚至会导致灭弧失败。

扩散型电弧的热斑点面积小、深度浅、时间常数小、易被切断；收缩型电弧的热斑点面积大、深度深、时间常数大，即使电流已过零值，电极还在旺盛地发射金属蒸气，从而导致绝缘恢复慢，以致可能限止不了电弧的重燃，使灭弧失败。

因此，灭弧系统的任务就是尽量使电弧维持为扩散型。当电流很大，电弧由扩散型转化为收缩型时，要设法提高转化电流值；另外，在电流过零之前，一定要把收缩型电弧转化为扩散型电弧，以利于灭弧。

为达到这一目的，一是要采用更好的电极材料，二是应设计出更好的电极形状（结构）。

（三）真空断路器的过电压及其防护

任何开关在切断电流时，一般都要产生过电压现象，但对于真空断路器，过电压问题更为突出，成为使用真空断路器时不可忽视的重要问题。过电压产生的主要原因及其类型主要有：①截流过电压；②多次重燃过电压；③开断容性负载过电压；④接通过电压。

真空断路器过电压可采取的防护措施有：①采用低截流水平、低重燃率的真空断路器；②负荷端并联电容器；③负荷端并联电阻——电容；④采用避雷器限制过电压。

（四）真空断路器的型号

$10kV$ 户内真空断路器的型号为 ZN□-10，其中，小方框内为设计序号，设计序号的取值范围为 $3\sim43$，除了设计序号为 6、23、39、42 的真空断路器的电压等级不是 $10kV$ 外，其他型号断路器的电压等级均为 $10kV$。

（五）真空断路器的用途

高压断路器是高压开关设备中最重要、最复杂的一种。

高压断路器有完善的灭弧系统，不仅可以分、合断路器的额定电流，还可以切断短路故障电流，因此断路器的主要用途是作为中、大型重要电气设备（如变压器、高压电动机等）或电气线路的主开关，用它来分、合正常情况下的负荷电流，或者用来切除故障情况下的短路电流。

在继电保护装置的配合下，高压断路器能自动切断故障电流，此时高压断路器是继电保护装置的执行元件。

在自动装置的配合下，高压断路器能实现自动重合闸、备用电源自动投入等功能，此时，有关信号由自动装置进行接收、判断、处理，最终由断路器执行。

高压断路器在断开位置时没有明显的断开点，为了保证检修时停电的可靠性，在断路器与电源之间必须串接一台隔离开关（电源侧的隔离开关）。

（六）真空断路器的安装

因为真空断路器在出厂前已经经过了认真的装配、仔细的调整和出厂试验检查，因此安装前一般不需要拆卸调整，只需在检查并确保各连接螺钉无松动后，再用绝缘电阻表检测其绝缘电阻值，应保证在合闸状态，每相对地绝缘不小于 $1000M\Omega$；分闸状态下，动静触头间的绝缘电阻同样不应小于 $1000M\Omega$。

真空灭弧室的真空度可用工频交流耐压试验法进行检查，即分闸状态下，在动静触头间加上 $42kV$ 的工频电压，耐压 1min 后应无异常；合闸状态下，在触头与基座间加上 $38kV$ 的工频电压，耐压 1min 后也应无异常情况。

在合闸状态时，用双臂电桥检查断路器每相动、静触头间的接触电阻，其值应不大于 $25\mu\Omega$。

最后进行的是传动试验。首先手动分、合闸 3～5 次，应无异常；在额定操作电压下进行电动分、合闸 3～5 次，应无异常；再以 80%、110% 的额定合闸电压进行合闸，以 65%、120% 的额定分闸电压进行分闸，各操作 3～5 次，应无问题；最后以 30% 的额定分闸电压进行操作，应不能分闸。

完成以上各项检查后，真空断路器即可投入运行。

对于运行中的真空断路器，其日常巡视项目比较简单：首先，断路器的分、合闸状态应与模拟板指示一致；其次，观察有关仪表和继电保护装置，工作应正常；最后，应无异常声响和气味。

操作简单、使用方便和维修工作量小是真空断路器的突出优点之一。真空断路器的日常维护工作主要有：保持绝缘子、绝缘杆、绝缘件的清洁干燥；活动摩擦部位保持有适量的润滑油，操动机构应动作灵活，磨损严重的零件应及时更换；紧固件应保持紧固，不得松脱。对于有条件能观察到开断电流时电弧颜色的，要认真观察，以便及时发现真空度的不足。

真空灭弧管真空度的检查方法主要有三种：

（1）火花计法。将高频火花发生器打开，让其触丝在灭弧管玻璃壳表面移动，如管内有淡青色辉光，则管内真空约在 $5\times10^{-3}Pa$ 以上；有红蓝色光，则灭弧管已失效；如不发光，则管内处于大气状态。

（2）观察开断电流时的弧光。正常时颜色为淡青色，经屏蔽筒反射后呈黄绿色，如弧光为紫红色则可能已失效。

（3）工频耐压法。这是一种常用的比较可靠的方法。当动静触头分离至额定开距时，在触头间施加一定的工频电压，耐压 1min 后，无击穿则合格。

（七）真空断路器的运行维修

在运行和维护过程中，除应注意断路器分合闸时的位置、绝缘子的工作状况、运行温度的变化等常规项目以外，还应加强灭弧室真空度的管理，确保灭弧室完好，无漏气现象发生。正常情况下，灭弧室内零件不应被氧化，屏蔽罩内颜色应无变化。开断电路时的分闸弧光呈微蓝色；在分闸状态下，当一侧触头带电时，外壳内壁不能出现红色或乳白色。

三、六氟化硫（SF₆）断路器

（一）概述

六氟化硫断路器以 SF_6 气体为绝缘和灭弧介质。近年来，在额定电压为 72.5kV 及以上的高压及超高压系统中，SF_6 断路器已成为主导产品，在 12～40.5kV 的中高压领域中也得到较多的应用。我国生产的 SF_6 断路器产品适用范围为 10～500kV，有 LW（户外）和 LN（户内）等系列，目前国际上已有额定电压为 765kV 成熟的产品，而且还发展到以六氟化硫（SF₆）断路器为核心的全封闭组合电器（GIS）。

（二）六氟化硫断路器分类

按使用场所不同，SF_6 断路器可分为户外式和户内式；按总体结构布置不同，可分为绝缘子支持式、落地罐式和手车式（中高压）；按使 SF_6 气体运动所利用的能源不同，可分为外能灭弧式、自能灭弧式和综合灭弧式；按开断过程中灭弧装置的工作原理和特点不同，可分为压气式、热膨胀式、磁吹旋转电弧式（旋弧式）和混合式。

（三）六氟化硫断路器的灭弧结构

1. 压气式 SF₆ 断路器

早期的气吹式 SF_6 断路器采用的是双压式。随着单压式 SF_6 断路器性能的不断完善，双压式已完全被单压式所取代。

单压式（压气式）SF_6 断路器是在双压式基础上发展起来的，断路器在静止常态（无论是闭合位置或断开位置）时只有单一压力的 SF_6 气体系统。在开断过程中，利用触头及压气缸的运动（活塞为静止的）产生压气作用，在触头喷口间产生气流吹弧。单压式灭弧室具有定熄弧距、变熄弧距两种结构类型，如图 3-3 所示。对于压气式 SF_6 断路器而言，提供尽可能大的分断操作力是提高其开断能力的有力措施。

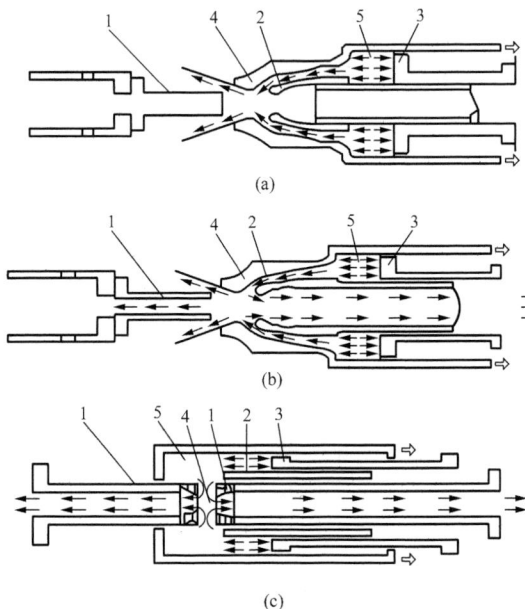

图 3-3　单压式灭弧原理

（a）变熄弧距单吹；（b）变熄弧距部分双吹；（c）定熄弧距双吹
1—静触头；2—动触头；3—活塞；4—喷口；5—压气室

2. 自能热膨胀 SF₆ 断路器

自能热膨胀 SF_6 断路器的灭弧室主要是利用电弧本身的能量加热 SF_6 气体，使储气缸内的压力升高，与气缸外产生一个压力差，产生气流吹向电弧而使之熄灭。

由于纯粹的自能热膨胀灭弧室不能兼顾开断大电流和开断小电流两者的矛

盾，难于在实际断路器中被单独使用。图 3-4 所示为自能热膨胀 SF$_6$ 断路器灭弧室原理图。图中实际上是自能热膨胀与辅助压气两者组合的混合式结构，这种结构由于没有大面积的活塞压气作用，分断时的操作力可大大减小，可以使用可靠性较高的弹簧操动机构，具有良好的发展前景。

3. 旋弧式 SF$_6$ 断路器

旋弧式 SF$_6$ 断路器的灭弧室工作原理如图 3-5 所示，它主要是利用开断电流通过驱弧线圈所产生的磁场驱动电弧作径向旋转运动，从而熄灭电弧。若改变结构设计，也可使电弧作纵向（轴向）旋转运动。为增强开断小电流时的熄弧能力，有时也带有辅助压气室。

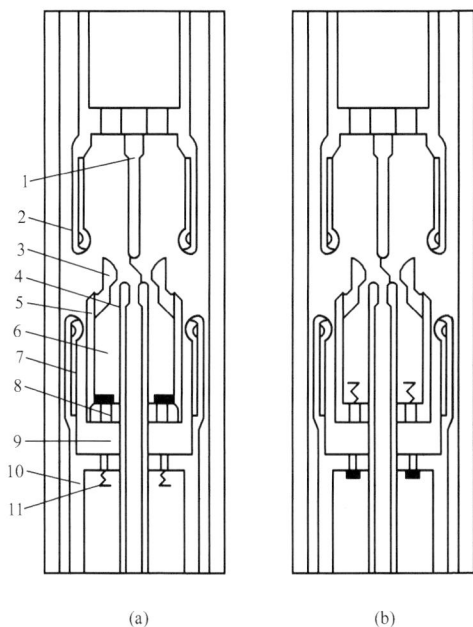

图 3-4　自能热膨胀 SF$_6$ 断路器灭弧室工作原理
（a）短路电流开断；（b）小电流开断
1—静弧触头；2、5—主触头；3—喷口；4—动弧触头；6—压力室；7—中间触头；8、11—阀；9—辅助压气室；10—气缸

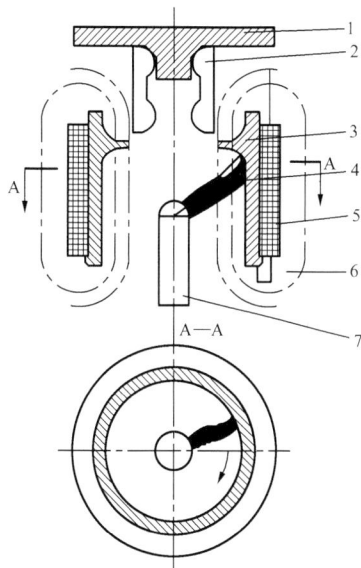

图 3-5　旋弧式 SF$_6$ 断路器灭弧室原理图
1—静触头座；2—静触头；3—圆筒电极；4—电弧；5—驱弧线圈；6—磁通；7—动触杆

（四）SF$_6$ 断路器的运行维护

（1）经常检查断路器本体。本体应清洁，无严重污秽现象；绝缘子完好，无破损、无裂纹、无放电痕迹和闪络现象。

（2）检查运行的声音。断路器内无噪声和放电声；断路器各部分通道应无漏气声和振动声。

（3）SF$_6$ 气体压力的检查。断路器内 SF$_6$ 气体的额定压力一般为 0.4～0.6MPa（20℃），应保证其处于正常范围。

（4）断路器运行温度的检查。断路器接头处及流通部位应无过热及变色发红现象，否则应停止运行，待消除后方可投入运行。

四、油断路器

（一）油断路器的结构及工作原理

按充油量的不同，油断路器可分为多油断路器和少油断路器两种。多油断路器中的变压器油既起绝缘作用，又起灭弧作用；少油断路器中的变压器油只起灭弧作用。

1. 多油断路器

10kV 的多油断路器既有户内式也有户外式，这种断路器的三相一起装于一个油箱内，箱内设有灭弧装置。

35kV 的多油断路器都是户外式的。结构上，有的是将三相置于同一个椭圆形油箱内，有的是将三相分别置于三个油箱内。图 3-6 所示为 DW-35 断路器示意图，由三个单相油箱和一个支架组成，每个油箱内装有传动机构和灭弧室。触头的导电部分每相有两个断口，动触头的导电部分成"U"形，浸在变压器油中，经过电容套管接于电路中，每个套管的下端

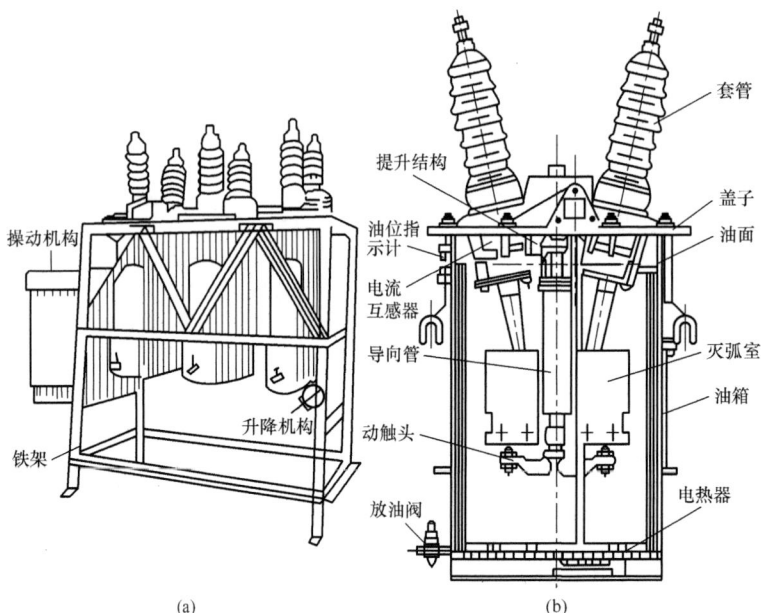

图 3-6　DW-35 型多油断路器示意图
(a) 外形；(b) 一相内部结构

装入套管型的电流互感器。合闸时，操动机构带动三相传动机构使绝缘提升杆上升，动触头接触静触头，电路接通；分闸时，提升杆向下运动，动触头和静触头分开而切断电路。

断路器的每相有两个断口，因此每相有两对触头、两个灭弧室，静触头装在灭弧室内，采用横吹的灭弧原理。

多油断路器虽然结构较简单，外壳不带电，但体积庞大而笨重，耗用钢材和变压器油较多，现在已经很少使用。

2. 少油断路器

少油断路器中的变压器油只作灭弧介质和触头间隙的绝缘之用，导电部分之间及其对地绝缘是利用空气、陶瓷或其他绝缘材料来实现的。这种断路器体积小、油量少、节省钢材、防爆防火、使用安全，比多油断路器优越，曾经获得广泛的应用，目前电力系统中还有相当一部分少油断路器仍在运行使用之中。下面介绍一种仍在广泛使用的 SN10-10 系列 10kV 户内少油断路器。

该断路器的外形结构如图 3-7 (a) 所示，它主要由框架、传动部分和油箱三部分组成。三相油箱分别通过支持绝缘子固定在框架上。油箱上端装有静触头，通过上接线端与外电路

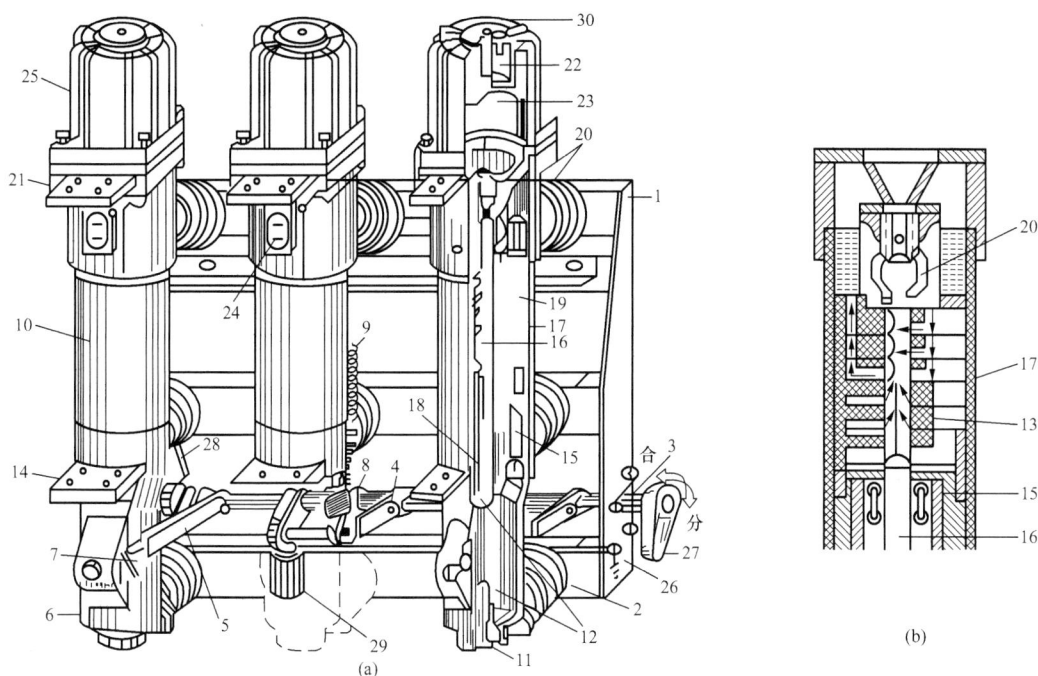

图 3-7　SN10-10 型少油断路器

(a) 外形结构；(b) 灭弧室结构

1—框架；2—支持绝缘子；3—主轴；4—主拐臂；5—绝缘拉杆；6—底罩；7—拐臂；8—分闸弹簧拐臂；9—分闸弹簧；10—油箱；11—放油阀；12—油缓冲器；13—隔弧板；14—下接线端；15—滚动触头；16—导电杆；17—绝缘筒；18—压环；19—灭弧室；20—静触头；21—上接线端；22—油气分离器；23—空气室；24—油标；25—上帽；26—接地螺钉；27—连接机构孔；28—分闸定向件；29—缓冲橡皮垫；30—注油孔

相连；油箱下端装有滚动触头，通过下接线端与外电路相连。导电杆通过滚动触头与下接线端进行电气连接，导电杆上下移动时，滚动触头也会沿着下接线端内壁上下滚动。滚动触头装有压缩弹簧，弹簧能使下接线端内壁和导电杆之间紧密接触，导电杆上端有可更换的银钨合金动触头，并有弹簧压紧防松。可见，导电回路由上接线端→静触头→导电杆→滚动触头→下接线端等组成。

油箱上端是上帽，上帽内装有油气分离器。在灭弧过程中，高温高压的油气喷至上帽时，经过分离器后使油滴流回油箱，将气体排出。

油箱中部是灭弧室，如图 3-7（b）所示，外面套有高强度的绝缘筒，灭弧室由新型耐弧材料三聚氯胺玻璃压制的六片不同形状的隔弧片组叠而成。当导电杆离开静触头时，会产生电弧，由隔弧片构成纵向和横向吹弧通道，吹冷电弧，再加上附加的油流射向电弧。这两方面综合作用，使电弧熄灭。

油箱上出线端的外侧装有可以观察油箱内油位变化的油标。

断路器的传动部分由主轴、拐臂、绝缘拉杆和分闸弹簧等组成。断路器的分合闸操作由操动机构通过传动部分实现。断路器的操动机构有手动操动机构、电磁操动机构和弹簧操动机构等。

（二）SN10-10 型少油断路器的安装和调整

各种断路器的安装和调整有各自的具体规定，不同型号断路器的正确安装需依据生产厂商提供的"安装使用说明书"。这里以 SN10-10 型少油断路器为例作简单的说明。

1. 安装

SN10-10 型少油断路器是用螺栓固定在墙上、手车或开关柜的构架上。安装前，应对断路器的各部分进行外观检查，拧紧本体各部的螺钉，然后吊装到预埋的螺钉或打好孔的支架上进行固定。安装时应注意：

（1）断路器应垂直安装。铅垂度可以通过调节固定螺钉的距离，增减螺钉的垫圈数目等方法来实现。

（2）断路器相间的中心距离应为（250±1）mm，可通过变动油箱在框架上的位置来调整。

（3）一般情况下，SN10-10 型少油断路器已由制造厂调整合适，如果在运输过程中无严重颠簸，到现场后也可不另行拆卸、检修。如需解体灭弧室时，应依次抽出灭弧部件，进行检查、清理。回装时要注意：隔弧片的顺序和方向要正确，横吹口要畅通；校核各装配控制尺寸（可增减隔弧片之间的垫片来进行调整）；注意定位销的位置，保证第一片隔弧片上的引弧缺口或引弧片对准静触头上的铜钨合金的长触指（弧触指）；排气孔的方向应正确（背离母线，两边相排气孔向外偏转 45°，防止由于排气形成相间短路）。

（4）油断路器各部密封应良好，无渗漏油现象。安装好灭弧室后，将合格的绝缘油灌注到油位指示器两刻度线之间的位置。10kV 断路器用的变压器油的电气强度试验标准为 25kV。每组 SN10-10 型少油断路器的注油量为 5～8kg。油箱内无油时，油缓冲器不起作用，这时不允许快速操作油断路器；操作所必需的注油量不少于 1kg。

（5）绝缘件应擦净。机械摩擦部分应涂以润滑油。

（6）配制断路器和操动机构间的传动拉杆时，拉杆不得焊接，应在转轴和拐臂上钻孔，用销子固定。

（7）接地线应接触良好。

（8）应拧紧母线的连接螺钉，并应保证不因母线连接使油断路器受到机械应力。

2. 调整

SN10-10 型少油断路器安装完毕后，应作下列调整：

（1）卸开绝缘拉杆，用手转动底座上的主拐臂，应灵活，不得有阻滞现象；如不灵活，应调整。同时，检查油箱是否垂直，消除由于油箱歪斜而造成的导电杆运动时的摩擦现象。

（2）进行合闸操作，检查动触头的总行程和超行程，使之符合调整要求，具体可调节传动拉杆或绝缘拉杆的长度。

（3）检查三相接触不同期应不大于 3mm，可通过调节绝缘拉杆的长度来实现同期性调整。调整时还应注意，三相中动触杆最高相在合闸位置以及动触杆最低相在分闸位置时都应留有一定的可调整的余量。

（4）调整分闸弹簧的初拉力和合闸缓冲器的压力，保证分合闸速度符合要求。

（三）油断路器的运行和检修

一般高压断路器在安装前及在规定事故跳闸次数后应进行解体检修（大修）。平时运行中还应进行不解体的检修（小修）。

1. 大修主要项目

（1）检修前的准备及检查。

（2）清扫表面（多油断路器）。

（3）断路器本体的分解。拆开引线、放油（多油断路器可根据情况决定）和拆卸断路器，试验变压器油的耐压。

（4）导电回路的检修（主触头、弧触头及接线端子等）。

（5）灭弧室的检修。

（6）油箱及附件的检修。

（7）绝缘子的检修。

（8）传动装置（包括多油的提升杆与横梁）及操动机构的检修（缓冲器等）。

（9）断路器本体的组装及注油。

（10）检修后的试验（插入深度、同期性、操动机构试验等）。

（11）结尾工作（拆除安全设施、收拾现场、清点工具器材等）。

2. 小修项目

小修时，在不打开油箱的情况下，进行详细检查、清扫和进行局部的维修工作。主要项目有：

（1）检查断路器和引线连接处的螺钉或线夹是否有过热、松动等异常现象。

（2）检查、清扫瓷件（瓷瓶、瓷套管）的绝缘情况，有无破损，法兰盘是否密封等。

（3）检查主触头接触情况。

（4）清扫油标，取出油样试验耐压，根据试验情况决定是否换油。

（5）检查跳闸弹簧及缓冲器。

（6）检查操动机构和传动机构，动作是否灵活可靠，销轴是否窜出，连接部分是否可靠。

（7）检查各部螺钉松紧。

（8）试验连锁部分是否灵活可靠。

（9）检修小车（开关柜、滚轮、轨道等）有无问题。

（10）清点工具、收拾现场、拆除安全设施，防止某些异物遗忘在设备上，造成事故。

3. 油断路器检修的一般要求

（1）关于油箱及其附件：

1）油箱内外应清洁，无脱漆生锈现象，否则应重新油漆。

2）油箱各焊缝处应无裂纹和砂眼，无渗油现象。

3）油箱逆止阀的动作应灵活、可靠。

4）油箱与箱盖接合处的密封垫应完好。

5）排气管应畅通，安全阀开启灵活，关闭严密。

6）放油阀、放油塞开启灵活，不渗漏。

7）油位计应清晰，不渗油。油位应在相应温度位置。管式油位计组装应垂直。室外开关的油位计顶部的防雨帽应完好。

8）断路器框架应可靠接地，地脚螺钉应紧固。

9）断路器的机械分合位置指示应清楚正确。

10）框架上提升油箱的滑轮应转动自如，钢丝绳无断股和严重断丝现象。且应定期涂黄油保护。

（2）关于绝缘子与瓷套：

1）瓷件应完整清洁，帽子上的相色标记正确明显。

2）瓷件和法兰结合处密封良好，不松动。法兰与壳体间的橡皮垫圈应完好无损。

3）用卡箍弹簧压接的瓷套，受力应均匀，不能单边受力。卡箍弹簧不变形，并涂黄油防腐。

（3）关于绝缘件的处理要求：

1）绝缘件受潮者应烘干处理，脱漆严重者应涂漆。

2）绝缘件烘干处理时，应严格控制升温速度和最高温度，防止在烘燥中开裂变形。对于纸柏或玻璃钢材料　最高温度为 $90\sim95℃$；桦木制品　$\geqslant65℃$；三聚氰氨制品　$\leqslant60℃$，且应控制升温速度不大于 $10℃/h$。

3）灭弧室最好用螺栓压紧，整体烘燥。较长的绝缘件（如提升杆等）应悬挂在烘箱中或压紧后烘燥，防止变形。

4）一般绝缘件如表面漆层脱落，用木砂纸擦净后，涂环氧树脂清漆。三聚氰氨灭弧片的表面和其他材料结构的灭弧室喷口处应涂三聚氰氨醇酸树脂清漆。

（4）关于绝缘油的一般要求：

1）注油设备内部应清洗干净，没有杂质和潮气。在正式注油前先用合格的油冲洗 $1\sim2$ 次，然后再加入合格的油。

2）一般用 10 号变压器油，在寒冷的北方，应用 25％变压器油。室外用 10 号变压器油必须装设保温设备，以便在低温时启用。

3）运行中或换油后，应从底部取油样化验。

第三节　高压隔离开关

一、概述

隔离开关俗称刀闸，它在分闸状态有明显的可见断口，并有足够的绝缘距离，因此隔离开关主要用来将需要检修的电气设备与带电部分可靠地隔离，以保证人员能安全地检修电气设备。此外，隔离开关还可用于有电压无负荷电流情况下及某些小电流电路的直接分合操作；在高压成套配电装置中，隔离开关常用作电压互感器、避雷器、厂用（所用）变压器及计量柜的高压控制电器。因为隔离开关无灭弧装置，不能用来切断负荷电流和短路电流，所以隔离开关要和断路器配合使用，分闸时，必须在断路器切断电流以后，才能拉开隔离开关；合闸时，必须先合上隔离开关，然后才能合断路器。为了防止误操作，隔离开关和断路器间一般装设机械连锁或电气连锁装置。

隔离开关的种类很多，按使用场所可分为户内式和户外式；按操作相数可分为单相和三相；按接地方式可分为带接地闸刀和不带接地闸刀；也可按闸刀运动方式或操动机构不同分类。高压隔离开关的型号见表 3-5。

表 3-5　　　　　　　　　　　高压隔离开关型号

型　号　序　列	序　列　含　义	代　号
$\boxed{1}\boxed{2}\boxed{3}-\boxed{4}\boxed{5}/\boxed{6}$	1：设备名称	G—隔离开关
	2：使用环境	W—户外；N—户外
	3：设计序号	
	4：电压等级（单位：kV）	
	5：其他特征	G—改进型；T—统一设计；D—带接地刀闸；K—快分式；C—瓷套管出线
	6：额定电流（单位：A）	

例如，GN19-10C/400 表示：隔离开关，户内式，设计序号为 19，工作电压 10kV，瓷套管出线，额定电流 400A。

二、高压隔离开关的结构

（一）户内隔离开关

常用的 10kV 高压隔离开关有 GN19-10、GN19-10C，现以 GN19-10 为例说明户内隔离开关的结构，如图 3-8 所示。

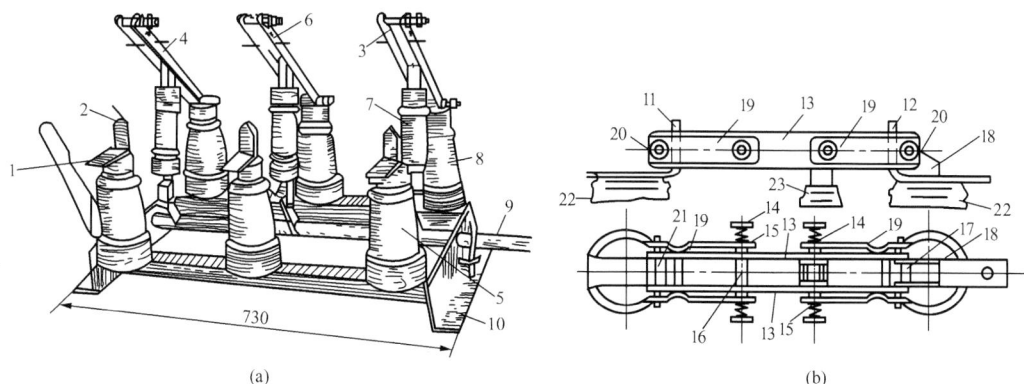

(a)　　　　　　　　　　　　　　　　　(b)

图 3-8　GN19-10 型隔离开关
(a) 外观图；(b) 载流部分结构
1—连接板；2、11、12—静触头；3、13—接触条；4—夹紧弹簧；5、8、22—支持绝缘子；6—镀锌钢片；7—拉杆绝缘子；9—传动主轴；10—底架；14—弹簧；15—杆；16—套管；17、21—轴；18—轴承；19—钢片；20—缺口；23—操作绝缘子

1. 导电部分

导电部分的静触头由一条弯成直角的铜板构成，其有孔的一端可通过螺钉与母线相连接，另一端较短（图 3-8 中零件 1、2），合闸时与动触头接触。

两条铜板组成的接触条（零件 3）构成动触头，它可绕轴转动一定的角度。两条铜板之间有夹紧弹簧（零件 4）用以调节动、静触头间的接触压力，同时在流过相同方向的电流时，两条铜板之间产生相互吸引的电磁力，这样就增大了接触压力，提高了运行的可靠性。接触条两端安装的镀锌钢片（零件 6）叫磁锁，在流过短路故障电流时，磁锁磁化后产生相互吸引的力量，加强触头的接触压力，提高隔离开关的动、热稳定性。

2. 绝缘部分

动、静触头分别固定在两套支持绝缘子（零件 12）上（型号中带有字母 C 时，表示动触头固定在套管绝缘子上）。瓷质绝缘的拉杆绝缘子（零件 7）使动触头与金属和接地传动部分相互绝缘。

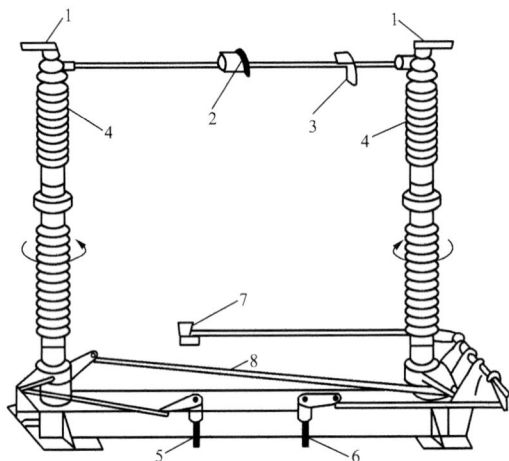

图 3-9　GW4-110D 型双柱式隔离开关外形图（任一相）

1—接线座；2—主触头；3—接地刀闸触头；4—棒形支柱绝缘子；5—隔离开关传动轴；6—接地刀闸传动轴；7—接地刀闸；8—交叉连杆

3. 传动部分

传动部分主要包括主轴、拐臂、拉杆绝缘子等。

4. 底座

底座由钢架组成，支持绝缘子或传动主轴都固定在底座上，底座应接地。

（二）户外隔离开关

户外隔离开关的工作条件比较恶劣，要适应风、雨、冰、雪、灰尘、严寒、酷暑等各种气候条件的变化，因此其绝缘强度和机械强度都比户内同一电压等级的要高。户外隔离开关也有单极、双极和三极之分。

图 3-9 所示为 GW4-110D 型 110kV 双柱式户外隔离开关中任意一相的外形图，每相有 2 个棒形支柱绝缘子，分别装在底架的轴承座上，并用交叉连杆连接，可以水平转动 90°角，动触杆分别固定在绝缘子的顶上，动触头的闭合处在两个绝缘支柱的中间。当进行操作时，操动机构带动一个支柱绝缘子转动，另一个支柱绝缘子由连杆带动也一起转动，于是动触头向同一侧断开或接通。

图 3-10 所示为 GW2-35G/600 型户外隔离开关的一相，每相有 3 只绝缘子，两端的绝缘子用以支持接线座及动触头，中间的一个绝缘子在操动机构作用下可以转动，转动时通过框架使动、静触头接通或断开。动触头（工作闸刀）的端部为扁平形，合闸时，动触头的窄面插入静触头，然后绕自身的轴转动，使宽面平放，以撑开静触头。这样，动、静触头之间获得较大的接触压力，并在转动过程中，通过接触处的摩擦而破坏了氧化层；分闸时，动触头先转动，后打开，这样可以获得较大的破冰力。动触头的转动是靠框架的运动实现的。

动触头断开小电流后产生的电弧通过引弧角向上运动，在电流某次经过零值时电弧自然熄灭，这样

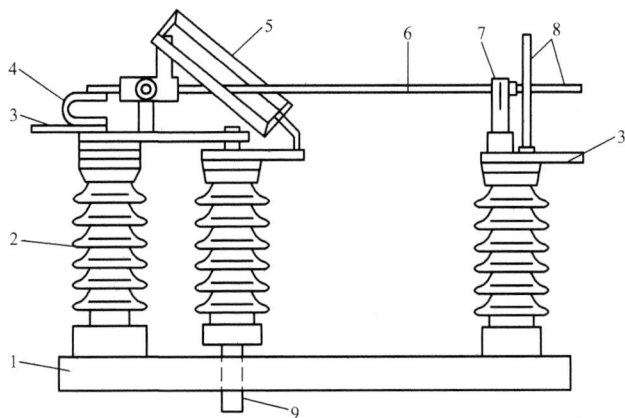

图 3-10　GW2-35G/600 型户外隔离开关外形图（任一相）

1—支座；2—绝缘子；3—接线座；4—软连线；5—框架；6—动触头（工作闸刀）；7—静触头；8—引弧线；9—传动转轴

可以避免电弧烧坏动触头和静触头。

三、高压隔离开关的安装

如前所述，隔离开关有户内式和户外式之分。户外式隔离开关出厂时多为分相包装，须在施工现场进行组装；户内式均为刀闸式结构，出厂时将三相整体固定在一个共同的金属框架上。现以 GW4 和 GN6 系列开关为例介绍安装时的主要工作，其他类型的隔离开关尽管结构上有差异，但安装工作是相似的，可参照进行。安装时应仔细阅读产品说明书，并按其要求进行安装。

1. GW4 型隔离开关的安装

（1）基础找平。户外式隔离开关安装在混凝土构架或角钢、槽钢等构成的钢支架上。安装前应找正基础，保证横平竖直。构架不应歪扭、倾斜，连接部分要牢固。

（2）吊装。隔离开关拆箱后，应检查各种零配件是否齐全和完好，绝缘子有无损坏，胶合处有无松动，闸刀及静触头有无变形，接线端子的接触面是否良好等。如不符合要求，应作处理。

分相包装的隔离开关，一般先在地面上进行单相组装，然后，分相吊到基础构架上，用螺栓紧固（紧固螺栓等应采用镀锌件）。隔离开关的支持绝缘子应垂直于底座平面，且连接牢固。同一相的各支持绝缘子的中心线应在同一平面内，且应用金属垫片调整到同一高度（保证水平度），所用垫片不得多于三片，且垫片间及与构架间应点焊，防止受力振动后位移。

校正时，应使三相间水平误差尽可能小；有接地闸刀的，其三相转轴中心线应成一直线；同一支柱上各绝缘子的中心应在同一垂直线上。

隔离开关可垂直安装，也可水平安装（特殊情况下也可斜放），相间距离与设计要求之差不应大于 5mm。

（3）水平连杆的配制和调整。水平连杆、操作连杆和延长轴等传动件应有足够的强度，固定应牢靠。操作时应轻便灵活，无卡阻及晃动情况。

三相联动水平拉杆用钢管制成，钢管应矫直，其内径和与之相连接螺栓的直径的误差应不大于 1mm，连接头的一端插入钢管焊接，注意留出的螺栓长度要足够长，以供调节需要，如图 3-11 所示。

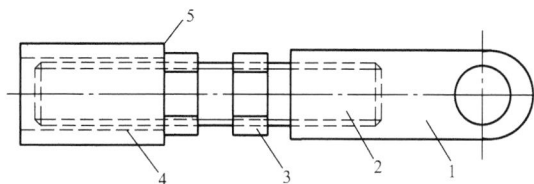

图 3-11 水平拉杆与连接头的焊接
1—连接 U 形杆；2—连接头螺栓；3—螺帽；4—钢管；5—焊接

调节拉杆的长度可以改变隔离开关分、合时的始末状态。开关合闸时应能合足（保证闸刀进入静触头的深度不小于 90%），但也不得过大，以免冲击绝缘子，应留有 4～6mm 的间隙。分闸时，触头间的净距应符合规范要求。

调整好分闸和合闸时的限位装置，并固定之，使传动装置的拐臂不过死点，同时又能满足开关合闸时能合足和分闸时触头净距或开度的尺寸达到标准。

（4）合闸同时性的调整。三相联动的隔离开关应通过调节各相拉杆的长度来调整其同时性，各相主闸刀上的触头接触时相差不超过 3mm（对 35kV 及以下的隔离开关而言）。

触头接触时，静触头与动刀刃的水平方向相互之间应有一定的间隙（且左右两间隙应相同），但导电的接触部分应良好。当有接地闸刀时，在调整好主闸刀以后还应对接地闸刀进行调整。

（5）操动机构的安装。根据设计要求将操动机构装于隔离开关的中间相或边相下部。将隔离开关和操动机构都置于合闸位置，移动操动机构，使机构的转轴与隔离开关的转轴成一垂直线，有接地闸刀时，应同时使隔离开关上的接地转轴与机构转轴成一垂直线，中心对准后，将操动机构固定。配制隔离开关与机构之间的连杆，并在轴连接处钻孔，打入圆锥销固定。操动机构安装后应操作数次，检查隔离开关的分合情况，并使操动机构的闭锁装置与隔离开关的实际位置相符，动作灵活可靠。

（6）导线连接。导线连接时不应对隔离开关的水平拉力过大，以免破坏可连接处的接触面，或使隔离开关的转动变得不灵活。

导线连接好进行通电运行时，应注意观测连接及触头处的发热状况。隔离开关底座及构架应接地。

2. GN6 型高压隔离开关的安装

GN6 型户内隔离开关可以立装、斜装或卧装，但安装后应使闸刀打开时趋向下方。安装高度一般为 2.5～10m，操动机构的安装高度为 1～1.3m。

（1）隔离开关的安装。户内式隔离开关均为刀闸式三相整体结构，一般可以安装在间隔墙上或支持钢构架上。装在墙上时应先在墙上划线，预埋好地脚螺栓。如须在墙的两面各安装一组隔离开关，可用共同的双头螺栓紧固，但应保证其中一组隔离开关拆除后，不影响另一组的固定强度。装在钢构架上时，应事先在构架上钻好长圆孔，然后用螺栓连接紧固。

（2）操动机构的安装。根据设计图纸安装操动机构并配制隔离开关与机构之间的连杆。连杆的材料、内径要求与前面户外式 GW4 型相同。调整连杆的长度，保证操动机构与隔离开关的动作配合，要求操作手柄和操动机构向上达到合闸终点位置时，隔离开关必须到达合闸之终点；同样，当手柄和操动机构达到分闸终点时，隔离开关也必须到达分闸终点。另外，要保证在合闸时，隔离开关要能合到位，但应留有一定缝隙（余量一般为 3～5mm），不能撞击静触头座而造成其破损；在分闸时，开度或触头间净距应符合规定的要求，带电部分与拉杆等非带电的构件间的最小距离应满足电气绝缘的安全距离要求。

为了便于调整，配置连杆应先点焊，待调好后，再焊牢固。连杆与连接头的连接方法同前。

配置延长轴、支持轴承、连轴器及拐臂等其他传动部件时，安装位置要准确可靠，操作应轻便灵活。

（3）调试。隔离开关本体和操动机构安装后应进行联合调试，使隔离开关分、合闸符合质量标准，联合调试除了上面所述的连杆长度调整外，还包括下列内容：

1）选择合适的扇形板孔位（扇形板与操作手柄联动，并与连杆接头相连），配合连杆长度的调整，共同保证隔离开关触刀的合闸位置和分闸时的净距符合要求，并将分、合闸限位螺栓调到相应的位置。

2）通过调整触刀中间支撑绝缘子的高度来调整三相触头合闸的同时性，高度不同不应超过 3mm。

3）调整触刀两边的弹簧压力。

（4）辅助接头的安装和调试。辅助接头常安装在操作手柄的上方或下方。安装固定后，配制手柄与辅助接头相连的连杆，选择合适的辅助接头转臂上的连接孔，调整连杆长度，使给分闸信号的接头（即动断触点）在触刀通过全行程的 75% 后开始动作，而给合闸信号的接头（即动合触点）不得在触刀与静触头闭合之前动作。

（5）试操作。粗调完毕后，应经 3~5 次的试操作，在操作过程中再进行精调，完全合格后，才将隔离开关转轴上的拐臂位置固定，然后钻孔，打入圆锥销，使转轴和拐臂永久紧固。

（6）接线和隔离开关底座接地。调试完毕后，接上导线，并将底座接地。

另外，隔离开关在安装前应进行外观检查，同时用 1000V 或 2500V 的绝缘电阻表测量绝缘电阻。10kV 隔离开关的绝缘电阻应在 800~1000MΩ 以上。

四、高压隔离开关的测试

（1）测量隔离开关相与相、相与地、相与接地闸刀的绝缘电阻，应符合要求。

（2）测量合闸后触头间的接触电阻及分闸后的绝缘电阻，应符合要求。同时可用塞尺进行检查。

（3）测量三相触头分合操作的同时性，必要时可调整水平拉杆的螺钉。

（4）测试带接地闸刀的隔离开关的连锁装置，主刀合闸后，操作接地手柄应不能动作，只有主刀分闸后，接地手柄才能动作；接地闸刀合闸后，操作合闸手柄应不能动作，只有接地闸刀分闸后，主刀闸手柄才能动作。

（5）隔离开关合闸后，触头间的相对位置、分闸后触头间的净距应符合产品技术条件的规定。

（6）将操动机构的盖打开，测试辅助开关，应符合要求。

（7）拉杆与带电部分的距离应符合规定。

（8）定位螺钉应调整适当，并加以固定，一般可用螺母锁死或用电焊点焊住，防止传动装置拐臂超过死点。

（9）所有传动部位应涂抹适合当地气候条件的润滑脂；触头面应涂中性凡士林或复合脂。

（10）配置了电动操作机构的隔离开关要测试操作机构的最低动作电压，在 80%~130% 额定电压范围内应保证可靠动作，30% 时操作机构不动作；气动或液动的操作机构应在 85%~110% 额定压力下进行，并应可靠动作。

五、高压隔离开关的操作与运行

隔离开关都配有手动操动机构，手动操作时要先拔出定位销，分、合闸动作要果断、迅速，终了时注意不可用力过猛，操作完毕一定要用定位销锁住，并目测其动触头位置是否符合要求。

用绝缘杆操作单极隔离开关时，合闸时应先合两边相，后合中间相；分闸时的操作顺序与此相反。

必须强调，不管合闸还是分闸操作，都应在不带负荷或负荷在隔离开关允许的操作范围之内时才能进行。为此，操作隔离开关分闸之前，必须先检查与之串联的断路器确实处于断开位置。如隔离开关所带负荷是规定容量范围内的变压器，则必须先停掉变压器的全部低压负荷，空载之后再拉开该隔离开关；送电时，先检查变压器低压侧主断路器，确认其在断开位置方可合闸。

如果发生了带负荷分、合隔离开关的误操作，应冷静地避免可能发生的另一种反方向的误操作，即已发现带负荷误合闸后，不得再立即拉开；当发现带负荷分闸时，若已拉开，不得再合（若刚拉开一点，发觉有火花产生时，可立即合上）。

对运行中的隔离开关应进行巡视，有人值守的配电所中应每班巡视一次；无人值守的配电所中，每周至少巡视一次。

日常巡视的主要内容是观察有关的电流表，运行电流应在正常范围内；其次根据隔离开关的结构检查导电部分，接触应良好，无过热变色，绝缘部分应完好，无闪络放电痕迹；传动部分应无异常（无扭曲变形、销轴脱落等）。

六、高压隔离开关的检修

隔离开关每年应进行 1~2 次的定期检修。如线路发生短路故障跳闸，在跳闸后应进行全面检查，并加以必要的维修。

隔离开关的全面检修包括下列各项：

（1）检修前，首先应切除隔离开关上的电压和电流，使隔离开关不带电，然后合上接地闸刀（或挂上临时接地线）。

（2）检查闸刀机构。检查触头的开距是否符合要求。检查接触导线，如发现氧化斑点或电弧烧损点应予以清除，如发现有严重损坏的部件要予以更换。

（3）检查三相联动闸刀闭合的同时性。其同时闭合的误差不应超过 3mm。

（4）检查最小拉力。用测力计测量最小拉力不应小于表 3-6 所列数值。

表 3-6　　　　　　　　　　　　　隔离开关触头的最小拉力

隔离开关的额定电流(A)	闸刀拉出时的最小拉力(N)	隔离开关的额定电流(A)	闸刀拉出时的最小拉力(N)
400	100	2000	400
600	200	3000	800
1000	400	4000	800

（5）检查接触处的接触情况。用 0.05mm×10mm 的塞尺检查，塞进去不应超过 6mm。

（6）检查接触电阻。接触电阻不应超过表 3-7 所列数值。

（7）检查操动机构及其他传动部分是否灵活可靠，有无松动现象。检查连锁装置、辅助触头和信号回路是否正常。

（8）检查和修整后，做 3~5 次分合闸操作，看各部分工作是否正常。

（9）发热和充电试验。断开接地闸刀（或拆除接地线），将隔离开关投入网络，各部不应有放电与振动声音。投入运行后不应有烧红和过热现象。

表 3-7　　　　　　　　　　　　　隔离开关触头的接触电阻

隔离开关的额定电流（A）	接触电阻（$\mu\Omega$）	
	新的或大修后	运　行　中
600	150~175	200
1000	100~120	150
2000	40~50	60

第四节　SF₆全封闭组合电器

一、概述

SF₆全封闭组合电器是指将电气一次系统中除变压器外的所有高压元件（断路器、隔离开关、接地开关、互感器、母线、避雷器、连接管和其他过渡元件等），按电气主接线的连接方式组合在一起，并全部装在充有SF₆气体的封闭金属壳内，形成的一套密封完备的高压开关装置，该套装置简称GIS。GIS结构上可分为三相共筒式（即三相导体装在一个筒内，220kV及以下采用）和单相单筒式（即三相导体装在独立的筒内，330kV及以上采用）两种。

在与敞开式电器的竞争中，GIS已显现出了巨大的优势：

（1）采用SF₆气体绝缘大大缩小了绝缘距离，一般GIS的占地面积和安装空间只有相同电压等级常规电器的百分之几到百分之二十左右。

（2）全部电器元件都封闭在接地的金属壳体内，带电体不暴露在空气中（除了采用架空引出线的部分），运行中不受自然条件的影响，可靠性和安全性比常规电器好得多。

（3）SF₆气体属于惰性气体，不易燃烧和爆炸，所以GIS属防爆设备，适合在城市中心地区和其他防爆场合安装使用。

（4）只要产品的制造和安装调试质量得到保证，大多数元件几乎无需检修，因而工作量和年运行费用大为降低。

二、GIS元件装配前的检查

（1）装配前，应对GIS元件逐项进行检查，并达到如下要求：

1）GIS元件的所有部件应完整无损。

2）瓷件应无裂纹，绝缘件应无受潮、变形、剥落及破损。

3）组合电气元件的接线端子、插接件及载流部分应光洁、无锈蚀现象。

4）各分隔气室气体的压力值和含水量应符合产品的技术规定。

5）各元件的紧固螺栓应齐全、无松动。

6）各连接件、附件等材料的材质、规格、数量应符合产品的技术规定。

7）支架及接地引线应无锈蚀或损伤。

8）密度继电器和压力表应经检验合格。

9）母线和母线筒内壁应平整、无毛刺。

10）防爆膜应完好。

（2）检查中发现的问题应做好记录，及时反馈给有关部门。有关部门应组织力量查明原因，拿出解决方法。

（3）出厂时已装配好的各电器元件在现场组装时，不必解体检查。如有缺陷导致必须在现场解体时，应经制造商同意，并在厂方人员指导下进行。

三、GIS元件安装的基本要求

（1）安装工作应在无风沙、无雨雪、空气相对湿度小于80％且清洁的环境条件下进行；安装现场或GIS室可以采用地面铺塑料布防尘；户外的可以采用悬挂标示牌，禁止周围300m内任何产生灰尘的作业；搭制临时安装用工棚，将正在施工的设备围起来等措施；为保证施工场地的清洁，施工人员应穿清洁的专用工作服。

（2）装配时，应按制造厂的编号和技术规定程序进行。

（3）安装使用的清洁剂、润滑剂、密封脂和擦拭材料必须检验合格，符合产品的技术规定。

（4）密封槽面应保持清洁、无划伤痕迹，已用过的密封垫（圈）不得使用。涂密封脂时，不得使其流入密封垫（圈）内侧面与 SF_6 气体接触。

（5）盆式绝缘子应清洁、完好。

（6）所有触及设备的吊套和绑扎绳应全部为尼龙绳具，吊点的选用应符合产品的技术规定。

（7）连接插件的触头中心应对准插口，不得卡阻，插入深度应符合产品的技术规定。

（8）所有螺栓的紧固均应使用力矩扳手，紧固力矩应符合产品的技术规定。

（9）应按产品的技术规定更换吸附剂。

第五节 高压负荷开关

一、概述

高压负荷开关主要用于关合、承载、开断正常负荷电流和过负荷电流，并能通过规定的短路电流，但不能开断短路电流。负荷开关的开断能力和技术要求比断路器低，因而构造简单，体积小，价格比断路器低得多，用途十分广泛。

高压负荷开关可以安装在配电变压器的高压侧，也可应用于配电线路上，作为线路自动分段的控制设备，还可以与高压限流熔断器组合使用，起到断路器的作用。有些负荷开关具有隔离间隙，当它断开后可视为隔离开关，如 FW5 型负荷开关。

高压负荷开关一般用在 35kV 以下的高压电路中。

高压负荷开关种类较多：按安装地点分，有户内式和户外式；按灭弧介质和作用原理分，有压气式、油浸式、产气式、真空式、六氟化硫式等。对于 10kV 高压用户来说，老产品多为户内型压气式或产气式的；新产品采用环网柜，多为六氟化硫式，而 10kV 架空线路上则多用户外式。

高压负荷开关的型号见表 3-8。

表 3-8 高压负荷开关型号

型号序列	序 列 含 义	代 号
①②③—④⑤⑥/⑦	1：设备名称	F—负荷开关
	2：使用环境	W—户外；N—户外
	3：设计序号	
	4：电压等级（kV）	
	5：是否带高压熔断器	R 表示带有熔断器，不带熔断器的不注明
	6：熔断器的安装位置	S 表示装在上面，如装在下面的不注
	7：额定电流（A）	

例如，FN2-10R/400 表示户内型、设计序号为 2、额定电压为 10kV、带熔断器（装在负荷开关下方）、额定电流为 400A 的负荷开关。

我国生产的高压负荷开关主要有 FW1、FW5、FN2 和 FN3 等型号。

二、高压负荷开关的结构及工作原理

1. 户内式高压负荷开关

目前应用较为广泛的户内式高压负荷开关主要是 FN2-10（R）型及 FN3-10（R）型压气式负荷开关。下面以 FN2-10 为例介绍压气式户内型负荷开关。图 3-12 所示是 FN2-10 型负荷开关结构图，其结构及工作原理简介如下。

（1）导电部分。出线连接板、静主触头及动主触头接通时，流过大部分电流，而与之并联的静弧触头与动弧触头则流过小部分电流；动弧触头及静弧触头的主要任务是在分、合闸时保护主触头，使它们不受电弧烧蚀。因此，合闸时弧触头先接触，然后主触头才闭合；分闸时主触头先断开，这时弧触头尚未断开，电路尚未切断，不会有电弧，待主触头完全断开后，弧触头才断开，这时才燃起电弧。而动、静弧触头已迅速拉开，且又有灭弧装置的配合，电弧很快熄灭，电路被彻底切断。

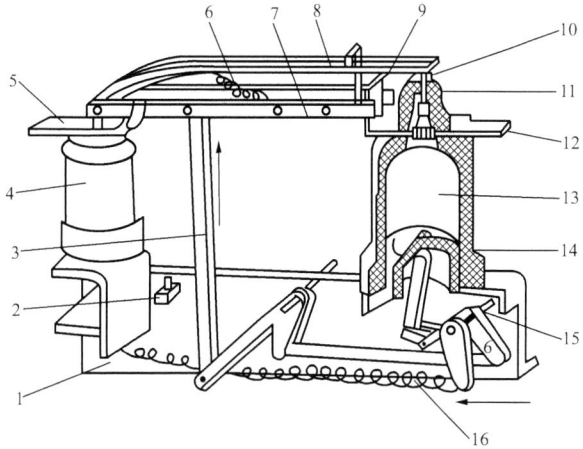

图 3-12 FN2-10 型负荷开关结构图
1—框架；2—分闸缓冲器；3—绝缘拉杆；4—支持绝缘子；
5、12—出线；6—弹簧；7—主闸刀；8—弧闸刀；9—主触头；
10—喷口；11—出线接头；13—气缸；14—活塞；
15—主轴；16—跳闸弹簧

（2）灭弧装置。包括气缸、活塞、喷口等。

（3）绝缘部分。支持绝缘子支持动触头，气缸绝缘子支持静触头并作为灭弧装置的一部分。

（4）传动部分。包括主轴、拐臂、分闸弹簧、传动机构、绝缘拉杆、分闸缓冲器等。

（5）底座为钢制框架。

2. 户外式高压负荷开关

目前使用的户外型负荷开关分两大类，一类是多油式负荷开关，主要有 FW2-10G 及 FW4-10 型两种；另一类是隔离开关加装灭弧器改进而成的负荷开关，主要是 FW5-10。

（1）FW2-10G 及 FW4-10 型户外负荷开关。它们都是三相共箱结构的油浸式负荷开关，其外形和结构分别与 DW7-10 和 DW5-10G 多油柱上油开关相类同，但体积要小些，且没有专门的灭弧室，仅靠绝缘油来熄灭负载电流产生的电弧。

（2）FW5-10 户外产气式负荷开关。FW5-10 型负荷开关采用固体产气元件灭弧。在电弧高温的作用下，产气元件能产生大量的沿喷口高速喷出的气体，气流形成强烈的纵吹使电弧很快熄灭。这种负荷开关的外形和结构都与 QW1-10 产气式断路器类同，只是灭弧材料和尺寸有些差异。

三、高压负荷开关的用途

负荷开关的用途与其结构特点相对应。从结构上看，负荷开关主要有两种类型，一种独立安装在墙上、架构上，其结构类似于隔离开关；另一种安装在高压开关柜中，其结构更接近于断路器。

（1）在断开位置时，负荷开关像隔离开关一样，有明显的断开点，因此可起电气隔离作用，为停电的设备或线路提供可靠停电的必要条件。

（2）负荷开关具有简易的灭弧装置，因而可以分、合负荷开关本身额定电流之内的负荷电流。

（3）配有高压熔断器的负荷开关可以作为断流能力较低的断路器使用。这时负荷开关本身用于分、合正常情况下的负荷电流，高压熔断器则用来切断短路故障电流。

四、高压负荷开关的安装与调整

高压负荷开关分为户外式和户内式两种。户外式负荷开关与柱上油断路器相似，安装方法也类同。户内式负荷开关与普通隔离开关很相似，也多为三相联动式，所不同的是它们多了一套灭弧装置和快速分断机构。高压负荷开关由支架、传动机构、支持绝缘子、闸刀及灭弧装置等主要部分组成。支架由钢板焊成，闸刀借助绝缘子固定在支架上，闸刀有主触头（主闸刀）及灭弧触头（或辅助闸刀）。在负荷开关框架的上层有三相联动的转轴，转轴的两端伸出框架，其任何一端可以与操动机构连接。

1. 安装

高压负荷开关安装的一般要求有：

（1）户内型应垂直安装，户外型既可水平安装，也可垂直安装。垂直安装时，静触头要在上。

（2）静触头侧接电源，动触头侧接负载。

（3）初始安装好后必须进行认真细致的调试。调试后要达到分、合闸过程皆达到三相同期（三相动触头同步动作），最大距离差不得大于 3mm。

（4）带有高压熔断器的负荷开关，熔断器的安装要保证熔管与熔座接触良好，熔管的熔断指示器应朝下，以便于运行人员巡视检查。

（5）负荷开关的传动机构和配装的操动机构都应完好。分合闸操作灵活、不别劲，操动机构的定位销在"分"、"合"位置时，应能确保负荷开关状态到位（即"确已拉开"和"确已合好"）。

（6）负荷开关与接地开关配套使用时，应装设连锁，并确保其可靠性。

2. 调整

高压负荷开关的调整应注意以下几点：

（1）负荷开关的主闸刀和辅助闸刀（或灭弧触头）的动作顺序：合闸时，灭弧触头先闭合，主闸刀后闭合；分闸时，主闸刀先断开，灭弧触头后断开。

（2）负荷开关分闸后，闸刀张开的距离应符合制造厂的要求。如达不到要求时，可变更操作拉杆在扇形板上的位置或改变拉杆的长度。

（3）调整分合闸机构时，应该慢分慢合。合闸时应使灭弧触头正好插入灭弧装置的喷嘴内，不应碰撞喷嘴，以免将喷嘴碰坏。

（4）如安装带有熔断器的负荷开关，安装前应检查熔断器的额定电流是否与设计相符。熔断器的两端罩（端环或端帽）应封焊牢固，端帽不应活动，否则应更换。RN1 型高压熔断器是用瓷管做成的，安装时应小心谨慎，不要碰损，熔断管应紧密地插入钳口内。

五、高压负荷开关的运行与维护

运行中的高压负荷开关的巡视检查周期与其他高压电器设备是一样的。负荷开关的巡视检查内容有：

（1）观察有关的仪表指示应正常，以确定负荷开关现在的工作条件正常。

（2）运行中的负荷开关应无异常声响。如滋火声、放电声、过大的振动声等。

（3）运行中的负荷开关应无异常气味。如绝缘漆或塑料护套挥发出气味，就说明与负荷开关连接的母线在连接点附近过热。

（4）连接点应无腐蚀、过热变色现象。

（5）动、静触头的工作状态到位。在合闸位置应接触良好，切、合深度适当，无侧击；在分闸位置时，分开的垂直距离应合乎要求。

（6）灭弧装置、喷嘴无异常。

（7）绝缘子完好，无闪络放电痕迹。

（8）传动机构、操动机构的零部件完整、连接件紧固，操动机构的分合指示应与负荷开关的实际工作位置一致。

高压负荷开关的维护应根据分断电流的大小及分合次数来确定负荷开关的检修周期。工作条件差、操作任务繁重时易发生烧蚀弧触头及喷嘴的现象，烧蚀较重时应予以更换，烧损轻微可以修整后再用。

第六节　高压熔断器

一、概述

熔断器是一种简单而又经济的保护电器。它串接在电路中，当电路发生短路或连续过负荷时，熔断器过热，当达到其熔点时即自行熔断，从而切断电路，达到保护电气设备的目的。由于熔断器具有结构简单、体积小、价格低廉、使用和维护方便、保护动作可靠等优点，因此熔断器在 1kV 以下的低压系统中得到了广泛的使用，在 35kV 及以上的高压系统中，熔断器也广泛应用于保护电压互感器、小容量的配电变压器和线路，以代替断路器，节省投资。

在高压电网中，高压熔断器作为小型配电变压器和配电线路的过负荷与短路保护，也作为电压互感器的短路保护。根据使用环境不同，高压熔断器分为户内型和户外型，根据灭弧方式又分为喷射型和限流型。高压交流熔断器的分类见表 3-9，型号见表 3-10。

表 3-9　　　　　　　　　　　　　　　高压交流熔断器分类

分 类 方 式	熔 断 器 分 类 名 称
性能	限流式、非限流式
保护范围	通用式、后备式、全范围

续表

分类方式		熔断器分类名称
熄弧方式		角状式（大气中熄弧）、石英砂填料式、喷射式、SF₆旋弧式、真空式
安装场所		户外、户内
保护对象		变压器、发电机、电动机、电压互感器、单台并联电容器、电容器组、供电线路、不指定对象
结构	型式	插入式、母线式、跌开式、非跌开式、开启式、混合式
	极数	单极、三极
	底座绝缘子	单柱、双柱

表 3-10　　　　　　　　　　　　　　高压熔断器型号

型号序列	序列含义	代号
①②③—④⑤/⑥	1：设备名称	R—熔断器
	2：使用环境	W—户外；N—户内
	3：设计序号	
	4：电压等级（kV）	
	5：熔断器的额定电流（A）	
	6：熔体的额定电流（A）	

　　例如，RN1-10　20/10 表示熔断器、户内型、设计序号为 1、额定工作电压 10kV、熔断器额定电流 20A、熔体额定电流 10A。

二、户内型高压熔断器的结构及工作原理

　　户内型高压熔断器全为限流型，因此又称限流熔断器。最常用的限流熔断器是以石英砂作为熔件填充物的石英砂熔断器。限流熔断器的结构原理如图 3-13 所示。

　　石英砂熔断件的整个熔体放置在充满石英砂的密闭绝缘管（由陶瓷或环氧树脂玻璃布制成）中，其全部动作过程都发生在密闭管子内。根据额定电压、额定电流、使用类型等将熔体做成不同的形状、截面和长度，额定电压越高，熔体越长。为了降低动作时的操作过电压，熔体常设计成变截面。无论是丝状还是带状的熔体，均采用多根并联以增大额定电流，但每一绝缘管所能承载的电流受到管子外表面积的限制，当熔断件要求较大额定电流时，常将单管并联构成双并联或三并联熔断件。石英砂熔断件装有撞击器或指示装置（保护电压互感器用的熔断件除外），当熔断件主熔体熔断后，撞击器或指示装置动作，显示出熔体"已熔断"。

　　变截面的熔体、石英砂充填、很强的灭弧能力，这些都是普通熔断件所不具备的特点，因而不得用普通熔断件代替 RN 型熔断件。

　　下面介绍 RN5 和 RN6 两种熔断器（见图 3-13）。RN5 和 RN6 熔断器的额定电压为 6kV 和 10kV，RN5 用于电力线路和变压器的保护，RN6 用于电压互感器的保护。两种熔断器的外形尺寸不同，熔断件的额定电流也不同，RN5 熔断器的额定电流为 20～200A，

RN6 熔断器的额定电流为 0.5A。

RN5 熔断器的熔断件的结构如图 3-14（a）和（b）所示。熔断件的瓷质熔管 1 的两端有黄铜端盖 2，管内有熔体 5，额定电流小于 7.5A 的熔体绕在陶瓷芯 4 上固定。熔体 5 中间都焊有起冶金效应的小锡球 6，额定电流大于 7.5A 的熔体由两种不同直径的铜丝做成螺旋形，连接处焊上小锡球 6，见图 3-14（b）。熔断件还有细钢丝 8 作为指示器熔体，它与熔体 5 并联，一端接熔断器指示器 9。熔体在管内固定后，管中按一定的工艺要求填入石英砂 7，两端焊上顶盖 3 使熔断件密封。

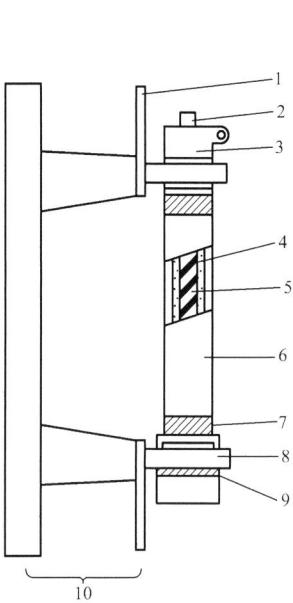

图 3-13　限流熔断器
的结构原理图

1—端子；2—撞击器或指示器；
3—载熔件；4—石英砂；5—熔体；
6—熔断件；7—熔断件触头；8—
熔断器底座触头（静触头座）；9—
载熔件触头；10—熔断器底座

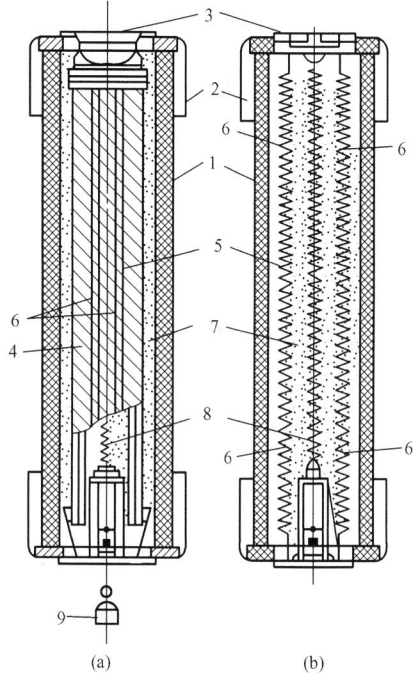

图 3-14　RN5 熔断件的结构图

（a）熔体绕于陶瓷芯上；（b）螺旋形熔体

1—瓷质熔管；2—黄铜端盖；3—顶盖；4—陶瓷
芯；5—熔体；6—小锡球；7—石英砂；8—细钢
丝；9—熔断指示器

当过负荷电流流过时，熔体在小锡球处熔断并产生电弧，电弧使熔体 5 沿全长熔断，熔体 5 熔断后，指示器熔体 8 也熔断，熔断指示器 9 被弹簧弹出，如图 3-14（a）中的 9，电弧在电流某一次过零时最后熄灭。

当短路电流流过时，熔体在几毫秒内沿全长熔化和汽化并产生电弧，电弧在电流未达最大非对称短路电流前即在石英砂的强烈灭弧作用下熄灭，表现出很好的限流作用。

RN6 的熔体是一根有 3 种不同截面的黄铜丝，绕在陶瓷芯上。熔体无指示器，熔体熔断后，根据接在电压互感器二次侧电路内的仪表指示判断。

限流熔断器在分断短路电流限流时要产生过电压，故工作电压必须和额定电压相符，不能用在比额定电压低的系统。例如，10kV 的限流熔断器不能用在 6kV 的系统，以免产生过电压使其他设备的绝缘损坏。

三、户外型高压熔断器的结构及工作原理

户外型高压熔断器又称为跌开式熔断器，俗称跌落保险，它是由电弧产生的气体喷射来完成开断动作的一种熔断器。跌开式熔断器的熔体（俗称熔丝）装在载熔件中，当熔体熔断产生电弧时，载熔件的熔管在电弧的作用下产生大量气体，使管内压力增加，并从熔管开口端向外喷射而吹弧。此类熔断器需要等电流自然过零时才能开断电流，因此没有限流作用。

跌开式熔断器动作后，其载熔件自动跌落到一个位置以提供隔离功能，一般用于户外装置。为满足自动跌落要求，载熔件上设置有可拉紧固定的活动关节部件。图 3-15 所示为跌开式熔断器的结构，其载熔件的活动关节部件设在载熔件的下触头与底座上，绝缘熔管是载熔件的主体，它一般由内产气灭弧管和外保护管复合而成。采用纽扣式熔断件，使载熔件的上端封闭而下端开启，形成逐级排气的结构，有效地解决了开断大、小电流之间的矛盾，提高了开断能力，并降低了开断下限值。熔体熔断后，一方面在管内产生电弧，产生大量气体向外喷射，使电弧熄灭并开断电路；另一方面活动关节被释放，载熔件上触头 6 从固定的片状触指 4 中松脱，灭弧后载熔件 7 靠本身重力绕转轴 10 顺时针旋转而跌落，并形成明显可见的隔离间隙。动作后的纽扣式熔断件需要更换。

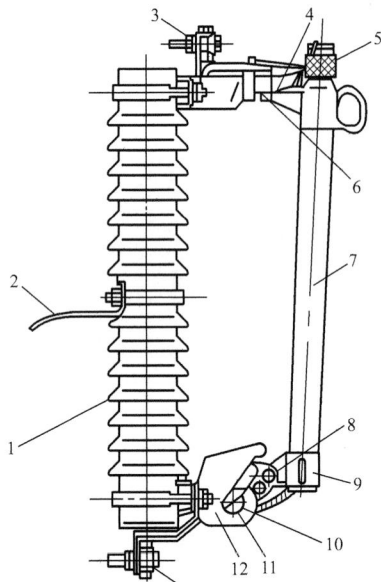

图 3-15　跌开式熔断器的结构
1—绝缘子；2—连接板；3—端子；4—片状触指；5—释压帽；6—载熔件触头；7—载熔件；8、10—转轴；9—下触头座；11—缺口；12—支座

四、户外跌开式高压熔断器的安装

户外跌开式熔断器的安装应满足产品说明书及电气安装规程的要求：

（1）熔断件与铅垂线的夹角一般应为 15°～30°。

（2）相间距离：室外安装时应不小于 0.7m；室内安装时，不应小于 0.6m。

（3）熔断件底端的对地面距离：装于室外时以 4.5m 为宜；装于室内时以 3m 为宜。

（4）对下方的电气设备的水平距离：不应小于 0.5m。

（5）熔体应位于消弧管的中部偏上处。

五、户外跌开式熔断器的操作与运行

操作跌开式熔断器时，应有人监护，使用合格的绝缘手套，穿绝缘靴，戴防护眼镜。

操作时动作应果断、准确又不能用力过猛、过大，要用合格的绝缘杆来操作。对 RW—10 型，拉闸时应往上顶鸭嘴；对 RW9—10 型，拉闸时，应用绝缘杆的金属端钩穿入熔体的操作环往下拉，合闸时，先用绝缘杆金属端钩穿入操作环，令其绕轴向上转动到接近上静触头的地方，稍加停顿，看到上动触头确已对准上静触头，果断而迅速地向上方推，使上动触头与上静触头良好接触，并被锁紧机构锁在这一位置，然后轻轻退出绝缘杆。

操作跌开式熔断器有两个突出的安全事项必须严格遵守：

（1）跌开式熔断器如同户外型隔离开关，只能操作 500kVA 及以下的空载的变压器。因此，操作前必须认真检查，确认该变压器低压侧总开关已处于断开状态，闭合或拉开跌落

式熔断器之前必须履行此项检查。

（2）一组三相跌开式熔断器由三个单极跌开式熔断器组成。为避免操作时造成相间弧光短路，要求合闸时，先合两边相（遇有较强的与熔断器排列方向大体一致的风时，还要先合迎风相后合背风相），再合中间相；拉闸时，操作顺序与合闸顺序相反。

运行中，触头接触处滋火，或一相熔断件跌落，一般属于机械性故障（如熔体未上紧、熔断件上的动触头与上静触头的尺寸配合不合适、锁紧机构有缺陷、受到强烈振动等）；两相或三相跌落，则是由于相间短路或过载引起的，应根据原因进行处理。

如果由于分断时的弧光烧蚀使触头出现不平，应停电并采取安全措施后进行维修，将不平处打平、打光，消除缺陷。

第七节　三种高压开关设备的比较

前面分别介绍了隔离开关、负荷开关和真空断路器三种高压开关设备，为了加深认识，以下从几个方面对它们加以比较。

1. 结构方面

（1）结构复杂程度及有无明显断开点：

1）隔离开关结构简单，断开时有明显的断开点。

2）负荷开关结构比较简单，断开时有明显的断开点。

3）断路器结构复杂，触头在密闭的腔体中，断开时无明显的断开点。

（2）有无灭弧装置：

1）隔离开关无灭弧装置，也无快速分断机构。

2）负荷开关有简单的灭弧装置，并有快速分断机构。

3）断路器有完善的灭弧系统。

2. 分、合电流的性质方面

（1）隔离开关不允许带负荷操作，只能在正常情况下分、合某些电气设备和一定容量的变压器或一定长度线路的空载电流。

（2）负荷开关可以分、合负荷开关额定电流范围内的负荷电流，还可以切断不大的过载电流，但不能分、合故障电流。当配有高压熔断器时，可由高压熔断器切断故障电流。

（3）断路器可以分、合断路器额定电流范围内的负荷电流、额定电流范围外的过载电流，还可以切断断路器额定开断电流范围内的短路电流。

3. 主要用途方面

（1）隔离开关作电气设备或线路冷备用状态或检修状态时的电气隔离用，用来保证人身和设备的安全。

（2）负荷开关作为中、小容量电气设备或线路的主开关，但不能单独使用，要配有能断开故障电流的高压熔断器，也可起隔离开关的电气隔离作用。

（3）断路器作为中、大型电气设备及线路的主开关，可配合继电保护装置实现自动保护及备用电源自动投入等功能。

4. 操作方式

（1）隔离开关可采用手动操动机构，也可采用电动操动机构。

（2）负荷开关仍以手动操动为主，但可采用配有电动脱扣器的手动操动机构实现电动分闸或熔丝熔断触发的自动分闸。

（3）断路器以电动操动为主，特别是分闸，即使采用手动操动机构也必须有电动分闸脱扣器。

第八节　低压开关电器

一、概述

低压电器通常是指工作在交流 1000V 或直流 1500V 以下电路中的电器设备。低压电器广泛应用于发电、输电、配电等场所及电气传动、自动控制设备中，它对电能的生产、输送、分配和应用起着转换、控制、保护、调节等作用。

低压电器的分类与用途见表 3-11。下面分别介绍几种常用的低压电器。

表 3-11　　　　　　　　　　　　低压电器的分类与用途

分类名称		主要产品	用途
配电电器	断路器	万能式空气断路器；塑壳式断路器；限流式断路器；直流快速断路器；灭磁断路器；漏电保护断路器	用于交、直流线路过载、短路或欠电压保护、不频繁通断操作电路；灭磁断路器用于发电机励磁电路保护；剩余电流保护断路器用于人身触电保护
	熔断器	有填料封闭管式熔断器；保护半导体器件熔断器；无填料密闭管式熔断器；自复熔断器	用作交、直流线路和设备的短路和过载保护
	刀开关	熔断器式刀开关；大电流刀开关；负荷开关	用作电路隔离，也能接通与分断电路额定电流
	转换开关	组合开关；换向开关	主要为两个及以上电源或负载的转换和通断电路用
控制电器	接触器	交流接触器；直流接触器；真空接触器；半导体接触器	用作远距离频繁地启动或控制交、直流电动机以及接通分断正常工作的主电路和控制电路
	控制继电器	电流继电器；电压继电器；时间继电器；中间继电器；热过载继电器；温度继电器	在控制系统中，作控制其他电器或作为主电路的保护之用
	启动器	电磁启动器；手动启动器；自耦减压启动器；Y—△启动器	用作交流电动机的启动或正反向控制
	控制器	凸轮控制器；平面控制器	用于电气控制设备中转换回路或励磁回路的接法，以达到电动机启动、换向和调速
	主令电器	按钮；限位开关；微动开关；万能转换开关	用作接通、分断控制电路，以发布命令或用作程序控制
	电阻器	铁及其合金电阻器	用作改变电路参数或变电能为热能
	变阻器	励磁变阻器；启动变阻器；频敏变阻器	用作发电机调压以及电动机的平滑启动和调速
	电磁铁	起重电磁铁；牵引起重电磁铁；制动起重电磁铁	用于起重操纵或牵引机械装置

二、低压断路器

低压断路器应用于各种低压电路中，对电路进行正常的通、断操作，并对电路起保护作用，当电路有过负荷、短路或电压严重降低等情况时，能自动分断电路。

（一）几种低压断路器的结构

1. 万能式断路器

万能式断路器的所有零件都装在一个绝缘的金属框架内，常为开启式，可装设多种附件，更换触头和部件较为方便，因此多用作电源端总开关。一个系列一般设计成3～4个框架等级，每个框架中可包括几档额定电流。万能式断路器可分为选择型和非选择型两类，选择型断路器的短路延时一般在 0.1～0.6s 之间，其过电流脱扣器有电磁式、双金属片式和电子式等几种，图 3-16 所示为万能式断路器的结构。随着电子技术的发展，近几年又推出了智能化脱扣器，装有这种脱扣器的断路器可以在极短的时间（如 200ms）内完成电路外部任何故障和断路器内部故障（包括自诊断功能）的保护，实现选择性断开，并具有动作显示、记录和报警等功能，整定电流和故障电流（过载电流或短路电流）可在脱扣器面板上显示出来，其框图如图 3-17 所示。

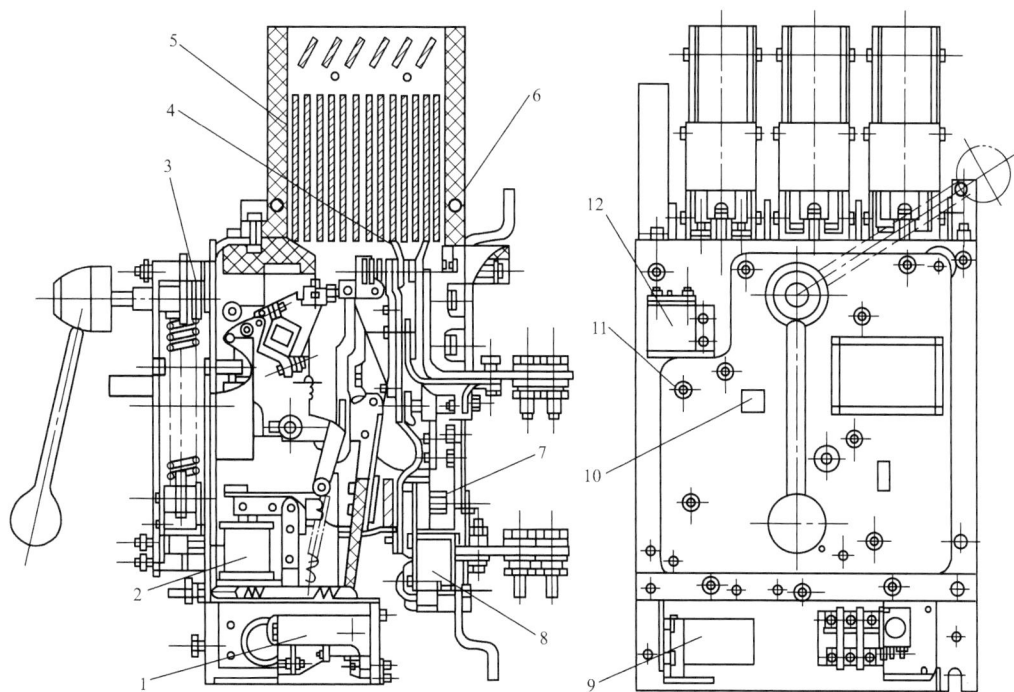

图 3-16　万能式断路器结构

1—热继电器或半导体式脱扣器；2—欠电压脱扣器；3—操动机构；4—动弧触头；5—灭弧室；6—静弧触头；7—电磁脱扣器；8—互感器；9—失压延时装置；10—分合指示器；11—脱扣轴；12—分励脱扣器

2. 塑壳式断路器

除接线端子外，触头、灭弧室、脱扣器和操动机构都装于一个塑料外壳中。一般不考虑维修，适于作支路的保护开关，大多数为手动操作，额定电流较大的（200A 以上）也可附带电动操作，图 3-18 所示为塑壳式断路器的结构图。塑壳式断路器可分工业用和非熟练人

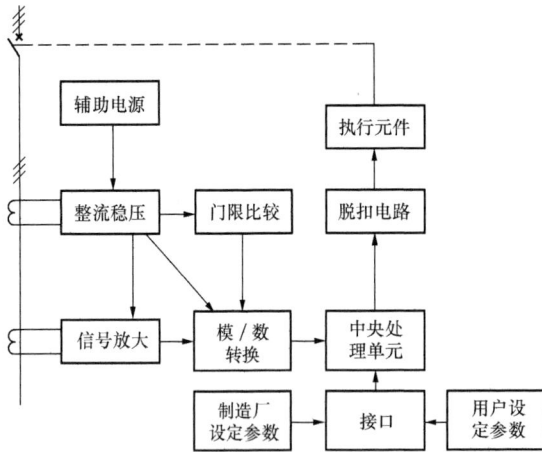

图 3-17 交流智能化脱扣器原理框图

非限流分断的电流波形图。

4. 剩余电流保护断路器（漏电保护断路器）

剩余电流保护断路器（漏电保护断路器）有电磁式电流动作型、电压动作型和晶体管式

员用两类，前者适用于工厂、企业的动力配电，后者多用于照明电路和民用建筑内电气设备的配电和保护。

3. 限流断路器

按构成原理不同，限流断路器可分为多种类型，但使用最普遍的还是电动斥力式限流断路器。不论是万能式还是塑壳式断路器，都是利用短路电流在触头回路间所产生的电动力使触头快速斥开后产生电弧，电弧电压上升（相当于电弧电阻增加），从而限制短路电流增加。触头在真空中，则电弧电压很低，难以利用电弧达到限流的目的。图 3-19 所示为限流分断与

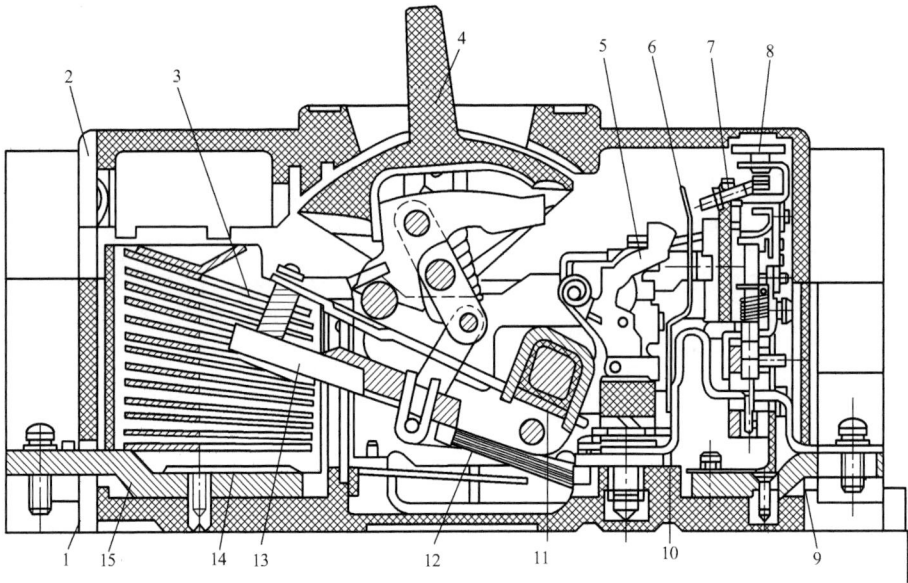

图 3-18 塑壳式断路器结构

1—基座；2—盖；3—灭弧室；4—手柄；5—扣板；6—双金属片；7—调节螺钉；8—瞬时调节旋钮；
9—下母线；10—发热元件；11—主轴；12—软连接；13—动触头；14—静触头；15—上母线

电流动作型三种。电磁式电流动作型剩余电流保护断路器是在塑壳式断路器中增加一个能检测剩余电流的剩余电流互感器和灵敏脱扣器，当出现漏电或人身触及相线（火线）时，剩余电流互感器的二次侧会感应出信号电流，使灵敏脱扣器动作，断路器快速断开。

5. 直流快速断路器

直流快速断路器有电磁保持式和电磁感应斥力式两种，电磁保持式直流快速断路器在快速电磁铁的去磁线圈中的电流达到一定值时，衔铁所受的吸力骤减，机构在弹簧的作用下迅速向断开位置运动而使触头断开。

电磁感应斥力式直流快速断路器是利用储能的电容器，向斥力线圈放电，同时在斥力线圈上面的铝盘中感应出涡流，利用这两种电流的相互作用，产生巨大的电动力，使铝盘快速斥开，断路器断开。

图 3-19　限流分断与非限流
分断的电流波形图
1——一般交流断路器分断电流波形；
2—限流断路器分断电流波形

（二）低压断路器的选用

一般低压断路器的选用遵循以下要点：

（1）断路器的额定电压应不小于线路额定电压。

（2）断路器的额定电流与过流脱扣器的额定电压不小于线路计算负载电流。

（3）断路器的额定短路通断能力不小于线路中最大短路电流，注意进出线端的短路通断能力是否相等。

（4）断路器欠电压脱扣器的额定电压等于线路的额定电压。

（5）选择型配电断路器需考虑短路延时的短路通断能力和延时梯级的配合。

（6）选择电动机保护用的断路器时需考虑电动机的启动电流并使其在启动时间内不动作。笼型感应电动机的启动电流按 8~15 倍额定电流计算。

（7）直流快速断路器需考虑过流脱扣器的动作方向（极性）和短路电流上升率。

（8）剩余电流保护断路器需选择合理的漏电动作电流和漏电不动作电流。注意能否断开短路电流，如不能断开短路电流则需与适当的熔断器配合使用。

（三）低压断路器的安装

（1）低压断路器应垂直安装，倾斜度不应超过 5°。

（2）安装位置应按制造厂商的规定选择，应考虑到灭弧罩上方或相邻电器导电部位的飞弧距离，便于母线的配制或引接（尤其是大容量的断路器需配用大母线，要满足工艺上所要求的尺寸，并保证有足够的相间、对地距离）。安装母线时，需取下灭弧罩，并应注意灭弧罩的保管。

（3）承受断路器重量的支架要有足够的机械强度。在断路器与支架间可加装 5~8mm 厚的胶皮垫，以缓冲分、合闸时的冲击力，并可减轻其他振动对断路器的影响。

（4）检查脱扣器和操动机构的额定电压，必须使其与实际回路相符。

（5）接线应正确。断路器在断开位置时，动断辅助触头应接通；断路器在接通位置时，动合辅助触头应接通。

（6）安装灭弧罩时，要注意摆正位置，不得影响触头的动作。

（7）断路器必须在手动操作合适后，才允许作电动试操作。各部分机械如动作不协调，应作调整，使之灵活、可靠。

（8）脱扣器必须整定合适，并应通电校核。对于不投入使用的脱扣器应将它拆下（失压脱扣器应缚住），或将它从连接处解开，以防误动。

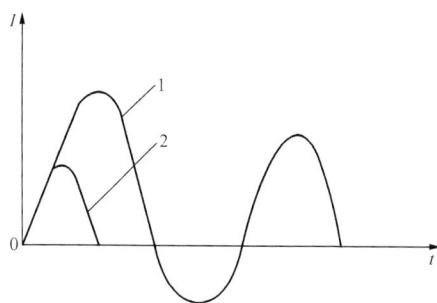

（9）带电前，应将断路器触头接触面和各磁铁工作面的防锈油擦净，各机械传动或摩擦部位应注以润滑油。

（10）检查触头接触的不同期性，一般不应大于 0.5mm。

（11）大容量断路器的触头压力及断开距离有一定要求，应设法满足。

三、低压熔断器

（一）低压熔断器的用途及分类

低压熔断器是低压配电系统中的保护元件之一，主要作短路保护之用，有时也可作过载保护。通过熔断器的熔化特性和熔断特性的配合以及熔断器与其他电器的配合，在一定的适中电流范围内可达到选择性保护。按结构型式不同，低压熔断器可分为半封闭插入式熔断器、无填料密闭管式熔断器、有填料封闭管式熔断器及自复熔断器（很少应用）四类。

（二）低压熔断器的结构和工作原理

低压熔断器是以自身产生的热量使熔体熔化而自动分断电路的。

半封闭插入式熔断器和无填料密闭管式熔断器过去虽然应用很广，但现在逐渐淘汰，实际生产中一般选用有填料封闭管式熔断器。

有填料封闭管式熔断器按使用对象可分为专用人员使用的熔断器（也称一般工业用熔断器）、非熟练人员使用的熔断器和保护半导体器件熔断器三种。

有填料熔断器多采用石英砂作填料，用铜片作熔体材料，用陶瓷作熔管制成的熔断器称为有填料封闭管式熔断器。适当改变熔体结构，可改善低过载倍数（2 倍额定电流的分断能力），这种熔断器称为全范围熔断器。有填料封闭管式熔断器的结构如图 3-20 所示。小电流（100A 以下）的管状熔体置于一底座中，就成为螺旋式熔断器，其结构如图 3-21 所示，熔体用螺纹的瓷盖固定于瓷底座中。

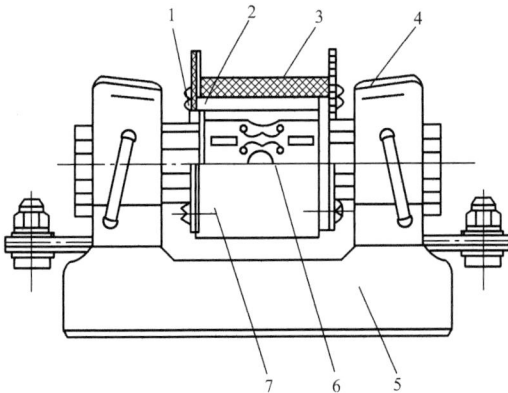

图 3-20　有填料封闭管式熔断器
1—熔断器指示器；2—石英砂填料；3—熔管；4—触刀；
5—底座；6—熔体；7—熔断器

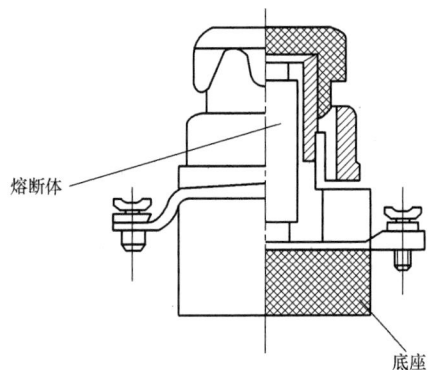

熔断体

底座

图 3-21　有填料螺旋式熔断器

1. 专用人员使用的熔断器（一般工业用低压熔断器）

专用人员使用的熔断器最小额定分断能力为直流 25kA、交流 50kA，对熔断器的防护等级没有要求。其按结构可分为刀形触头熔断器、螺栓连接熔断器、圆筒形帽熔断器。其外形尺寸、安装尺寸及主要特性参见 IEC 60269—1.4。

2. 保护半导体器件熔断器

保护半导体器件熔断器的最小额定分断能力为 50 kA，其外形尺寸、安装尺寸及主要特性参见 IEC 60269。

3. 非熟练人员使用的熔断器

非熟练人员使用的熔断器普遍用于家庭电气设备的电路中，其特点是有防护等级要求，并对其安全性指标（如防火）、防护等级进行考核。其最小额定分断能力，额定电压低于240V 为 6kA，额定电压在 240～500V 时为 20kA。螺旋式熔断器作为家用较为合适，体积小，额定分断能力可达 50 kA。半封闭插入式非熟练人员使用的熔断器，支持件额定电流分10、15、60、100A 四档，额定分断能力低（750～4000A）、价格低廉，目前仍在广泛使用。

（三）低压熔断器的选用

低压熔断器应根据使用场合选择适当的型式。例如，作电网配电用，应选用一般工业用熔断器；作硅元件保护，则应选择保护半导体器件熔断器；供家庭使用，宜选用螺旋式或半封闭插入式熔断器。

1. 一般工业用熔断器的选用

按电网电压选用相应电压等级的熔断器。按配电系统中可能出现的最大短路电流，选择有相应分断能力的熔断器。

在电动机回路中作短路保护时，应考虑电动机的启动条件，按电动机启动时间长短选择熔体的额定电流。对启动时间不长的场合可按下式决定熔体的额定电流 I_N

$$I_N = I_d/(2.5 \sim 3)$$

对启动时间长或较频繁启动（如起重机电动机启动）的场合，按下式决定熔体的额定电流 I_N

$$I_N = I_d/(1.6 \sim 2.0)$$

式中　I_d——电动机的启动电流。

为了满足选择性保护要求，上下级熔断器就根据其保护特性曲线上的数据及实际误差来选择。一般地，老产品的选择比为 2∶1，新型熔断器的选择比为 1.6∶1。

2. 保护半导体熔断器的选用

保护半导体熔断器用于小容量变流装置时，按下式选用

$$I_{NR} = 1.57 I_{av} \tag{3-1}$$

式中　I_{NR}——保护半导体熔断器的额定电流有效值，A；

　　　I_{av}——半导体器件的额定电流平均值，A。

在大容量变流装置中，桥臂的并联支路数可根据系统短路电流的大小来确定，每一支路由硅元件与保护半导体器件熔断器组成。为保证发生内部故障时变流装置仍能继续供电，与故障元件串联的熔断器必须熔断，而完好的硅元件和串联的熔断器不能损坏。因此，必须使与故障元件串联熔断器的熔断 I^2t 值小于串联在桥臂上的全部熔断器熔化 I^2t 值。如果为保护其他桥臂硅元件不被损坏，应满足下式要求

$$m \geqslant \frac{1}{K} \sqrt{A_{RD}/A_K}$$

式中　m——并联支路数；

　　　K——动态均流系数（一般取 0.5～0.6）；

　　A_{RD}——熔断器最大熔断 I^2t 值，A^2s；

　　　A_K——硅元件浪涌 I^2t 值，A^2s。

经验证明，如果 m 小于 4，则难以达到上述保护要求。此外，还应考虑避免因多次故障电流冲击而引起的熔体老化，适当增加并联支路数。

（四）低压熔断器的安装

熔断器一般应垂直安装，便于操作方便，熔体与熔断器固定部分（如插座、刀座、静触头等）的接触应良好，管型熔断器两端的套帽应与熔体压紧。有熔断指示器的熔断器，应将指示器面向便于检查的一侧。更换熔体时，应在切除电源后操作，且应注意周围带电部位，以保安全。当一相熔体熔断时，应同时对另两相熔断器进行检查或更换。

四、刀开关、隔离器、隔离开关及其组合电器

1. 概述

刀开关、隔离器、隔离开关及其组合电器主要用来不频繁地接通和分断电路。多层组合开关是刀开关的另一种形式，也用于转换电路，从一组连接转换到另一组连接，适用于额定电流 100A 以下的电路。

刀开关、隔离器、隔离开关和熔断器组合具有一定的接通分断能力和足够的短路分断能力，可作为手动不频繁地接通分断电路以及作电路的短路保护和隔离之用，其短路分断能力由组合中熔断器的短路分断能力而定。

2. 刀开关的安装

刀开关应按下列要求进行安装：

（1）刀片插入静插座的深度应合适，如不合适，可伸缩连杆的长度进行调节，一般应留有 1.5～3mm 的备用行程。

（2）三相刀片如不能同期时，应检查其原因。

（3）合闸时，三相刀片应能顺利地进入静插座。如有卡阻现象，可能是刀片与静插座位置不对应（其中心不在同一平面上），应检查原因，并处理。

（4）静插座对刀口应有足够的压力，如果压力不够，在通过大电流时，将因接触电阻增大而发热。

（5）刀开关底板的绝缘如不合格，应进行干燥（如用电吹风或红外线灯泡烘烤）或在底板后加用绝缘垫（但应保证相间绝缘亦合格）。

（6）对于成套配电装置，如发现刀开关受到硬母线连接应力的作用时，应卸下母线进行校正，然后再将其连接上。

五、低压接触器

（一）概述

低压接触器是电气传动和自动控制系统中应用最广的一种电器，它适用于远距离频繁的接通和分断交、直流主电路及大容量控制电路。其主要控制对象是电动机，也可用于控制照明设备、电焊机、电容器、电热设备等其他负载。

低压接触器主要有交流和直流两种，具体分类见表 3-12，使用类别和用途见表 3-13。

表 3-12   接 触 器 的 分 类

分 类 原 则	接触器分类名称
按主触头所控制电流种类	交流；直流
按主触头极数	单极；双极；多极
按主触头类别	动合式；动断式；动合动断兼有式
按操作电磁系统的控制电源种类	交流式；直流式
按灭弧介质	空气式；真空式
按有无灭弧室	有灭弧室；无灭弧室

表 3-13   接触器的使用类别和用途

种 类	使用类别代号	用 途
交流接触器	AC—1	无感或微感负载、电阻炉
	AC—2	绕线转子感应电动机的启动、分断
	AC—3	笼型感应电动机的启动、运转中分断
	AC—4	笼型感应电动机的启动、反接制动或反向运转、点动
	AC—5a	放电灯的通断
	AC—5b	白炽灯的通断
	AC—6a	变压器的通断
	AC—6b	电容器组的通断
	AC—7a	家用电器和类似用途的低感负载
	AC—7b	家用的电动机负载
	AC—8a	具有手动复位过载脱扣器的密封制冷压缩机中的电动机控制
	AC—8b	具有自动复位过载脱扣器的密封制冷压缩机中的电动机控制
直流接触器	DC—1	无感或微感负载、电阻炉
	DC—3	并励电动机的启动、反接制动或反向运转、点动、电动机在动态中分断
	DC—5	串励电动机的启动、反接制动或反向运转、点动、电动机在动态中分断
	DC—6	白炽灯的通断

1. 低压交流接触器

其典型结构可分为双断点直动式（见图 3-22）和单断点转动式平面布置两种。前者结构紧凑、体积小、重量轻；后者维护方便，可方便地派生为单极、二极和多极结构，但体积和安装面积较大。

2. 低压直流接触器

低压直流接触器的动作原理和交流接触器相似。中大容量直流接触器常采用单断点平面布置整体结构，小容量直流接触器采用双断点立体布置结构。

低压真空接触器的组成部分与一般空气式接触器相似，不同的是真空接触器的触头密封在真空灭弧室中。与一般空气式接触器相比，真空接触

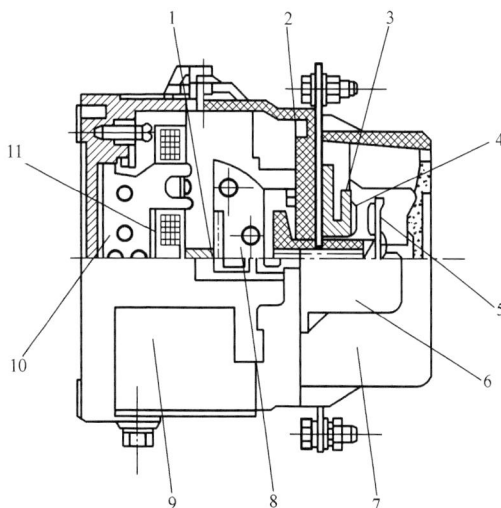

图 3-22　交流接触器结构原理图

1—反作用弹簧；2—触头弹簧；3—触头支架；4—静触头；5—动触头；6—辅助触头；7—灭弧室；8—衔铁；9—外壳；10—铁芯；11—吸引线圈

器燃弧时间短，工作更可靠，缺点是存在截流过电压。

　　3. 半导体接触器

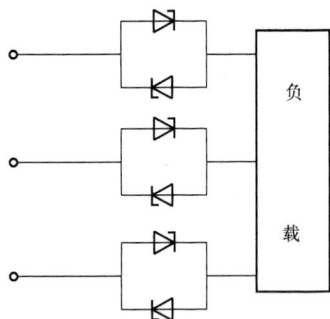

图 3-23　半导体接触器原理接线图

　　半导体接触器原理接线如图 3-23 所示，它的每相用两只晶闸管反向并联或用一只双向晶闸管代替，这种断路器无可动部分、寿命长、动作快，操作频率可高达 10 000 次/h，不受爆炸、粉尘、有害气体的影响，耐冲击振动。

　　（二）低压接触器的选用

　　1. 用于控制电动机负载

　　接触器的额定工作电压、电流（功率）和额定操作频率均不得低于电动机的相应值。当用于断续周期工作制或短时工作制动时，接触器的额定发热电流应不低于电动机实际运行的等效电流。此外，应按电动机的类型和实际使用的要求，选用有相应使用类别技术数据的接触器。

　　2. 用于控制非电动机负载

　　（1）控制电热设备。一般选用 AC－1 类别的接触器，其额定工作电流应等于或大于电热设备的额定电流。电热设备一般为多路单极并联运行，可将多极接触器并联，以提高其允许负载电流。三极并联时，长期载流能力可增至 2.5 倍；两极并联时，可增至 1.8 倍。

　　（2）控制电容器。一般选用 AC－6b 类别的接触器，其额定工作电流应不小于电容器的额定工作电流。

　　（3）控制变压器。一般选用 AC－6a 类别的接触器，其额定工作电流不小于变压器的额定工作电流。

　　（4）控制照明装置。如照明装置的灯具为放电灯或白炽灯，则分别按接触器的 AC－5a 或 AC－5b，额定工作电流不小于相应灯具的额定工作电流选用。

　　（5）控制电磁铁。应根据电磁铁的额定电压和电流、通电持续率和时间常数或功率因数等主要技术参数选用接触器。直流起重电磁铁属于高电感负载，时间常数特别大，为了保证使用可靠，常在电磁铁线圈两端并联一个电阻，其电阻值不大于电磁铁线圈电阻值的 5 倍。

　　（三）接触器的安装

　　（1）接触器底面与地面垂直，倾斜度应小于 5°。

　　（2）注意飞弧空间，并应便于配制母线或引接。

　　（3）便于检查与维修。

　　（4）安装牢固。

　　（5）灭弧罩良好。未装上完好的灭弧罩前，切勿带电操作接触器，除非是不带电检查主触头的情况。

　　（6）接线正确。

六、启动器及安装

　　1. 概述

　　启动器大多数由通用型接触器、热继电器、控制按钮等标准元件按一定方式组合而成，它能控制电动机的启动、停止或改变旋转方向，并具有过载、失压保护功能。启动器有直接（全电压）启动器和减压启动器两类。

启动器有过负荷保护作用是因为其装有过负荷继电器。过负荷继电器分为电磁式过负荷继电器、热过负荷继电器和半导体过负荷继电器三种。电磁式过负荷继电器是利用过负荷继电器的电磁力断开串接于接触器的控制回路内的继电器触点，于是接触器主触头断开过负荷电路。电磁式过负荷继电器有的是瞬时动作，有的能够延时动作。热继电器的原理是利用过负荷电流促使焊在一起的两种线膨胀系数不同的金属片（双金属片）发热和弯曲，断开热继电器的触点，使接触器的控制回路断路，从而使接触器断开过负荷的主电路。现在90％以上的异步电动机都用热继电器作为过负荷继电器。热继电器式过负荷继电器在电路过负荷时必定有发热过程，故都是延时动作，有的热继电器还能反应于断相。

启动器不能开断短路电流，所以必须和短路保护电器配合使用。

2. 启动器的安装

磁力启动器的安装基本与接触器相同，需要注意热继电器的使用调节范围与被保护设备的额定电流值应相符。

七、控制继电器

（一）控制继电器结构简述

1. 电磁式控制继电器

电磁式控制继电器是通过电磁吸合和释放原理而动作的继电器，其基本结构与接触器类同，也是由电磁系统、触头系统和反力系统三部分组成。由于电磁式控制继电器的接通能力小，无需灭弧装置，磁系统结构常采用Ⅱ形拍合式、山形直动式或转动式及螺管直动式三种。电磁式控制继电器有通用（电压、电流）继电器、时间继电器等。

2. 时间继电器

时间继电器是在继电器接受信号到执行元件（如触头）动作之间有一定的时间间隔的继电器。它又可分为电磁式和电子式时间继电器两种。电磁式时间继电器是在电磁式控制继电器上加装阻尼或机械阻尼装置（如油杯、钟表机构等）构成。电子式时间继电器延时范围广、精确度高、调节方便、返回时间短、功耗小、寿命长，因而使用越来越广，其输出可以是有触点的，也可以是无触点的。电子式时间继电器原理框图如图3-24所示。

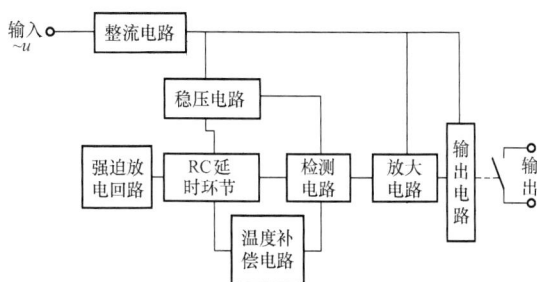

图3-24　电子式时间继电器原理框图

3. 热过载继电器

热过载继电器是通过双金属片流过电流而发热弯曲，推动执行机构动作的继电器。它主要由电流调节机构、动作机构以及热元件组成。

现代热过载继电器大多为三相式结构，具有断相保护、温度补偿、整定电流可以调节、可以自动或手动复位等功能。带断相保护的热过载继电器如图3-25所示。热过载继电器除要求有良好的保护特性外，还要求有一定的耐受过电流能力。新一代热过载继电器增加了脱扣机构动作灵活性检查、动作指示以及手动断开试验按钮等功能。

（二）控制继电器的选用

（1）电磁式控制继电器选用时，电磁线圈电压或电流应满足要求，按被控制对象的电压、电流和负载性质及要求来选择。若控制电流超过继电器触头额定电流，可将触头并联使用。电磁式过电流继电器具有图 3-26 所示的工作特性，应根据保护对象的不同要求选用。

（2）时间继电器的选用，应注意延时时间和延时方式（如动合延时或动断延时），对要求延时较长的可选用同步电动机式时间继电器。

（3）热过载继电器主要用于长期或间断长期工作的轻负载电动机的保护。选用时应注意被保护电动机的型号、容量、使用场合、工作方式、启动电流倍数、负荷性质等，在条件满足的情况下，一般按电动机的额定电流选取，或者根据工艺流程的要求以及电动机实际负载，选取热过载继电器的整定值为 0.95～1.05 倍电动机额定电流。

当电动机启动时间不大于 1s、启动电流倍数为 6 倍、通电持续率为 60％且电动机满载工作时，用于反复短时工作电动机的每小时允许操作频率为 40～50 次，热过载继电器不适用密接通断（点动）工作及反转工作电动机的保护。

（三）控制继电器的安装

继电器的安装非常简单，应符合制造厂说明书要求，接线应正确。

八、低压电器试验

低压电器基本试验项目和内容见表 3-14。

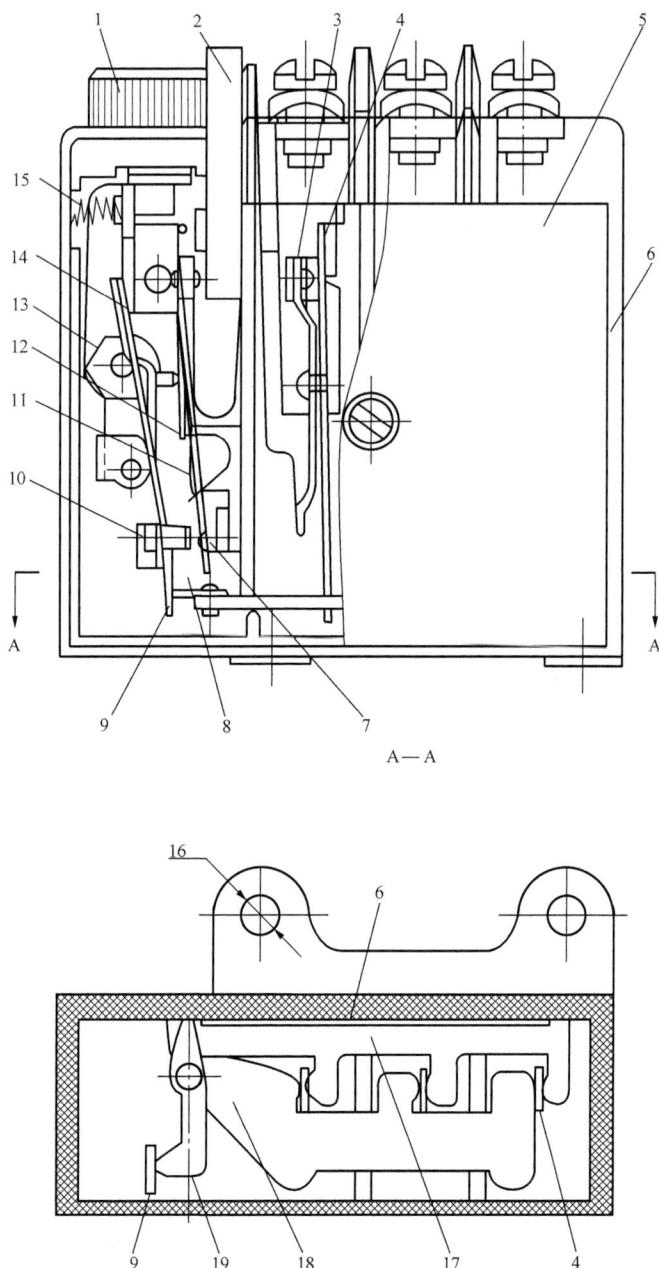

图 3-25　带断相保护的热过载继电器

1—电流调节凸轮；2—复位按钮；3—电阻元件；4—主双金属片；5—盖板；6—驱壳；7—动断触头；8—导板及杠杆；9—补偿片；10—复位调节螺钉；11—片簧；12—弓簧；13—支架；14—推杆；15—压簧；16—安装孔；17—导板Ⅱ（差动导板）；18—导板Ⅰ；19—杠杆

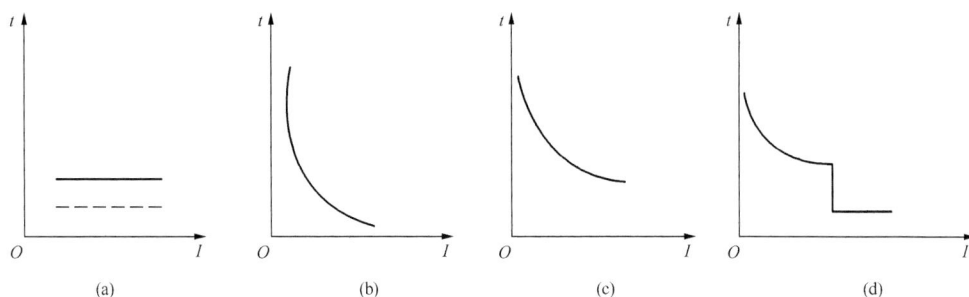

图 3-26 电磁式过电流继电器的工作特性
(a) 瞬时动作（虚线）和定时限动作（实线）特性；(b)、(c) 反时限动作特性；(d) 反时限和瞬时动作特性

表 3-14 低压电器基本试验项目和内容

序号	试验项目	试 验 内 容	型式试验	常规（出厂）试验
1	一般检查	检查电器的外形尺寸、电气间隙与爬电距离、触头开距、超行程、压力、操作力以及安装质量	√	√
2	电压降检查	对被试电器通以恒定直流电流，用仪表直接测量被测部分两端的电压降，以了解电器各部位的导电情况	视电器种类而定	√
3	温升试验	用低压电源进行，测量电器各部分（包括触头、导电部件和易接触的外壳表面及操作手柄）的温升	√	
4	绝缘电阻测量	用绝缘电阻表测量电器绝缘表面的阻值，在一般条件下不得小于 10MΩ	√	√
5	介电性能试验	进行工频耐压试验，以考核电器的绝缘水平。在电气间隙小于标准规定时尚须进行脉冲耐压试验	√	√
6	耐潮试验	在规定的温度湿度条件下进行，考核在湿热条件下电器的绝缘性能	√	
7	额定接通与分断能力试验	接通与分断可分别试验，但必须在同一台试品上进行。如果条件具备，则接通与分断应当是一个连续的程序，不应分开。主电路和辅助触头都应进行	√	
8	短路接通与分断能力试验	在规定的电流、电压、cosφ 或时间常数条件下进行。熔断器只进行分断能力试验	√	
9	短时耐受电流能力试验	考核短路电流的热效应和电动力效应对电器的影响，一种电器可以有几种（如 1、0.4、0.2s 等）短时耐受电流	√	
10	动作特性试验	确定电器的动作误差和在规定电流作用下的延时值、电流动作值可用低压电流进行	√	√
11	操作性能试验	需动作的电器，要进行一定次数的操作性能试验，以检查动作的可靠性	√	√
12	寿命试验	分机械寿命和电寿命试验，用闭合断开操作循环的次数表示。有的电器（如断路器）要求两者在同一台试品上进行	√	
13	电磁兼容性（EMC）试验	考核电子电器在电磁干扰作用下工作的可靠性。应进行辐射试验、冲击电压试验、电气快速瞬态/脉冲群试验、振荡波抗扰性试验	√	

思 考 与 练 习

1. 高压断路器的作用是什么？油断路器、真空断路器和六氟化硫断路器各有什么优缺点？

2. 真空断路器的真空度检查方法主要有哪些？

3. 高压隔离开关的作用有哪些？并简述其技术性能。

4. 高压负荷开关与高压隔离开关相比有什么不同，与高压断路器相比有何不同？

5. 高压负荷开关为何常与熔断器串联使用？

6. 高压熔断器的主要作用是什么？

7. 高压隔离开关、负荷开关和断路器在结构和性能方面各有何特点？

8. 低压断路器的作用是什么？常用的低压断路器有哪几种？分别应用于什么场合？

9. 有填料封闭管式熔断器按使用对象可分为哪几种？分别用在什么场合？

10. 刀开关、隔离器、隔离开关和熔断器组合的短路分断能力怎么确定？

11. 低压接触器主要用于控制什么设备？选用条件是什么？

12. 启动器是由哪些元件组成的？其作用是什么？

13. 控制继电器有哪些种类？各起什么作用？

第四章　仪用互感器

第一节　概　　述

仪用互感器是一种特殊用途的变压器，是电力系统中不可缺少的重要元件，是实现一次系统和二次系统互相联络的重要一次设备，它把一次系统的高电压和大电流变换成统一标准的低电压和小电流，供给测量仪表、继电保护和自动调节装置等二次系统。

根据电气量变换的差别，互感器可分为电压互感器（TV）和电流互感器（TA）两大类。互感器是一次系统和二次系统之间的联络元件，将一次侧的高电压、大电流变成二次侧标准的低电压（100V 或 $100/\sqrt{3}$ V）和小电流（5A 或 1A），分别用以向测量仪表、继电器的电压线圈和电流线圈等供电，使二次电路正确反映一次系统的正常运行和故障情况。将高电压变为低电压的称为电压互感器；将大电流变为小电流的称为电流互感器。此外，为简化设备还有电压电流组合互感器。互感器的主要用途有：

（1）与测量仪表配合，测量电力系统的电流、电压和电能。

（2）与继电保护装置配合，对电力系统的线路及发、变、配电设备进行保护（例如短路、过电流、过电压、欠电压等故障的保护）。

（3）使测量仪表、继电保护装置与高电压系统隔离，以保证运行操作人员和设备的安全。

（4）将电力系统中的大电流和高电压变换成统一的标准值，使仪表和继电保护装置的生产制造能够标准化、小型化、系列化，便于生产、安装，降低了造价。

随着科学技术的发展，诸如光耦合式电流互感器和带电子装置的电容式电压互感器等新型互感器正在应用和发展之中。光耦合式电流互感器的主要特点是，高低压回路用带信息的光束耦合，绝缘结构简单可靠，这种互感器有光电式和磁光式两种，可输出模拟量或编码，输出容量小。带电子装置的电容式电压互感器的主要特点是，由电容分压器和电子放大器构成，高压电容器的电容量很小，电容分压器只输出信号，用于全封闭组合电器。

组合互感器是随着电网技术的改造和用电管理水平的提高而发展起来的。电压电流组合互感器是由电压互感器和电流互感器组成一个整体并装在同一外壳内的互感器，它通常与测量、计量仪表一起使用，构成成套高压电能计量装置。目前在供配电系统中组合互感器的应用越来越广泛。

第二节　仪用互感器的构造和工作原理

一、电压互感器的构造和工作原理

按工作原理不同，电压互感器可以分为电磁感应式和电容分压式两类。实际生产中最常用的电压互感器是利用电磁感应原理工作的，它的基本构造与普通变压器相同。电压互感器实际上就是一个降压变压器，只是它的容量很小，通常只有几十到几百伏安，且负荷通常是恒定的。电压互感器主要由铁芯、一次绕组、二次绕组组成，如图 4-1 所示。电压互感器一次绕组的匝数较多，二次绕组的匝数较少，使用时一次绕组与被测量电路并联，二次绕组与测量仪表或继电器等的电压绕组并联。由于测量仪表、继电器等电压线圈的阻抗很大，电压互感器在正常运行中二次绕组中的电流很小，一次和二次绕组中的漏抗压降都很小，因而在正常情况下，电压互感器相当于空载运行状态。

电压互感器一次绕组的额定电压 U_{1N} 就是电网的额定电压，而电网的额定电压已标准化（如 10、35、110、220、330、500kV 等），二次电压 U_{2N} 则统一定为 100V 或 $100/\sqrt{3}$ V，正因为如此，电压互感器的变比 K_N 也已标准化。

电压互感器一、二次绕组的额定电压之比，称为电压互感器的额定变比 K_N，即

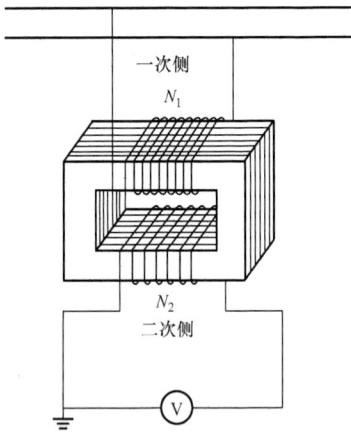

图 4-1　电压互感器构造原理图

$$K_N = \frac{U_{1N}}{U_{2N}} \approx \frac{N_1}{N_2} \approx \frac{U_1}{U_2} \qquad (4\text{-}1)$$

因而
$$U_1 \approx K_N U_2$$

式中　K_N——电压互感器的额定变比；

U_{1N}——电压互感器一次额定电压；

U_{2N}——电压互感器二次额定电压；

U_1——电压互感器一次电压实测值；

U_2——电压互感器二次电压实测值；

N_1——电压互感器一次绕组匝数；

N_2——电压互感器二次绕组匝数。

若已知二次侧的电压 U_2，根据式（4-1）便可计算出一次侧的电压 U_1。为了能正确地反应一次电压，实际生产中对电压互感器的误差必须有一定要求，通常有 0.2、0.5、1、3 四种准确度等级，只要二次负荷不超过规定值，就会在允许的误差范围内。

运行过程中，电压互感器的二次侧不能短路，因为二次侧短路后，会产生很大的短路电流，这样可能烧坏电压互感器的绕组，因此实际应用中，电压互感器的高、低压侧均应装设保护熔断器。

二、电流互感器的构造和工作原理

电流互感器也是按电磁感应原理工作的，它的构造与普通变压器相似，主要由铁芯、一次绕组和二次绕组等几个主要部分组成，如图 4-2 所示。电流互感器一次绕组的匝数很少，与被测回路串联，二次绕组的匝数较多，与测量仪表或继电器的电流绕组串联。因为测量仪表和继电器的电流绕组阻抗都很小，因此电流互感器在正常运行时，其二次绕组接近于短路状态。电流互感器一次电流取决于线路的负载电流，与其二次负载无关，这是电流互感器与变压器的主要区别。

电流互感器的二次电流 I_2 与一次电流 I_1 成正比，二次侧的额定电流 I_{2N} 已经标准化，

一般为 5A（或 1A），一次侧的额定电流 I_{1N} 则有不同的电流等级标准，如 75、100、150A 等。

电流互感器一、二次额定电流之比，称为电流互感器的额定变比 K_N，即

$$K_N = \frac{I_{1N}}{I_{2N}} \approx \frac{N_2}{N_1} \approx \frac{I_1}{I_2} \qquad (4-2)$$

因而　　　　　　　　　$I_1 = K_N I_2$

式中　　K_N——电流互感器的额定变比；

I_{1N}——电流互感器一次额定电流；

I_{2N}——电流互感器二次额定电流；

I_1——电流互感器一次电流实测值；

I_2——电流互感器二次电流实测值；

N_1——电流互感器一次绕组匝数；

N_2——电流互感器二次绕组匝数。

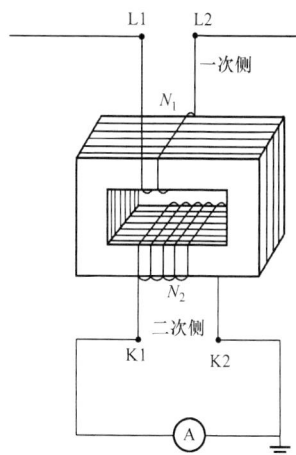

图 4-2　电流互感器
构造原理图

如果已知二次侧的电流 I_2，通过式（4-2）便可计算出一次侧的电流 I_1，为了精确测量，电流互感器的误差也不允许超过规定值，它有 0.1、0.2、0.5、1 和 3 五个准确度等级。电流互感器的误差决定于其结构、铁芯材料、一次电流和二次回路的阻抗。

在运行过程中，电流互感器的二次绕组不得开路。当二次侧开路时，磁通势失去平衡，一次电流完全成为励磁电流，二次绕组将产生很高的电动势，这样对工作人员和二次设备都有很大的危险，因此实际应用过程中，电流互感器的二次侧不允许安装熔断器。在运行中，若需拆除电流互感器二次回路中的仪表或继电器时，则必须用导线或连接片将二次回路短接，才可以将仪表或继电器拆除。

第三节　仪用互感器的型号和技术数据

一、电压互感器的型号和技术数据

1. 电压互感器的分类

按安装场所不同，电压互感器可分为户内式和户外式。35kV 及以下的电压互感器多制成户内式，35kV 以上多制成户外式。

按结构型式及相数不同，电压互感器可分为单相式和三相式。35kV 及以上的电压互感器习惯上不制成三相式。

按绕组数目不同，电压互感器可分为双绕组式和三绕组式。三绕组式电压互感器除供给测量仪表和继电器的二次绕组外，还有一个附加二次绕组，用来接入监视电网绝缘状况的仪表和保护接地继电器。

按绝缘方式不同，电压互感器可分为干式、浇注式、油浸式和充气式。干式（浸绝缘胶）电压互感器结构简单，无着火和爆炸危险，但绝缘强度低，仅用在较低电压等级（3～6kV）、空气干燥的户内配电装置中。浇注式电压互感器采用环氧树脂浇注绝缘，结构紧凑、维护方便，适用于 3～35kV 的户内装置中。油浸式电压互感器的绝缘性能较好，可用于

10kV 以上的户外配电装置中。充气式电压互感器用于 SF_6 全封闭电器中。

2. 电压互感器的型号标注方式

通常，电压互感器的型号用横列拼音字母及数字表示，各部分字母含义见表 4-1。

表 4-1 电压互感器型号各部分字母含义

型号序列	序列含义	代号
①②③④⑤—⑥	1：设备名称	J—电压互感器
	2：相数	D—单相；S—三相
	3：绝缘方式	J—油浸式；G—干式；Z—浇注式；C—瓷箱式
	4：结构形式	B—带补偿绕组；W—五柱三绕组；J—接地保护
	5：设计序号	
	6：额定电压（单位：kV）	

例如：

JDJ—10 单相双绕组油浸式电压互感器，额定电压 10kV。

JSJW—10 三相三绕组五铁芯柱油浸式电压互感器，额定电压 10kV。

JDZ—10 单相双绕组浇注式绝缘的电压互感器、额定电压 10kV。

3. 电压互感器的额定技术参数

（1）额定变比。电压互感器通常在铭牌上标出一次绕组和二次绕组的额定电压，额定变比是指一次与二次绕组额定电压之比，即 $K_N = U_{1N}/U_{2N}$。

（2）电压互感器的误差。电压互感器的误差有电压误差和相位误差两项。

1）电压误差。电压误差为二次电压的测量值与额定互感比的乘积，按此值与实际一次电压 U_1 之差，而以后者的百分数表示，则

$$f_u = \frac{K_u U_2 - U_1}{U_1} \times 100\%$$

2）相位误差。相位误差为旋转 $180°$ 的二次电压相量 $-\dot{U}'_2$ 与一次电压相量 $\dot{U}_1$ 之间的夹角 δ_u，并规定 $-\dot{U}'_2$ 超前于 $\dot{U}_1$ 时相位差为正，反之为负。

电压互感器的误差与二次负载、功率因数和一次电压等运行参数有关。

（3）电压互感器的准确度等级。电压互感器的测量误差，以其准确度等级来表示。电压互感器的准确度等级，是指在规定的一次电压和二次负荷范围内，负荷的功率因数为额定值时，电压误差的最大值。我国规定电压互感器的准确度等级和误差限值如表 4-2 所示。

电压互感器的测量精度有 0.2、0.5、1、3、3P、6P 六个准确度等级，同电流互感器一样，误差过大会影响测量的准确性，或对继电保护产生不良影响。0.2、0.5、1 三个等级的适用范围同电流互感器，3 级的用于某些测量仪表和继电保护装置。3P 和 6P 两个等级属于保护用电压互感器的准确度等级。

表 4-2　　　　　　　　　　　电压互感器的准确度等级和误差限值

准确度等级	误差限值		一次电压变化范围	频率、功率因数及二次负荷变化范围
	电压误差（±%）	角误差（′）		
0.2	0.2	10		
0.5	0.5	20	$(0.8-1.2)\,U_{N1}$	$(0.25-1)\,S_{N2}$
1	1.0	40		$\cos\varphi_2 = 0.8$
3	3.0	不规定		$f = f_N$
3P	3.0	120	$(0.05-1)\,U_{N1}$	
6P	6.0	240		

由于电压互感器的误差与二次负载的大小有关，所以同一电压互感器对应于不同的二次负载容量时，在铭牌上会标注出几种不同的准确度级，铭牌上所标定的最高的准确级称为电压互感器的标准准确级。

（4）电压互感器的容量。电压互感器的容量是指二次绕组允许接入的负载功率，分为额定容量和最大容量两种，以 VA 值表示。由于电压互感器的误差是随二次负载功率的大小而变化的，容量增大，准确度降低，所以铭牌上每一个给定的容量是和一定的准确级相对应的，通常所说的额定容量是指对应于最高准确级的容量。

最大容量是允许发热条件规定的极限容量，除特殊情况及瞬时负载需用外，一般正常运行情况下，二次负载不应达到这个容量。

（5）连接组别。电压互感器的连接组别是指一次绕组线电压与二次绕组线电压间的相位关系。

二、电流互感器的型号和技术参数

1. 电流互感器的分类

电流互感器的种类很多，按一次绕组的匝数不同，可分为单匝式和多匝式。单匝式电流互感器的优点是结构简单、尺寸小、价格低廉、内部电动力不大、热稳定性容易保证；其主要缺点是，一次电流较小时，一次安匝 IN 与励磁安匝相差不大，故误差较大，因此额定电流在 400A 以下的电流互感器多采用多匝式。

按安装地点不同，电流互感器分为户内式、户外式和装入式。35kV 及以上的电流互感器多制成户外式，并用瓷套作为箱体，以节约材料、减轻重量和缩小体积；装入式电流互感器套装在 35kV 及以上变压器或多油断路器的套管上，故也称套管式。

按安装方法不同，电流互感器可分为穿墙式和支持式。穿墙式电流互感器装在墙壁或金属结构的孔中，可节约穿墙套管；支持式则安装在平面或支柱上。

按绝缘结构不同，电流互感器可分为干式、浇注式、油浸式和电容式。干式电流互感器用绝缘胶浸渍，适用于低压用户；浇注式利用环氧树脂作绝缘，浇注成型，体积小、性能好，适用于 35kV 及以下的户内场所；油浸式多用于 35kV 及以上户外场所。

2. 电流互感器的型号标注方式

电流互感器的型号用横列拼音字母及数字来标注，各部位字母含义见表 4-3。

例如：

LQJ-10：线圈式树脂浇注绝缘，额定电压为 10kV 的电流互感器。

LZX-10：浇注绝缘小体积柜用，额定电压为 10kV 的电流互感器。

LFZ2-10：复匝贯穿式，树脂浇注绝缘，额定电压为 10kV 的电流互感器。

表 4-3　　　　　　　　　　　　电流互感器型号各部分字母含义

型号序列	序列含义	代　　号
①②③④—⑤/⑥—⑦⑧	1：设备名称	L—电流互感器
	2：结构特点	A—链型；Y—低压；R—套管式（装入式）；C—瓷箱式；B—支持式；F—贯穿复匝式；D—贯穿单匝式；M—母线式；J—接地保护；K—开合式；Q—线圈式；Z—支柱式；V—倒立式
	3：绝缘方式及其他特征	C—瓷绝缘；G—改进型；X—小体积柜用；K—塑料外壳；L—电缆电容型；D—差动保护用；M—母线式；P—中频的；Q—加强式；S—速饱和；Z—浇注绝缘；W—户外式；J—树脂浇注
	4：使用特点	B—保护级；Q—加强型；D—差动保护用；J—加大容量；L—铝线式
	5：额定电压	单位：kV
	6：准确级	
	7：特殊用途	GY—高原地区用；TA—干热带地区用；TH—湿热带地区用；W—污秽地区用
	8：额定电流比	

3. 电流互感器的额定技术数据

（1）变流比。电流互感器的变流比是指一次绕组的额定电流与二次绕组额定电流之比，即

$$K_N = I_{1N}/I_{2N} \tag{4-3}$$

由于电流互感器二次绕组的额定电流都规定为 5A（或 1、0.5A），所以变流比取决于一次侧的额定电流。

目前，在 10kV 配电装置中，电流互感器一次侧的额定电流一般在 15～1500A 范围之内。

（2）电力互感器的误差。电流互感器的误差有电流误差和相位误差两项。

1）电流误差。电流误差为二次电流的测量值乘以额定互感比所得的值 $K_i I_2$，此值与实际一次电流 I_1 之差，以后者的百分数表示，即

$$f_i = \frac{K_i I_2 - I_1}{I_1} \times 100\% \tag{4-4}$$

2）相位误差。相位误差为旋转 180°的二次电流相量 $-\dot{I}'_2$ 与一次电流相量 $\dot{I}_1$ 之间的夹角 δ_i，并规定 $-\dot{I}'_2$ 超前于 $\dot{I}_1$ 时，相位差 δ_i 为正值；反之为负值。

电压互感器的误差与二次负载阻抗、一次电流的大小等有关。

（3）电流互感器的准确度等级。电流互感器的测量误差，可以用其准确度等级来表示。根据测量误差的不同，划分为不同的准确度等级。准确度等级是指在规定的二次负荷变化范围内，一次电流为额定值时的最大电流误差。我国电流互感器的准确度等级和误差限值如表

4-4 所示。

表 4-4 　　　　　　　　　　　　　　　**电流互感器的准确度等级和误差限值**

准确度等级	一次电流占额定电流的百分数（%）	误差限值	
		电流误差（±%）	角误差（′）
0.1	5	0.4	15
	20	0.2	8
	100	0.1	5
	120	0.1	5
0.2	5	0.75	30
	20	0.35	15
	100	0.2	10
	120	0.2	10
0.5	5	1.5	90
	20	0.75	45
	100	0.5	30
	120	0.5	30
1	5	3.0	180
	20	1.5	90
	100	1.0	60
	120	1.0	60
3	50	3.0	无规定
	120	3.0	
5	50	5.0	无规定
	120	5.0	
5P	50	1.0	60
	120	1.0	60
10P	50	3.0	60
	120	3.0	60

我国 GB 1208—1997《电流互感器》规定，测量用的电流互感器的测量精度有 0.1、0.2、0.5、1、3 五个准确度等级；保护用电流互感器按用途分为稳态保护用（P）和暂态保护用（TP）两类。稳态保护用电流互感器的准确度等级用 P 表示，常用的有 5P 和 10P 级。由于短路过程中 i_1 与 i_2 关系复杂，故保护等级的准确度等级是以额定准确限值一次电流下的最大负荷误差 $\varepsilon\% = \dfrac{100}{I_1}\sqrt{\dfrac{1}{T}\int_0^T (Kii_2 - i_1)^2 \mathrm{d}t}$。所谓额定准确限制一次电流即一次电流为额定一次电流的倍数，也称额定准确限值系数。例如，10P20 表示准确级为 10P，准确限值系数为 20。这一准确等级电流互感器在 20 倍额定电流下，电流互感器负荷误差不大于 ±10%。保护用电流互感器准确度等级除 P 外，还有 TPS、TPX、TPY、TPZ、TB 等。电流互感器的电流误差，能引起所有仪表和继电器的计量产生误差，而角误差过大，还会对功率型测量仪表和继电保护装置产生不良影响。

电能的产生、传输和使用过程中，不同的环节和场合，对测量的准确度等级有不同的要求。电流互感器的电流误差超过使用场合的允许值，使测量仪表的读数不准确。一般 0.1、0.2 级主要用于实验室精密测量和供电容量超过一定值（月供电量超过 100 万 kWh）的线路或用户；0.5 级的可用于收费用的电能表；0.5、1 级的用于发电厂、变电站的盘式仪表和技术检测用的电能表；3、5 级的电流互感器用于一般的测量和某些继电保护上；5P 和 10P 级的用于继电保护，在旧型号产品中用 B、C、D 级表示。

(4) 电流互感器的额定容量。电流互感器的额定容量 S_{N2} 指的是电流互感器在额定电流 I_{N2} 下运行时，二次绕组输出的功率 $S_{N2} = I_{N2}^2 Z_{N2}$。由于电流互感器的额定二次电流为标准值（5A 或 1A），也为了便于计算，有的厂家提供电流互感器的 Z_{N2} 值。

因电流互感器的误差和二次负荷有关，故同一台电流互感器使用在不同等级时，会有不同的额定容量。例如：LMZ1-10-3000/5 型电流互感器在 0.5 级下工作时 $Z_{N2} = 1.6\Omega$（40VA），在 1 级工作时，$Z_{N2} = 2.4\Omega$（60VA）。

(5) 保护用电流互感器的 10% 倍数。为了保证继电保护装置在短路故障时可靠动作，实际生产中要求保护用电流互感器能比较正确地反映一次电流的情况，因此对保护用电流互感器的最大允许误差值有要求，即允许变比误差最大不超过 10%，角差最大不超过 7°。所谓 10% 倍数，就是指一次电流倍数增加到 n 倍（一般规定 6~15 倍）时，电流误差达到 10%，此时的一次电流倍数 n 称为 10% 倍数，10% 倍数越大表示此互感器的过电流性能越好。

影响电流互感器误差的另一个主要因素是二次负载阻抗。二次阻抗增大，使得二次电流减小，去磁安匝减少，同样使励磁电流加大和误差加大。为了使一次电流和二次阻抗这两个影响误差的主要因素互相制约，应保证误差在 10% 范围以内。

(6) 热稳定及动稳定倍数。电流互感器的热稳定及动稳定倍数表示电流互感器承受短路电流热作用和机械力作用的能力。

热稳定电流是指互感器在 1s 内承受短路电流的热作用而无损伤的一次电流的有效值。所谓热稳定倍数，就是热稳定电流与电流互感器额定电流之比值。

动稳定电流是指一次线路发生短路时，互感器所能承受的无机械损伤的最大的一次电流峰值。动稳定电流一般为热稳定电流的 2.55 倍。

第四节　仪用互感器的极性

一、仪用互感器的极性

仪用互感器是一种特殊形式的变压器，它的构造和工作原理与普通变压器基本相同，一次绕组和二次绕组之间没有电的联系，只有磁的联系。在铁芯中由一次励磁电流所产生的交变磁通在一次和二次绕组中感应出交变电动势，这种感应电动势的大小和方向随时间作周期性变化。所谓极性，就是一次和二次绕组感应电动势之间的相位关系。在某一瞬间一次和二次绕组同时达到高电位或低电位的对应端称之为同极性端或同名端。通常在电流互感器端子上标注 L1 和 K1、L2 和 K2 为同名端，在电压互感器端子上标注 A 和 a、X 和 x 为同名端。在线路图中常用黑点 "·" 或星号 "*" 来表示同名端。

极性标注有加极性和减极性两种标注方法，在电力系统中除特殊情况外，一般都采用减极性标注方法。减极性的定义是，当电流同时从一次和二次绕组的同极性端流入时，铁芯中所产生的磁通方向相同（用右手定则判别），或者当一次电流从极性端子流入时，互感器二次电流从同极性端子流出，称之为减极性，如图 4-3 所示。

二、仪用互感器极性的测试方法

正确标注和使用极性是很重要的，在实际接线中，如果极性连接错误，将会引起继电保护误动作或拒动、测量仪表指示错误以及影响功率和电能计量的准确性，因此互感器投入运行前或二次接线回路检修更换后都必须进行极性校验工作。常用的测试互感器极性的方法有直流法和交流法两种，现分别介绍如下。

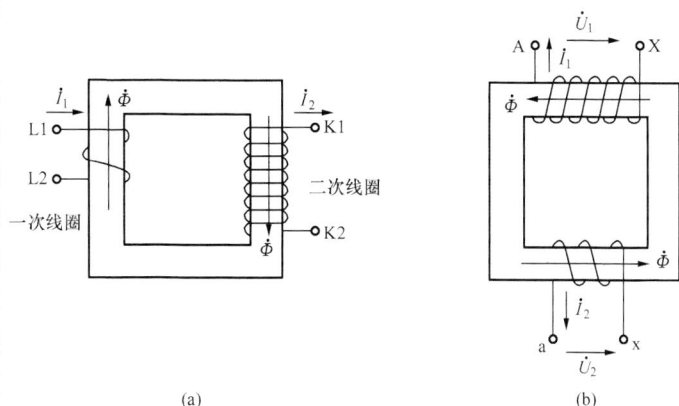

图 4-3　仪用互感器减极性标注

(a) 电流互感器减极性；(b) 电压互感器减极性

1. 直流法

用直流法测试互感器的极性比较简单，使用的仪器设备较少，而且判别直观容易，现场实际测定中，特别是电流互感器的极性测定常采用这种方法。如图 4-4 所示，在电流互感器的一次侧经过开关 SA 接入 1.5、3V 或 4.5V 的干电池，二次侧接入直流毫安表或毫伏表（也可用万用表的直流毫伏档或毫安档）。当开关 SA 接通的瞬间，如电表指针正向偏移，则 L1 端与 K1 端是同名端，如果电表指针反向偏移，L1 端与 K1 端就是异名端。为防止判断错误，接线时必须明确，毫安表的正端连接互感器的 K1 端，电池的正极连接互感器的 L1 端。图中 mA 为中心零位的毫安表。

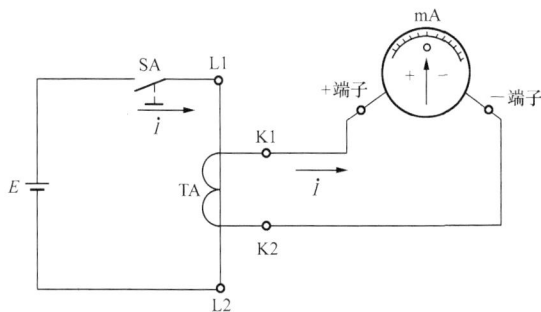

图 4-4　直流法校验电流互感器极性接线示意图

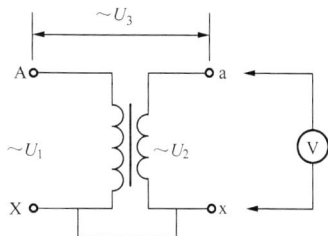

图 4-5　交流法测定互感器极性的接线图

2. 交流法

实际生产中，变流比为 5 倍以下的电流互感器及电压互感器采用交流法测定极性比较准确。如图 4-5 所示，将电压互感器的尾端 X、x 连接在一起，在匝数较多的一次绕组上接入交流电源（10kV 电压互感器可接入 50～100V 交流电压），然后用交流电压表分别测量 U_2 及 U_3 的数值，若 $U_3 = U_1 - U_2$，则为减极性（A 和 a 为同名端），若 $U_3 = U_1 + U_2$，则为加极性（A 和 a 为异名端）。测试中应注意，为防止电流太大损坏绕组，接入的交流电压 U_1 应尽量低（可经调压器逐步升高），只要电压表的读数（U_3、U_2）能看清楚即可。同时，为便于读数，电压表的量程应适当选小些。

第五节　仪用互感器的接线

一、电压互感器的接线方式

电压互感器的接线方式有下列四种。

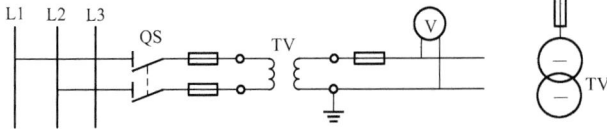

图 4-6　一个单相电压互感器的接线图

1. 一台电压互感器的单相接线

如图 4-6 所示，在三相线路上，这种接线方式只能测量某两相之间的线电压，可以用来连接电压表、频率表及电压继电器等。为安全起见，二次绕组的一端（通常取 x 端）应接地。

2. 两台单相电压互感器的 Vv 接线

Vv 接线又称不完全三角形接线，如图 4-7 所示。这种接线方式广泛应用于中性点不接地系统或中性点经消弧线圈的接地系统，可以用来测量三个线电压，也可用于连接线电压表、三相电能表、功率表和电压继电器等。它的优点是接线简单、经济，由于一次绕组没有接地点，减少了系统中的对地励磁电流，可避免产生过电

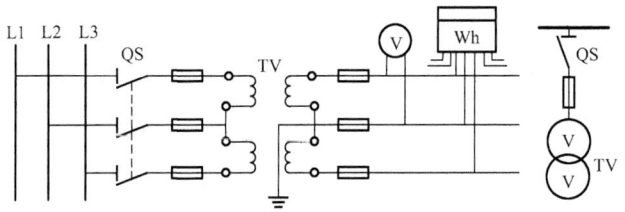

图 4-7　两个单相电压互感器 Vv 接线

压。但由于这种接线只能得到线电压或相对于系统中性点的相电压，因此使用时有一定的局限性，它不能测量相对地电压，不能起绝缘监察作用和作接地保护用。

3. 三台单相电压互感器的 Yy 接线

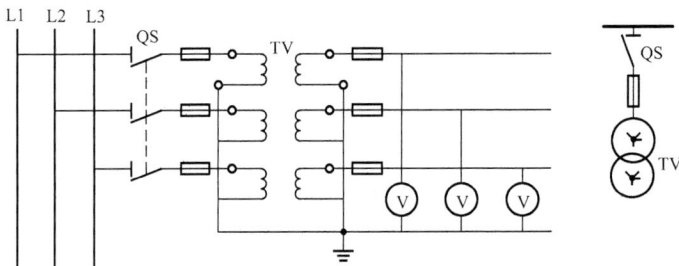

图 4-8　三只单相电压互感器 Yy 接线

如图 4-8 所示，这种接线方式能满足仪表和继电保护装置取用相电压和线电压的要求。在一次绕组中性点接地的情况下，也可装设绝缘监察电压表。

4. 三相五柱式电压互感器或三台单相三绕组电压互感器的 Yyd 接线

如图 4-9 所示，这种接线方式在 10kV 中性点不接地系统中应用广泛，它既能测量线电压、相电压，又能组成绝缘监察装置和供单相接地保护用。在两套二次绕组中，YN 接线的二次绕组称为基本二次绕组，用来接仪表、继电器及绝缘监察电压表，开口三角形（d）接线的二次绕组称为辅助二次绕组，用来连接监察绝缘用的电压继电器。系统正常运行时，开口三角形两端的电压接近于零，当系统发生一相接地时，开口三角形两端出现零序电压，使

电压继电器吸合，发出接地预告信号。

二、电流互感器的接线方式

电流互感器的接线方式有下列四种。

1. 一台电流互感器接线

如图 4-10（a）所示，这种接线方式
可以用来测量单相负载电流或系统中平衡
负载的某一相电流。

2. 三台电流互感器组成星形接线

如图 4-10（b）所示，这种接线方式

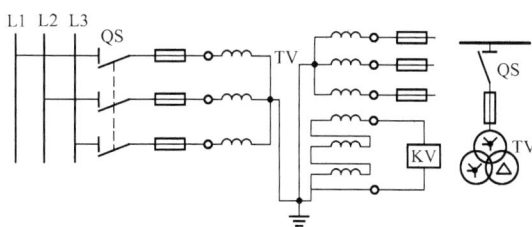

图 4-9　三个单相三绕组电压互感器
或一个三相五柱电压互感器 Yyd 接线

可以用来测量负载平衡或不平衡的三相电力系统中的三相电流。这种三相星形接线方式组成
的继电保护回路对各种故障（三相、两相短路及单相接地短路）具有相同的灵敏度，因此可
靠性较高。

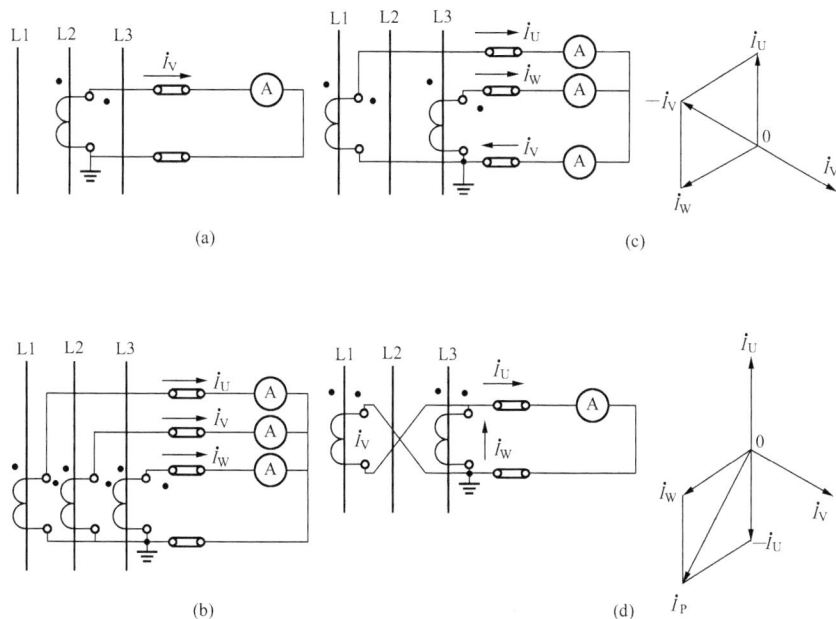

图 4-10　电流互感器的接线方式

（a）一台电流互感器接线；（b）三台电流互感器星形接线；
（c）两台电流互感器不完全星形接线；（d）两相电流差接线

3. 两台电流互感器组成不完全星形接线

如图 4-10（c）所示，这种接线方式在 6～10kV 中性点不接地系统中应用较为广泛。从
图中可以看出，通过公共导线上的仪表中的电流等于 U、W 相电流的相量和，即等于 V 相
的电流，亦即

$$\dot{I}_U + \dot{I}_V + \dot{I}_W = 0$$

或
$$\dot{I}_V = -(\dot{I}_W + \dot{I}_U)$$

不完全星形接线方式组成的继电保护电路能对各种相间短路故障进行保护，但灵敏度不尽相间，与三相星形接线比较，灵敏度较差。由于不完全星形接线方式比三相星形接线方式少了 1/3 的设备，因此节省了投资。

4. 两台电流互感器组成两相电流差接线

如图 4-10 (d) 所示，这种接线方式通常应用于继电保护线路中。例如，线路或电动机的短路保护及并联电容器的横联差动保护等，它能反应各种相间短路，但灵敏度各不相同。这种接线方式在正常工作时，通过仪表或继电器的电流是 W 相电流和 U 相电流的相量差，其数值为电流互感器二次电流的 $\sqrt{3}$ 倍，即

$$\dot{I}_\mathrm{p} = \dot{I}_\mathrm{W} - \dot{I}_\mathrm{U}$$
$$I_\mathrm{p} = \sqrt{3}\,I_\mathrm{U}$$

三、电压、电流组合式互感器的接线

电压、电流组合式互感器是由单相电压互感器和单相电流互感器组合成三相，并包含在同一油箱体内形成的。这种组合式互感器具有结构简单、安装方便、体积小等优点，通常在户外小型变电站及高压配电线路上作电能计量及继电保护用。

四、电流互感器二次绕组的串联或并联接线

1. 电流互感器二次绕组串联接线

当电流互感器的容量（二次负载阻抗）不能满足测量仪表的需要时，可以考虑将电流互感器的两套二次绕组串联使用。串联接线后，电流互感器的二次回路电流不变、变比不变，但由于串接后感应电动势增大了一倍，因此容量亦相应地增加了一倍。试验表明，两套二次绕组串接使用的电流互感器，其准确级仍能符合较高等级的标准。

例如，LQJ-10 型电流互感器，400/5、3.0 级（1.2Ω）和 0.5 级（0.4Ω）两套绕组串联使用后，其二次输出容量为 1.2＋0.4＝1.6（Ω），准确级仍能满足 0.5 级的要求，电流变比与原来相同。

2. 电流互感器二次绕组并联接线

当电流互感器的变比选用过大而实际负载电流又较小时，为了提高电流测量或电能计量的准确性，可将同相电流互感器的两套二次绕组并联使用。电流互感器二次绕组并联接线后，在一次额定电流变为原来额定电流 1/2 的条件下，二次额定电流仍为 5A，也就是说变比只有原来的 1/2，但容量仍保持不变。

例如，原来变流比为 100/5 的电流互感器二次绕组并联使用，变比为 50/5，而容量保持不变。但应当注意，二次绕组并联后变流比改变，因此相应的计量倍率也应及时改变，以免造成计量错误。

第六节　仪用互感器的安装

一、电流互感器的安装

1. 电流互感器的运输、保管及外观检查

（1）运输保管期间应防止受潮、倾倒或遭受机械损伤；油浸式互感器应直立搬运和吊装，其倾斜角度一般不宜超过 15°。

（2）吊装时吊索应固定在规定的吊环上或从底部固定整体吊装，不得利用瓷裙起吊；吊装时不得碰及瓷套管及外壳。

（3）互感器的附件应齐全，无锈蚀，无机械损伤；瓷件无裂纹破损，瓷釉无脱落、无闪络、无放电痕迹；油位正常，密封良好，无渗油漏油现象，油标尺应清晰可见。

（4）互感器一般不做吊芯检查，但当发现有异常现象时，应按变压器吊芯检查的方法及内容进行吊芯检查。

（5）互感器应有出厂合格证书和计量部门出示的检验证书，其型号、规格、变比应与设计相符。

2. 电流互感器的测试

（1）绕组绝缘电阻的测试。规范中对互感器的绝缘电阻未做规定，一般参照变压器绝缘电阻的规定。

（2）绕组对外壳的交流耐压试验。一次绕组交流耐压试验电压见表4-5，二次绕组的交流耐压试验电压为1kV。

表 4-5　　　　　　　　　高压电气设备绝缘的工频交流耐压试验电压

额定电压	最高工作电压	1min 工频交流耐受电压有效值(kV)																		
		油浸电力变压器		并联电抗器		电压互感器		断路器、电流互感器		干式电抗器		穿墙套管				支柱绝缘子、隔离开关		干式电力变压器	
												纯瓷和纯瓷充油绝缘		固体有机绝缘					
kV	kV	出厂	交接	出厂	交接	出厂	交接	出厂	交接	出厂	交接	出厂	交接	出厂	交接	出厂	交接	出厂	交接
3	3.5	18	15	18	15	18	16	18	16	18	18	18	18	18	16	25	25	10	8.5
6	6.9	25	21	25	21	23	21	23	21	23	23	23	23	23	21	32	32	20	17.0
10	11.5	35	30	33	30	30	27	30	27	30	30	30	30	30	27	42	42	28	24
15	17.5	45	38	45	38	40	36	40	36	40	40	40	40	40	36	57	57	38	32
20	23.0	55	17	55	47	50	45	50	45	50	50	50	50	50	45	68	68	50	43
35	40.5	85	72	85	72	80	72	80	72	80	80	80	80	80	72	100	100	70	60
63	69.0	140	120	140	120	140	126	140	126	140	140	140	140	140	126	165	165		
110	126.0	200	170	200	170	200	180	185	180	185	185	185	185	185	180	265	265		
220	252.0	395	335	395	335	395	356	395	356	395	395	360	360	360	356	450	450		
330	363.0	510	433	510	433	510	459	510	459	510	510	460	460	460	459				
500	550.0	680	578	680	578	680	612	680	612	680	680	630	630	630	612				

注　1. 除干式变压器外，其余电气设备出厂试验电压是根据现行国家标准《高压输变电设备的绝缘配合》。

2. 干式变压器出厂试验电压是根据现行国家标准《干式电力变压器》。

3. 额定电压为1kV及以下的油浸电力变压器交接试验电压为4kV，干式电力变压器为2.6kV。

4. 油浸电抗器和消弧线圈采用油浸电力变压器试验标准。

（3）一次绕组连同套管一起的介质损失角正切值 tanδ（％）测试。电流互感器在20℃时的 tanδ（％）应不大于表4-6的规定。

表 4-6　　　　　　　　　　电流互感器 20℃下介质损耗角正切值 tanδ　　　　　　　　（％）

额定电压（kV）	35	63～220	330	500
充油式	3	2		
充胶式	2	2		
胶纸电容式	2.5	2		
油纸电容式		1.0	0.8	0.6

（4）绝缘油的试验。绝缘油的试验按变压器油的试验规定进行。

吊芯前应将变压器油样进行化验，应由供电公司或取得变压器油试验许可证的单位进行，试验项目有化学分析和耐压试验。

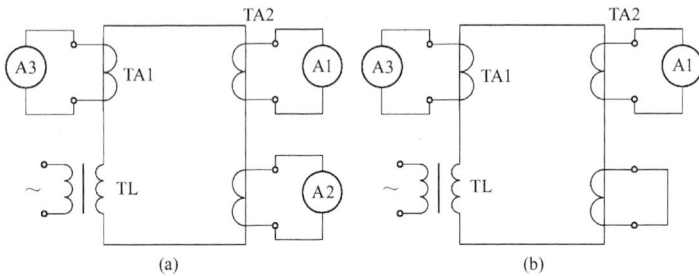

图 4-11　电流互感器变比的测量

（a）试验步骤一；（b）试验步骤二

TA1—标准电流互感器；TA2—被测电流互感器；TL—负荷变压器

（5）变比试验。变比应与铭牌相符。

变比试验是通过标准电流互感器 TA1 和标准电流表 A3 进行的，如图 4-11 所示，最大试验电流应达到 1～1.2 倍额定电流，只有当额定电流在 1kA 以上时才可适当减小 30％。由图 4-11 可以看出，三只电流表的读数应相等，标准互感器可利用改变一次绕组的匝数而改变变比。

（6）铁芯夹紧螺栓绝缘电阻的测试。一般仅对外露或吊芯检查时对可接触到的夹紧螺栓进行测量，规范中对其值不做规定，通常应大于 10MΩ，可使用 1000V 或 2500V 的绝缘电阻表进行测量。

3. 电流互感器安装注意事项

（1）接至电流互感器的导线，不应使电流互感器受到拉力。

（2）电流互感器的二次绕组严禁开路，二次回路不能安装开关和熔断器，否则将产生危险的高电压。二次回路一般都接有仪表，当不接入仪表时，应通过连接片使其短路并直接接地。

（3）绝缘子、套管等应清洁，无裂纹。

（4）二次绕组绝缘电阻应不低于 20kΩ，否则应干燥处理，使之恢复绝缘。

（5）每相电流互感器的中心应安装在同一平面上，并与支架绝缘子等设备在同一中心线上，各互感器的间距应均匀。

（6）互感器的二次侧及法兰盘应接地。

（7）连接时应注意一、二次绕组接线端子上的极性。

（8）电流互感器应经过交接试验后才可投入运行。

二、电压互感器的安装

电压互感器的运输保管及外观检查，同电流互感器。

1. 电压互感器的测试

（1）电压互感器的测试基本同电流互感器，对应的 tanδ（%）应不大于表 4-7 的规定，另外应测量一次绕组的直流电阻，所测得的直流电阻应与制造厂的数据基本相符；同时应测量互感器的空载电流，额定电压下其值不作规定，但不得过大，经验数据一般为 10mA 以下。变比试验应使用标准电压互感器及标准电压表进行。

表 4-7　　　　　　　　　电压互感器介质损失角正切值 tanδ（%）标准

温度（℃）	5	10	20	30	40
35kV	2.0	2.5	3.5	5.5	8.0
35kV 以上	试验电压 10kV，不大于出厂试验值的 130%				

（2）高压熔断器的检查与测试。瓷套管应无机械损伤、无裂纹、无闪络、配件齐全、结构完整坚固。用 2500V 绝缘电阻表测量接线端与安装底座间的绝缘电阻，其值应大于 200Ω，安装前可用万用表测量两接线端的直流电阻，若其值为零，说明熔丝完好。安装时先装熔断器，安装方法基本同避雷器，一般应竖直安装，熔管与线路方向平行，用螺钉紧固在杆式金属构架上。

2. 电压互感器安装注意事项

（1）检查瓷套管有无裂缝，边缘是否毛糙或损坏，瓷套管与上盖间的胶合是否牢固，用手轻轻扳动套管时不应活动。

（2）检查互感器的油位指示器，应无堵塞和渗油现象，油位应达到标准高度，油面太高会使互感器内部产生较大压力，油面太低将引起过热或绝缘受损，油面高度一般距油箱盖约 10～15mm。

（3）检查互感器的外壳有无漏油或渗油现象，用手转动油箱上的阀门应转动灵活。

（4）安装在混凝土上的互感器，其基础应达到一定强度。对于装在成套开关柜内的互感器，只需检查其接线是否正确、可靠。

（5）搬运互感器时其倾斜角不应超过 15°，接到套管上的母线不应使套管受力，以免损坏套管。

（6）一、二次侧一般都应装设熔断器作短路保护。

（7）互感器外壳及二次侧的一端应接地。

（8）电压互感器二次侧不得短路。

（9）连接时应注意一、二次接线端子上的极性符号。

三、二次回路安装质量的重要性

仪用互感器二次回路的安装质量直接关系到变、配电系统的测量仪表、控制信号及继电保护的正确及可靠性。如果二次接线回路未能保证安装质量或不按规定进行检查试验，当投入运行后，二次回路发生问题可能使测量仪表指示错误。例如，电力设备长期过负载而不能给予值班人员指示信号，可能导致设备过热损坏；由于信号系统指示不正确，会造成值班人员误判断、误操作事故，更为严重的是，当设备或线路有短路故障时，由于二次回路缺陷使继电保护装置拒绝动作或误动作，造成事故范围扩大，甚至引起电力系统事故。因此，为保证二次回路安全可靠地运行，必须严格保证安装质量；其次，应及时定期地检查试验，以保证它们在可靠与良好的状态下运行。

四、二次回路安装质量的基本要求

（1）按图施工，接线正确，导线两端编号标记应清楚，标号范围符合规程要求。

（2）二次回路导线或电缆均应采用铜线，电流互感器回路导线截面积不应小于 2.5mm²，电压互感器回路导线截面积不应小于 1.5mm²。

（3）电流互感器出口第一端子排应选用专用电流端子（试验联络型接线端子），不使用的电流互感器二次绕组应短路并接地。

（4）盘、柜内二次回路导线不应有接头，控制电缆或导线中间亦不应有接头，如必须有接头时，应采用专用的接线端子作过渡连接。

（5）电流互感器的极性不能接反，相序、相别应符合设计及规程要求，对于差动保护用的互感器，在投入运行前必须测定两臂电流相量图（六角相量图），以检验接线的正确性。

（6）二次回路导线的排列应整齐美观，导线与电气元件及端子排的连接螺钉必须无虚接松动现象。

（7）二次回路对地绝缘应良好（每一回路对地绝缘电阻，对室内配电装置一般应不小于 10MΩ），电压回路和电流回路之间不应有混线现象。

（8）电流及电压回路均应在互感器二次侧出口处一点接地。电压回路应有熔断器保护（少数自控或监测回路例外，可以不装熔断器）。

第七节　仪用互感器的运行与维护

一、仪用互感器投入运行前的检查

新安装的仪用互感器在投入运行前，应按 DL/T 596—2005《电力设备预防性试验规程》交接试验规程项目试验合格，并进行下列检查：

（1）铭牌应完整，技术规范符合使用要求。

（2）外壳应无机械损伤及变形，瓷件表面无破损裂纹现象。

（3）各部连接螺栓应紧固。

（4）油面应正常，无渗漏油现象。

（5）呼吸孔塞子的垫片应取下。

（6）外壳及二次回路一点接地应良好。

二、仪用互感器运行中的巡视检查

运行中的互感器应保持清洁，每1～2年进行一次预防性试验，平时运行中应定期巡视检查下列内容：

（1）一、二次侧引线各部连接点应无过热及打火现象。

（2）无冒烟及异常气味。

（3）瓷件无闪络、放电现象。

（4）互感器内部无放电声或其他噪声。

（5）外壳无严重渗漏油现象。

（6）与互感器相关的二次仪表指示应正常。

（7）当线路有接地时，供接地监视用的互感器运行时声音应正常。

三、仪用互感器运行维护注意事项

1. 电压互感器

停用互感器时，应先将互感器二次侧有关的继电保护、自动装置停用，以免二次保护与自动装置误动。若电压互感器装有自动或手动切换装置，也可不停用二次保护及自动装置，但是先应检查无误后方可操作。为防止电压互感器从二次侧向一次侧反送电，应将二次回路熔断器取下。

个别电压互感器需要更换时，应选用与原来的互感器变比相同、极性正确、励磁特性接近的电压互感器，并经试验合格。成组电压互感器更换时，对于二次侧与其他互感器并列运行的，应检查其连接组别。运行中的电压互感器及其二次线更换后，应进行必要的核对，防止造成错误接线。电压互感器及二次线更换后必须测定极性。

运行中的 10kV 电压互感器一次侧熔断器熔断的原因主要有：电压互感器内部线圈发生匝间、层间或相间短路；内部线圈发生单相接地故障；一次回路、二次回路故障；10kV 系统单相接地；系统发生铁磁谐振等。当出现一次熔丝熔断时，应先将电压互感器的隔离开关拉开，并取下二次熔丝，检查是否熔断。在排除互感器本身故障后，重新更换合格的熔丝后将互感器投入运行。更换熔丝应选用合格的熔断器，不能使用普通熔丝代替。

2. 电流互感器

电流互感器过负荷运行时，铁芯趋于饱和，铁芯损耗增加，使得互感器的误差加大，二次测量仪表指示不正确。电流互感器长期过负荷，会使铁芯严重发热，加速绝缘介质的老化，还将影响电流互感器的使用寿命，甚至造成损坏。运行中发现电流互感器长期过负荷时，应及时更换。

运行中的电流互感器二次侧禁止开路。实际工作中，当一次回路空载或负载很轻时，电流互感器二次开路并没有什么异常现象。若发现电流互感器二次侧开路，应及时将负荷电流尽可能减小到最低，然后将二次回路中的继电保护停用，带好绝缘工具进行处理。

实际运行中，当需要检修、校验或更换电流互感器的二次仪表时，为了避免互感器的二次侧开路，必须在适当地点先将二次侧用连接片或专用短路线短路，再进行操作。严禁采用熔丝或一般导线缠绕。

对于新更换的电流互感器或更改后的二次接线，必须测定整个二次回路的极性，正确无误后方可投入运行。

对于已经安装尚不使用的电流互感器，必须将其二次绕组的端子短接并接地。

思 考 与 练 习

1. 电流互感器、电压互感器的作用有哪些？
2. 简述电流互感器和电压互感器的工作原理。
3. 什么是加极性？什么是减极性？互感器的极性测试方法有哪些？
4. 电流互感器和电压互感器的接线方式有哪些？各应用于什么场合？
5. 电压互感器和电流互感器运行时各应注意哪些问题？

第五章　母线、绝缘子和电缆

第一节　母线的安装和调试

在发电厂、变电站中必须将发电机、变压器、开关电器、输电线路等连接起来，以便汇集各发电厂变压器的电能并分配给输电线路。这种连接发电厂、变电站、配电装置的导线称为母线。母线的用途是汇集、传输和分配电能，是发电厂、变电站的重要环节。母线在运行中有很大的电流通过，短路时要承受巨大的短路电流的发热和电动力的冲击，因此对母线的材质和安装都有严格要求。

母线的材料有铜、铝、钢三种。

一、母线的结构、分类、安装要求

1. 母线的分类

实际生产中的母线可分为硬母线、软母线和封闭母线三种。

硬母线多用于电压较低（20kV 及以下）的户内、外配电装置，由支柱绝缘子将不同截面、形状的铝（或铜）型材支持固定在构架上。硬母线按几何形状分为矩形母线、槽形母线和管形母线三大类；按材质分为铜母线、铝母线、钢母线三种。软母线应用于电压较高（35kV 及以上）的户外配电装置，由悬式绝缘子将铜绞线或钢芯铝绞线悬挂在构架上。软母线分为铝绞线、铜绞线和钢芯铝绞线三大类。封闭母线是将母线用非磁性金属材料制成的外壳保护起来的一种母线结构，按外壳所用的材料分为金属外壳、塑料外壳，按冷却方式分自然冷却、风冷却，按外壳结构分共箱母线和分相母线。封闭母线运行安全可靠，维护工作量小；全连封闭母线有很好的屏蔽作用，降低了短路时母线之间的电动力，但电能损耗加大，散热条件差，有色金属消耗量大。

2. 母线安装的一般规定

（1）母线装置采用的设备和器材，在运输和保管中应采用防止腐蚀性气体侵蚀及机械损伤的安装。

（2）母线安装前，首先固定母线构架。装设构架要求平直，再将支柱绝缘子固定在母线构架上，绝缘子应保持平直整齐。母线的表面应光滑平整，不应有裂纹和褶皱及变形、扭曲现象，金属构件及母线有防腐处理。

（3）装好支柱绝缘子后，根据母线的形式和固结方式将母线固结在绝缘子上。然后将母线连接起来。母线的连接方法分螺栓连接、焊接、压接三种，其中硬母线采用螺栓连接和焊接，软母线采用螺栓连接和压接。对母线的连接要求：有足够的机械强度，接触电阻小而稳定。接头电阻与同长度同型号导体电阻之比，新接头不大于 1，运行中的接头不大于 1.2。

（4）支柱绝缘子底座、套管的法兰、保护网（罩）等不带电的金属构件应按规定进行接地。接地线排列整齐，方向一致。母线与母线、母线与分支线、母线与电器接线端子搭接时，搭接面必须符合规定：

1）铜与铜：室外、高温、潮湿，搭接面必须搪瓷；干燥的室内可以直接连接。

2）铝与铝：直接连接。

3）钢与钢：必须搪瓷或镀银。

4）铜与铝：干燥的室内，铜应搪锡；室外或湿度接近 100％的室内，应采用铜铝过渡板，铜端应搪锡。

5）钢与铜或铝：钢搭接面必须搪锡。

6）封闭母线螺栓固定搭接面应镀银。

（5）母线的相序排列应按设计要求，否则应按以下规定：

1）上、下布置的交流母线，由上到下排列为 A、B、C 相，直流母线正极在上，负极在下。

2）水平布置的交流母线，由盘后向盘面排列为 A、B、C 相，直流母线正极在后，负极在前。

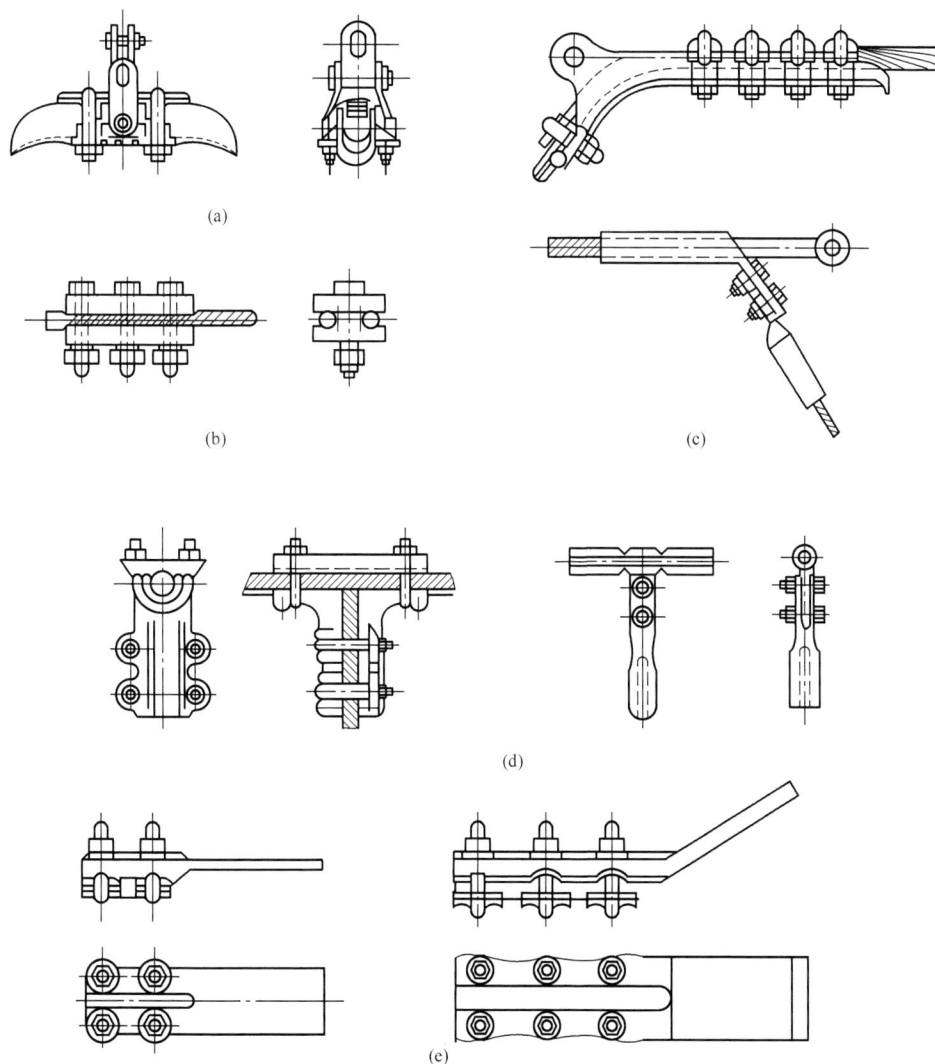

图 5-1　软母线用各种线夹外形图

（a）悬垂线夹；（b）耐张线夹；（c）并沟线夹；（d）T 形线夹；（e）设备线夹

3）引下线的交流母线由左至右排列为 A、B、C 相，直流母线正极在左，负极在右。

（6）母线涂漆的颜色规定。

1）三相交流母线：A 相为黄色，B 相为绿色，C 相为红色，单相交流母线与引出相的颜色相同。

2）直流母线：正极为褐色，负极为蓝色。

3）直流均衡汇流母线及交流中性汇流母线：不接地者为紫色，接地者为紫色带黑色条纹。

4）封闭母线：母线外表及外壳内表面涂无光泽黑漆，外壳外表面涂浅色漆。

（7）母线安装时，室内、室外配电装置安全净距应符合规定。

（8）母线安装和检修时经常使用的各种金具：

1）悬垂线夹。主要用于架空线路或变电站，通过连接金具将导线、避雷线悬挂在绝缘子上。图 5-1（a）所示为 U 形挂板式悬垂线夹的外形图。

2）耐张线夹。按结构和安装方法可分为螺栓型和压缩型，如图 5-1（b）所示。

3）连接金具。连接金具主要将悬式绝缘子组装成串，并将一串或数串绝缘子串连接。软母线连接金具如图 5-2 所示，硬母线金具如图 5-3 所示。

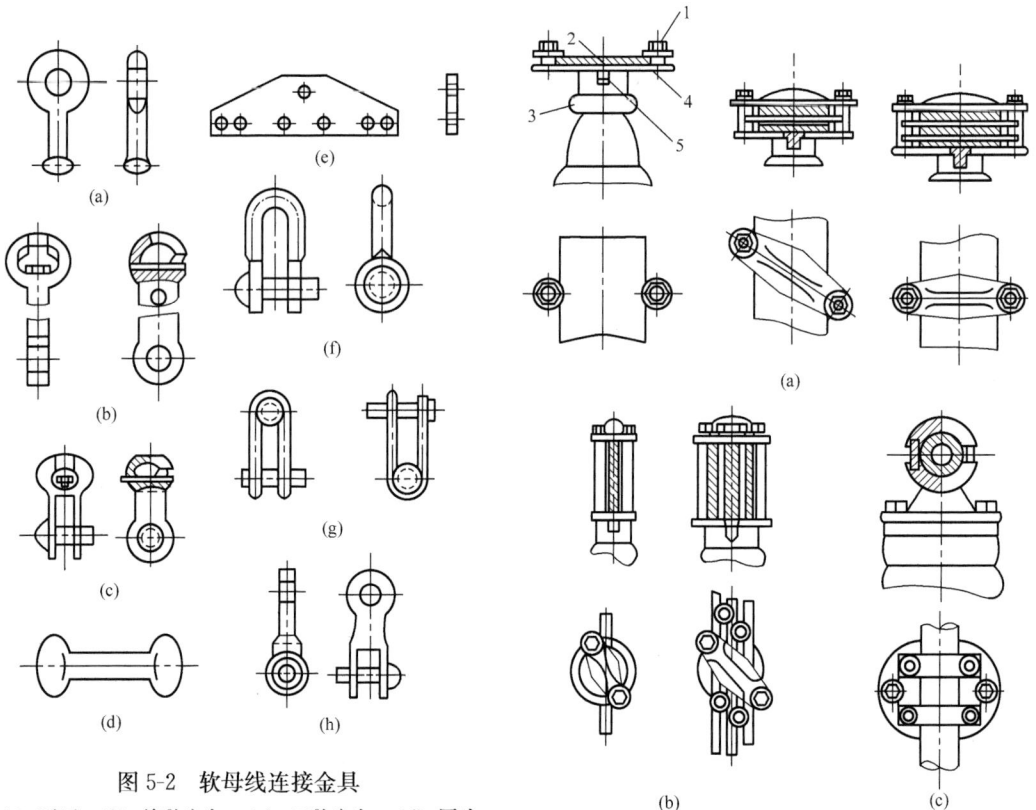

图 5-2　软母线连接金具

（a）耳环；（b）单联碗头；（c）双联碗头；（d）圆头销；（e）拉线联板；（f）U 形吊环；（g）双 U 形吊环；（h）辅助联环

图 5-3　硬母线金具

（a）平装；（b）竖装；（c）管母线

1—压紧螺钉；2—母线；3—绝缘子；4—底板；5—固定螺钉

4）连续金具。用于导线的连续和修补。连续管、修补管、并沟线夹、升缩节等都属于连续金具。

5）T 形线夹。用于电力线路或变电站，在母线干线上以 T 形方式引下电流分支，有螺栓型和压缩型两大类，如图 5-1（d）所示。

6）设备线夹。用于变电站母线引下线与电气设备的连接。有螺栓型和压缩型两大类。引下线的方向分 0°、30°、45°、90°多种。螺栓型设备线夹外形如图 5-1（e）所示。

7）母线固定金具。母线固定金具主要用于变电站各级电压配电装置母线与绝缘子的固定或悬挂。按母线的类型分，有矩形母线、槽形母线、管形母线和软母线固定金具四种。

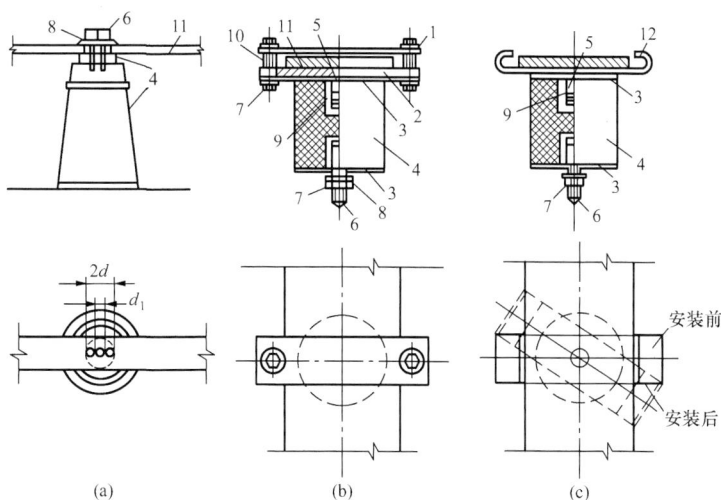

图 5-4　单条矩形母线的固结方式
（a）螺栓直接固结；（b）夹板固结；（c）卡板固结
1—上夹板；2—下夹板；3—钢纸垫圈；4—绝缘子；5—埋头螺钉；6—螺栓；
7、9—螺母；8—垫圈；10—套筒；11—母线；12—卡板

单条矩形母线在绝缘子上的固结方式有螺栓直接固结、夹板固结、卡板固结三种，如图 5-4 所示。

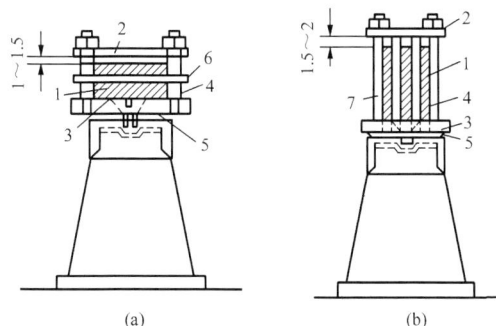

图 5-5　多条矩形母线的固结（mm）
（a）母线平放；（b）母线立放
1—母线；2—上部压板；3—下部压板；4—螺栓；
5—垫片；6—支持板；7—隔板

多条矩形母线在绝缘子上的固结，可以平放也可以立放，如图 5-5 所示。母线平放时，夹板的固定螺栓外面应套上支持套筒，使母线与上部夹板之间保持 1～1.5mm 的间隙；母线立放时，母线间要有衬条，并使母线与上部夹板之间保持 1.5～2mm 的间隙。

大电流母线在绝缘子上的固结，随结构形状的不同而异，如图 5-6 所示。注意：母线的支持铁杆和母线的夹板零件等金具，不能形成由铁磁材料构成的闭合磁路，以减少磁滞和涡流损耗和金具的发热。

当矩形铝母线的长度大于 20m，或矩形铜或钢母线的长度大于 30～35m 时，在母线上应装伸缩补偿器，如图 5-7 所示。补偿器由材料与母线相同，数量与母线截面相适应的 0.2～0.5mm 的薄片叠成。两端焊在铜（或铝）板上，用螺栓与母线连接。母线在绝缘子的固定端，开有长圆孔，由螺栓 8 固定在绝缘子上，但螺栓 8 并不拧死，温度变化时，可以自由伸缩。厚度小于 8mm 的母线，可利用母线本身弯曲的方法来补偿伸缩，如图 5-8 所示。

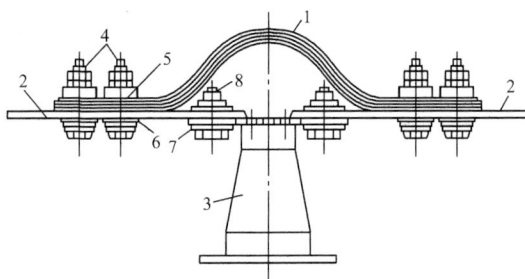

图 5-7　母线伸缩补偿器

1—补偿器；2—母线；3—支持绝缘子；4、8—螺栓；

5—垫圈；6—衬垫；7—盖板

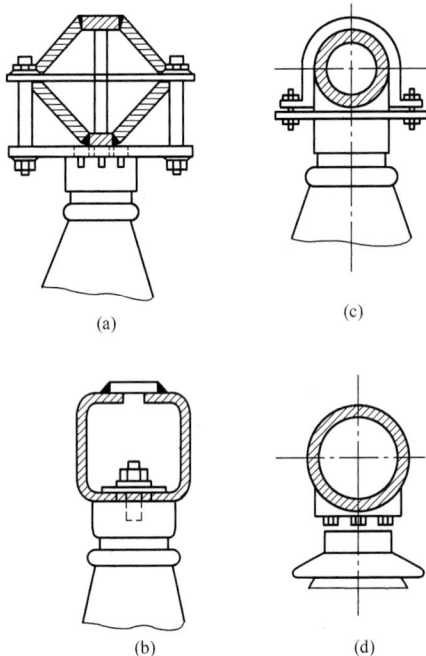

图 5-6　大电流母线的固结

（a）菱形母线；（b）槽形母线；（c）水内冷

母线；（d）管形母线

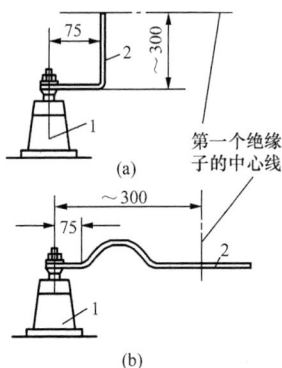

图 5-8　利用母线的弯曲补偿伸缩

（a）改变方向的母线；（b）不变方向的母线

1—绝缘子；2—母线

二、安装与试验

（一）母线的加工

1. 母线的校正

母线应平直，对于弯曲不平直的母线应进行校正。校正时应采用校正机进行。若无校正机，也可用手工进行校正。手工校正采用平台或槽用硬质木捶敲打母线来校，扭曲较严重的母线可在弯曲处垫上铜块或铝块用大锤敲打。如有母线校正机械应充分采用，可节省劳力、提高施工速度。

2. 母线的下料

下料前，应到现场测出母线的实际长度。下料时，为了检修时拆卸母线，可在适当地点将母线分段，用螺栓连接，但接头不应过多。分支线的接头及电气设备间的连接，除需要歪曲外，其余尽量减少弯曲。

3. 母线的弯曲

矩形母线的弯曲有平弯（宽面方向弯曲）、立弯（窄面方向弯曲）和扭弯（麻花弯）三种形式。母线弯曲需要专门的设备和工具，弯曲尺寸应符合相关规定。

4. 母线钻孔

母线钻孔应首先在母线上按要求划好钻孔位置，并用冲头冲眼，孔径一般大于螺栓直径

1mm，钻好后除去孔的毛刺，使其保持光洁。

（二）硬母线的安装与调试

1. 硬母线的安装

（1）在支柱绝缘子上安装母线固定金具。母线在支柱绝缘子上的固定方式有螺栓固定、卡板固定、夹板固定。不论采取哪种固定方式，水平敷设时母线应能在金具内自由伸缩，在母线全长的中点或两个母线补偿器的中点要加以固定。垂直敷设时，母线要用金具夹紧。

单片母线用螺栓固定平敷在绝缘子上时，母线上的孔应钻成椭圆形，长轴部分应与母线长度平行。用卡板固定时，先将母线放置在卡板内，待连接调整后，将卡板顺时针旋转，以卡住母线。用夹板固定时，夹板的压板与母线保持 1～1.5mm 的间隙。

当母线立置时，上部压板应与母线保持 1.5～2mm 的间隙，水平敷设时，母线敷设后不能使绝缘子受到任何机械应力。母线在支柱绝缘子上的固定死点，在位于全长或两母线的伸缩中点的每一段应设一个。

管形母线安装在滑动式支持器上时，支持器的轴座与管形母线之间距离应有 1～2mm 的间隙。

多片矩形母线间，应保持不小于母线厚度的间隙；相邻的间隔垫边缘间距应大于 5mm。

（2）母线敷设应按设计规定装设补偿器（伸缩节），否则应按以下长度设置：

铝母线　20～30m；铜母线　30～50m；钢母线　35～60m。

补偿器的装设是为了使母线热胀冷缩时有可调节的余地。补偿器有铜制和铝制两种。补偿器间的母线有椭圆孔，供温度变化时自由伸缩。

母线补偿器由厚度为 0.2～0.5mm 的薄片叠合而成，组装后总截面不得小于母线截面的 1.2 倍。

（3）硬母线跨柱、梁、屋敷设时，母线在终端及中间分段处应分别采用终端或中间拉紧装置，在终端或中间拉紧固定支架应装设有调节螺栓的拉线，其固定点应能承受拉线的张力，同一档距内，母线各相弧垂最大偏差应小于 10%。

母线长度超过 300～400m 需换位，换位不应小于一个循环。槽形母线换位段处可用矩形母线连接，换位段内各母线的弯曲程度应一致。

母线弯曲的规定：

1）矩形母线应冷弯，不得进行热弯。

2）母线开始弯曲处距最近绝缘子的母线支持夹板不得大于 $0.25L$，也不得小于 50mm，如图 5-8 所示。

3）母线开始弯曲处距母线连接位置不应小于 50mm。

4）矩形母线应减少直角弯曲，弯曲处不得有裂纹及显著褶皱。

5）多片母线的弯曲度应一致。

6）母线弯曲有平弯（宽面方向弯曲）、立弯（窄面方向弯曲）、扭弯（麻花弯）和折弯（灯叉弯）四种形式，具体参数要求如图 5-9 所示。

平弯：先在母线要弯曲的部位画上标记，再将母线插入平弯机内，校正无误后，拧紧压力丝杠，慢慢压下平弯机的手柄，使母线逐渐弯曲。

立弯：将母线需要弯曲的部位套在立弯机的夹板上，再装上弯头，拧紧夹板螺栓，校正无误后，操作千斤顶，使母线弯曲。

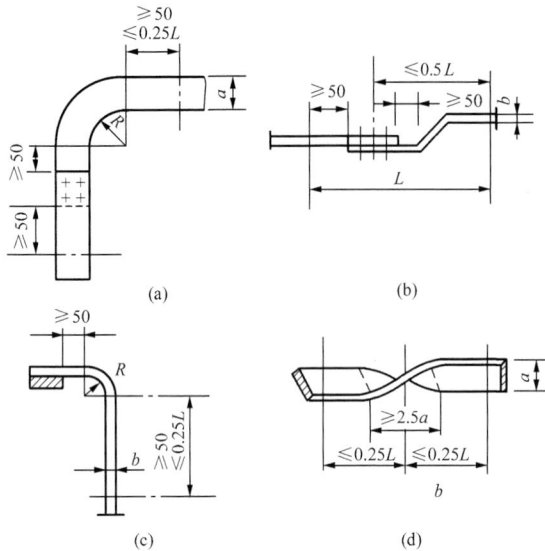

图 5-9　母线弯曲图

（a）立弯；（b）折弯；（c）平弯；（d）扭弯

a—母线宽度；b—母线厚度；L—母线两支持点之间的距离

扭弯：将母线扭弯的部位夹在虎钳上，钳口部分垫上薄铝皮或硬木片，在钳口大于母线宽度 2.5 倍处，用母线扭弯器夹住母线，用力扭转扭弯器手柄，使母线弯曲到需要的形状为止。这种方法适用于弯曲 100mm×8mm 以下的铝母线，超过这个范围需将弯曲部位加热再进行弯曲。

折弯：可用手工在虎钳上敲打成形，也可用折弯模压成。方法是先将母线放在模子中间槽的钢框内，再用千斤顶加压。

（4）母线与母线或母线与电器接线端子的螺栓搭接面的安装，应符合要求：

1）母线接触面清洁并涂有电力复合脂。

2）母线平置时贯穿螺栓应由下向上穿，其余情况螺母应置于维护侧，螺栓长度应露出螺母 2～3 扣。

3）贯穿螺栓连接的母线两外侧均应有平垫圈，相邻螺栓垫圈间应有 3mm 以上的净距，螺母侧应装弹簧垫圈或锁紧螺母。

4）螺栓受力均匀，不使接线端子受到额外应力。

5）母线接触面应连接紧密。

6）母线与螺杆形接线端子连接时，母线孔径不大于螺杆接线端子直径 1mm，丝扣的氧化膜应刷净，螺母接触面平整，螺母与母线间应加铜质搪锡平垫圈，并有锁紧螺母。

7）采用螺栓搭接时，连接处距支柱绝缘子的支持夹板边缘应不小于 50mm，上片母线端头与其下片母线平弯开始处的距离应不小于 25mm，如图 5-10 所示。图中 L 为母线两支持点之间的距离。

（5）技术规定：

1）母线与设备连接处宜采用软连接，连接线的截面不小于母线的截面。

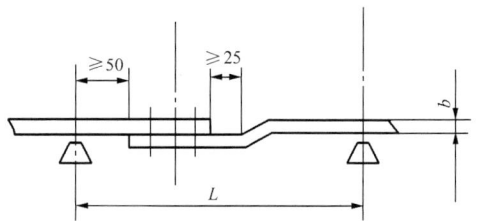

图 5-10　母线搭接

2）铝母线应采用铝合金螺栓，铜母线应采用铜螺栓，紧固螺栓时应采用力矩扳手。

3）在运行温度高的场合，母线不能有铜铝过渡接头。

4）母线在固定点的活动滚杆应无卡阻，部件的机械强度及绝缘电阻应符合设计要求。

5）铝合金管形母线的安装应符合：①管形母线应采用多点吊装，不得伤及母线；②母线终端头应有防电晕装置，表面应光滑；③同相管段轴线应在同一个垂直面上，三相母线管段轴线应互相平行。

6）硬母线安装时，与室内、外配电装置的安全净距应符合规程。当电压超过本级电压时，应采取高一级的电压安全净距规定值。

2. 母线安装后的调试

（1）穿墙套管、支柱绝缘子和母线的工频耐压试验。35kV及以下的支柱绝缘，可在母线安装完毕，加压1min试验，符合表5-1中规定。

表 5-1　　　　　　　穿墙套管、支柱绝缘子和母线的工频耐压试验电压标准

试验部件名称		线路额定电压（kV）		
		3	6	10
		试验施加电压工频有效值（kV）		
支柱绝缘子		25	32	42
穿墙套管	纯瓷和纯瓷充油绝缘	18	23	30
	固体有机绝缘	16	21	27

（2）母线对地绝缘电阻不作规定。

（3）抽测母线焊（压）接头的直流电阻。可抽测母线焊（压）接头的2%，所测接头的直流电阻应不大于同等长度母线的1.2倍；对大型铸铝焊接母线，则可抽查其中的20%～30%。

（三）软母线的安装和调试

1. 软母线的安装

软母线用螺栓连接在专用的线夹（金具）之后，再悬挂在悬垂绝缘子上。

（1）测量、下料长度的计算。软母线的安装要点是满足设计的规定弧垂值，并使三相母线弧度一致。

确定母线的长度采用计算法，先测量导线的跨距（L），测量时，取两侧挂线板或U形环的内口之间的距离。再测量绝缘子、金具串的总长度（λ），方法是将绝缘子、金具串组装好并垂直挂起，测量从U形环内侧到耐张线夹钢锚内孔处（即导线钢芯所达到的位置）之间的距离。当导线两侧绝缘子串设计不同，如一端不可调，另一端设计有调整环或有螺钉时，应分别测两次（λ_1、λ_2），使可调金具的长度位于调节范围的中间值。

导线下料长度的计算常用抛物线近似计算法。即将导线和绝缘子的悬挂状态近似一条抛物线，建立数学模型，得到以下计算公式

$$L = L_0 + (8f^2/3L) - \lambda_1 - \lambda_2$$

式中　f——设计弧垂，m；

　　L_0——导线下料长度，m；

　λ_1、λ_2——两侧绝缘子、金具的长度，m。

（2）放线与下料。导线从线盘上抽出时，一般有一定弯曲，测量时应保持挺直避免误差。导线测量准确后，用油漆或锯条在切割点做好标记，并用白胶布标记编号，在端口两侧各50mm处用细铁丝扎好，将砂轮机切割面与线股轴线垂直，切割后用锉刀修去毛刺，即

可进行线夹压接工作。

（3）导线压接。一般采用液压压接，并规定：

1）检查液压设备正常，压力范围与钢模和线夹的要求相匹配。

2）用汽油或其他有机油及棉布清洗耐张线夹各部件管内油污。

3）调整液压工具的压力释放阀，使线夹的压接压力与要求压力相符。

4）对耐张线夹进行拉力试验。

5）导线端头剥后应进行清洗。

6）耐压线夹应先穿入铝管再穿入钢锚。

7）钢芯的压接。钢芯铝绞线的钢芯直接压进钢模压接管，压接方向由钢锚根部向端部进行。

8）铝管的压接。对铝管氧化膜处理完后涂上电力复合脂，采取逆压法，即从管口向引流板方向压接。

9）设备线夹的压接。将导线端部修整后插入线夹管内即可进行压接。

10）检查。耐张线夹的铝管、钢锚压接后，用钢尺检查其弯曲度不大于长度的 2％，不得使压接管口附近导线发生隆起和松股。耐张线夹外露钢芯的切断口应涂防锈漆。

（4）现场组装。在挂线架下按导线走向将绝缘子串、金具组装好，金具的布置应与图纸要求一致，再与耐张线夹相连接。

连接组装完成后检查各种金具是否齐全，金具连接螺栓，检查防松帽、开销使用是否正确，绝缘子碗口应向上，弹簧卡应齐全，无损坏。

（5）架设。导线架设采用钢丝绳、卷扬机、卸卡、手拉葫芦，使用前应检查无缺陷，满足导线牵引最大负荷的要求，卷扬机应使用倒顺开关。

导线端部吊离地面检查绑扎牢固后，即可正式起吊，如该母线与跳线、引下线连接，可一同拉起。引下线、跳线连接检查接触面连接力矩，必须符合规程要求。

（6）弧垂调整及距离校验。弧垂测量应用卷尺与水准仪配合进行。

导线中相线对地距离一般用竹竿划弧来检验。相线对地及相线间距离必须符合规程要求。

2. 母线安装后的调试

（1）电压 35kV 及以上的软母线，若绝缘子在安装前已单独进行耐压试验，可不进行整体耐压试验。

（2）在送电时，对母线及配电设备应采用额定电压进行三次合闸冲击试验，绝缘应不受损害。

（3）对母线接头进行外观及机械检查，应接触良好。若有怀疑，可采用电流—电压表法测量接头电阻，其值不大于同长度母线电阻的 1.2 倍。

（四）封闭母线的安装和调试

1. 封闭母线的安装

（1）封闭母线的吊装应按出厂编号，每段头尾都不能颠倒，先内后外、先下后上依次就位。

（2）封闭母线就位后，应测量各段尺寸，复测设备间的距离。封闭母线的安装必须做到横平竖直。

（3）封闭母线的连接分软连接和硬连接两种。

1）软连接。封闭母线与发电机、变压器、TV柜、避雷器柜、中性点端子的连接及容易折断点均采用铜辫子或铜压成的伸缩节螺栓连接而成，这些连接应在各连接设备经耐压试验合格后进行。

2）硬连接。氩弧焊封闭母线的导体与外壳均由工业纯铝卷制成，其硬连接均采用焊接。

（4）密封套管的安装。微正压或强迫风冷式母线，为保持母线内部自然冷却，防止外部水分、灰尘进入母线内部，封闭母线与发电机出线箱、TV柜、避雷器柜等的连接处均要装设密封套管。密封套管套在封闭母线导体上，其外缘与母线外壳一般用L形夹具固定，中间用橡皮胶密封垫保持密封，密封套管与导体间隙采用橡胶密封套，用钢带密封。

（5）短路板及接地的连接。封闭母线短路板应焊接在母线外壳的短路板均流环上。先将外壳处的油漆清理干净，短路板紧贴焊接在封闭母线的外壳上。封闭母线仅一点接地，接地点通过接地引流板接在短路板上，引流板再通过接地引线接地。

2. 封闭母线安装后的调试

（1）密封试验。为防止母线密封不良造成灰尘和水分进入封闭母线，造成绝缘子闪络，必须进行密封试验。试验方法有淋水试验和充气试验两种。

（2）绝缘电阻测量与工频耐压试验。耐压试验前，先检查封闭母线与发电机、变压器、TV、避雷器等电气回路是否断开，工频耐压试验电压比封闭母线低的其他设备不能与封闭母线相连，然后用2500V绝缘电阻表测量母线对外壳的绝缘电阻，应符合制造厂和规程的要求。

解开封闭母线外壳的接地点，测量外壳对地的绝缘电阻应符合要求。

工频耐压试验电压值应按产品说明书和交接试验规程确定。耐压试验结果应符合制造厂和规程要求。

第二节　绝缘子的安装和调试

在电力系统中，不论是整个配电装置还是单个的电器，都需要绝缘子对其载流导体进行悬挂、支持和固定，或将导体穿在其中通过建筑物或电器本身的壳体，保持导体对地绝缘或各导电部分之间的绝缘。由于绝缘子对导电部分同时起着绝缘和支撑的双重作用，因此要求绝缘子不仅绝缘性能良好，还要有足够的机械强度，并能在恶劣环境中保持其特性。

电瓷是绝缘子的传统绝缘材料，具有结构紧密、表面光滑、不吸收水分、不受化学物质腐蚀和绝缘强度及机械强度都高的特点。绝缘子也可用钢化玻璃制成，具有尺寸小、重量轻、耐电强度高、价格低和制造工艺简单的优点。

绝缘子按用途分可分为电站绝缘子、电器绝缘子和线路绝缘子；按工作环境分为户外、户内式绝缘子，户外绝缘子表面有较多、较大的裙边，用以加长沿面放电的距离和阻断雨水，使其在较恶劣的环境中可靠工作。电站绝缘子用来支持和固定发电厂和变电站中户内、户外配电装置硬母线，并使母线对地绝缘。电器绝缘子为电器的组成部分，用以支持载流导体或将其引出封闭外壳，分为支持和套管绝缘子两种。线路绝缘子用来悬挂和固定架空输配电线路或户内、外软母线，在发电厂和变电站中主要使用的有针式、悬式两种。针式用于35kV及以下输配电线路或软母线；悬式用于35kV以上的架空线路或软母线。

一、绝缘子的安装

1. 注意事项

绝缘子与穿墙套管安装前应进行检查，瓷件、法兰应完整无缺，胶合处填料完整，结合牢固。安装在同一平面或垂直面上的绝缘子或套管的顶面，应位于同一平面。母线直线段的支柱绝缘子的安装中心线应在同一直线上。

支柱绝缘子和穿墙套管安装时，穿墙其底座或法兰盘不得埋入混凝土内。支柱绝缘子叠装时，中心线应一致，固定牢固，紧固件齐全。

无底座和顶帽的内胶装式的低压支柱绝缘子与金属固定件的接触面之间应垫厚度不小于1.5mm的橡胶或石棉纸等缓冲垫圈。

2. 悬式绝缘子串的安装

（1）悬式绝缘子串应与地面垂直，倾斜角最多不超过5°。

（2）多串绝缘子并联时，每串受到的张力应均衡。

（3）绝缘子串组合时，连接金具应符合标准。

（4）弹簧销应有足够的弹性，闭口销必须分开。

（5）均压环、屏蔽环等保护金具应安装牢固、位置正确。

（6）绝缘子串吊装前应清洁干净。

3. 穿墙套管的安装

（1）安装穿墙套管的孔径比嵌入部分大5mm以上，混凝土安装板的最大厚度不得超过50mm。

（2）额定电流在1500A及以上的穿墙套管直接固定在钢板上时，套管周围不应形成闭合磁路。

（3）穿墙套管垂直安装时，法兰应在上，水平安装时，法兰应在外。

（4）600A及以上母线穿墙套管端部金属夹板应采取非磁性材料，其母线之间应有金属连接，接触应稳固，金属夹板厚度不小于3mm。当母线为两片及以上时，母线本身应固定。

（5）充油套管水平安装时，其储油柜及取油样管路应无渗漏。

（6）套管接地端子及不用的电压端子应可靠接地。

二、悬式绝缘子和支柱式绝缘子的试验

（1）测量绝缘电阻，每片悬式绝缘子的绝缘电阻值不低于300MΩ，35kV及以下的支柱式绝缘子的绝缘电阻不低于500MΩ。

（2）交流耐压试验，35kV及以下的支柱式绝缘子，可在母线安装完毕后一起进行。试验电压符合GB 50150—2006《交接试验标准》规定，35kV多元件支柱绝缘子的交流耐压试验值，两个胶合元件者，每元件50kV，三个元件胶合者，每个元件35kV。

（3）悬式绝缘子的交流耐压试验电压应符合表5-2规定。

表 5-2　　　　　　　　　　　**悬式绝缘子交流耐压试验电压标准**

型　号	XP2-70	XP-70　XP1-160 LXP1-70　LXP1-160 XP1-70　XP2-160 XP-100　LXP2-160 LXP-100　XP-160 XP-120　LXP-160 LXP-120	XP1-210 LXP1-210 XP-300 LXP-300
试验电压（kV）	45	55	60

第三节　电力电缆的安装和调试

电力电缆的用途是传输电能，与其他传输方式相比有很多优点：用电缆构成的输配电线路，是一种安全可靠且可以节省大量空间的传输、分配电能的方式；电力电缆具有防潮、防腐、防损伤的特点；而且电缆是容性负载，可提高功率因数；对于发电厂和变电站的直配线路，还可构成进线段的防雷保护，因而电缆在发电厂、变电站中被大量使用。

电力电缆主要由缆芯、绝缘层和保护层三部分组成。缆芯导体由多股铝线或铜线绞合而成，单芯或三芯电缆的截面为圆形，双芯电缆的截面为弓形，三芯、四芯电缆的截面为扇形，充油电缆的截面为空心圆形。绝缘层构成缆芯之间、缆芯与地之间的绝缘，决定电缆的基本性能。保护层分内护层和外护层，内护层起密封、保护缆芯和绝缘层的作用，由铝、铅或塑料紧包在绝缘层上，称为铅包、铝包、塑料护套等；外保护层用来保护内护层免受外界的机械损伤和化学腐蚀，由钢带或不同粗细的钢丝绕制而成的铠甲及黄麻等材料组成的衬垫。在钢铠层外还有一层保护其不受外界腐蚀的外皮层。

电力电缆型号规格很多，在实际使用中根据不同情况进行分类，可按电压等级、导电线芯截面、导电线芯数、绝缘材料、传输电能的形式等分类。其中按绝缘材料分可分为以下几类：

（1）油浸纸绝缘电力电缆。

（2）塑料绝缘电力电缆。又细分为聚氯乙烯绝缘电缆、聚乙烯绝缘电缆和交联聚乙烯绝缘电缆。

（3）橡皮绝缘电力电缆。

（4）阻燃聚氯乙烯绝缘电力电缆。在聚氯乙烯绝缘电力电缆中加阻燃剂而成。

发电厂和变电站常用的电力电缆敷设方法有电缆隧道敷设、电缆沟敷设和直接埋地敷设等方法，较少采用沿墙敷设和排管敷设等方法。

一、电力电缆的敷设

1. 电力电缆敷设的一般要求

（1）敷设电缆时，为避免损坏绝缘层和保护层，电缆弯曲处的曲率半径 R 应保证下列数值：油浸纸绝缘铅包电缆，$R>25D$；多芯电缆，$R>6D$。铅包橡胶绝缘电缆和聚氯乙烯护套电缆，有铠装时 $R>10D$；无铠装时 $R>6D$（D 为电缆外径）。

（2）在敷设条件许可的情况下，电缆长度应考虑留出 1.5%～2% 的余量（最小应不少于 5m），作为检修时的备用。直埋电缆应作波浪形埋设。

（3）电缆引入、引出或穿过楼板及主要墙壁处、电缆从电缆沟引出至电杆，或沿墙敷设时距地面 2m 到埋入地表小于 0.25m 深的一段、电缆与道路或铁路交叉的那一段等，应将电缆穿以钢管保护。钢管的内径一般不小于电缆外径的两倍。

（4）不允许在敷设煤气、天然气及液体燃料管路的沟道中敷设电缆。

（5）电缆敷设的最大高差、支持点的距离以及敷设时的气温，均应符合规定要求。

（6）电缆的金属外皮、电缆头金属外壳、保护钢管及支架等，均应可靠接地。

2. 电缆隧道敷设

电缆敷设在电缆隧道或电缆沟内，是发电厂和变电站中最常用的敷设方式。隧道是钢筋混凝土地道，内预设的电缆支架和排水沟。电缆敷设在隧道或电缆沟内，能避免外力损伤和腐蚀，可采取无铠装电缆，价格低廉；维护检修和更换电缆方便；走向灵活，能容纳较多的电缆，占地面积较省。但投资较高。

当电力电缆与控制电缆共用电缆隧道时，最好分别装在隧道两侧，如果无法分开，应将控制电缆装在电力电缆的下方，尽量防止电力电缆的故障殃及控制电缆。

3. 电缆沟敷设

户内电缆沟的盖板应与地面相平。若容易积水、积灰时，可用水泥砂浆抹死；户外电缆沟的盖板应高出地面，可兼作操作走道；厂区户外电缆沟，为不妨碍排水，其盖板一般低于地面 0.3m，上面铺以砂子或碎土。为了防火，电缆沟进入厂房处及隧道连接处应设置防火隔板。为了防水，在电缆沟通进厂房时，应设有朝向厂房外侧不小于 0.5% 的排水坡度，在容易积水的地方应考虑排水沟。

4. 直接埋地敷设

直埋电缆的埋地深度应在 0.7m 以上，电缆壕沟距附近建筑物基础，应大于 0.6m。沟地垫以砂子、细土，沿沟全长盖以砖或水泥盖板。直埋敷设施工简便，投资少，散热条件好，适用于厂区内电缆数量不多而路径较长的情况。但是直埋电缆检修更换不便，不能可靠防止外来机械损伤，易受土壤中酸、碱物质的腐蚀，因此，凡是腐蚀性土壤未经处理时，不能采取直埋方式。

5. 电缆沿墙敷设或吊架敷设

这种敷设方法是依附建筑物，将电缆安置在厂房土建时预埋的吊架或沿墙的铁杆上，结构简单，土建工作量小，检修维护方便。

二、电缆终端头和中间接头的制作与安装

电缆之间的连接或电缆与电器、架空线等的连接，由于剥去了端部的保护层，电缆油泄漏和水分潮气的侵入，会使电缆的绝缘水平急剧下降。因此，必须使用专门的接头盒，使其在电缆连接后仍保持良好的密封，防止电缆绝缘受潮。连接电缆的称中间接头盒或接头盒，连接电缆末端的称终端盒或电缆头。接头盒和电缆头应具有机械强度高、结构简单、紧凑和轻巧，便于现场施工，材料应满足吸水性和透气性小，介质损耗低、电气性能稳定的要求。接头盒和电缆头分户内、户外两类，实际应用较广的有环氧树脂的接头盒和电缆头以及干包电缆头。

电缆中端头和中间接头是电缆线路的薄弱环节，为了使电缆线路长期安全的运行，要求电缆终端头和中间接头的绝缘强度、机械强度和密封性都不低于内护层未剥出的部分，介质损耗和接触电阻应小而稳定，温升不大于正常线芯的温升。

1. 电缆终端头和中间接头制作安装要求

（1）所用工具、材料清洁、干燥。

（2）电缆经过试验合格；油浸纸绝缘电缆安装前应校验潮气。

（3）接头的制作安装应避免在阴雨潮湿有雾的天气，若气温低于0℃，应将电缆预先加热后方可进行工作。

（4）根据电缆头安装地点和周围环境条件，选用终端头和中间接头的型式。

1）35kV及以下电缆中间接头盒型式与适用场合：

① 环氧树脂中间接头盒：电缆线芯绕包后，放在金属或塑料模子中，灌注环氧树脂固化后除去模子。保证内外密封时性能良好，防止线芯沿轴间和径间渗油，否则埋地敷设易渗水击穿。此接头盒适用于10kV及以下电缆的隧道敷设，如用于直埋敷设应注意密封。

② 热收缩型中间接头盒：用具有弹性记忆效应的橡塑材料热收缩密封。此接头盒适用于10kV及以下电缆的隧道和直埋敷设。

③ 铅套型中间接头盒：电缆线芯绕包后，套入铅套中，铅套两端与电缆铅护套焊接连成一体，铅套内灌注电缆胶。在铅套外加铸铁盒防护或在铅套外套水泥盒，在铅套和水泥盒间填满砂土。其密封性好，适用于10kV及以下纸绝缘电缆的隧道和直埋敷设。

④ LB系列中间接头盒：外壳用铸铁或铝合金整体制成，两端电缆引入处及灌注孔用耐油橡胶密封，适用于10kV及以下的电缆隧道和直埋敷设。

2）35kV及以下电缆终端头型式与适用场合：

① 鼎足式油纸电缆终端盒，适用于10kV户外杆塔上、墙边或设备支架上。

② 倒挂式油纸电缆终端盒，适用场合同鼎足式，不适合严重污染和强烈振动场合。

③ 环氧树脂油纸电缆终端盒，多用于变电装置附近，适用于高落差敷设的低端和环境温度较高的场所。

④ 鼎足式油纸电缆户内终端盒，适用于配电设备附近。

⑤ 热收缩型终端盒，适用于35kV及以下交联电缆的户外、户内及各种环境。

⑥ 单芯油纸电缆套管式终端盒，适用于35kV及以下单芯电缆和20～35kV分相铅（铝）护套电缆用，适合户外各种环境使用。

⑦ 插接装配式终端盒，适合10kV及以下交联电缆的户外、户内各种环境使用。

（5）电缆接头制作安装工作前的注意事项：

1）检查接头盒的附件、材料和所用工具是否合格。

2）检查接头盒的附件的密封性能是否可靠，并预先组装。

3）严格核对接头盒的结构尺寸，防止剥切尺寸错误。

（6）在接头盒的制作安装工作中，要随时对电缆各部分进行外观检查，发现缺陷应停止工作。

（7）电缆的终端上，应有明显的相色标志，并且与系统相色一致。

（8）在室内开关柜内安装的终端头，应考虑在最高地下水位和汛期不被沟内积水淹没。

（9）室内墙上安装的终端头裸露带电部分对地面的距离：10kV不小于2.5m，35kV不小于2.6m，并加固定遮栏。

2. 接头导体的连接

（1）铝芯导体的连接，一律采取压接。铜芯可采取压接和焊接。

（2）铜、铝导体的连接，用铜—铝压接管或铜—铝压接鼻子。

（3）用压接或焊接，均应使用与导体截面相适应的接管，经压缩后的圆芯导体，要求其接管内径不大于导体外径 0.5mm。

（4）压接前要检查压模规格，与压接管规格相同才能使用。

（5）扇形导线压接前，先用鱼嘴钳将导线夹圆，用绑线扎紧、扎圆。根据压接管的长度在导体上作一记号，套入压接管，应使线芯每端套入长度为压接管长度的一半。

压鼻子时，应先测量鼻子孔深，根据孔深在导线上作记号，套入压接鼻子。

（6）压接管压接的坑数为 4 个。压接鼻子压接的坑数为 2 个，压坑应正，在同一条直线上。

（7）中间接头和终端压接时，每一接点应压两个坑。

（8）压接时，以阳模压至与阴模接触为止，压接后压接管和压接鼻子不应有裂纹。

（9）6kV 及以上电缆中间接头压接后，应将接管边缘及各部尖刺打磨光滑，用汽油将金属粉末冲洗干净，接管上的压坑用铝箔填平，并在接管上包两层铝箔，以消除压坑引起的电场畸变。

（10）钢芯电缆的焊接。

（11）户外终端头与架空线的铜铝搭接，可采取铜铝过渡压接管，铝接管内应灌凡士林，铝导线应用钢丝刷除去氧化层，压接后包扎塑料带密封。

3. 干包电缆头的制作

干包电缆头用聚氯乙烯手套及塑料管、带包扎而成。常用于室内 3kV 及以下的油浸纸绝缘电缆及干包塑料护套电缆，其机械强度、耐压、耐油性能差，在高温场所不宜采用。

常用材料有聚氯乙烯软手套、塑料或橡胶套管、聚氯乙烯绝缘带、黄蜡带、尼龙绳、中性凡士林等，干包电缆头结构如图 5-11 所示。

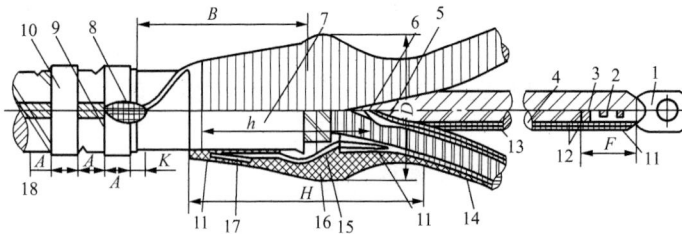

图 5-11　干包电缆头结构示意图

1—线鼻子；2—压坑内填以环氧聚酰胺腻子（或环氧乙烯带）；3—导电线芯；4—耐油橡胶管或聚氯乙烯管；5—线芯绝缘；6—环氧聚酰胺腻子；7—铅（铝）包；8—接地线封头；9—接地线；10—电缆钢甲卡子；11—尼龙绳绑扎；12—聚氯乙烯带；13—玻璃漆布带或黄蜡带加固层；14—相色塑料胶粘带；15—聚氯乙烯带内包层；16—聚氯乙烯带及玻璃漆布带或聚氯乙烯及黄蜡带外包层；17—聚氯乙烯软手套；18—电缆钢带

电缆头的制作步骤如下：

（1）确定电缆端部的剥切尺寸（见图 5-12）。图中，A 为自制钢卡宽度与间距，通常用电缆自身的铠装钢甲制作；K 为焊接地线的尺寸，$K=10\sim15$mm；B 为预留铅（铝）包尺寸，一般取铅包外径+60mm；C 为预留统包绝缘尺寸，一般 3kV 及以下电缆 $C=25$mm，10kV 或 6kV 电缆，$C=50$mm；E 为线芯包扎长度，由引出线芯长度而定，但 1kV 及以下电缆至少 160mm，3kV 电缆至少 210mm，6kV 电缆至少 250mm，10kV 电缆至少 350mm；F 为压接线鼻子的尺寸，一般 $F=$线鼻子孔深+5mm。

（2）剥切外护层（剥切外麻被层、剥切钢甲层、剥切黄麻内层、焊接接地线、剥切铅包护套、剥除统包绝缘纸），如图5-13～图5-15所示。

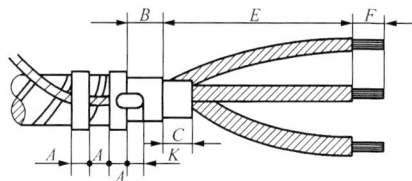

图 5-12　电缆头剥切尺寸

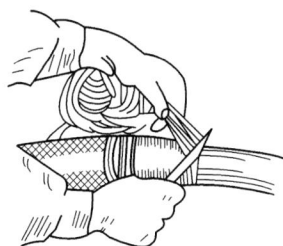

图 5-13　割除黄麻层的
正确方法

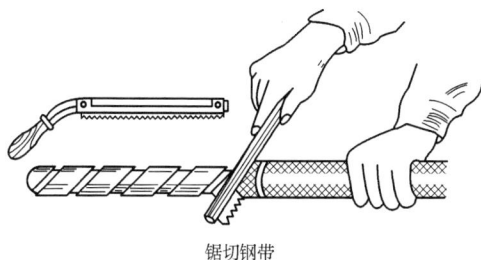

锯切钢带

图 5-14　锯切钢甲示意图

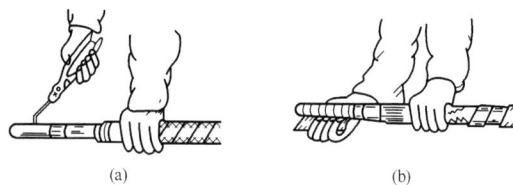

(a)　　　　　　　　(b)

图 5-15　将铅（铝）包剥去的正确方法
(a) 在切痕之间剥去铅（铝）包皮条；
(b) 剥去铅（铝）包皮

（3）分开线芯，剥切填充物，如图5-16所示。

（4）包缠线芯绝缘。从线芯分叉的统包绝缘处开始，用聚氯乙烯带顺着纸绝缘的缠绕方向紧紧包缠1～3层，一直将端部的裸线芯包住，暂用尼龙绳扎紧。

（5）包缠喇叭口处绝缘。在线芯分叉口添以环氧聚酰胺腻子或塞以正锥体的绝缘填充物，可用聚氯乙烯带扎制（见图5-17），同时压入第一个风车，然后用聚氯乙烯带包缠，使其突起呈枣核状（见图5-18），最后将包缠带用胶带粘好，呈圆滑形。

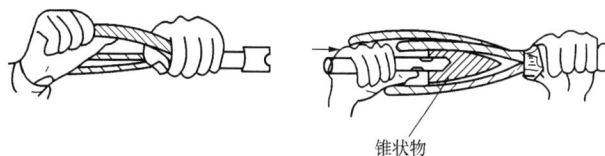

锥状物

图 5-16　线芯的分开

（6）套聚氯乙烯手套，如图5-19所示。

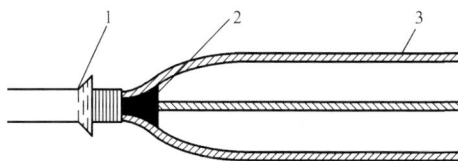

图 5-17　线芯分叉处填以绝缘物
1—喇叭口；2—绝缘填充物；3—线芯

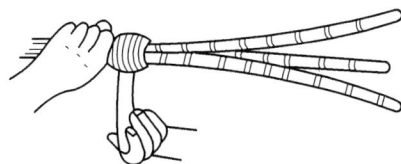

图 5-18　用聚氯乙烯带包缠线芯分叉处
成枣核形

（7）在线芯上套塑料管。采用耐压塑料软管，套入端剪成 45°的斜口，另一端对准线芯，一直套到手指根部，45°斜口朝外，将线芯端部的管翻边折回，漏出铝（铜）线芯，准备压接线鼻子。

（8）压接线鼻子。选择与电缆截面相应的线鼻子，套入线芯到底后使线芯包缠的绝缘与其插入口的平面取齐，用油压钳将线鼻子线压好，用绝缘物将压坑填平，用塑料胶带粘牢，将翻边折回的塑料管再翻回去，若有多余的塑料管，要从线鼻子板与圆柱衔接部位割掉，如图 5-20 所示。

图 5-19　套入手套并用塑料带包缠

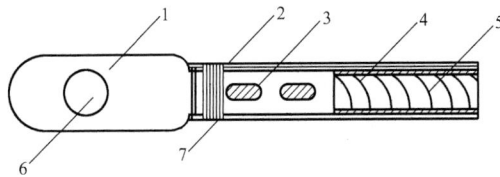

（9）绑扎尼龙绳。绑扎三个部位，塑料管与线芯分叉的根部、塑料管与线鼻子的圆柱部分和手套下口与铅包部分，如图 5-21 所示。

（10）包缠外绝缘层。用黄、绿、红三色聚氯乙烯带分别从分叉根部包缠线芯，一直包到线鼻子的圆柱部位，并用同色塑料胶带粘牢，最后包缠成型（见图 5-19）。

图 5-20　线鼻子的压接

1—线鼻子；2—塑料管；3—压坑及填充物；4—线芯包扎绝缘；5—线芯；6—连接螺钉孔；7—绑扎尼龙绳

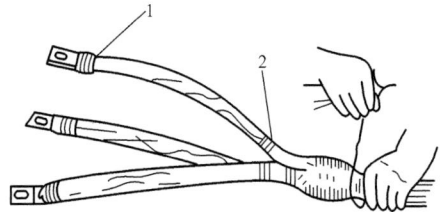

图 5-21　用尼龙绳绑扎的正确方法

1—线鼻子绑扎法；2—根部绑扎法

（11）试验。测绝缘电阻、泄漏电流，做耐压试验。

4. 6～35kV 交联电力电缆热缩型护套终端头（见图 5-22）

电缆终端头热缩制作工艺是近几年来世界流行的新工艺，使用的橡塑共混的高分子材料是一种新材料，具有受热收缩的性能，绝缘、密封、防潮良好，耐油抗老化，制作工艺简单，改变了传统的灌绝缘胶或电缆油的做法，简化施工工艺，安全易掌握且质量可靠。

该电缆头制作的关键是热缩材料的选择，制作时应按生产厂家提供的热缩附件使用说明书进行，各厂家的材料使用方法不尽相同。

（1）剥切电缆外护层到所取尺寸。根据电缆头的安装位置到连接设备间的距离，决定剥切尺寸（一般为 1m）。

（2）从切口处保留 85mm 长导体屏蔽层，将其余半导体屏蔽层撕净，用三氯乙烯或四氯化碳将线芯或切口以下段的电缆油清除干净。在保留下半导体外屏蔽层端部以上 10mm 段线芯绝缘层缠一层聚氯乙烯带，在这 10mm 宽和导体屏蔽层端部 5mm 宽涂导电油。油干后拆去塑料带。

（3）将应力调节护套分别套在电缆芯线根部，用酒精灯逐根加热，直到完全缩紧。

（4）应力调节护套冷却后，逐一套上防潮护套，其下端应完全覆盖应力套，上端至压接线鼻子处，同样加热紧缩。

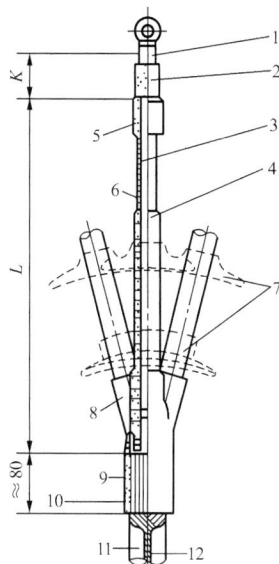

图 5-22　交联热缩电缆头
结构示意图（mm）

1—铜接头；2—电缆线芯；3—防潮
护套；4—应力调节护套；5—接头
护套；6—线芯塑料绝缘层；7—裙
套（裙伞）；8—叉形护套；9—封口
粘胶带；10—电缆铜屏蔽线；11—
电缆外护套；12—铜辫子

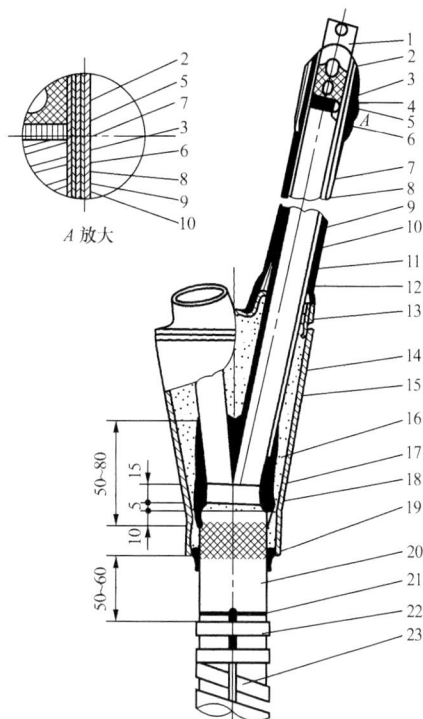

图 5-23　10kV 户外环氧树脂电缆终端头的
结构（mm）

1—接线鼻子；2、6、16—堵油层；3—耐油橡
胶管；4—导线；5—聚氯乙烯包带；7、10—聚
氯乙烯带（透明内包带）；8—黑玻璃丝带或黄
蜡带；9—聚氯乙烯相色带；11—出线套；12—
纸绝缘；13—聚丙烯壳盖；14—聚丙烯壳体；
15—环氧树脂冷浇注剂；17—统包绝缘；18—
半导电层；19—垫圈；20—铅（铝）护套；
21—接地线；22—卡子；23—钢带铠装

（5）防潮套冷却至手温后，将三叉护套套在线芯分叉处，并用力使之分叉根部与线芯分
叉根部贴近挨紧，然后加热热缩。

（6）压接铜（铝）线鼻子，套上已模塑成型的端子护套，热缩时，先预热线鼻子，然后
加热护套，使之从上到下紧缩。

（7）套上裙伞，先用手托住，环形向下加热，用喷灯加热热缩。

（8）检查与试验。护套热缩应均匀紧密，表面清洁无污物，无划痕破损、无焦糊气泡，
绝缘电阻、耐压试验及泄漏电流试验合格。

5.10kV 户外环氧树脂电缆终端头（见图 5-23）

（1）检查准备材料、工具、物品是否齐全、合格，施工环境、天气是否符合要求。

（2）锯钢带、剥麻包。在电缆上用直径 2mm 铜线绑两道绑线，每道 3～4 匝。绑每一道
绑线后，割除黄麻，在距第一道绑线 50mm 处钢带上绑第二道绑线，绑线缠绕方向应与钢
带缠绕方向一致，使钢带越绑越紧。在第二道绑线边缘将钢带锯一环形深痕，其深度不超过
钢带 2/3，不得一次锯透以免损伤铅包，将钢带从根部往末端剥除。

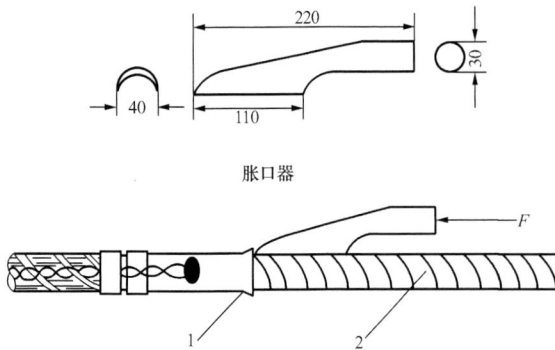

图 5-24　胀喇叭口及胀口器（mm）
1—喇叭口；2—统包纸绝缘

的软铜线接地。

（3）剖铅和胀铅。按设备接线位置，量取所需长度，割去多余电缆。一般要求引线长度不能小于 600~700mm。用汽油抹布将终端口外壳内壁擦净，套在电缆钢带上，用干净抹布塞满，防止污物落入。剖铅和胀铅时把包口胀成喇叭口，喇叭口直径为电缆铅包直径的 1.2 倍。由于喇叭口有改善电场分布，提高绝缘水平的作用，要求喇叭口应光滑、均匀、对称、无尖刺，如图 5-24 所示。

（4）焊接地线。如图 5-25 所示，将钢带和铅包用封铅焊牢，并用 10~25mm

（5）剥炭黑纸及绝缘纸。炭黑纸应剥至喇叭口内，不留碎纸边。剥统包纸时，不应损伤相绝缘纸。剥相绝缘纸时，不应损伤导线线芯。切割统包电缆的填料时，刀口应朝外，防止损伤绝缘纸。

（6）套耐油橡胶管。先沿电缆绝缘纸包绕方向，分别在各线芯包 1~2 层环氧玻璃漆布，使线芯和耐油橡胶管之间不产生空隙。把橡胶管套到离线芯根部 20mm，将上端的橡胶管往下翻，使线芯端部的导体露出。各芯套好后，在三岔口处用白布盖好，防止污物落入。

（7）压接线鼻子。测量线鼻子孔深加 5mm，切除相绝缘纸进行压接线鼻子。

（8）配制涂料及包芯。将环氧树脂和聚酰胺树脂按比例混合配置。线芯部分涂一层环氧树脂涂料，随后用干燥无碱玻璃丝带

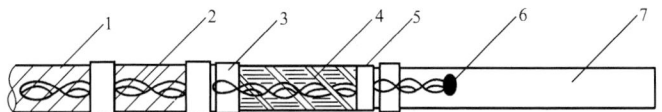

图 5-25　焊接接地线后的电缆端头
1—外麻层；2—铜辫子；3—卡子；4—钢夹；5—与钢夹的焊点；
6—与铅包的焊点；7—铅包层

表面涂一层环氧树脂涂料，边包边涂共两层。包完后在无碱玻璃丝带表面再均匀地涂一层，线芯根部与耐油橡胶管连接处，涂包第二层，包绕长度为 35~40mm。橡胶管至少包进 15~20mm。

（9）组装外壳。在喇叭口下 30mm 处，用塑料袋水平重叠包绕成圈，将底壳平整地固定在塑料袋圈上，将盖壳从线芯端部套入，盖在底壳上，在接缝处用环氧树脂腻子涂封，防止浇环氧树脂复合物时渗漏。

（10）浇注环氧树脂复合物。待涂包层硬化后，将环氧树脂复合物从套管的插入孔内呈细流状浇入至插入口孔平，随即将套管插入，从套管上口补充浇满。

（11）清理包绕线芯外护层。将浇注时渗滴在外壳表面的环氧树脂复合物清理干净。

（12）检查与试验。将电缆头固定，接好地线，作直流泄漏和耐压试验。

三、电力电缆的试验

1. 电力电缆的试验项目

试验项目有：

（1）测量绝缘电阻。

（2）直流耐压试验及泄漏电流测量。

（3）检查电缆线路的相位。

（4）充油电缆的绝缘油检查。

2. 测量各电缆线芯对地或对金属屏蔽层间的各线芯间的绝缘电阻

（1）直流耐压试验电压标准应符合下列规定：

1）黏性油浸纸绝缘电缆直流耐压试验电压，应符合表 5-3 的规定。

表 5-3　　　　　　　　　黏性油浸纸绝缘电缆直流耐压试验电压标准

电缆额定电压 U_0/U （kV）	0.6/1	6/6	8.7/10	21/35
直流试验电压（kV）	$6U$	$6U$	$6U$	$5U$
试验时间（min）	10	10	10	10

2）不滴流油浸纸绝缘直流耐压试验电压，应符合表 5-4 的规定。

表 5-4　　　　　　　　不滴流油浸纸绝缘电缆直流耐压试验电压标准

电缆额定电压 U_0/U （kV）	0.6/1	6/6	8.7/10	21/35
直流试验电压（kV）	6.7	29	37	89
试验时间（min）	5	5	5	5

3）塑料绝缘电缆直流耐压试验电压，应符合表 5-5 的规定。

表 5-5　　　　　　　　　塑料绝缘电缆直流耐压试验电压标准

电缆额定电压 U_0（kV）	0.6	1.8	3.6	6	8.7	12	18	21	26
直流试验电压（kV）	2.4	7.2	15	24	35	48	72	84	104
试验时间（min）	15	15	15	15	15	15	15	15	15

4）橡皮绝缘电力电缆直流耐压试验电压，应符合表 5-6 的规定。

表 5-6　　　　　　　　　橡皮绝缘电力电缆直流耐压试验电压标准

电缆额定电压（kV）	6	直流试验电压（kV）	15	试验时间（min）	5

5）充油绝缘电力电缆直流耐压试验电压，应符合表 5-7 的规定。

表 5-7　　　　　　　　充油绝缘电力电缆直流耐压试验电压标准

电缆额定电压 U（kV）	66	110	220	330
直流试验电压（kV）	$2.6U$	$2.6U$	$2.3U$	$2U$
试验时间（min）	15	15	15	15

（2）试验时，试验电压可分 4～6 阶段均匀升压，每阶段停留 1min，并读取泄漏电流值，测量时应消除杂散电流的影响。

（3）黏性油浸纸绝缘及不滴流油浸纸绝缘电缆泄漏电流的三相不平衡系数不大于 2；当 10kV 及以上电缆的泄漏电流小于 20μA 和 6kV 及以下电缆泄漏电流小于 10μA 时，其不平衡系数不作规定。

（4）电缆的泄漏电流具有下列情况之一者，电缆绝缘可能有缺陷，应找出缺陷部位，并予以处理：

1）泄漏电流很不稳定。

2）泄漏电流随试验电压升高急剧上升。

3）泄漏电流随试验时间延长有上升现象。

3. 检查电缆线路的两端相位

电缆线路的两端相位应一致并与电网相位相符合。

4. 充油电缆的绝缘油试验

充油电缆使用的绝缘油试验项目和标准应符合表 5-8 的规定。

表 5-8　　　　　　　　充油电缆使用的绝缘油试验项目和标准

项　　目	标　　准	说　　明
电气强度试验	工频击穿强度：对于 110～220kV 的不低于 45kV	使用 2.5mm 平板电极常温
介质损耗角正切值 tanδ（%）	当温度为（100±2）℃时：对于 110～220kV 的不应大于 0.5	

5. 绝缘电阻的测试

电缆安装敷设前应做绝缘电阻的测试和直流耐压试验并测量泄漏电流，试验应有详细记录，以便与竣工后试验进行比较。电力电缆开封前或送电前绝缘电阻阻值见表 5-9。

表 5-9　　　　　　　　电力电缆开封前或送电前绝缘电阻阻值表

电压等级及类别	使用绝缘电阻表规格	绝缘电阻内容	换算到长 1km，20℃时的绝缘电阻（MΩ）
3kV 及以下黏性油浸	1000	相—相 相—地（铅包）	≥50
3kV 及以下干绝缘	1000	同上	≥100
6～10kV	2500V	同上	≥200
35kV	2500～5000V	同上	＞500

思　考　与　练　习

1. 母线安装的一般规定是什么？

2. 试述硬母线、软母线、封闭母线的安装步骤。

3. 对悬式绝缘子串及支柱绝缘子绝缘电阻的规定是什么？

4. 电力电缆敷设的一般要求如何？

5. 简述电缆终端头和中间接头制作安装的要求。

6. 简述干包电缆头的制作步骤。

7. 试述电力电缆安装后的试验项目。

第六章

架 空 线 路

第一节 概 述

电能的输送和分配有两种方式:一是采用电力电缆;二是采用架空电力线路。由于电缆线路受到电压等级、敷设环境和投资的限制,因此,目前普遍采用架空电力线路远距离输送和分配电能。按照输送电流的性质,架空线路又可分为交流架空线路和直流架空线路。

架空线路是将导线用绝缘子和金具架设在杆塔上,使导线对地面和建筑物保持一定的距离。实际生产过程中常将 35kV 及以上电压等级的电力线路叫做输电线路,主要用于传输电能;35kV 以下电压等级的电力线路则被称为配电线路,主要用于分配电能。架空线路的施工工艺流程包括现场调试、备料加工、复测分坑、基础施工、材料运输、杆塔组立、导地线架设、接地装置、线路防盗、分项工程检查、竣工检验和资料移交等 12 个环节。

架空线路主要由导线、避雷线、金具、绝缘子、杆塔(包括电杆和铁塔)、接地装置、基础等部分组成,各部分的作用分述如下。

1. 导线

导线是架空送电线路的主要组成部分,用以传输电能。

目前,广泛采用钢芯铝绞线作为送电线路的导线。它是由机械强度较高的钢芯为芯线,以承受张力,外面绕几层导线性能好的铝线合并绞制而成。重冰区、大跨越线路为减小导线弧度和减低杆塔高度,有时也采用钢绞线、铝合金绞线、铝包钢绞线、铜包钢绞线等。此外,适应高海拔地区的扩径导线、加大输电容量的耐热铝合金导线、耐震的自阻尼导线和防冰雪导线等特种导线都在发展之中。

送电线路一般每相采用一根导线,但对于超高压和特高压输电线路,由于输电容量大,为了减小电晕损失和电晕干扰,多采用相分裂导线,每相可能使用两根、三根、四根或更多根导线。

2. 避雷线

避雷线架设于导线上方,用来保护架空导线免遭雷击的损害。避雷线要求机械强度高、耐振、耐腐蚀,具有一定的导电性和足够的热稳定性。根据线路的重要性及线路通过地区雷电活动的情况,每条线路按规程要求可在杆塔上架设一条或两条避雷线。

避雷线一般选用镀锌钢绞线,并与导线型号相匹配。为满足地线载波、减少对通信设施的干扰、降低能耗等要求,在 220kV 及以上线路中,也可采用钢芯铝绞线或铝包钢绞线等良导体地线。

3. 金具

在架空线路中,金具主要用于支持、固定、接续导、地线及将绝缘子连接成串,亦用于保护导线和绝缘体。按金具的结构性能、安装方法和使用范围不同,可分为悬垂线夹、耐张线夹、连接金具、接续金具、保护金具和拉线金具六大类。

4. 绝缘子

绝缘子用来支承或悬吊导线，并使导线与杆塔保持绝缘。绝缘子应具有足够的电气绝缘强度和机械强度，同时对化学杂质的侵袭也应具有足够的抵御能力，并能适应周围大气条件剧烈的变化，如温度、湿度的变化。

5. 杆塔

杆塔用于支承导线、避雷线及其他附件，并使导线、避雷线、杆塔彼此保持一定的安全距离，并使导线对地面、交叉跨越物或其他建筑物之间保持一定的安全距离。杆塔不仅承担着导线、地线、其他部件及本身的重量，还承受着侧面风的压力以及导、地线之间的张力，因此，对杆塔的要求应具有足够的高度和机械强度。

6. 基础

杆塔基础是保持杆塔稳定的地下构筑物，以保证杆塔不发生倾斜、倒塌、下沉等。基础的型式应根据线路的地形、施工条件、地质特点和杆塔形式，并根据降低造价的原则综合考虑确定。常见的杆塔基础有现浇混凝土基础、装配式基础、桩式基础、岩石基础等。

7. 接地装置

35kV 以上线路，当避雷线遭受雷击时，必须用金属导体将雷电流导入大地。接地装置包括接地引下线和接地体。接地引下线可利用水泥杆内的钢筋或金属杆塔本身，也可另用钢绞线从避雷线上引下接地。接地体一般是用一根或几根扁钢导体组成的伸长辐射状构成。

第二节　架空线路的一般要求

一、导线

1. 导线的性能

架空线路导线的材料有铝、铝合金、铜和钢等，其中铜导线性能最好，电阻率小，机械强度高，抗氧化、抗腐蚀能力强，但价格昂贵。铝的电导率仅次于铜，且密度小（不到铜的1/3），具有一定的抗氧化和抗腐蚀能力，价格低，故广泛应用于架空线路上，铝线最大的缺点是机械强度低。铝合金线是一种在铝中加入少量镁、硅、铁等成分而构成的合金导线，提高了机械强度，但目前应用不太普遍。

我国自行研制开发的稀土铝导线的电导率能提高到电工铝的标准，耐腐蚀性能也较好。稀土铝导线已在各种电压等级的线路上得到了推广和使用。

架空线路导线的结构可分为单股导线、多股绞线和复合材料多股绞线三类。单股导线由于制造方面的原因，一般都在 10mm² 以下；多股绞线由多层组成，相邻层的绞向相反，可防止放线时导线打卷扭花，适于弯曲；钢芯铝绞线是最常见的复合材料多股绞线，其中线芯部分由钢绞线制成，外部再绞合铝线，综合了钢的机械性能和铝的电气性能，成为目前广泛应用的架空导线。

输电线路的导线根据其电压等级、输送容量、输送距离、电晕损失等因素可选用单导线或分裂导线，220kV 及以下的输电线路一般采用单线，如输送容量大或输送距离较远时，也可采用双分裂导线；330kV 输电线路一般采用双分裂导线；500kV 输电线路一般采用 3～4 根分裂导线；750～1000kV 输电线路可采用 4～8 根分裂导线。相分裂导线的根数，应根据工程具体情况，经技术经济比较来确定，一般来说，分裂导线的根数越多，连接金具和施工工艺也越复杂。

随着科学技术的发展，架空地线复合光缆（OPGW）的应用逐渐变得越来越广泛，这种光缆兼有避雷线和通信线路的作用。架空地线复合光缆（OPGW）是将光纤直接加工于架空地线内，其外层为铝包钢或铝合金混绞线或镀锌钢线，既作为线路的避雷线，又作为光缆的铠装护套。架空地线复合光缆（OPGW）的典型结构有中心管式、骨架式等，如图 6-1 所示。

高压线路常用钢芯铝绞线（LGJ），低压线路常用铝绞线（LJ），架空地线常用镀锌钢绞线（GJ），跨距较大的高压线路有时采用轻型钢芯铝绞线（LGJQ），或采用加强型钢芯铝绞线（LGJJ），只在有特殊要求的场合使用铜绞线（TJ）。

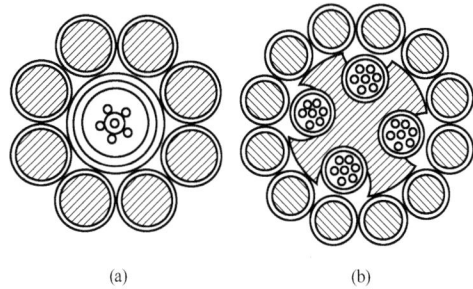

图 6-1 架空地线复合光缆（OPGW）结构
(a) 中心管式；(b) 骨架式

绝缘导线能明显降低线路的故障率及维护工作量，因此，我国低压线路上已逐步推广使用绝缘导线。现阶段我国生产的绝缘导线主要有聚氯乙烯绝缘导线、聚乙烯绝缘导线及交联聚乙烯绝缘导线三种。

导线的型号及含义见表 6-1，70℃时裸导线的允许电流见表 6-2，环境温度非 25℃时，允许电流应乘以温度校正系数 K，K 值见表 6-3。

表 6-1　　　　　　　　　　　　导 线 的 型 号 及 含 义

序号	导线种类	代表符号	型 号 含 义
1	多股导线	LJ	LJ-16，标称截面为 16mm² 的多股铝绞线
2	钢芯铝绞线	LGJ	LGJ-35/6，铝线部分标称截面为 35mm²，钢芯的标称截面为 6mm² 的钢芯铝绞线
3	多股铜线	TJ	TJ-50，标称截面为 50mm² 的多股铜线
4	钢绞线	GJ	GJ-25，标称截面为 25mm² 的钢绞线

表 6-2　　　　　　　70℃（环境温度为 25℃）时裸导线的允许电流

导线型号		允许电流（A）	导线型号		允许电流（A）
铝绞线 （LJ 型）	LJ-10	75	铜绞线 （TJ 型）	TJ-10	95
	LJ-16	112		TJ-16	130
	LJ-25	151		TJ-25	180
	LJ-35	183		TJ-35	220
	LJ-50	231		TJ-50	270
	LJ-70	291		TJ-70	340
	LJ-95	351		TJ-95	415
	LJ-120	410		TJ-120	485
	LJ-150	466		TJ-150	570
	LJ-185	534		TJ-185	645

续表

导线型号	允许电流（A）		导线型号	允许电流（A）
	LGJ-10/2	88		LGJ-120/70	440
	LGJ-16/3	115	钢芯铝绞线	LGJ-150/8	463
	LGJ-25/4	154	（LGJ 型）	LGJ-150/20	469
	LGJ-35/6	189		LGJ-150/25	478
	LGJ-50/8	234		LGJ-150/35	478
钢芯铝绞线	LGJ-70/10	289		GJ-25	68
（LGJ 型）	LGJ-70/40	307		GJ-55	75
	LGJ-95/15	357		GJ-50	90
	LGJ-95/20	361	钢绞线	GJ-70	125
	LGJ-95/55	378	（GJ 型）		
	LGJ-120/20	417		GJ-95	40
	LGJ-120/25	425		GJ-120	175

表 6-3　　　　　　　　　环境温度非 25℃时允许电流的温度校正系数 K

环境温度（℃）	−5	0	+5	+10	+15	+20	+25	+30	+35	+40	+45
校正系数 K	1.29	1.24	1.2	1.15	1.11	1.05	1.0	0.94	0.88	0.81	0.74

2. 选择导线的原则

架空线路导线截面的选择，需要满足经济电流密度、电压损失、发热和机械强度四个方面的要求，但这四个要求不是平行的，对不同类型的架空线路有不同的优先要求。

（1）经济电流密度。电流密度是指单位导线截面所通过的电流值，其单位是 A/mm^2。经济电流密度是指通过各种经济、技术方面的比较而得出的最合理的电流密度，采用这一电流密度可使架空线路的投资、线路电能损耗、运行维护费用等综合效益最佳。我国现行架空线路的经济电流密度参考值见表 6-4。

表 6-4　　　　　　　　　架空线路的经济电流密度　　　　　　　　　　（A/mm^2）

导线材质	年最大负荷利用小时数		
	3000h 以下	3000～5000h	5000h 以上
铜　　线	3.00	2.25	1.75
铝　　线	1.65	1.15	0.90

对高电压远距离的输电线路，应首先按经济电流密度初步确定导线截面，然后再以其他条件进行校验。

（2）电压损失。选择导线截面时应保证线路上的电压损失不大于规定的指标。架空线路的导线具有直流电阻、分布电容和分布电感（即架空线路具有阻抗），因此会产生电压损失（电压降），且线路越长、阻抗越大，电压损失就越大，线路上传送的功率越大，电流就越大，电压损失也就越大。线路传送功率（kW）与线路长度（km）的乘积叫"负荷距"，显然，限制电压损失实际上就限制了负荷距。

为了保证向用户提供电能的电压质量，设计规范规定，3～10kV 架空配电线路允许的电压损失不得大于变电站出口端额定电压的5%，3kV以下的线路则不得大于4%。

电压损失是配电线路选择导线截面的首要条件。

（3）发热。导线的运行温度不应超过规定的数值，这一条件又叫发热条件。

在一定的外部条件（环境温度+25℃）下，使导线不超过允许的安全运行温度（一般规定为+70℃）时，导线允许的载流量叫做导线的安全载流量。

（4）机械强度。架空线路的导线要在承受导线的自重、环境温度及运行温度变化产生的应力、风力、覆冰重量等作用力下而不致断裂，为此，规程规定了架空配电线路导线的最小截面，10kV架空配电线路所选用导线的最小截面不得小于表6-5所列数值。对小负荷距的架空线路，选择导线截面时要特别注意机械强度问题。

表 6-5 架空配电线路所选用导线最小截面 （mm²）

导 线 种 类	10kV		1kV 及以下
	居 民 区	非 居 民 区	
铝绞线（LJ）	35	25	25
钢芯铝绞线（LGJ）	25	25	25
铜绞线（TJ）	16	16	直径 4.0mm

10kV架空配电线路导线截面选择的步骤：①首先按给定的允许电压损失数值初步选出导线的截面积；②进行发热条件的校核，即先算出该线路的额定负荷电流，再将此计算值与初步选定的导线的安全载流量相比较，当线路外部条件与安全载流量的条件不符时，应对安全载流量加以修正，修正系数可查有关手册，如果修正后的安全载流量不小于线路额定负荷电流的计算值，则发热校核通过；③进行机械强度的校核，一般情况下，选用的导线截面应不小于规程规定的最小截面。

3. 架空线路的交叉跨越及安全距离

高压配电线路不应跨越屋顶为易燃材料的建筑物，对非易燃屋顶的建筑物亦应尽量不跨越，如确需跨越时，需征求有关部门同意。导线对建筑物的距离不应小于表6-6列出的数值，导线距树木的距离不得小于表6-7所列数值。电力线路相互交叉时，电压等级高的在上、低的在下，电力线路与同级电压、低级电压或弱电线路交叉跨越的最小垂直距离不应小于表6-8所列数值。

表 6-6 导线对建筑物的最小距离 （m）

线 路 电 压（kV）	≤1	6～10	35
最大弧垂下，对建筑物的垂直距离	2.5	3	—
最大风偏下，对建筑物的垂直距离	1	1.5	3

表 6-7 导线对树木的最小距离 （m）

线 路 电 压（kV）	≤1	6～10
最大弧垂下的垂直距离	2.5	3
最大风偏下的垂直距离	1	1.5

表 6-8 电力线路与同级电压、低级电压或弱电线路交叉跨越的最小垂直距离 （m）

线 路 电 压（kV）	≤1	6～10	35
垂直距离（m）	1	2	2

电力线路与弱电线路交叉时，为了减少对弱电线路的干扰，应尽量垂直交叉跨越，若受条件限制不能垂直交叉跨越，也应满足如下要求：对一级（极为重要）弱电线路的交叉角不小于 45°，对二级（比较重要）弱电线路的交叉角不小于 30°，对一般弱电线路则不作限制。

最大弧垂时导线对地面的安全距离不应小于表 6-9 所列数值。

表 6-9   最大弧垂时导线对地面的最小安全距离   （m）

线 路 经 过 地 区	线 路 电 压 （kV）		
	≤1	6～10	35～110
居民区	6	6.5	7
非居民区	5	5.5	6
交通困难地区	4	4.5	5

二、电杆

1. 按材质不同分类

电杆可分为木杆、水泥杆和金属杆三种。

（1）木杆。常用的木杆是杉木杆，杉木杆重量轻、锥度小、具有弹性、便于运输和施工、绝缘性能较好，其缺点是机械强度较低、使用年限较短。为了保护木材资源，现在一般不推广使用木杆，仅在临时线路或山村用电线路中偶有使用。

（2）水泥杆（钢筋混凝土杆）。目前国内广泛采用水泥杆，尤其是圆形预应力空心混凝土电杆应用更为普遍。

35～110kV 及以上的线路上常用等径水泥杆，等径杆的通用几何尺寸为直径 300mm，长 3、6、9m 等。6～10kV 配电线路常用圆锥杆，圆锥杆的杆梢直径有 150、170、190mm 等多种规格，电杆的锥度为 1/75，壁厚有 40、42、45mm 等几种。6～10kV 配电线路上常用的水泥杆的结构参数见表 6-10。

表 6-10   6～10kV 配电线路上常用的水泥杆的结构参数

标志	梢径 (mm)	底径 (mm)	杆长 (m)	埋深 (m)	地面处允许弯矩 (t·m)	至杆顶 1m 处允许弯矩 (t·m)	计算杆重 (t)
杆 51	D150	D237	6.5	1.5	1.10	0.67	0.31
杆 52	D150	D243	7.0	1.5	1.16	0.67	0.34
杆 53	D150	D250	7.5	1.5	1.22	0.68	0.38
杆 54	D150	D257	8.0	1.6	1.30	0.68	0.41
杆 55	D150	D263	8.5	1.7	1.34	0.68	0.45
杆 71	D170	D263	7.0	1.5	1.33	0.83	0.39
杆 72	D170	D276	8.0	1.6	1.75	1.01	0.46
杆 73	D170	D283	8.5	1.7	1.82	1.02	0.50
杆 74	D170	D290	9.0	1.8	1.88	1.02	0.54
杆 75	D170	D303	10.0	2.0	2.08	1.02	0.62
杆 76	D170	D316	11.0	2.0	2.2	1.03	0.71
杆 91	D190	D323	10.0	2.0	2.29	1.23	0.68
杆 92	D190	D350	12.0	2.0	2.60	1.24	0.87

注   电杆锥度为 1/75，壁厚 4cm。

（3）金属杆（铁塔、铁杆）。输配电线路上使用的铁塔是由型钢焊接后组装而成，大都用于 35kV 及以上的架空线路。铁杆也是用型钢焊接成的长方形框架式电杆，但不是标准型产品，是根据设计需要而现场制作的。金属杆各方面的性能优于水泥杆，但价格昂贵。

输配电线路上所用电杆的类型与线路的电压等级、导线与地线的种类及安装方式、回路数、线路所经过地区的自然条件、线路的重要性等多种因素有关。

2. 按作用及安装位置分类

电杆可分为直线杆、耐张杆、转角杆、终端杆、跨越杆和换位杆六种类型。

（1）直线杆。直线杆又称中间杆，通常用于线路直线的中间部分。在平坦地区，直线杆占电杆总数的 80% 左右。直线杆上的导线依靠线夹和悬式绝缘子悬挂在横担下，或用瓷横担和针式绝缘子固定在横担上。正常情况下，直线杆仅承受导线的重量，不能承受水平方向的拉力。

（2）耐张杆。耐张杆又称承力杆。与直线杆相比，耐张杆的强度较大，它可以承受导线和架空地线的拉力。耐张杆上的导线用耐张线夹、耐张绝缘子串或蝶式绝缘子固定。耐张绝缘子串的位置几乎平行于地面，电杆两边的导线用跳线连接起来。耐张杆将线路分隔成若干耐张段，便于线路的施工和检修，耐张段的长度一般不超过 2km。

（3）转角杆。转角杆用于线路的转弯处，有直线转角杆（导线转角一般小于 70°）和耐张转角杆（导线转角一般不小于 45°）两种型式。正常情况下，转角杆除了承受导线的垂直荷重和内角平分线方向的风力水平荷重外，还要承受内角平分线方向导线全部拉力的合力，因此，具体采用哪种型式的转角杆要根据转角的大小以及导线的根数和截面大小来确定。

（4）终端杆。终端杆是耐张杆的一种，用于线路的首端和末端，能承受导线和架空地线单方向的拉力。

（5）跨越杆。跨越杆用于线路与铁路、河流、湖泊、山谷及其他交叉跨越处，要求有较高的高度。

（6）换位杆。换位杆用于线路中各相导线需要换位处。

由于导线在杆塔上的排列不同，可能导致相与相间的距离不尽相同，因而每相导线的感应阻抗、电压降也就不同，这样容易使相邻近的平行电力线路相互影响，同时对相邻近的平行通信线路也会造成干扰。为了减小这些不利因素，实际生产中往往通过电杆的换位来平衡各相的感抗、容抗。国家规程规定，在中性点直接接地的电网中，长度超过 100km 的线路，三相导线应在中间进行换位。导线换位一般在直线杆塔上进行，架空地线的换位有时也可在耐张杆上进行。

各种型杆在线路中的应用如图 6-2 所示。

三、线路金具

架空线路上所有用于连接、固定、支撑和保护作用的镀锌铁件总称为金具。习惯上将金具分为以下六类。

（1）连接金具。连接金具分为专用连接金

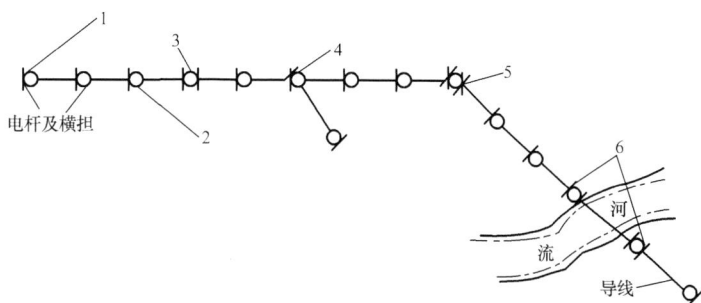

图 6-2 各种杆型在线路中应用示意图

1—终端杆；2—直线杆；3—耐张杆；4—分支杆；5—转角杆；6—跨越杆

具和通用连接金具两类，如图 6-3 所示。

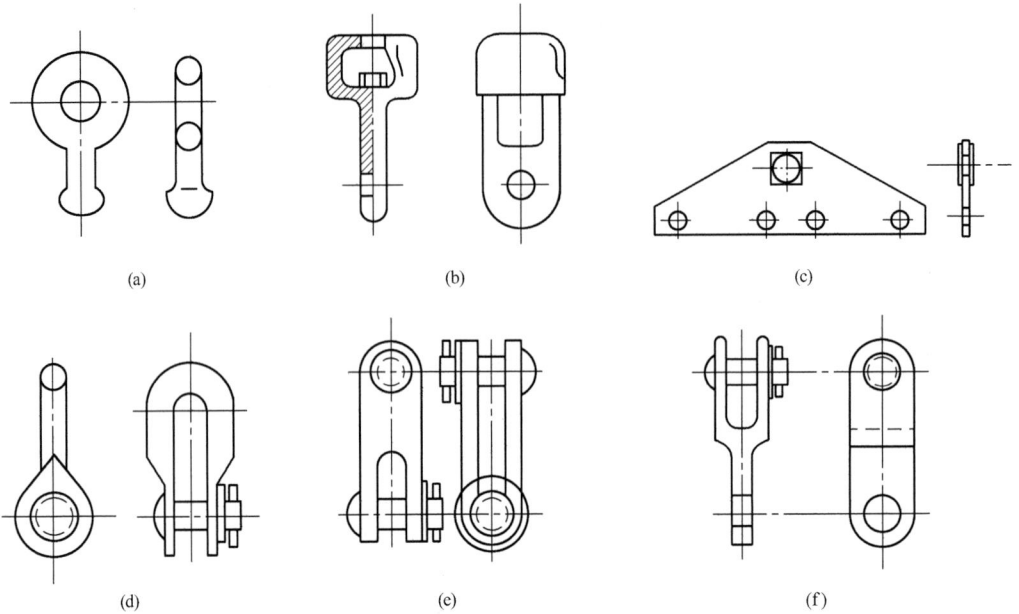

图 6-3　连接金具

（a）球头挂环；（b）碗头挂板；（c）连板；（d）U 形挂环；（e）直角挂板；（f）平行挂板

专用连接金具是直接用来连接绝缘子的，其连接部位的结构尺寸和绝缘子相配合，如球头挂环、碗头挂板等。

通用连接金具可将绝缘子组成两串、三串或更多串，并将绝缘子与杆塔横担或与线夹之间连接，也用来将避雷线紧固或悬挂在杆塔上，或将拉线固定在杆塔上。根据用途不同，可分为 U 形挂环、直角挂板、平行挂板、连板等。

（2）悬垂线夹。使导线、避雷线通过绝缘子串固定在杆塔上，支持换位塔的换位导线；也可使非直线杆塔的跳线固定，如图 6-4 所示。

（3）耐张线夹。导线用耐张线夹一般分为两类：第一类用螺丝将导线压紧固定，线夹只承受导线的全部张力，而不导通电流，称为螺栓型耐张线夹；第二类采用液压机或爆炸压接方法将导线的铝股、钢芯与线夹锚固在一起，线夹本身除承受导线的全部拉力外，还可以导通电流，称为压缩性耐张线夹，如图 6-5 所示。

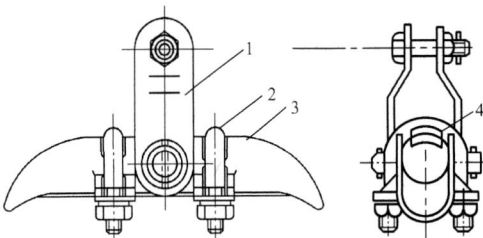

图 6-4　悬垂线夹

1—挂板；2—U 形螺栓；3—线夹本体；4—压板

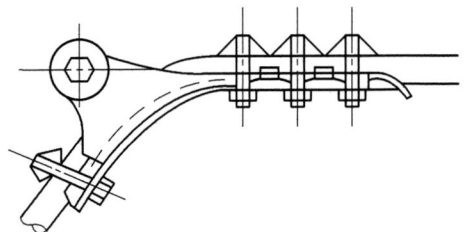

图 6-5　螺栓型耐张线夹

（4）接续金具。接续金具用于连接导线、避雷线，接续非直线杆塔的跳线及修补损伤的导线、避雷线。常用的接续金具有接续管、补修管、并沟线夹等，如图 6-6 所示。

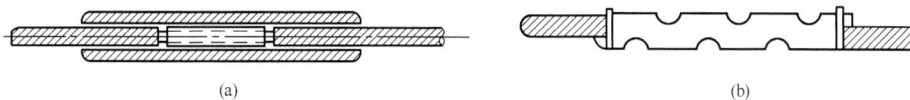

图 6-6 接续金具
（a）压接管；（b）钳压管

（5）保护金具。保护金具用于保护导线、避雷线、绝缘子等，使之不受损伤和正常运行。常见的保护金具有指防震锤、护线条、均压环、铝补修管、补修条等，如图 6-7 所示。

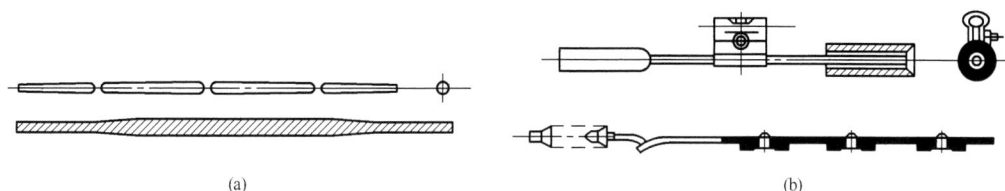

图 6-7 保护金具
（a）护线条；（b）防振锤

（6）拉线金具。拉线金具主要用于固定拉线杆塔，包括从杆塔顶端引至地面拉线棒之间的所有零件。常见的拉线金具有楔形线夹、UT 线夹、钢丝卡子、拉线 U 环、双拉线联板、花篮螺栓、底把等。

上面所列各种金具中，有的是机制标准件，有的则是加工件，但都必须有一定的机械强度，并应镀锌处理。

固定金具中的线夹是用于固定导线的金具。线夹主要有悬垂型和耐张型两种。悬垂线夹可用来将导线固定在绝缘子串上，或将避雷线悬挂在杆塔上，也可以用于换位杆塔上支持换位导线以及非直线杆跳线的固定。耐张线夹能承受导线和避雷线垂直方向和顺线路方向的载荷。

四、接地装置

35kV 及以上线路，当避雷线遭受雷击时，必须用金属导体将雷电流导入大地。接地装置包括接地引下线和接地极。接地引下线可利用水泥杆内钢筋或金属杆塔本身，也可另用钢绞线从避雷线上引下接地。接地极一般是用一根或几根导体（通常是扁钢），组成的伸长辐射状构成。

五、绝缘子

绝缘子用来固定导线，并使之保持对地绝缘，此外，绝缘子需承受导线的垂直荷重和水平荷重，所以它除应具有一定的绝缘强度以外，还应有足够的机械强度。

架空线路常用的绝缘子有针式绝缘子、蝶式绝缘子、悬式绝缘子、瓷横担绝缘子和瓷拉棒绝缘子等。

1. 针式绝缘子

针式绝缘子主要用于直线杆塔上。按使用电压的高低不同，针式绝缘子又可分为高压针式绝缘子和低压针式绝缘子两种；按针脚的长短不同，也可分为长脚和短脚两种，长脚针式绝缘子常用在木横担上，短脚针式绝缘子则用在铁横担上。

2. 蝶式绝缘子

蝶式绝缘子分为高压和低压两种，通常是与悬式绝缘子配合使用，用于终端、耐张和转角杆塔上作为拉接导线用，进而简化金具的结构。

3. 悬式绝缘子

悬式绝缘子主要用于终端、转角或耐张杆塔上拉接导线，或用于直线杆塔上悬吊导线。悬式绝缘子包括钢化玻璃悬式绝缘子、新系列悬式绝缘子、老系列悬式绝缘子和防污悬式绝缘子等系列。实际应用中，电压等级决定悬式绝缘子的片数，常用的 XP 型悬式绝缘子的最小片数见表 6-11。

表 6-11   **XP 型悬式绝缘子串的最小片数**

线路电压（kV）	10	35	110	220	330	500
绝缘子型号	XP—70	XP—70	XP—70	XP—70	XP—100	XP—160
绝缘子片数	2	3	7	13	17	25

注 用于耐张绝缘子串时应比同型绝缘子串多一片，用于 110kV 及以上的耐张绝缘子串应 2 串并联。

4. 瓷横担绝缘子

瓷横担绝缘子常用于 10、35kV 线路中，代替横担和绝缘子的组合，但机械强度较低，通常用于不太重要的线路上。

5. 瓷拉棒绝缘子

瓷拉棒绝缘子可代替悬式绝缘子用于 10、35kV 线路的终端、耐张、转角杆塔上。

常用的线路绝缘子如图 6-8 所示。

绝缘子安装之前，应按有关电气试验规程进行交流耐压试验，并将每个绝缘子表面的污

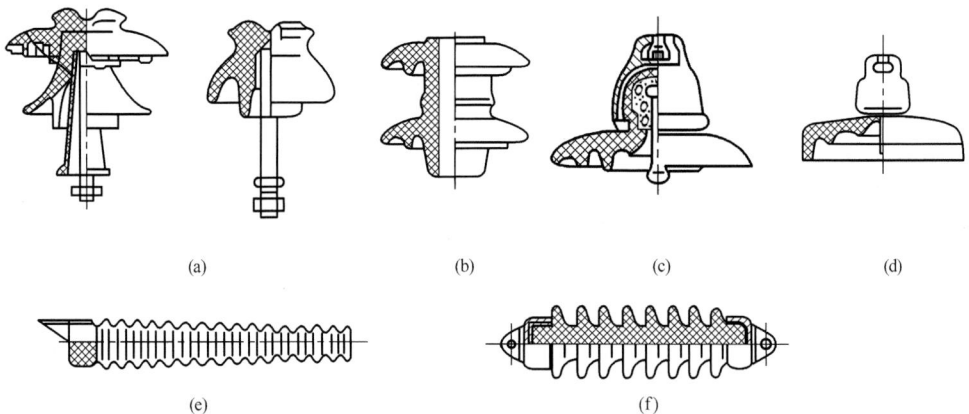

图 6-8 常用的线路绝缘子

(a) 针式绝缘子；(b) 蝶式绝缘子；(c) 悬式绝缘子；(d) 防污式绝缘子；
(e) 瓷横担绝缘子；(f) 瓷拉棒绝缘子

垢用干布擦净，以防止送电后发生闪络和击穿。

六、拉线和基础

拉线用来平衡电杆各方向的拉力（如导线和避雷线的拉力、风力），防止电杆发生弯曲或倾倒。凡是有不平衡拉力的电杆（终端杆、转角杆、跨越杆和分支杆）均需装设拉线。

按用途和结构不同，拉线可分下列几种：

（1）普通拉线（又称终端拉线），用于终端杆、耐张杆和分支杆。

（2）转角拉线，用于转角杆。

（3）人字拉线（又叫侧面或风雨拉线），用于基础不坚固、交叉跨越加高杆或较长的耐张段中间的直线杆上。

（4）高桩拉线（又叫水平拉线），用于跨越公路、渠道和交通要道处。

（5）自身拉线，用于受地形限制、地面较窄、受力不大的杆上。

（6）Y型（上、下）拉线，用于受力较大或较高的杆上，两根拉线共用一根拉线棒。

（7）Y型（水平）拉线，用于双杆线路，一根横担装在两根电杆上，两根拉线合用一根拉线棒。

（8）X型拉线，用于受力较大的双杆上，也称交叉拉线。

拉线的种类如图6-9所示。

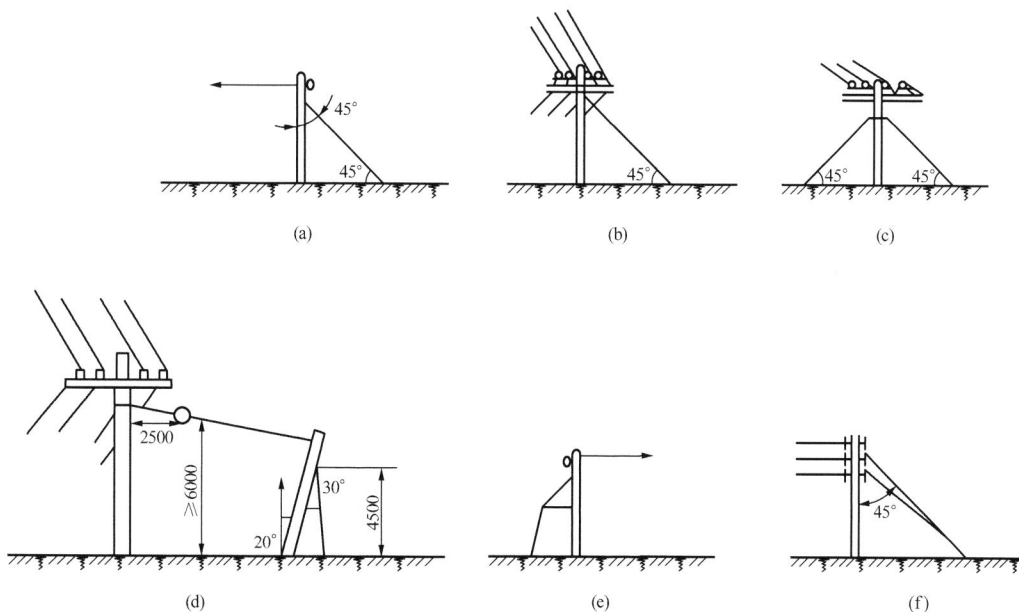

图 6-9 拉线的种类

（a）普通拉线；（b）转角拉线；（c）人字拉线；（d）高桩拉线；（e）自身拉线；（f）Y型（上、下拉线）

第三节 施 工 测 量

设计资料和图纸一般给出了线路的起点、直线段的方位及距离、转角位置及角度、交叉跨越的位置及跨距、线路终点等信息。同时勘测设计人员已用木桩表示线路的位置，并以100m 一个木桩表示线路的路径，也叫百米桩。施工人员可以根据以上资料找到起点木桩，有时为了测量方便或加快进度，可以从某一直线段或耐张段的终点或起点开始复测。

　　测量工具有经纬仪、水准仪、标杆（或塔尺）、钢卷尺、双筒望远镜等。当线路电压等级高、档距大、杆型复杂时，可以借助仪器进行测量和定位。对于 10kV 及以下电压等级的线路，因为耐张段的档距较小、杆型简单、常采用单杆架设，故在地理环境平坦的条件下可以通过人工目测定位。

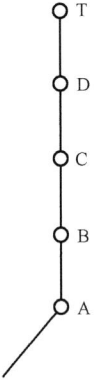

图 6-10　前视定位法

一、复测（定位）方法

1. 前视定位法（见图 6-10）

把经纬仪架在线路中心桩 T 点上，调整好仪器，前视另一中心桩或转角桩 A 点，在需要定位处定一花杆，通过仪器的望远镜指挥花杆左右移动，当花杆与望远镜十字丝的纵丝重合时，即可按花杆尖的位置打桩，定出需要的杆塔位 B、C、D⋯点。

2. 重转定位法（见图 6-11）

把经纬仪安置在线路中心线的中心桩 T 点上，正镜后视另一中心桩 A 点，固定上、下盘，倒转望远镜定出 B 点，然后放松上盘并转动 180° 再后视 A 点，再倒转望远镜定出 B′点。在正常情况下，B 与 B′应重合，可取 B、B′连线之中心 C 点作为 AT 延长线上的一点。

3. 矩形定位法（见图 6-12）

当线路上有障碍物，而障碍物上又不能立花杆时，采用矩形定位法。BC＝DE（应用钢尺反复测量准确），C、D 的距离可用视距测量，从而绕开障碍物。

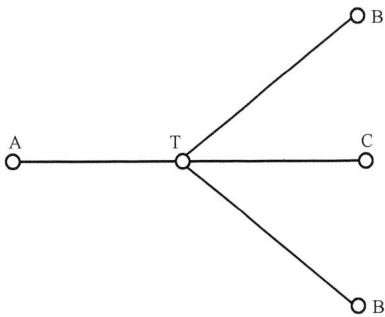

图 6-11　重转定位法

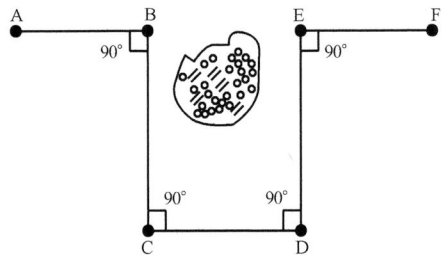

图 6-12　矩形定位法

4. 趋近定位法（见图 6-13）

当线路上两个固定点 A、B 间不能通视，但想定出 A、B 直线上某点 C 时，可在 A、B 间高处选一点 C′（C′点应近似在 A、B 的直线上，且能看到 A、B 两点），把经纬仪安置在 C′点上，调平仪器后先对准 A 点，然后转动仪器 180°观察 B 点，此时的视点可能落在 B′

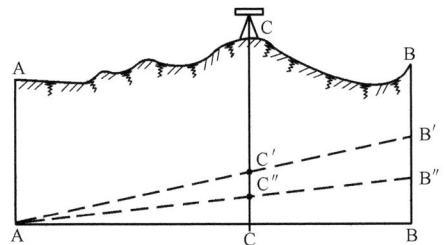

图 6-13　趋近定位法

点上而不是 B 点。根据视点 B′偏离 B 点方向，移动经纬仪的安置点，再重复上述过程，经反复移动几次仪器后，即能使 A 点、仪器中心和 B 点在一条直线上，此时的仪器中点，即是要定出的 C 点。

二、分坑方法

1. 带拉线直线单杆的分坑方法（见图 6-14）

分坑时，将经纬仪架设在杆位中心桩 O 上，调整仪器并对中，然后对前、后视校核中心线，校核准确后，将仪器镜头转 90°，定出横线路方向的辅助桩 A、B，使 AO＝BO，以便杆坑挖好后下设底盘及组立电杆时校对之用。定好辅助桩后，根据设计的拉线与横担夹角，拉线与杆身的夹角，定出拉线方向和拉线基坑的位置。

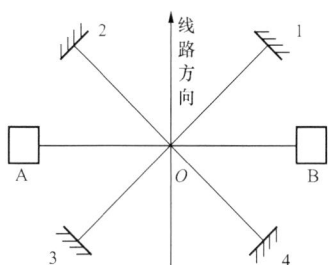

图 6-14　带拉线直线单杆分坑方法

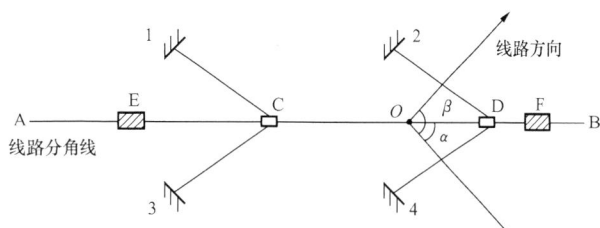

图 6-15　带拉线转角双杆分坑方法

2. 直线双杆分坑法

同直线单杆分坑法。

3. 带拉线双杆（转角双杆）的分坑方法（见图 6-15）

将经纬仪架设在转角杆 O 点上，调整好仪器，对前、后视测出线路内角角度 β，定出角度平分线 AB 和平分角 α（$\alpha＝\beta/2$），然后固定望远镜，调整度盘，根据设计图纸定出两杆位桩 C、D 和两个辅助桩 E、F，两辅助桩至中心桩 O 的距离应做好记录。杆桩和辅助桩定好后，根据给定的拉线与横担夹角，采用平行四边形的方法，定出转角杆拉线基坑位置及水平距离。

4. 方形塔基础分坑（见图 6-16）

将经纬仪架于中心桩 O 点，调整仪器，后视对准线路方向桩，然后旋转望远镜 90°定出横线路的副桩 A、B，在此基础上，旋转镜头 45°，定出对角线控制桩 D、F，再旋转 90°定出对角线控制桩 C、E，分别在 OC、OD、OE、

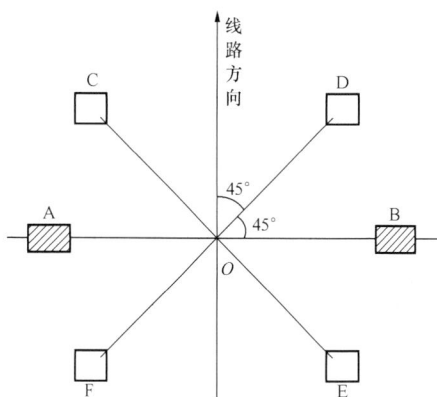

图 6-16　方形塔基础分坑示意图

OF 射线上按设计图纸量出等值距离，即确定了基础中心和地脚螺栓中心。如系转角塔基础，则应先将基础分角线定出并设副桩，然后进行分坑，步骤同上。

5. 矩形塔基础分坑

（1）在分坑之前，根据施工图纸给定的基础尺寸（横线路和顺线路的根开）计算出 β

角、α 角及 OD 的长度。

$$OD = \sqrt{(b/2)^2 + (a/2)^2}$$

$$\sin\alpha = \frac{a/2}{OD} = \frac{a}{2OD}$$

$$\beta = 90° - \alpha$$

（2）将仪器架设在塔中心 O 点，调好仪器对准后视点，定出顺线路及横线路的辅助桩，然后根据计算出的度数和尺寸，分别定出 A、B、C、D（塔腿中心）各点，如图 6-17 所示。

6. 中心点位移的转角塔分坑（见图 6-18）

分坑时，先在原点 O 处设置经纬仪，仪器调平对中后定出转角塔的分角线 AB，按设计给定的位移值在分角线上定出 O' 点，应注意 O' 点（位移点）应位于线路转角的内侧，切记不可定反向。然后把经纬仪挪到 O' 上调平对中，按正方形塔基础分坑的方法进行分坑。

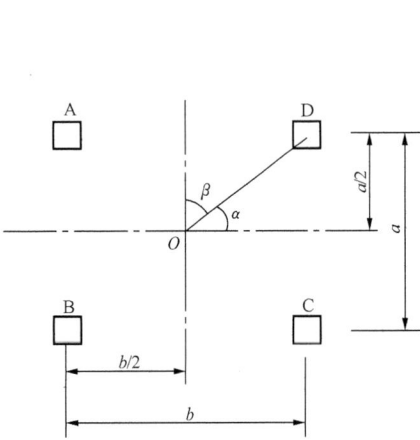

图 6-17　矩形塔分坑示意图

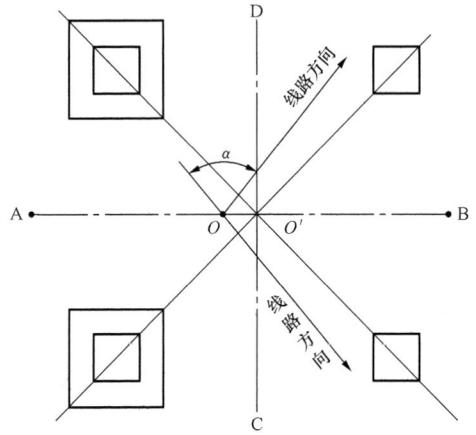

图 6-18　中心点有位移的转角塔分坑示意图

7. 不等高塔腿基础分坑

不等高塔腿的根开有 x、y、z 三个值，假定 $z>y>x$，大根开 z 的塔腿坑口边长为 a，小根开 x 的塔腿坑口边长为 b，如图 6-19 所示。分坑时，将经纬仪设置在基础中心桩的 O

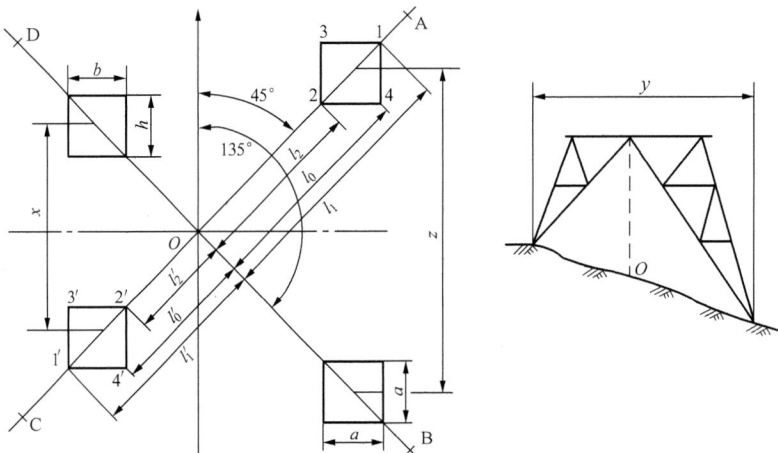

图 6-19　不等高塔腿基础分坑示意图

点上，瞄准线路方向后，分别转 45° 及 135°，作出正方形互相垂直的两条对角线 AC、BD，并在线上定出辅助桩 A、B、C、D，然后计算出有关的分坑数据

$$l_0 = \frac{\sqrt{2}}{2}z; \quad l_1 = \frac{\sqrt{2}}{2}(z+a); \quad l_2 = \frac{\sqrt{2}}{2}(z-a)$$

$$l_0' = \frac{\sqrt{2}}{2}x; \quad l_1' = \frac{\sqrt{2}}{2}(x+b); \quad l_2' = \frac{\sqrt{2}}{2}(x-b)$$

在 OA 线上，从 O 点起测量水平距离 l_1、l_2，得到 1、2 两点；用皮尺取 $2a$ 的长度将其两头按在 1、2 两点上，然后拿住皮尺中心并拉紧，折向另外两个顶点，即得到 3、4 点。

在 OC 线上，从 O 点起量水平距离 l_1'、l_2'，得到 1′、2′两点；用皮尺取 $2b$ 的长度将其两头按在 1′、2′两点上，然后拿住皮尺中心并拉紧，折向另外两个顶点，即得 3′、4′点。按照上述方法再分出另外两个基坑，如图 6-19 所示。

三、测量施工注意事项

（1）测量直线时，应首先后视相邻的中心桩，然后再翻镜对准前面的中心桩，务必使三个中心桩在一条直线上。

（2）仪器架好后应用光学镜头对中，对中时要以中心桩上的小钉为视点。

（3）对打在容易被行人和车辆碰到处的中心桩，应将标桩打入地平面以下或加设保护桩，以免被碰撞而产生位移。

（4）对复测中发现有误差的桩位，应查明原因后进行校正。当全线路的误差点较多时，应对全线路所有的桩位进行复测。

第四节 基 础 工 程

基础是指电杆埋于地下部分的结构及铁塔立于地面时位于地下支撑部分的结构，基础的作用是使杆塔在运行中不下沉、不倾斜、不变形。水泥杆的基础为"三盘一线"，即底盘、卡盘、拉盘及拉线。铁塔的基础一般为钢筋混凝土基础（现浇、预制）、金属基础或爆扩灌注式基础等。在特殊环境中（如泥塘、沼泽地、沙丘等处），当上述结构不能满足要求时，应对基础进行石方水泥加固处理。

一、水泥杆基础

水泥杆的基础工程是分三步进行的，即基坑开挖，放入预制的三盘基础，回填土即可。

1. 挖坑

基础坑包括杆坑和拉线坑，杆坑又有圆形坑和梯形坑两种形式，不带卡盘或底盘的电杆通常挖成圆形坑。因为圆形坑挖动的土量较少，电杆的稳定性较好。

对杆身较高、较重及带有卡盘的电杆，为了立杆方便，可挖梯形坑。梯形坑有二阶坑和三阶坑两种，坑深在 1.6m 以下者采用二阶坑，坑深在 1.8m 以上者采用三阶坑。

拉线坑的截断面形式可根据具体情况确定，深度一般为 1~1.2m。

2. 基础安装

杆坑挖完之后，坑底应铲平夯实。混凝土杆应按设计要求在坑底放好底盘，并找正。如果设计中无要求，可按当地土质情况具体确定是否需要装设底盘，如果当地土壤耐压力大于

200kPa（20W/cm²），直线杆可不装底盘，但终端杆、转角杆在一般土壤中要考虑装底盘，或就地取材，用岩石或碎石作基础，并夯实；当土壤中含砂量较大、地下水位较高时，直线杆也要装底盘。一般情况下大部分电杆都可不用卡盘，仅在土质条件很差或倾斜度很大的斜坡上立杆时，为了减少电杆埋深才考虑使用卡盘。如果确需装设卡盘，卡盘应装设在自地面起至电杆埋设深度的1/3处，并须符合下列要求：

（1）直线杆的卡盘应与线路平行，有顺序地在线路左、右侧交替地埋设。

（2）承力杆的卡盘应埋设在受压侧，埋入地下的铁件应涂沥青，以防腐蚀。

3. 回填土

可利用原土回填，原土回填不满足施工土质要求的，可以另行采用满足施工要求的土质进行回填。回填后要进行土质的夯实处理。

二、铁塔基础

铁塔基础的施工一般由土建专业施工队完成，并执行《钢筋混凝土工程施工及验收规范》。

1. 现场浇制基础注意事项

（1）模板内表面应平整，接缝处应严密。不用模板进行浇制时，必须有防止泥土等杂物混入混凝土的措施。立模时必须保证基础的设计尺寸。

（2）地脚螺栓及预埋件的安装应牢固，位置准确，安装前应除去浮锈，螺纹部分涂抹黄油，并有防止碰撞螺纹的措施。

（3）主角钢插入式基础的塔腿主角钢，应连同铁塔最下段结构组装、找正，并临时固定，然后进行浇制，在浇制过程中应随时检查其位置。

（4）混凝土的配比一般要根据材料来源及现场实际条件试验后确定，并应增加15%～20%的强度余量。

（5）混凝土浇制必须保证质量，质量检查应符合下列规定：

1）坍落度。每班日或每个基础至少检查两次，其数值不得大于配合比设计的规定值。

2）配合比。材料用量每班日或每个基础至少检查两次，误差应控制在施工措施规定的范围以内，同时应严格控制水灰比。

3）强度。检查混凝土是否达到设计强度，要以试验为依据。

（6）混凝土养护应符合下列规定：

1）自浇注完后12h内开始浇水养护，炎热、干燥有风的天气在3h内开始养护。养护时应在基础表面加草袋遮盖，浇水的次数以保持混凝土表面湿润为宜。

2）一般养护时间为7昼夜，在特别炎热、干燥的地区应延长至10昼夜以上。

3）基础拆模后应立即回填，并在地平外露部分加草袋，按规定期限继续浇水养护。如采用养护剂，必须在拆模后立即涂刷，涂刷养护剂后可不再养护。日均气温低于5℃时不得浇水养护。

（7）拆模时应保证混凝土表面及棱角不受损坏，且强度不低于2.5MPa。

（8）浇制式塔基的尺寸误差应不超过下列规定：

保护层厚度　　　－5mm

立柱断面尺寸　　－1%

地脚螺栓偏移　　≤10mm

（9）浇制式拉线基础的尺寸误差不超过规定值。

（10）铁塔基础在回填夯实后，尺寸误差不应超过规定值。

（11）浇灌前要再次检查各部尺寸，特别要严格检查底脚螺栓间的相对尺寸，浇灌中及结束后要复调螺栓间距，位移应在误差范围之内。

（12）拆除模板后若有蜂窝或麻面应及时处理。

（13）尽量不在冬季进行现场浇制混凝土。

（14）铁塔基础施工混凝土的标号一般为 150～200 号。

2. 装配式预制基础安装注意事项

（1）底座与立柱连接的螺栓、铁件及找正用的垫铁等必须采取防腐措施，若采用浇制水泥砂浆防腐，应与现场浇制基础同样养护，电焊连接的铁件在焊好后应用沥青漆防腐。

（2）立柱顶部与塔脚连接部分需两次灌浆抹面垫平时，其砂浆强度应不低于立柱的混凝土强度，厚度不小于 200mm，并按规定进行浇制及养护。

（3）钢筋混凝土的枕条框架底座、薄壳底座及底盘底座等柱式预制基础的安装应符合下列规定：

1）底座、枕条应安装平整，四周回填的土或碎石要夯实，并予以嵌固。

2）钢筋混凝土制件组装时不得敲打，不得强行组装。

3）立柱倾斜时，允许用热镀锌垫铁调正，但每处不超过两片，总厚度一般不超过 5mm，调平后立柱倾斜不应超过立柱高的 1%。

（4）整基铁塔基础安装时，在回填夯实后按表 6-12 进行检查，并应满足立柱倾斜度不超过 1%。

3. 金属基础及爆扩灌注式基础

应按其施工验收规范进行施工。

表 6-12　　　　　　　　　　　　整基铁塔基础尺寸允许误差

误　差　项　目		地脚螺栓式		主角钢插入式		高塔基础	拉线高塔基础
		直线	转角	直线	转角		
整基基础中心与中心桩间的位移	横线路方向（mm）	30	30	30	30	30	30
	顺线路方向（mm）	—	30	—	30		
基础根开及对角线尺寸		±2%		±1%		±0.7%	—
基础顶面间或主角钢操平印记间的相对高差（mm）		5		5		5	
整基基础的扭转（′）		10		10		5	

注　1. 转角塔基础的横线路方向系指内角平分线方向；顺线路方向系指转角平分线方向。

　　2. 基础根开系指同组地脚螺栓中心之间以及塔腿主角钢准线之间的距离。

　　3. 转角或终端塔的基础顶面在操平时，应使受压侧较高或按照设计要求施工。

第五节　杆　塔　组　立

杆塔组立就是按照设计的杆型或塔型，将横担、金具、绝缘子等安装在水泥杆上或组装好的铁塔上，等径水泥杆的组装有时还包括水泥杆焊接的过程，铁塔组装还包括由散件组装成塔架的过程。

一、混凝土杆的组立

1. 组装

混凝土杆的组装有两种方式，一种是立杆前组装，另一种是立杆后组装。前一种组装方式多用于杆型复杂、组件件多的混凝土杆或双杆，这种组装方式在立杆前，除悬式绝缘子外全部装好，因而减少了登杆作业，比较安全，而且进度快，各项尺寸和操作都容易掌握。但由于杆头安装了金具、绝缘子，这样增加了杆的重量，给立杆带来了不便。因此，立杆前组装适用于机械立杆的方式。后一种组装方式多用于杆型简单、组装件少的杆型。显而易见，立杆后组装方式中，各组件的安装全部需登杆作业，进度慢、安全性差，且劳动强度大，因此立杆后组装多用于人工立杆的方式。

2. 立杆

立杆的方法很多，总体上可分为机械立杆、人工立杆和抱杆半机械立杆三种。机械立杆方法简便，安全省力，一般有条件的地方均应采用。人工立杆方法较复杂，安全性差，但在山区、沼泽地等吊车不能行走或停靠的地方，人工立杆又显得尤为重要。在既无吊车且人工立杆又不能胜任的情况下，往往采用抱杆半机械立杆。抱杆半机械立杆方法较复杂，但安全性强且省力，适用于任何场所，是一种常用的立杆方法。

（1）汽车吊立杆。这种立杆法比较理想，既安全，效率又高，有条件的地方应尽量采用。立杆时，先将吊车开到距杆坑适当的位置加以稳固，然后在电杆（从根部量起）的 $1/2\sim2/3$ 处结一根起吊钢丝绳，再在杆顶向下 500mm 处临时结三根调整绳。起吊时，坑边站两人负责电杆根部进坑，另由三人各扯一根调整绳，站成以坑为中心的三角形，由一人负责指挥。当杆顶吊离地面约 500mm 时，对各处绑扎的绳扣进行一次安全检查，确认无问题后再继续起吊。

电杆竖起后，应调整到线路的中心线上，电杆中心与线路中心的偏差不应超过 50mm。直线杆中心应垂直，其倾斜度不得大于电杆梢径的 1/4。承力杆应向承力方向倾斜，其倾斜度不应大于梢径，也不应小于梢径的 1/4。

调整好电杆在坑中的位置后即向坑间回填土，每回填 300mm 厚夯实一次，回填土夯实后应高于地面 300mm，以备沉降。回填前，坑内有积水的要预先排除。在易被流水冲洗的地方埋设电杆时，须在电杆周围埋设立桩并砌以石块，做成水围子，以防冲垮。

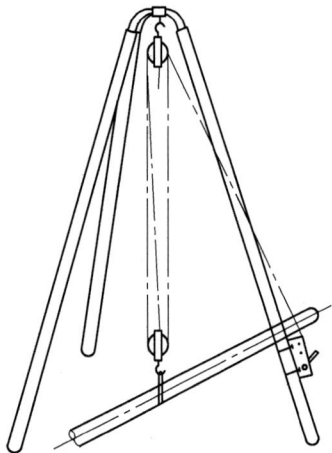

图 6-20　三脚架法立杆

（2）三脚架法立杆。三脚架法立杆是一种比较简易的立杆方法，它主要依靠装在三脚架上的小型卷扬机、上下两只滑轮以及牵引钢丝绳等来吊立电杆，如图 6-20 所示。立杆时，首先将电杆移到坑边，立好三脚架，做好防止三脚架根部活动和下陷的措施，然后在电杆梢部结三根拉绳，以控制杆身，在电杆杆身二分之一处，结一根短的起吊钢丝绳，套在滑轮吊钩上。准备工作完成后即可开始吊杆，起吊时，手摇卷扬机手柄，当杆梢离地约 500mm 时，对绳扣等作一次安全检查，确定无问题后，方可继续起吊。将电杆竖起落于杆坑中后调正杆身，填土夯实。

（3）倒落式立杆。倒落式立杆如图6-21所示。立杆用的工具主要有抱杆、滑轮、卷扬机（或绞磨）、钢丝绳等。立杆前，先将制动桩钢丝绳一端结在电杆根部，另一端在制动桩上绕3～4圈，再将起吊钢丝绳一端结在抱杆顶部的铁帽上，另一端绑在电杆（从根部量起）长度的2/3处。在电杆顶部结三根临时调整绳，按三角分开控制。总牵引绳经滑轮组后引向卷扬机（或绞磨）。总牵引绳的方向要与制动桩、坑中心、抱杆铁帽处于同一条直线上。

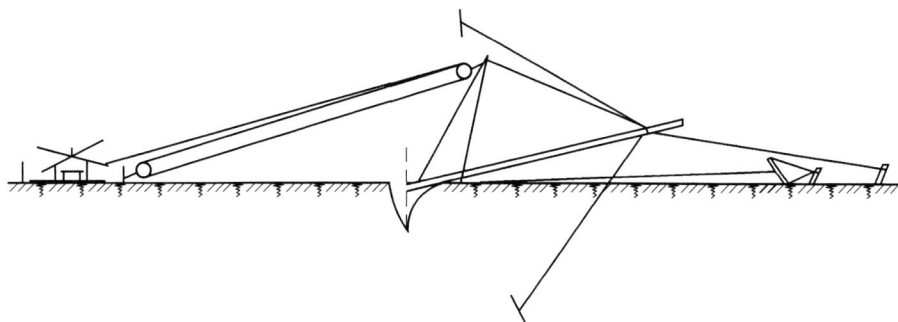

图6-21 倒落式立杆

上述准备工作完毕即开始吊杆。起吊时，抱杆和电杆同时竖起，负责制动绳和调整绳的人要配合好，加强控制。当电杆起立至适当位置时，缓慢松动制动钢丝绳，使电杆根部逐渐进入坑内，但杆根应在抱杆失效前接触坑底，当杆身很快要接触坑底时，应控制立杆的正确位置。在整个立杆过程中，左、右侧临时拉线要均衡施力，以保证杆身稳定。当杆身立至70°时，反侧临时拉线要适当拉紧，以防电杆倾倒。当杆身立至80°时，绞磨应缓慢推动，采用反侧临时拉线缓放和绞磨缓紧相互配合的办法调正杆身。最后是基础填土夯实，拆卸立杆工具。

除倒落式立杆法外，还有一种称为吊立法。吊立法与倒落法的不同之处就是先将人字抱杆立起，将其固定好后，利用人字抱杆起吊混凝土电杆，所用工具都与倒落法相同。

对于7～9m长的轻型钢筋混凝土电杆，可以不用卷扬机（或绞磨），而采用人工牵引。

（4）架腿立杆。架腿立杆是利用撑杆来竖立电杆，也叫撑式立杆，这种方法使用工具比较简单，但劳动强度大，当所立电杆较少、又缺乏机械的情况下可以采用，但只能竖立低于9m以下的混凝土杆和高于9m的木杆。

所有电杆竖起后，都要进行杆面调正。调正杆面时，可用图6-22所示的转杆器，用转杆器的弯钩卡住电杆，推动手柄，使电杆转动调正。

3. 埋杆

电杆竖起并调整好后，即可用铁锹沿电杆四周将挖出的土填回杆坑内，边填边夯实。夯实时应在电杆两侧交叉进行，以防挤动杆位。多余的土应堆在电杆根部周围，形成土台，最好高出地面300mm左右。

二、铁塔的组立

1. 铁塔整体组装操作方法

组装时，注意各面在地面的位置，应与整体立塔时的方向、位置

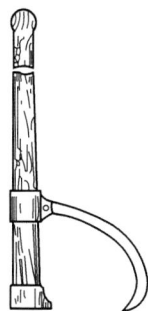

图6-22 调正杆面的转杆器

相配合，先装下节的两个侧面，并尽可能地装上相邻两面的连接板，然后将两个侧面立起来，用支杆或绳索将其稳固，填好垫木（垫木的高度应满足组装要求），同时调整好两侧面间的距离和位置，将上下两面和两个侧面连起来，这样，下节就组装好了。按相同的方法将其他各段逐节组装上去，直到全部装好后进行整体吊装。如果采用抱杆起立铁塔，应在组装下节时装设转动铰链，铰链的下板固定在铁塔基础上（利用地脚螺栓），上板则和塔脚相连，连接用螺栓数目和规格必须符合整体立塔的强度要求，待铁塔起立后，再按操作步骤拆除铰链，使塔脚固定在基础面上。

2. 铁塔分段组装操作方法

将铁塔按连接点分成若干段，然后在高空一段接一段地组装成整体铁塔。分段组装法适用于窄基塔，如拉线塔、电焊塔、110kV 以下的直线塔，起吊时采用外抱杆方式。

分段组装时，先将塔材按段组装好。组装时，注意各面在地面的位置，应与整体立塔时的方向、位置相配合，先装下节的两个侧面，并尽可能地装上相邻两面的连接板，然后将两个侧面立起来，用支杆或绳索将其稳固，填好垫木（支垫高度应满足组装要求），同时调整好两侧面间的距离和位置，将上下两面和两个侧面连起来，这样下节就组装好了。这样一段一段组装上去，直到全部装好。然后，利用外抱杆，按照设计分段，起吊最下一段并稳固，做好各侧缆风绳，再起吊第二段。就这样，转移一次外抱杆，起吊一段，直到组装完成。

3. 铁塔分片组装的安装方法

将铁塔构件按顺线路方向或横线路方向组装成单片结构，一般应尽量按顺线路方向组装，以便于起吊。在地面上将每段对应的两面组装好，另外两个面的斜材、水平材带在相应的主材上，然后分片吊装，当对应的两面均组装完成后，在空中将另外两个面的斜材、水平材拼装起来。

4. 铁塔分角组装的安装方法

分角组装法适用于铁塔根开大、起吊重量大、主角钢大、地形条件较差地段的塔型，对于横担、地线支架则仍可采用分段或分片组装。

分角组装就是将塔身中每段分成四个角，以每根主角钢为一单元进行组装，每根主角钢上的连板按设计图纸全部装上，各个面的斜材、水平材在条件允许的情况下，可连在主角钢连板上，如果主角钢在内包括角钢时，则每一个主角钢上一边带外包角钢，一边带内包角钢，然后分别将四个角钢竖立起来，连接各面的材料。

第六节　导　线　架　设

架线工作包括准备工作、放线、连接、弧垂测量、紧线和导线在绝缘子上的绑扎固定等。

架线前，应检查导线的规格是否符合设计要求，有无严重的机械损伤，有无断股、破股、背花等，特别应检查铝导线有无严重的腐蚀现象。

一、放线的准备工作

（1）消除放线道路上可能损伤导线的障碍物，或采取可靠的防护措施，如碎石地段垫以隔离物，以免擦伤导线。

（2）线路交叉跨越电力线、房屋建筑、公路、铁路及其他构筑物时，应搭设牢固的跨越架，并要求：

1）搭设跨越架时，其埋深为 0.5m，在跨越杆顶部应用麻绳或棕绳绑扎。

2）在垂直跨越架的方向，在架顶上应装设拉线，以加强稳定性。

3）跨越架与被跨越物的最小水平与垂直距离见表 6-13。

4）跨越架的宽度应稍大于电杆横担的长度，以防掉线。

5）搭设跨越高压输电线的架子时，高压线路应停电后再进行。

6）放线通常按每个耐张杆段进行。放线前，应选择合适的位置放置放线架和线轴，线盘在放线架上要保持导线从上方引出。

表 6-13   跨越架与被跨越物最小水平与垂直距离   （m）

跨 越 物	铁 路	公 路	35kV 线路	10kV 线路	1kV 以下及通信线路
最小水平距离	3.0	0.6	1.5	1.0	0.6
最小垂直距离	7.0	6.0	1.5	1.0	0.6

（3）只有在基础坑填好和夯实完、电杆校正固定后以及拉线施工完成后，才能开始电杆上的架线工作。

（4）应了解电杆能否承受平行方向的拉力，若不能，须适当地用拉线拉好承力杆。转角铁塔放线前也应做好临时拉线。

（5）导线需直接送到放线地点，并将各线轴分别放置在线路通道上。

二、放线方法

实际施工过程中经常采用的放线方法有拖放法、展放法和张力放线法。

1. 拖放法和展放法

拖放法是将线盘架设在放线架上拖放导线；展放法是将线盘架设在汽车上，行进中展放导线。下面主要讲述拖放法。

架线一般采用综合架线方法，即由一个工作组在一个承力档距内顺序进行所有作业。

（1）放线时不允许直接在地面上拖拉导线，以免损伤表面层的线股，应当用滑轮放线，即在横担上安装滑轮，将导线（用牵引绳）穿入滑轮，使导线沿着滑轮移动，如图 6-23 所示。

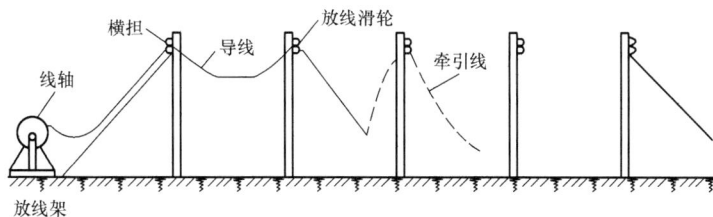

图 6-23 放线

（2）用滑轮放线一般用人力或卷扬机作为放线的牵引动力。

（3）线轴与第一基电杆的距离，应当使导线与挂在横担上的滑轮之间的角度最少为 45°。将线轴放在特制的支架上，放线端必须位于线轴上方。

（4）放铝导线或钢芯铝绞线时，应使用铝质滑轮或木滑轮，滑轮直径不应小于导线直径的 10 倍（即 $D > 10d$）。放钢导线时可用铁滑轮。

（5）放线处应由有经验的人员看守，检查导线的质量。放线轴须装有制动装置，当发现导线有损伤时，需中止放线进行处理。如损伤严重（如损伤部分大于截面的 25％），则将这部分割掉，连接好后再继续放。

（6）放线过程中须有可靠的联络信号，沿线还需要有人看护导线，不可使导线打环扣和损伤。

2. 张力放线法

张力放线法是采用专用的牵引和张力机械，使导线在施放的过程中保持一定的张力，被放导线不会落地，使导线外表面保持清洁不受损伤，从而保证施工安装质量。

张力放线多用于高电压、大型号及多分裂导线的施放，由于导线的张力较大，牵引导线的钢丝绳也相应较粗大，如采用人力拖放，劳动强度相对较大。

张力放线的机械化程度高、施工效率高、导线磨损小、安装质量高。但因其施工场地占地面积较大，所用机械设备多，因此造价也较高。

（1）张力放线的主要设备。包括牵引机、张力机和与牵引机、张力机配套使用的其他设备。

1）牵引机。牵引机也称抽线机，实际上是附有超载保护装置的卷扬机，它由原动机、牵引轮和卷线盘等主要部件组成。工作时，将牵引绳绕入牵引轮槽，然后引出与卷线盘固定，如图 6-24 所示。

2）张力机。张力机是控制放线张力的一种设备。张力放线时，张力控制器的转盘转速可以用刹车装置的摩擦片控制，从而可调整导线承受张力的大小。工作时，先用尼龙绳向张力机上引入导线，使导线绕在张力轮上，然后再从张力轮上将导线引出并连接在走板上，把走板与牵引绳相连后即可进行放线工作，如图 6-25 所示。

3）与牵引机、张力机配套使用的其他设备还有导线线轴支架、牵引绳重绕机、导引绳展放支架及牵引板、抗弯连接器、防捻连接器等。

（2）张力放线场地布置。张力放线时，需在放线段的两端选择比较平坦的场地，分别

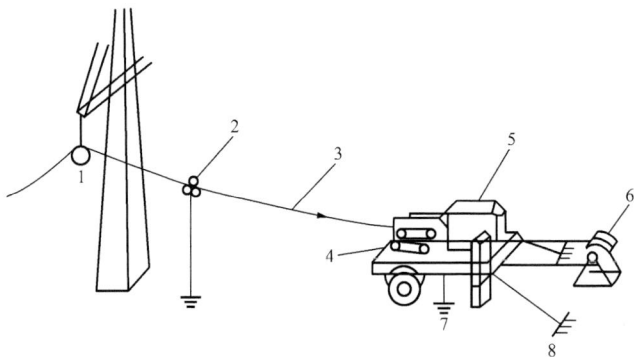

图 6-24　牵引机工作示意图

1—放线滑车；2—接地滚轮；3—牵引绳；4—牵引轮；5—牵引车；
6—卷线盘；7—接地装置；8—地锚

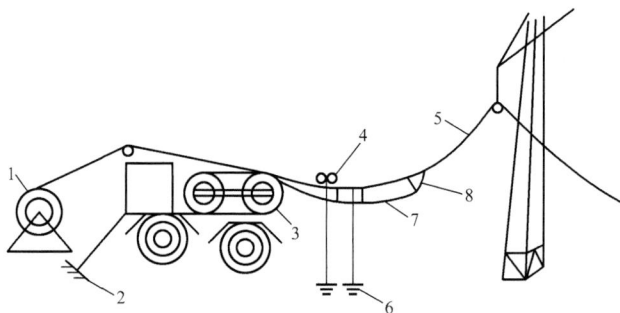

图 6-25　张力机工作示意图

1—导线线轴；2—地锚；3—张力轮；4—接地滚轮；5—牵引绳；
6—接地装置；7—导线；8—走板

置放牵引机和张力机。牵引场主要用来放置牵引机和小张力机，前者作牵引导线用，后者则为拖放牵引绳用。牵引机和小张力机均应设地锚加以锚固。牵引场布置如图 6-26 所示。

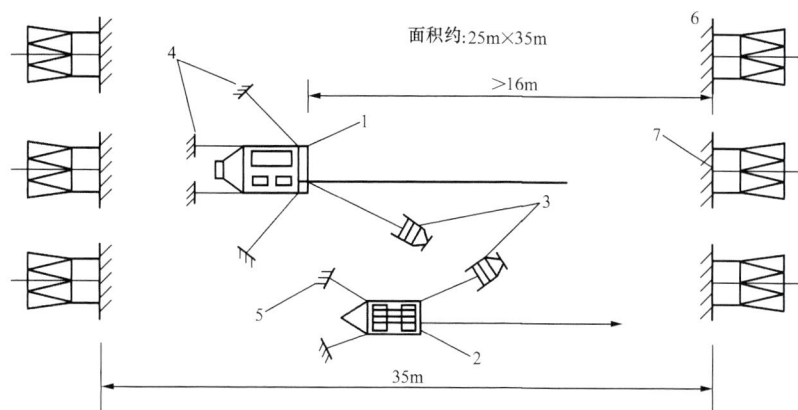

图 6-26　牵引场布置示意图

1—主牵引机；2—小张力机；3—牵引绳轴架拖车；4—主牵引机地锚；5—小张力机地锚；

6—锚线架；7—锚线地锚

张力场主要布置张力机和小牵引机，张力机对导线施以张力，使行进中的导线保持一定的弧垂，而小牵引机则是和牵引场的小张力机配合，牵引导引绳并带动导线牵引绳至张力场。张力场布置如图 6-27 所示。

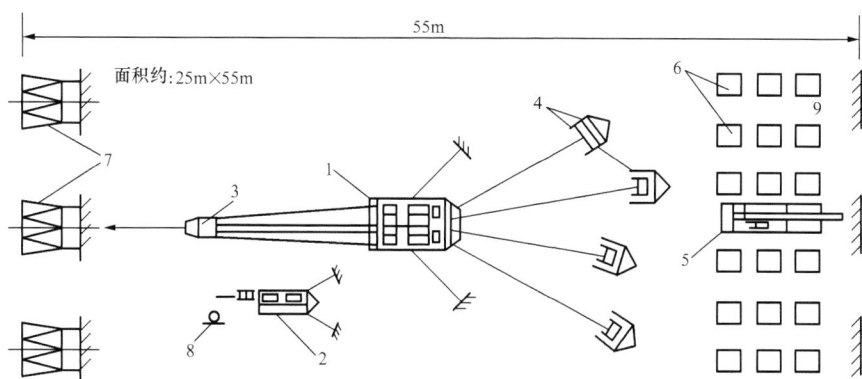

图 6-27　张力场布置示意图

1—主张力机；2—小牵引机；3—牵引板；4—导线轴架拖车；5—吊车；6—导线线轴；

7—锚线架及地锚；8—导引绳轴；9—待用锚线地锚

牵引机、张力机一般应设置在线路中心线上，其出线应对准放线方向，两机械的出线口与相邻杆塔的悬点高角差不宜超过 15°。

（3）张力放线基本方法有三种：

1）展放导引绳。导引绳一般是较细的钢丝绳，可用人力或畜力进行展放。导引绳的卷筒放在支架上，展放时应适当地控制速度，使导引绳逐基通过张力放线的专用滑车（滑车的轮槽应能通过各种连接器，牵引板应能通过轮槽上平面和滑车支架）。导引绳展放完成后，如不能很快牵引其他绳索时，应将其临时收紧并固定，保持对地面或被跨越物有一定的安全距离，以免发生事故。

2）牵引钢丝绳展放。展放导引绳的目的是为了展放导线牵引绳。当导引绳展放完成后，即可利用小牵引机和小张力机使导引绳具有一定张力而牵动导线牵引绳，如导线张力较小，导线牵引绳较细时，也可以直接与展放导引绳一样展放牵引绳，而无需使用小牵引机和小张力机等设备。当导线索引绳展放完毕后，在其两端加以固定，使牵引绳对地面保持一定净空距离。

3）牵引导线。在张力场，将导线引过已稳定好的张力机上的张力轮，经过导线旋转连接器与牵引板相连，然后再经过牵引绳旋转连接器与牵引绳相连。在牵引场，将牵引钢丝绳头固定在已经稳固好的牵引机上。当两场地均布置就绪后，即可进行牵引工作。牵引时选启动牵引设备，慢慢收紧牵引绳，这时可将稳固牵引绳之物拆除，而后按计算要求调整张力机的放线张力及牵引机的牵引张力，并利用张力机调整各导线（分裂导线）的张力使牵引板呈水平状态。一切正常后，即可使导线沿线路展放。放线完毕时，最后将展放的导线两端临时固定好，然后方可拆除放线设备。

（4）张力放线的要求：

1）牵引机、张力机必须按使用说明和操作规范进行操作，操作人员应经过专业培训并取得合格证后方能上岗操作。

2）张力放线的顺序，一般均先放中间相，后放两边相。

3）放线牵引时，应先开张力机，待张力机打开刹车装置后，方可启动牵引机进行牵引。停止牵引时操作顺序则相反。当接到停机信号时，牵引机必须停止牵引，以便查明原因。张力机需在牵引机停机后，方可停机。

4）在牵引导线时，应先慢速牵引，然后逐渐加速，以防牵引绳波动过大。如因故暂停放线时，应先将导线锚固好后方可放松牵引张力。

5）当放线段跨越或平行于附近带电电力线路时，牵引场和张力场两端的牵引绳以及导线上均应挂接地滑车，并良好接地。

三、导线、地线的连接

架空线路的导（地）线连接质量的好坏，直接影响导线的机械强度和电气性能，因此应特别重视导线的连接，所有导线和避雷线的连接操作都必须严格地按照工艺标准进行，使其具有较高的机械强度和良好的电气性能。

架空线路导线的连接有如下规定：不同金属、不同规格、不同绞向的导线严禁在一个档距内连接；在一个档距（相邻两基电杆之间的距离）内，每根导线不应超过一个接头；接头与导线的固定点距离不应小于 0.5m；导线连接时，其接头处的机械强度不应低于原导线强度的 95％；接头处的电阻不应超过同长度导线电阻的 1.2 倍。

导线连接的具体方法可参见第一章的有关内容。

四、紧线

紧线就是在耐张段内将挂好的导线按规定的垂度拉紧，并固定在横担的绝缘子上。紧线前先要做好耐张杆、转角杆和终端杆的拉线，然后分段紧线。首先将导线的一端在绝缘子上固定好，再在导线的另一端开始紧线工作。一般用弹簧紧线器将导线与钢绳连接，然后用卷扬机进行紧线。

紧线的方法有两种：一种是导线逐根均匀收紧，另一种是三根同时收紧或两根同时收紧及中线单线收紧，如图 6-28 所示。后一种方法紧线速度快，但需要有较大的牵引力。对于较短的线路，一般可以用一定数量的人力通过滑轮组将导线收紧。但当线路较长，导线截面又比较大，采取两根或三根同时收紧时，可利用绞磨或卷扬机。紧线时，一般每基电杆下应设有人看守，以便及时松动导线，使导线接头能顺利越过滑轮和绝缘子。

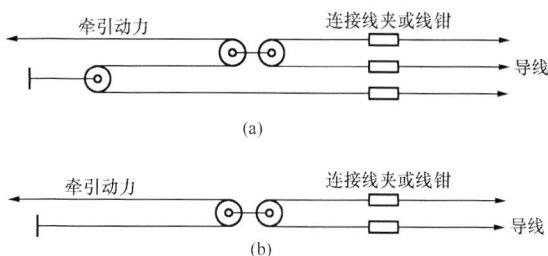

图 6-28　复线紧线方式

（a）三根导线同时收紧；（b）两根导线同时收紧

采用绞磨或卷扬机紧线时，首先用紧线夹握住导线，夹握处应包缠麻布保护，以免损坏导线。紧线夹的固定位置要适当，以免导线收紧时线夹碰到滑轮，而使导线不能收紧到一定程度。然后在横担上设置单滑轮，将通过单滑轮的钢丝绳一端与事先固定好的紧线夹连接，钢丝绳的另一端通过滑轮组接到卷扬机或绞磨。所有准备工作做好之后，随即将导线慢慢收紧。紧线时应有统一的指挥，明确的松紧信号。当导线收紧到一定程度时，即可观察弧垂，弧垂用拉紧或放松牵引绳来调节。待调整弧垂使之符合设计要求后，就不再松紧钢丝绳。此时，将已拉紧的导线装上线夹与已组合好的绝缘子相连接，然后，慢慢放松钢丝绳，使导线处于自由拉紧状态。所有导线装好后，最好再检查一次弧垂，如无变动，紧线工作即告完成。

对于一般中小型铝绞线或钢芯铝绞线，紧线时可用专用的紧线钳，如图 6-29 所示。其操作方法是，先将导线通过滑轮组，用人力初步拉紧，然后将紧线钳上的钢丝绳松开，固定在横担上，另一端夹住导线（导线上包缠麻布）。用紧线钳紧线时，横担两侧的导线应同时平均收紧，以免横担受力不均匀而歪斜。

图 6-29　紧线钳

为安全缘故，紧线时导线下方不能站人或进行工作。

五、弧垂的测定

弧垂也称垂度或弛度，通常指在平坦地面上，即相邻两基杆塔上导线悬挂点高度相同时，导线最低点与悬挂点间连续的垂直距离，如图 6-30（a）所示，如导线在相邻两基杆塔

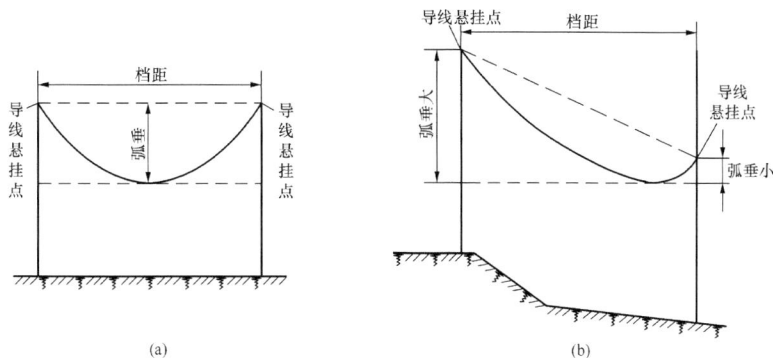

图 6-30　导线弧垂示意图

（a）一个弧垂；（b）两个弧垂

上的悬挂点高度不同时，其弧垂要分为两个，如图 6-30（b）所示。弧垂是表示导线所受拉力的量，弧垂越小拉力越大，反之，弧垂越大拉力越小。弧垂一般由设计给出，是由档距、导线规格和材质、安全要求以及气候条件决定的，是安装架空线路不容忽视的一个重要的参数。

测定导线的弧垂，通常与紧线工作配合进行。使安装后的导线能达到最合理的弧垂。

测定导线的弧垂，一般有等长法和张力表法两种，施工中常用的是等长法，即平行四边形法。弧垂观测档一般选定在耐张段的中部。

采用等长法测定弧垂时，应首先按当时环境温度，从当地电力企业或设计单位给定的弧垂表或曲线表中查得弧垂值，然后，在观测档两侧直线杆上的导线悬挂点，各向下量一段垂直距离，使其等于该档的观测弧垂值，并在该处固定弧垂板尺，如图 6-31 所示。为使目标看得清楚，板尺上应涂以明显的颜色。观测时，观测人员的视线从 A 杆的板尺以水平方向瞄准到 B 杆的板尺，如果弧垂未达到要求，通知紧线端的操作人员调整导线张力，使导线最低点调整到与板尺同一水平线上，即为所要求的弧垂数值。

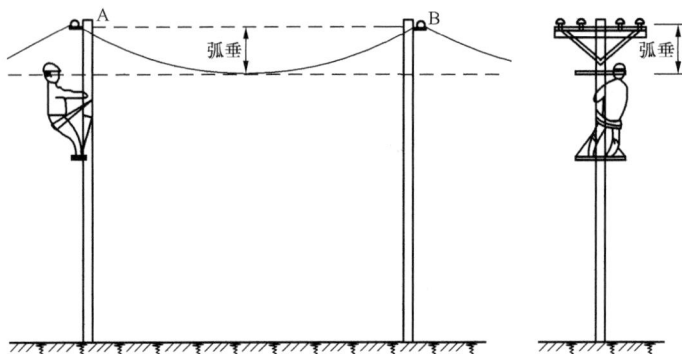

图 6-31 平行四边形法观测导线弧垂

六、导线在绝缘子上的固定

导线紧线完毕后，应当立即将导线固定在横担的绝缘子上。导线在绝缘子上的固定通常用绑扎法。裸铝绞线及钢芯铝绞线在绝缘子上固定前应加裹铝带（护线条）。对针式绝缘子，裹铝带的长度要超出绑扎部分两端各 50mm；对悬式绝缘子，裹铝带的长度要超出线夹或心形环两端各 50mm；对蝶式绝缘子，裹铝带的长度要超出接触部分两端各 50mm。

（1）对于直线杆塔，导线应安装在针式绝缘子或直立瓷横担的顶槽内，水平瓷横担的导线应安装在端部的边槽上。采用绝缘子串悬挂导线时，必须使用悬垂线夹。

（2）对于转角杆，转角在 30°及以下时，导线要固定在绝缘子转角外侧的颈槽内；对于轻型承力杆，电杆两侧本体导线按绝缘子外侧颈槽找直，中间的本体导线按中间绝缘子右侧颈槽找直（面向电源侧），本体导线在绝缘子固定处应为直线状，不应有弯曲。

（3）对于终端杆，导线在蝶式绝缘子上固定时也可采用绑扎法，绑扎长度视导线规格而定，一般为 150～200mm；还可以采用并沟线夹固定。

（4）对于耐张杆和终端杆，一般用耐张线夹将导线固定在悬式绝缘子上。

七、附件安装

架空线路受风力影响而会产生共振，长期的强烈振动，将引起线路材料的损坏、螺栓松动、断股、断线等事故。为了减轻危害，比较有效的办法是安装防振锤和阻尼线，35kV 及以上的线路一般都设置防振锤和阻尼线，10kV 及以下线路一般不必装设。

第七节 架空线路的测试及试运行

一、测试和检查

架线工作结束时应检查导线的弧垂、导线距地面和其他构筑物的距离、转角杆或耐张杆上的跳线长度、耐张线夹的压接质量等。详细记录检查结果，以便作为移交验收的依据，具体内容包括：

（1）测量导线接头的电阻。

（2）检查导线离地、离建筑物、空气间隙、交叉和跨越等距离。

（3）测量电杆和过电压保护装置的接地电阻。

（4）相位检查。

（5）原设计图样、修改施工设计图样及施工现场记录、各元器件的型号、规格及测试资料或试验报告，各有关协议文件等资料是否齐全、正确。

二、试运行

架空线路的上述安装内容结束以后，应安排有关人员进行送电前的准备工作，主要有巡线检查、核对相序、测试电气参数、导线弧垂、安全距离、电气间隙等，及时整理有关安装记录、技术资料，只有当所有内容均合格后才允许申请冲击试验或试运行。

合闸试验就是在额定电压下对空载线路冲击合闸三次。所谓冲击合闸，就是将送电开关合闸后再立即拉闸，其时间间隔不做规定，一般应当小于 30s；每次拉闸后，再合闸的时间间隔不应小于 20s。合闸的过程中，线路的所有绝缘不得有任何损坏。

冲击合闸试验成功后，线路即可空载运行 72h。空载运行时应加强巡视，特别要重视夜间巡视，随时观察有无异常、闪络或其他不正常现象。空载运行时，用户或负载的开关必须有人监护，72h 空载试运行成功后，即可交付正式运行。

第八节 架空线路的运行和维护

架空线路的故障率较高，为及时消除障碍，杜绝事故发生，保证安全运行，要做好线路运行的巡视、检查和维修工作。

一、架空线路的巡视检查内容

1. 杆塔部分

（1）杆塔有无倾斜、弯曲，各部件有无变形，螺栓、销子等紧固件有无松动。

（2）基础有无下沉、冲刷或形成孤立台。

（3）钢筋混凝土杆有无裂纹、露筋。

（4）杆塔上有无鸟巢或其他异物。

（5）杆塔接地引下线是否完好。

2. 导线及架空地线

（1）导线有无锈蚀、断股、烧伤等现象。

（2）导线连接处有无接触不良、过热现象。

（3）导线三相的弧垂是否一致，与当时气温是否相适应。

（4）导线对各种交叉跨越距离及对地垂直距离是否符合规定。

（5）弓子线对接地部位的距离是否符合规定。

（6）绑线、线夹、护线条、铝带及金具附件等有无异常现象。

3. 绝缘子

（1）绝缘子有无破损、裂纹，有无闪络放电现象，表面是否严重脏污。

（2）悬式绝缘子的金属紧固件有无锈蚀、缺失、脱出或变形。

（3）针式绝缘子有无脱落、倾斜。

（4）陶瓷横担的固定螺栓有无松动，倾斜角度是否符合规定。

4. 拉线等设备

（1）拉线有无锈蚀、松弛断股等现象。

（2）上、下把是否连接牢固，附件是否完整。

（3）拉桩、保护桩等是否完好，拉线棒有无异常现象。

（4）水平拉线对路面中心的距离是否符合规定。

5. 防雷设施

（1）避雷器瓷套无损伤、闪络痕迹，表面无脏污。

（2）固定件牢固，金具无锈蚀。

（3）引线连接良好，与各部位距离符合规定。

（4）保护间隙无烧损、锈蚀，间隙距离符合规定。

（5）接地端焊接处、接地引下线等无断裂、锈蚀。

（6）放电记录仪或雷电观测装置完好。

6. 接地装置

（1）接地引下线无断股，保护管无损坏。

（2）连接点接触良好，线夹螺栓无松动、锈蚀。

（3）接地体无外露，地表面无动土工程。

（4）接地体埋设附近无堆积强腐蚀物。

二、架空线路的检修维护

架空线路的检修从性质上可分为一般性维修、定期停电清扫检查和大修改进三种类型。

1. 检修周期

架空线路各组成部分的检修周期是不同的，现分述如下：

（1）架空电力线路的地下隐蔽设施的检查应定期进行检查，其周期规定如下：

1）木质电杆的杆根腐蚀程度检查，根据木质情况，一般应为每1～3年一次。

2）拉线底把每5年检查一次。

3）接地极应根据运行情况确定检查周期，一般每5～10年检查一次。

（2）架空线路的检修周期：

1）一般性维护应根据存在缺陷的内容进行不定期检修。

2）清扫检查周期应根据周围环境及运行情况来确定。一般情况下，每年两次，2月和11月各登杆清扫检查一次。

3）大修改进应根据架空线路的完好情况、电气及机械性能是否符合有关规定来确定。

4）杆塔的铁制部件每 5 年涂刷防锈漆一次，镀锌者除外。

2. 一般性维修项目

架空线路的一般性维修项目包括下列内容：

（1）线路名称及杆塔号的标志不清楚时，应进行重新标写。

（2）检查木电杆杆根的腐蚀程度，松木电杆腐朽部分如达到杆径的 1/3 以上、杉木电杆腐朽部分达杆径的 1/2 以上时，应打钢筋混凝土帮桩。

（3）钢筋混凝土电杆有露筋或混凝土脱落者，应将钢筋上的铁锈清除掉后补抹混凝土。

（4）杆身倾斜角度大于规定值时应校正杆身。

（5）拉线松弛时应紧好，戗杆不正的应调正。

（6）修复损坏的接地引下线。

（7）线路走廊内的树木与导线之间的距离小于规定值时，应修剪树枝。

3. 停电清扫检查内容

（1）处理巡视中发现的缺陷。架空线路停电时，应及时更换巡视中发现的残、裂绝缘子。此外，还需对架空线路各组成部分进行详细检查并做处理。

（2）绝缘子。清除绝缘子上的尘污，检查有无裂纹、损伤、闪络，检查瓶脚有无弯曲变形，活动者应予以更换；绝缘电阻低于规定值者要更换；检查绝缘子在横担上的固定是否牢固，金具零件是否完好；检查绝缘子与导线之间的固定是否牢固、连接有无松动磨损。

（3）导线。检查导线连接处接触是否良好；调整弧垂及交叉跨越距离；防振锤有无异常，并检查防振锤处导线有无磨损。

（4）电杆。检查电杆有无破损或歪斜；检查拉线有无松弛、断股现象。

第九节　架空线路常见故障及其处理和反事故措施

一、常见故障及其处理

1. 导线损伤、断股

由于导线的损伤、断股等现象会降低其机械强度和安全载流量，所以发生损伤、断股后应及时进行处理。

（1）导线损伤有下列情况之一者，应锯断重接：

1）在同一断面内，导线损伤或断股面积超过导线导电部分面积的 15%。

2）导线出现"灯笼"状，其直径超过导线直径的 1.5 倍而无法修复时。

3）由于导线背花调直后，已形成无法修复的永久变形。

4）导线连续磨损，应进行修补，但修补长度需超过一个补修管长度。

5）钢芯铝导线的钢芯断股。

（2）导线截面损伤、断股不超过 15% 时，输电线路可采用补修管补修，补修管的长度应超出损伤部分两端各 30mm。配电线路可用敷线补修，敷线长度应超出损伤部分，两端缠绕长度分别不应小于 100mm。

（3）导线磨损截面积不超过导线导电部分截面积的 15%，或单股导线损伤深度不超过单股直径的 1/3 时，可用同规格的导线在损伤部位缠绕，缠绕长度应超出损伤部分两端各 30mm。

2. 接头发热

导线接头在运行过程中，常因氧化、腐蚀等原因而产生接触不良，使接头处的电阻远远大于其他部位的电阻，因此当电流通过时，由于电流的热效应会使接头处导线的温度升高，造成接头处过热。

导线接头过热的检查方法，一般是观察导线有无变色现象，也可以用贴"示温蜡片"的方法观察。发现导线接头过热时，应首先设法减少线路的负荷或把一部分负荷电流倒至其他线路上去。同时，还需继续观察，并增加夜间巡视，观察导线接头处有无发红的现象。如发现导线接头过热严重，应通知变、配电站的运行人员，将线路停电进行处理。导线接头重接后需经测试合格，方可再次投入运行。

3. 一相断线

目前，我国 10kV 配电线路是中性点不直接接地系统，发生一相断线时，可能导致单相接地故障，无论线路的导线断线处是悬在空中或落于地面，都不会使断路器跳闸，这样将对人身安全造成严重威胁。因此，巡线人员发现配电线路一相断线时，必须加倍警惕。《电业安全工作规程》中明确规定：巡线人员发现导线断落地面或悬吊空中，应设法防止行人进入断线地点 8m 以内，并迅速报告有关部门，等候处理。

4. 单相接地

有可能由于一相断线引起导线碰树枝，或导线跳线因风偏而对杆塔放电形成单相接地，尤其是似接非接的断续接地，会造成线路过电压，危害很大。巡线人员发现后应及时报告、及时处理。

5. 两相短路

线路的两相之间直接放电，通过导线的电流较正常值大许多倍，并在放电点形成强烈电弧甚至烧毁导线，使供电中断。两相短路包括两相接地短路，较之单相接地情况严重得多。其形成原因有混线、雷击、外力破坏等。一旦发生两相短路就会使保护动作，断路器跳闸。

二、反事故措施

由于架空线路是露天架设，直接受气候变化及环境条件影响，易出现各类事故。为保证线路的安全运行，防止事故的发生，除定期对线路进行巡视检查外，还要采取下述反事故措施：

（1）防雷。每年雷雨季节前，要更换已损坏的绝缘子及零值绝缘子；将防雷装置检查、试验并安装好；对接地装置进行检查、维修，并测试其接地电阻值。

（2）防暑。高温季节前，做好弧垂、交叉跨越距离的检查和调整，防止弧垂过大导致事故；对大负荷线路和设备要加强温度监视，并注意各连接点的温度情况。

（3）防寒。严冬前，应检查弧垂，防止弧垂过小而导致断线；并应注意覆冰情况。

（4）防风。多风季节到来之前，剪除线路两侧过近的树枝，清除线路附近杂物，检查杆基，在必要时应加固。

（5）防汛。雨季之前，对易受河水冲刷或因挖地动土造成杆基不稳的电杆应采取加固措施。

（6）防污。在容易发生污闪事故的季节到来前，对绝缘子进行测试、清扫。在空气污染地区，选用防污绝缘子取代普通绝缘子。

思 考 与 练 习

1. 架空线路的构成部分是哪些？各部分的作用是什么？

2. 架空线路导线截面的选择原则是什么？

3. 架空线路杆塔分为哪几种类型？各应用于什么场合？

4. 为什么长距离输电线路导线需要换位？

5. 线路金具分为哪几类？各有什么作用？

6. 架空线路常用的绝缘子有哪几种？

7. 架空线路的安装包括哪几道工序？

8. 架空线路的杆塔复测分坑方法有哪些？

9. 铁塔组立方法有哪几种？混凝土杆立杆方法有哪些？

10. 架线工作包括哪几个工序？架线施工中怎么测量弧垂？

11. 架空线路有哪些常见故障？相应的处理方法是什么？

第七章　高低压配电装置

　　将发电厂或变电站电气主接线中所装置的开关电器、载流导体及保护和测量电器等设备，按一定要求建造而成的综合电气装置称为配电装置。配电装置是发电厂和变电站的重要组成部分，是电力系统中各元件相互联系的必不可少的中间环节，其作用是接受和分配电能。

　　配电装置的类型很多，随着工农业和电力技术的发展，配电装置的布置情况也在不断更新。本章主要介绍我国常见的一些典型配电装置，以了解配电装置的特点及其在布置与安装中应注意的主要问题。

第一节　配电装置概述

一、配电装置的分类

　　(1) 按电压等级的不同，配电装置可分为高压配电装置和低压配电装置。

　　(2) 按安装地点的不同，配电装置可分为屋内配电装置和屋外配电装置。

　　1) 屋内配电装置。屋内配电装置的特点：由于允许安全净距小和可以分层布置，因此，占地面积小；维修、操作、巡视在室内进行，比较方便，且不受气候影响；外界污秽不会影响电气设备，减轻了维护工作量；房屋建筑投资较大。

　　2) 屋外配电装置。屋外配电装置的特点：土建工程量较少，建设周期短；扩建比较方便；相邻设备之间的距离较大，便于带电作业；占地面积大；受外界污秽影响较大，设备运行条件较差；外界气象变化使对设备维护和操作不便。

　　(3) 按组装方式的不同，配电装置可分为装配式配电装置和成套式配电装置两类。

　　1) 装配式配电装置。装配式配电装置是按照图纸的设计要求，在施工现场将开关等各种电气设备组合在一起而形成的综合电气装置。装配式配电装置的特点：建造安装灵活；金属消耗量少，投资较少；安装工作量大，施工工期较长。

　　2) 成套配电装置。成套配电装置是在制造厂将开关等各种电气设备按接线要求组装成一个整体，然后运至现场整体安装使用的配电装置。成套配电装置的特点：电气设备布置在封闭或半封闭的金属外壳中，相间和对地距离可以缩小，结构紧凑，占地面积小；所有电器元件已在工厂组装成一个整体（开关柜），大大减少了现场安装工作量，有利于缩短建设工期，也便于扩建和搬迁；运行可靠性高，维护方便；耗用钢材较多，造价较高。

二、对配电装置的基本要求

　　1. 保障工作人员的人身安全

　　配电装置的高压裸露带电体应对运行、检修、维护等现场工作人员保持可靠的距离。

　　2. 保证工作的可靠性

　　首先，不得因配电装置本身构造的原因而引发故障。其次，无论何种原因引起的在配电装置范围内的故障，均应被限制和消除在局部空间而不致蔓延、扩大。

3. 保证运行方便

配电装置应方便长期运行中的巡视、操作、维护和检修等工作。

4. 节省投资和运行费用

配电装置是一种昂贵的设施，其要求和建造条件往往差别很大。应因地制宜地选择建造地点和装置类型，并在安全可靠的前提下，使布局合理、紧凑，以便节约用地，减少建筑面积和开挖工作量，节省有色金属材料的用量。

5. 考虑发展性，便于工程扩建

虽然电厂或变电站有一定的建造规模，但与电网和负荷相连的升压配电装置有时要考虑其发展和扩建的可能性，预留必要的备用容量，并方便后续工程的施工。

三、配电装置的最小安全净距

配电装置的整个结构尺寸，是综合考虑设备外形尺寸、检修和运输的安全距离等因素而决定的。在各种间隔距离中，最基本的是带电部分对接地部分之间和不同相的带电部分之间的空间最小安全净距，即所谓的 A_1 和 A_2 值。最小安全净距，是指在此距离下，无论是处于最高工作电压之下，或处于内外过电压下，空气间隙均不致被击穿。我国 DL/T 5352—2006《高压配电装置设计技术规程》规定的屋内、屋外配电装置的安全净距，如表 7-1 和表 7-2 所示，其中，B、C、D、E 等类电气距离是在 A_1 值的基础上再考虑一些其他因素（如运行维护、设备搬运和检修工具活动范围、施工误差等的尺寸）决定的，其含义如图 7-1 和图 7-2 所示。

表 7-1　　　　　　　　　　屋内配电装置的安全净距　　　　　　　　　　（mm）

符号	适用范围	额定电压 (kV)									
		3	6	10	15	20	35	60	110J	110	220J
A_1	(1) 带电部分与接地部分之间 (2) 网状和板状遮栏向上延伸线距地 2.3m 处与遮栏上方带电部分之间	70	100	125	150	180	300	550	850	950	1800
A_2	(1) 不同相的带电部分之间 (2) 断路器和隔离开关的断口两侧带电部分之间	75	100	125	150	180	300	550	900	1000	2000
B_1	(1) 栅状遮栏与带电部分之间 (2) 交叉的不同时停电检修的无遮栏带电部分之间	825	850	875	900	930	1050	1300	1600	1700	2550
B_2	网状遮栏与带电部分之间	175	200	225	250	280	400	650	950	1050	1900
C	无遮栏裸导体与地（楼）面之间	2375	2400	2425	2450	2480	2600	2850	3150	3250	4100
D	平行的不同时停电检修的无遮栏裸导体之间	1875	1900	1925	1950	1980	2100	2350	2650	2750	3600
E	通向屋外的出线套管与屋外通道的路面之间	4000	4000	4000	4000	4000	4000	4500	5000	5000	5500

注　J 指中性点直接接地系统。

表 7-2　　　　　　　　　　　　　　　　屋外配电装置的安全净距　　　　　　　　　　　　　　　（mm）

符号	适 用 范 围	额 定 电 压（kV）								
		3～10	15～20	35	60	110J	110	220J	330J	500J
A_1	（1）带电部分与接地部分之间 （2）网状和板状遮栏向上延伸线距地 2.5m 处，与遮栏上方带电部分之间	200	300	400	650	900	1000	1800	2500	3800
A_2	（1）不同相的带电部分之间 （2）断路器和隔离开关的断口两侧带电部分之间	200	300	400	650	1000	1100	2000	2800	4300
B_1	（1）栅状遮栏与带电部分之间 （2）交叉的不同时停电检修的无遮栏带电部分之间 （3）带电作业时的带电部分与接地部分之间 （4）设备运输时，其外廓至无遮栏带电部分之间	950	1050	1150	1400	1650	1750	2550	3250	4550
B_2	网状遮栏与带电部分之间	300	400	500	750	1000	1100	1900	2600	3900
C	（1）无遮栏裸导体与地面之间 （2）无遮栏裸导体与建筑物、构筑物顶部之间	2700	2800	2900	3100	3400	3500	4300	5000	7500
D	（1）平行的不同时停电检修的无遮栏裸导体之间 （2）带电部分与建筑物、构筑物的边沿部分之间	2200	2300	2400	2600	2900	3000	3800	4500	5800

注　J 指中性点直接接地系统。

四、配电装置型式的选择

配电装置型式的选择，应考虑所在地区的地理情况及环境条件，因地制宜，节约用地，并结合运行及检修要求，通过经济技术比较确定。一般情况下，在大、中型发电厂和变电站中，110kV 及以上电压等级的一般多采用屋外配电装置。35kV 及以下电压等级的配电装置多采用层内配电装置。

第二节　屋内配电装置

一、屋内配电装置的分类

屋内配电装置由于电压等级、容量、断路器的型式、主接线形式和检修条件等的不同，其结构型式变化多样，且随着新设备、新技术的采用，运行检修经验的不断丰富以及人们习惯和观念的改变，其结构型式也在不断发展。目前屋内配电装置的分类情况如下：

（1）按照布置的层数可分为单层式、两层式和三层式（已很少采用）。

（2）按照装置建造的方式可分为现场装配式和成套供应式（后者自然属于单层式）。

（3）按照间隔的排列数可分为单列式和双列式。

有时也可用电压等级、断路器的型式、主接线形式，甚至通道数目和进出线方式等作为屋内配电装置的分类特征。

二、间隔

所谓间隔，是指为了将设备故障的影响限制在最小的范围内，以免波及相邻的电气回路以及在检修中的电器，避免检修人员与邻近回路的电器接触，而用砖或石棉板等做成的墙体。在配电装置中，通常将同一回路的电气设备和导体布置在同一间隔内。

三、屋内配电装置的若干问题

1. 整体布局

（1）同一回路的电气设备和载流导体应布置在同一间隔内，以保证检修安全和把故障限制在本回路范围内。

（2）间隔中各部分之间的尺寸除应满足我国 DL/T 5352—2006《高压配电装置设计技术规程》中规定的屋内、屋外配电装置的最小安全净距外，还应考虑设备的安装和检修条件，并应充分利用间隔位置。

（3）较重的设备如电抗器等应布置在底层，以减轻楼板的荷重并便于安装。

（4）尽量将电源布置在一段母线的中部，使母线截面中通过较小的电流，但有时为了连接的方便，根据主厂房或变电站的布置而将发电机或变压器间隔设在一段母线的两端。

（5）布置应清晰，力求对称，并便于运行人员记忆和操作，整个配电装置要易于改扩建。

2. 母线及母线隔离开关

母线通常装设在配电装置的上部。三相母线的布置一般有水平布置、垂直布置和三角形布置三种方式。水平布置不如垂直布置便于观察，但可以降低房屋的高度，容易安装，因此在中小容量发电厂和变电站的配电装置中，大多采用这种布置方式。垂直布置时，母线支柱绝缘子在水平隔板上，绝缘子之间的跨距可以取较小值，因此母线可以获得较高的机械强度，但垂直布置结构复杂，增加房屋的高度，一般用于短路电流较大的配电装置中。三角形布置方式结构紧凑，可充分利用间隔的深度和高度；但三相为非对称布置，外部短路时，各相母线和绝缘子受力不均。三角形布置方式通常用于 6～35kV 大、中容量的配电装置中。

母线的相间距离决定于相间电压、短路时母线和绝缘子的机械强度及安装条件等。6～10kV 配电装置中，母线水平布置时，其相间距离约为 250～350mm；母线垂直布置时，其相间距离约为 700～800mm；35kV 母线水平布置时，其相间距离约为 500mm。

双母线或分段布置中，应将两组或两段母线用垂直隔板分开，这样可以保证在一段（组）母线故障或检查时，不影响另一段（组）母线工作。

母线隔离开关，通常设在母线的下方。在双母线布置的屋内配电装置中，母线与母线隔离开关之间宜装设耐火隔板。两层以上的配电装置中，母线隔离开关宜单独布置在一个小室内。

为确保设备及工作人员的安全，屋内外配电装置应设置闭锁装置，以防止带负荷误拉隔离开关、带接地线合闸、误入带电间隔等电气误操作事故。

3. 断路器及其操动机构

断路器通常设在单独的小室内。断路器小室的形式，按照油量多少及防爆的要求，可分为敞开式、封闭式及防爆式。

屋内的单台断路器、电压互感器、电流互感器，总油量超过 600kg 时，应装在单独的防爆小室内；总油量为 60～600kg 时，应装在有防爆隔墙的小室内；总油量在 60kg 以下时，一般可装在两侧有隔板的敞开小室内，并应设置储油或挡油设施。

断路器的操动机构设在操动通道内。手动操动机构和轻型远距离控制操动机构均装在壁上，重型远距离控制操动机构（如 CD3 型操动机构等）则落地装在混凝土基础上。

4. 互感器和避雷器的布置

电流互感器无论是干式或油浸式，都可以和断路器放在同一个小室内。穿墙式电流互感器应尽可能作为穿墙套管使用。

电压互感器经隔离开关和熔断器（60kV 及以下采用熔断器）接到母线上，需占用专门的间隔，但在同一间隔内，可以装设几个不同用途的电压互感器。

当母线上接有架空线路时，母线上应装设阀型避雷器。由于其体积不大，通常与电压互感器共用一个间隔，但应以隔层隔开。

5. 电抗器

电抗器较重，多装在底层的小室内，电抗器室应有良好的通风条件。电抗器有三种不同的布置方式，即三相垂直布置、品字形布置和水平布置。垂直布置是三相重叠在一起；品字形布置是 U、V 相重叠在一起，W 相落地；水平布置是三相电抗器均放在地面上，如图 7-1 所示。在垂直布置和品字形布置时，应注意 V 相电抗器的绕向与 U、W 相相反，不能使 U、W 相电抗器叠装在一起。通常，出线电抗器采用垂直式或品字形布置，当电抗器的额定电流超过 1000A、电抗百分值超过 5%～6% 时，由于重量和尺寸大，垂直布置会使电抗器小室高度增加较多，故应采用品字形布置；额定电流超过 1500A 的母线分段电抗器或变压器低压侧的分裂电抗器，则采取水平布置。

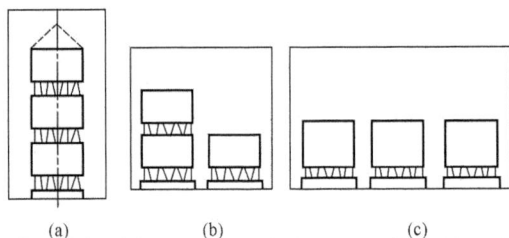

图 7-1　电抗器的布置方式

(a) 垂直布置；(b) 品字形布置；(c) 水平布置

6. 通道和出口

配电装置中必须设置通道，以便于操作、设备检修及搬运。通道分为三种：用来维护和搬运设备的通道，称为维护通道；通道内设有断路器或隔离开关的操动机构和就地控制屏的，称为操作通道；仅与防爆小间相通的通道，称为防爆通道。屋内配电装置内各种通道的最小宽度：维护通道 0.8～1m，操作通道 1.5～2.0m，防爆通道 1.2m。配电装置室内各种通道的最小宽度，不应小于表 7-3 的数值。

表 7-3　　　　　　　　　　配电装置室内各种通道的最小宽度　　　　　　　　　　(m)

通道分类 布置方式	维护通道	操　作　通　道		防爆通道
		固定式	移开式	
一面有开关设备	0.8	1.5	单车长+1.2	1.2
两面有开关设备	1.0	2.0	双车长+0.9	1.2

7. 采光与通风

屋内配电装置可以开窗采光和通风，但应采取防止雨、雪、小动物、风沙及污秽灰尘进入的措施。配电装置室内应装设足够的事故通风装置，以排除事故时室内的烟气。

四、屋内配电装置实例

1. 6～10kV 单层屋内配电装置

为了简化施工，6～10kV 单层屋内配电装置多采用成套配电装置，即由制造厂成套供应的高压开关柜。高压开关柜大多是一个柜构成一个回路，少数由两个柜构成一个回路，所以一个柜就是一个间隔。制造厂生产各种一次线路的开关柜，如架空出线柜、电缆出线柜、进线柜、电压互感器柜等，实际应用时可按设计的电气主接线方案，选用各种一次线路的开关柜，组合起来构成整个配电装置。

高压开关柜在配电装置室内的布置，既可双列布置也可单列布置，可以靠墙布置也可以独立布置。

采用 GG-1A（F）型单母线固定式高压开关柜的配电装置布置图如图 7-2 所示。采用 GG-1A（F）型高压开关柜的配电装置配置图如图 7-3 所示。电气主接线为单母线分段接线，

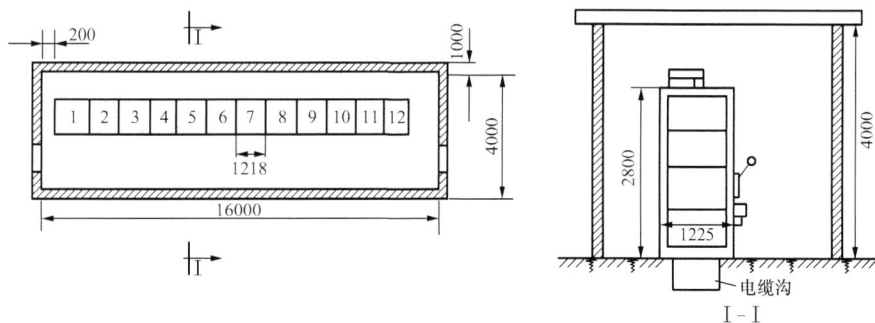

图 7-2　采用 GG-1A（F）型高压开关柜的配电装置布置图

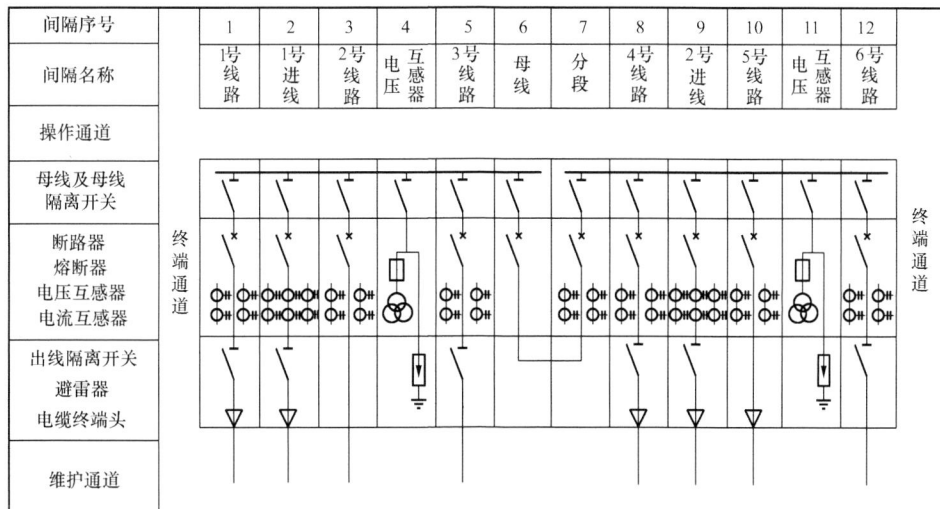

图 7-3　采用 GG-1A（F）型高压开关柜的配电装置配置图

共有 2 条进线、6 条出线，每段母线上装有一组电压互感器和避雷器。高压开关柜为单列独立式布置。GG-1A（F）型高压开关柜的前面是操作通道，开关柜出线侧为维护通道，开关柜两端有终端通道，开关柜的后面用金属网门与维护通道隔开，防止工作人员误入间隔，造成事故。

2. 35kV 屋内配电装置

图 7-4 所示为单层二通道、单母线分段、35kV 屋内配电装置断面图。母线采用垂直布置，挠度小，散热条件好。母线、母线隔离开关与断路器分别设在前后间隔内。间隔前后设有操作和维护通道，隔离开关、断路器均集中在操作通道内操作，操作比较方便。在隔离开关和断路器之间，设有机械闭锁装置，可防止带负荷误拉隔离开关，提高了供电可靠性。缺点是出线回路的引出线要跨越母线（指架空出线），需设网状遮栏，单列布置通道长，巡视不如双列布置方便，对母线隔离开关的开闭状态监视不便。

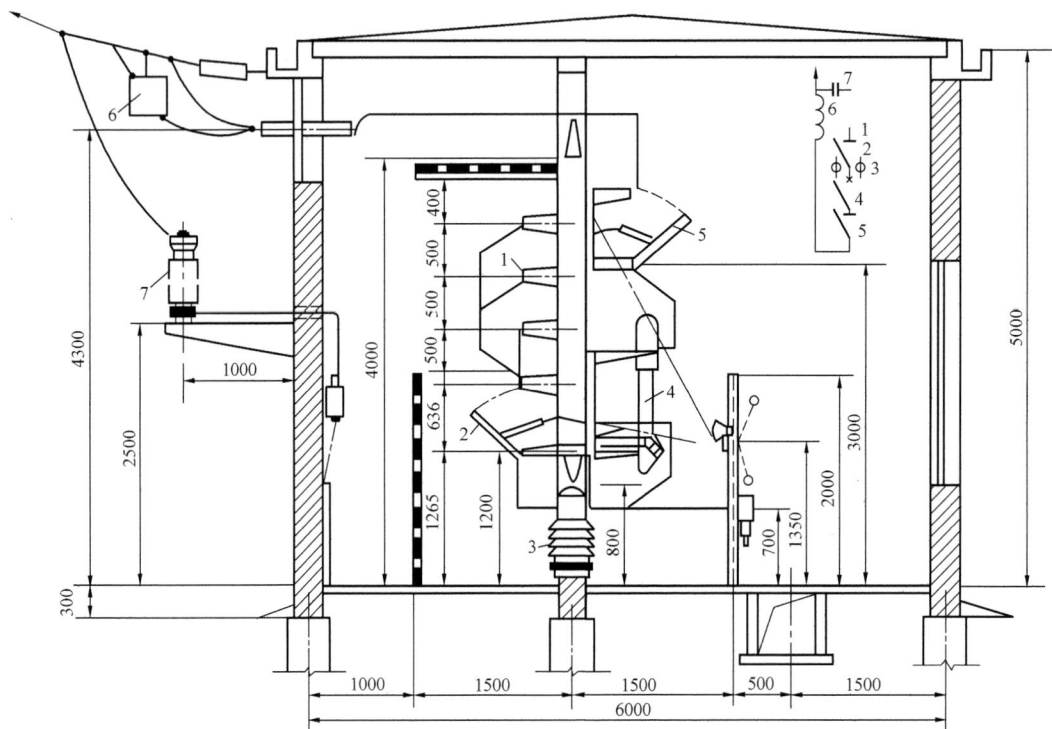

图 7-4　35kV 屋内配电装置断面图
1—母线；2、5—隔离开关；3—电流互感器；
4—断路器；6—阻波器；7—耦合电容器

3. 110kV 屋内配电装置

图 7-5 所示为二层二通道单母线分段带旁路母线 110kV 屋内配电装置断面图。它的主母线和旁路母线平行布置在上层，主母线居中，旁路母线靠近出线侧。母线层的隔离开关均为竖装。底层每个间隔分前后两个小室，分别布置断路器及出线隔离开关。

所有隔离开关均采用 V 形，并都在现场用手动机构操作。母线引下线均采用钢芯铝线。上下两层各设有两条操作维护通道。楼层的母线隔离开关间隔采用轻钢丝网隔开，以减轻土

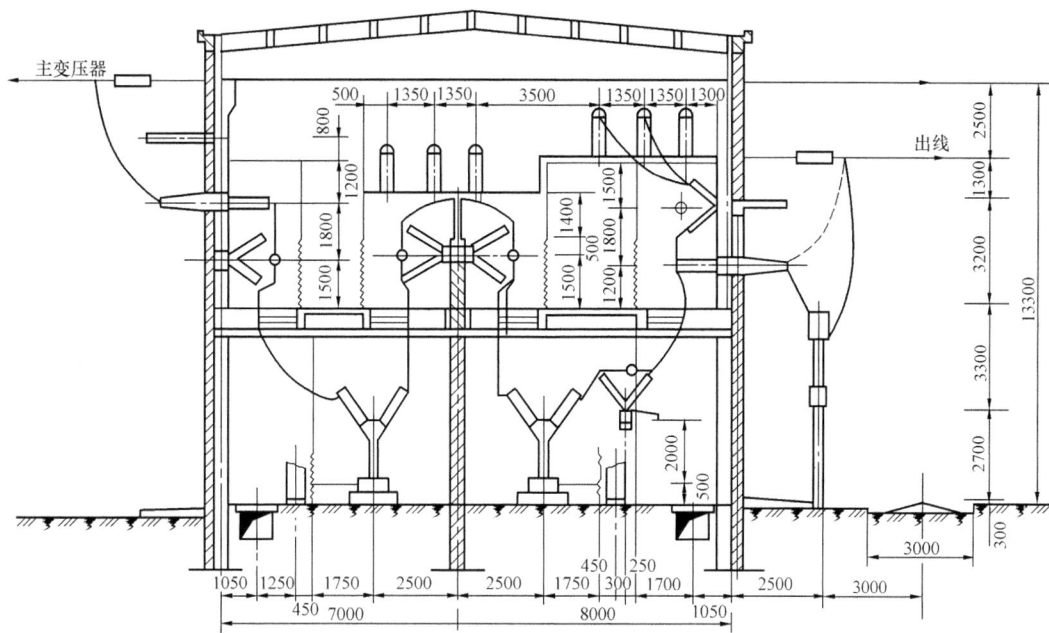

图 7-5　110kV 屋内配电装置断面图

建结构，间隔宽度为 7m，跨度为 15m。

第三节　屋 外 配 电 装 置

屋外配电装置的开关电器及互感器等露天装设在支架或基础台上，母线及进出线等用绝缘子固定在拉线构架上。因为屋外电气距离较大，且一般不采用遮拦，故装置占用场地大。其结构型式除了与主接线形式、电压等级和设备类型等有密切关系外，还受到地形条件、进出线方向等外部因素的影响。

一、屋外配电装置的型式和特点

按电气设备与母线布置的高低及空间重叠配置的情况，屋外配电装置可分为中型配电装置、高型配电装置和半高型配电装置三种类型。

1. 中型配电装置

中型配电装置电器的裸带电部分及连接导体基本保持在同一水平面上，其对地距离稍大，母线则架设在较高水平面上，以便于向母线隔离开关跳接线。中型配电装置在小型水电站及地方变电站应用最普通，又是构成其他类型配电装置的基础。

2. 高型配电装置

高型配电装置的两组母线（各带母线隔离开关）重叠布置，是双层的中型配电装置，上层母线高度是下层母线高度的 2 倍。

3. 半高型配电装置

半高型配电装置是在母线（带母线隔离开关）下面布置断路器、互感器等设备，是母线和中型配电装置布置设备的重叠，母线的高度介于中型和高型配电装置之间。

高型和半高型配电装置将电气设备由平面布置变为立体布置，可大量节省占地面积，有时还可能降低造价，但对运行和检修不如中型的方便，它们多用于较大型发电站、枢纽或地区性变电站，但半高型配电装置有时也可用于小型水电站和地方变电站，例如在桥形接线中多有采用。

此外，按间隔的排列，配电装置有单列和双列之分。单列布置全部间隔居母线同一侧，装置窄而长，便于各单元接入旁路母线，但需架设高跨线向对侧出线；双列布置各间隔按实际出线方向分居母线两侧，其特点与单列布置相反。

二、屋外配电装置的若干问题

1. 母线及构架

屋外配电装置的母线有软母线和硬母线两种。

（1）软母线。软母线多采用钢芯铝绞线和分裂导线，三相母线水平布置，用悬式绝缘子串悬挂在母线构架上。软母线可用较大的档距，但档距增大之后，将增加导线的弧垂，而且为了保证导线的对地距离，必须使构架增高。另外，软母线需要考虑风吹时导线的摆动，所以相间距离较大。

（2）硬母线。硬母线有矩形和管形两种。矩形用于 35kV 及以下配电装置中。目前我国在 110kV 及以上配电装置中，多用管形硬母线，用支柱绝缘子安装在支架上。硬母线的弧垂小，不需要高大的构架；母线不会摇摆，相间距离可缩小；与剪刀式隔离开关配合，可以节省占地面积；管形母线直径大，表面光滑，可提高电晕起始电压。但管形母线易产生微风共振和存在端部效应，抗振能力也较差。近年来，硬管母线在高压配电装置中的应用日渐增多。

屋外配电装置的构架可由型钢或钢筋混凝土制成。钢构架经久耐用，机械强度好，便于固定设备，抗振能力强，运输方便，但钢构架消耗金属量大，需经常维护。钢筋混凝土构架可以节约大量钢材，经久耐用、维护简单。目前我国在 220kV 及以下的配电装置中，广泛应用以钢筋混凝土环形和镀锌钢梁组成的构架，在大跨距 500kV 配电装置中，多用由钢板焊成的板箱式构架和钢管混凝土柱，此类构架钢材用量少，机械强度也较高。

2. 电力变压器的布置

电力变压器是屋外配电装置中体积最大、用油量最多的设备，布置时应特别注意防火安全。变压器的基础一般为双梁形，上面铺设铁轨，轨距与变压器的滚轮中心距相等。为了防止变压器发生事故时燃油流散，对单个油箱的油量超过 1000kg 的变压器，在变压器下面应设置储油池，其尺寸应比设备外壳大 1m。为了迅速灭火，储油池内一般铺设厚度不小于 0.25m 的卵石层。

容量在 90MVA 以上的变压器，有条件时宜设置水喷雾灭火装置。

电力变压器与建筑物的距离不应小于 1.25m，当变压器的油重 2500kg 以上时，两台变压器之间的防火净距不应小于以下数值：35kV 为 5m，110kV 为 6m，220kV 及以上为 10m。如布置有困难，应设置防火墙，防火墙的高度不应低于变压器油枕的高度，长度应大于储油池两侧各 1m。

3. 断路器的布置

断路器有低式和高式两种布置方式。低式布置的断路器放在 0.5～1m 的混凝土基础上。低式布置检修比较方便，抗震性能较好，但必须设置围栏，影响通道的畅通。一般中型配电装置的断路器采用高式布置，即把断路器安装在高约 2m 的混凝土基础上。

断路器的操动机构须装在相应的基础上。按照断路器在配电装置中所占位置，可分为单列布置和双列布置。当断路器布置在主母线两侧时，称为双列布置；将断路器集中布置在主母线的一侧，则称为单列布置。

4. 隔离开关、互感器和避雷器的布置

（1）隔离开关和电流、电压互感器的布置。隔离开关、电流互感器和电压互感器均采用高式布置，其要求与断路器相同。隔离开关的手动操动机构装在其靠边一相基础的一定高度上。

（2）避雷器的布置。避雷器有高式和低式两种布置。110kV 及以上的阀型避雷器由于本身细长，多采用落地布置，安装在 0.4m 的基础上，四周加围栏。磁吹避雷器及 35kV 的阀型避雷器形体矮小，稳定度较好，一般采用高式布置。

5. 电缆沟和道路的布置

（1）电缆沟的布置。屋外配电装置中电缆沟的布置，应使电缆所走的路径最短。电缆沟可分为纵向电缆沟和横向电缆沟。一般横向电缆沟布置在断路器和隔离开关之间。大型变电站的纵向电缆沟应采用辐射形布置，减少控制电缆沟与高压母线平行的长度，减小电磁和静电耦合。

（2）道路的布置。为了运输设备和消防，应在主要设备的附近铺设行车道路。大中型变电站内一般应铺设宽 3m 的环形道路。此外，屋外配电装置中应设置宽 0.8～1m 的巡视小道，以便运行人员巡视电气设备。

发电厂和大型变电站的屋外配电装置周围应围以高度不低于 1.5m 的围栏，以防止外人任意进入。

三、屋外配电装置实例

（一）35kV 单母线分段带旁路母线中型双列屋外配电装置

1. 配电装置的配置

XJ 水电站升压侧主接线简图，如图 7-6 所示。根据主接线划分配电间隔，共计有出线间隔 4 个，进线间隔 2 个，旁路断路器兼作母线分段断路器回路占用 2 个间隔，电压互感

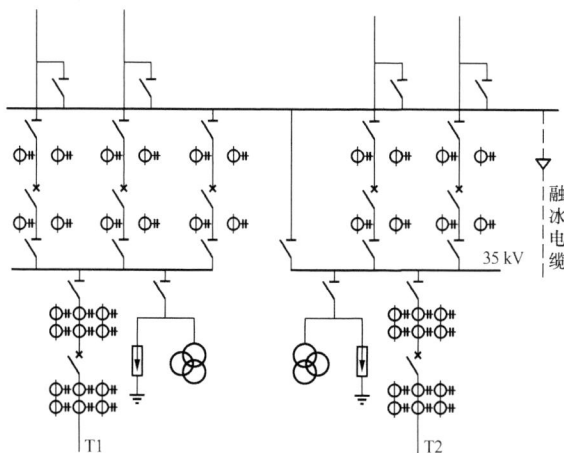

图 7-6　XJ 水电站升压侧主接线简图

器、避雷器间隔 2 个，融冰间隔 1 个等共 11 个间隔。然后进行间隔的排列，采用双列，需要接旁路母线的 4 个出线间隔、2 个旁路间隔和 1 个融冰间隔置于主母线出线侧。根据各进出线的地理位置和减少汇流母线上电流分布的要求排列间隔的顺序，最后得到配置图，如图 7-7 所示。

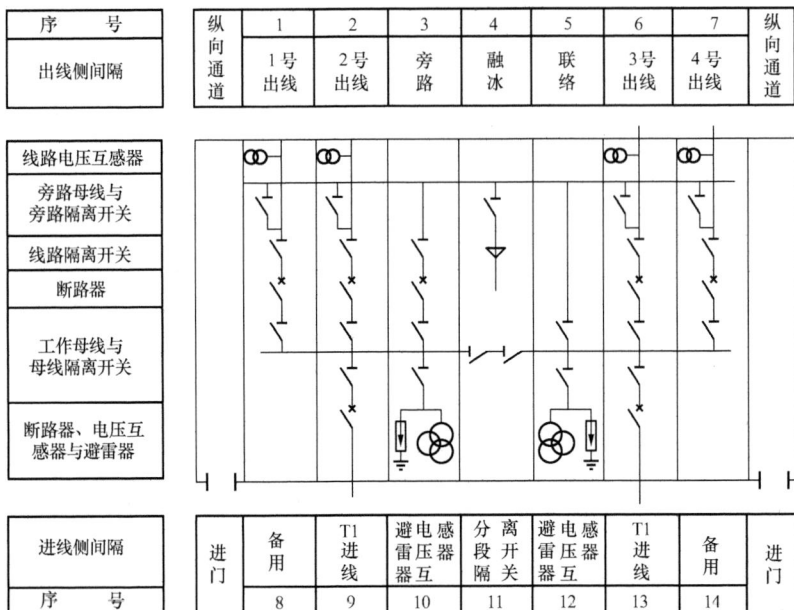

序 号	纵向通道	1	2	3	4	5	6	7	纵向通道
出线侧间隔		1号出线	2号出线	旁路	融冰	联络	3号出线	4号出线	

| 线路电压互感器 |
| 旁路母线与旁路隔离开关 |
| 线路隔离开关 |
| 断路器 |
| 工作母线与母线隔离开关 |
| 断路器、电压互感器与避雷器 |

进线侧间隔	进门	备用	T1进线	避雷器电压互感器	分段隔离开关	避雷器电压互感器	T1进线	备用	进门
序 号		8	9	10	11	12	13	14	

图 7-7　XJ 水电站 35kV 中型配电装置配置图

2. 装置的布置

为了使装置布置清晰、整齐，不同间隔中的同名设备、构架等均应排列成行，整齐划一。本装置的布置图如图 7-8 所示。其结构性尺寸说明如下：

（1）带电部分高度。本装置避雷器取低式布置，并设栅栏围护，其余设备均为中式布置，设备带电部分及其连接线的对地高度保持在 3.5～3.8m 范围内，下限为横向搬运多油式断路器所需，上限使母线隔离开关的跳线与异相母线的空间交叉距离不致过小。

（2）间隔的宽度。35kV 出线的线间距为 1.3m，不同间隔的 D 值为 2.4m，间隔宽度为 5m。

（3）间隔的纵向尺寸。母线隔离开关的接线端至母线边相线的距离约为 0.5～1m，太远会使跳线增长，但若将母线隔离开关置于母线之下，不仅跳线不便，且当误拉母线隔离开关而发生飞弧时易造成事故的扩大。断路器、互感器等设备至相邻隔离开关的中心间距，系考虑停电检修设备时的安全需要，对 35kV 电压一般取 2～2.5m。有横向搬运通道或电缆沟时，该距离要相应增大至 3～3.5m。间隔端头带电部分至围墙或建筑物顶的斜距应大于 2.4m。

（4）间隔外布置。沿断路器设有加盖板的横向电缆沟，与厂房内电缆连通，沟顶高出地面 0.1m 左右，以防地面雨水流入，沟内分段设置排水管，装置四周设围墙，两端有宽 3m 的纵向汽车通道各 1 条，从进线侧两端的栅门通入，场内无横向汽车通道。

（5）装置的总尺寸和总面积。母线用两组分段隔离开关串联，延长了一个间隔，装置总

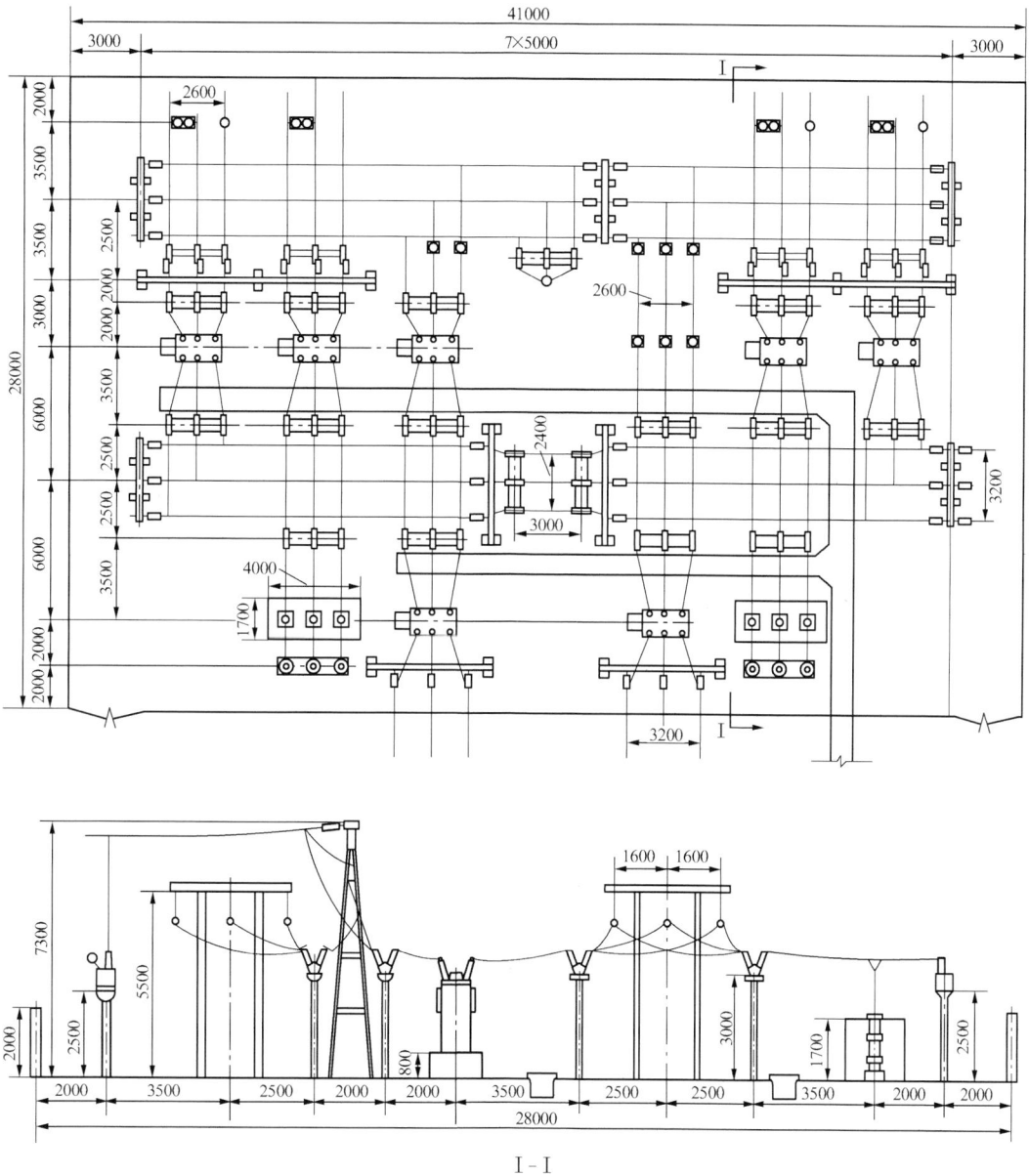

图 7-8 XJ 水电站 35kV 中型配电装置配置图

宽为 7 个间隔与两边纵向通道宽度之和，共 41m，纵向总长 28m，总面积 1148m²。

（二）110kV 半高型屋外配电装置

图 7-9 所示为 110kV 单母线且进出线带旁路母线的半高型布置的进出线断面图。其布置特点是抬高母线，在母线下方布置断路器、电流互感器和隔离开关等设备。单母线分段带旁路电线配电装置，采用半高型布置为宜。

这种配电装置的优点：占地面积比普通中型布置约减少 30％；主母线及其他电器和普通中型相同，旁路母线及隔离开关位置均不很高，且不经常带电运行，故检修运行都比较方便；由于旁路母线与主母线采用不等高布置，实现进出线均带旁路的接线就很方便。其缺点

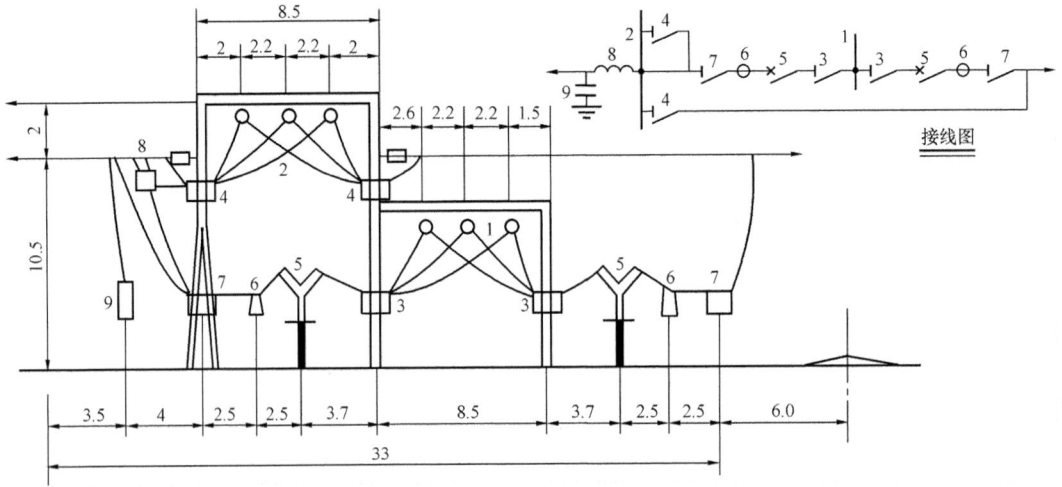

图 7-9 110kV 单母线且进出线带旁路母线的半高型配电装置的进出线断面图（单位：m）

1—主母线；2—旁路母线；3、4、7—隔离开关；5—断路器；6—电流互感器；8—阻波器；9—耦合电容器

是隔离开关下方未设置检修平台，检修不方便。

第四节 小型配电装置及室外变压器台

一、小型配电装置

小型配电装置包括配电盘、配电箱、配电板等，是一种向小区域用户直接供电的低压配电装置，其结构简单、装设方便，广泛应用于厂矿车间及建设工地和生活区。这些小型配电装置有盘、板、箱各种形式，安装方法也不尽相同，可以明装，也可以暗装，有立式，也有落地式，使用的材料也不相同，有塑料的，也有铁制的。图 7-10 所示就是其中的几种。

各种小型配电装置制作与安装时，要按规程进行，并应做到以下几点：

（1）配电盘下口距离地面明装时1.2m，暗装时 1.4m；明装时电能表板下口距离地面 1.8m。铁制配电箱、配电盘要刷漆，和墙有接触的部分刷防腐漆。

（2）为便于维护，规格较大的暗装配电盘及盘后有电流互感器者，需要做成前、后两面开门。

（3）配电盘、配电箱如需木制的，应根据电流值和使用情况的不

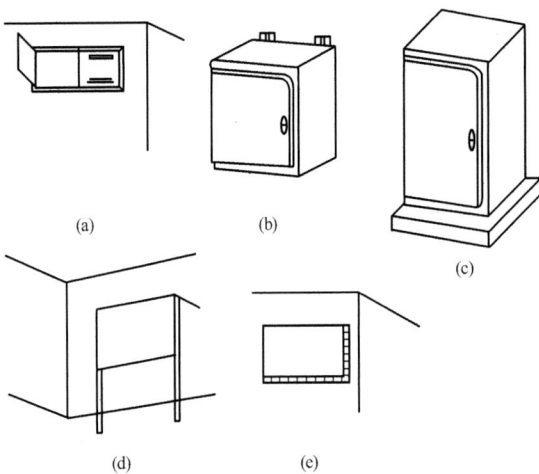

图 7-10 各式小型配电装置

（a）明装塑料配电箱；（b）明装铁制配电箱；（c）落地式配电箱；（d）立式配电箱；（e）明装配电板

同，在下列情况下应加包铁皮，并做好接地（或接零）保护：

三相四线制供电，电流在 30A 以上者；

单相 220V 供电，电流在 100A 以上者；

单相 380V 供电，电流在 50A 以上者。

（4）配电盘的金属构架，铁盘面及电器金属外壳均应有良好的接地，配电盘上装有测量仪表、互感器时，二次侧导线应使用截面不小于 $2.5mm^2$ 的铜芯绝缘导线。

（5）配电盘后的配线需排列整齐，绑扎成束，并用卡钉固定；盘后引出及引入的导线应留有余度，以利检修；导线在穿过木盘面时，应套以瓷管头，穿过铁盘面时，应套橡皮护圈。

（6）配电盘上的各种隔离开关、断路器等，在断路状态下，其刀片及可动部分均不应带电，装于明盘的电器均要有外壳保护，带电部分不应明露。

（7）垂直装设的隔离开关及熔断器等应上端接电源，下端接负荷；横装的隔离开关及熔断器应左侧（面对盘）接电源，右侧接负载。配电盘上的电源指示灯，其电源应接至总开关的电源侧。

（8）接零系统中的零线应作好重复接地，零母线在配电盘上用零线端子板分路，零线端子板上分支路排列位置应与熔断器相对应。

（9）配电盘上所有电器下方均装"卡片框"，其中表明名称、路别、额定电流等，并在盘门后粘贴接线系统图，母线应涂黄、绿、红、黑等颜色的分相标志。

（10）电器之间的间距要符合要求，可以参照排列尺寸示意图，如图 7-11 所示。

（11）电路在配电盘上的布局一般原则：仪表互感器、指示灯等布置在上部或左面；开关、断路器等布置在下部或右面；开关和熔断器之间，开关在左（正对盘面），熔断器在右；如果有总开关又有分支路开关，应总开关在左，支路开关在右；插销、控制开关等布置在最下面。图 7-12 是几种布置示例，供参考。

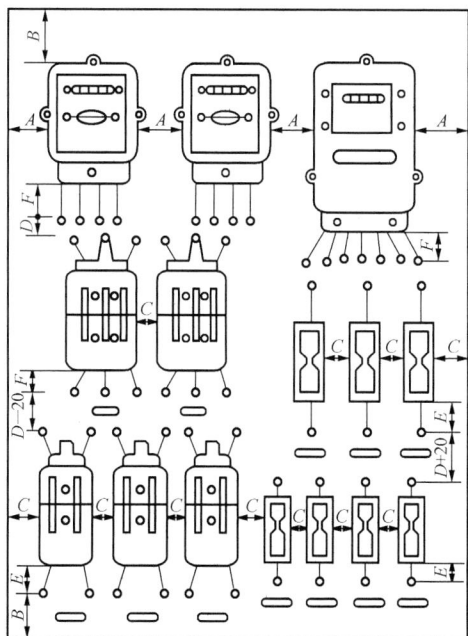

间距	最小尺寸 (mm)	
A	60	
B	50	
C	30	
D	20	
E	电器规格	10~15A	20
		20~30A	30
		60A	50
F	导线截面	10mm² 及以下	80
		16~25A	100

图 7-11　配电盘电器排列尺寸示意图

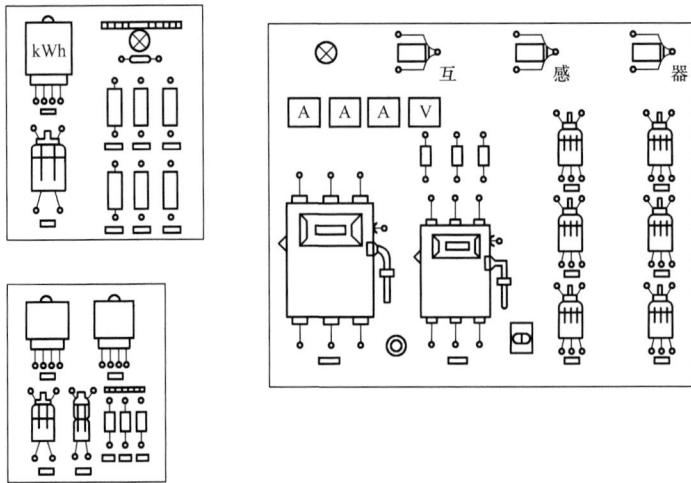

图 7-12　配电盘电器布置示例

二、室外变压器台

室外变压器台和低压小型配电盘组合，实际上就是一个小型变电站。一般是将 6～10kV 电压通过一台变压器降压，变为 380/220V 电压，再由小型配电盘直接分配到用户。它应用在小区域的直接供电系统，如厂矿企业、居民用电等。

变压器台根据装置的位置分为柱上变压器台和地上变压器台。变压器台一般要配置跌开式熔断器、阀型避雷器及室外配电盘（箱）。变压器台安装形式如图 7-13 所示。

变压器台安装时要注意以下几个原则：

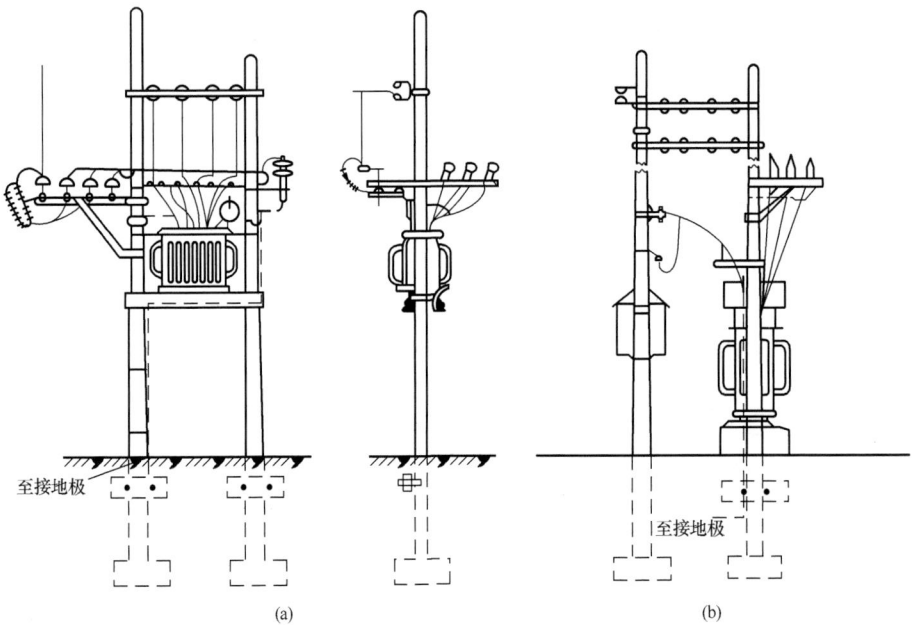

图 7-13　变压器台安装形式图
（a）柱上式；（b）地上式

（1）柱上式及地上式变压器台的所有高、低压引线均应用绝缘导线（低压侧也可选用裸母线），所有铁件一律镀锌。

（2）地上式变压器台的高度需根据水位情况决定，一般情况下为500mm；变压器台用砖砌成，并用1∶2水泥砂浆抹面，台上用扁钢或槽钢做变压器轨道；台周围应装遮拦，高度不低于1.7m并应与变压器台保持一定距离。

（3）变压器台周围应在明显位置悬挂警告牌。

（4）室外配电箱底部距地面高度一般为1.3m；引出线采用铁管或塑料管，并有防水弯头。

（5）跌开式熔断器安装倾斜角度为25°～30°，相隔距离不小于70cm。

（6）变压器台应装设阀型避雷器，避雷器的接地线应与变压器外壳及零线连接，并共同接地。

第五节　成套配电装置

成套配电装置是制造厂成套供应的设备，实际生产中的成套配电装置可分为低压成套配电设备、高压成套配电设备和SF_6全封闭组合电器三类。

成套配电装置按安装地点不同也可分为屋内式和屋外式。低压成套配电装置只有屋内式。高压成套配电装置既有屋内式也有屋外式，但由于屋外式存在防水、防锈等问题，所以目前大量使用的还是屋内式。对于SF_6全封闭组合电器，因屋外气候条件较差，绝大部分都布置在屋内。

一、低压成套配电装置

（一）低压成套配电装置的种类

根据用途和结构特点不同，低压成套配电装置又分为两种。

1. 低压配电屏（柜）

低压配电屏（柜）常直接设置在配电变压器低压侧作为配电主盘，有时也用作较重要负荷片的配电分盘，一般要求安装在专用电气房间（配电室）或被相对隔离开的专门场地内。按结构型式的不同，低压配电屏（柜）又分为固定开启式和抽屉式两种。

（1）固定开启式低压配电屏。这是一种具有开启式结构，其电气元件为固定装配，采用固定接线的配电屏。常见的固定开启式低压配电屏有PGL型和GGD型两种。

1）PGL型低压配电屏。PGL系列交流380V低压配电屏，可供城乡厂矿企业和农村用电的配电、动力、照明之用。图7-14所示为PGL系列屏外形图。PGL型配电屏结构为开启式、双面维护，用薄钢板及角钢焊接而成，屏前有门，屏面上方有仪表板，组合安装的屏与屏之间加有钢板弯制而成的隔板，防止事故扩大，屏后骨架上方，主母线安装于绝缘框上，上有防护罩，中性线安装在屏下的绝缘子上；有良好的保护接地系统，骨架上方焊有主接地点，仪表门上

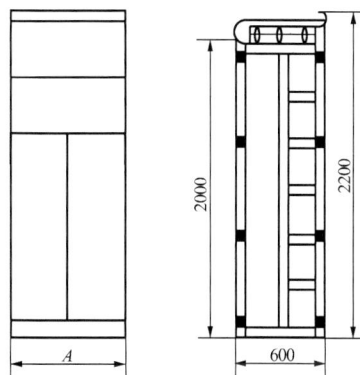

图 7-14　PGL系列屏外形图

也有接地点。

2）GGD 型低压配电屏。它广泛用于厂矿企业的交流 50Hz、电压 380V、电流 3150A 以下供动力、照明的配电系统中，以达到转换、分配、控制电能之目的。图 7-15 所示为 GGD 型固定式低压配电屏外形图。配电屏的构架为拼装式结合局部焊接。正面上部装有测量仪表，双面开门。三相母线布置在屏顶，闸刀开关、熔断器、空气自动开关、互感器和电缆端头依次布置在屏内，继电器、二次端子排也装设在屏内。主母线排列在柜的上部后方，柜体的下部、后上部和顶部均有通风、散热装置。

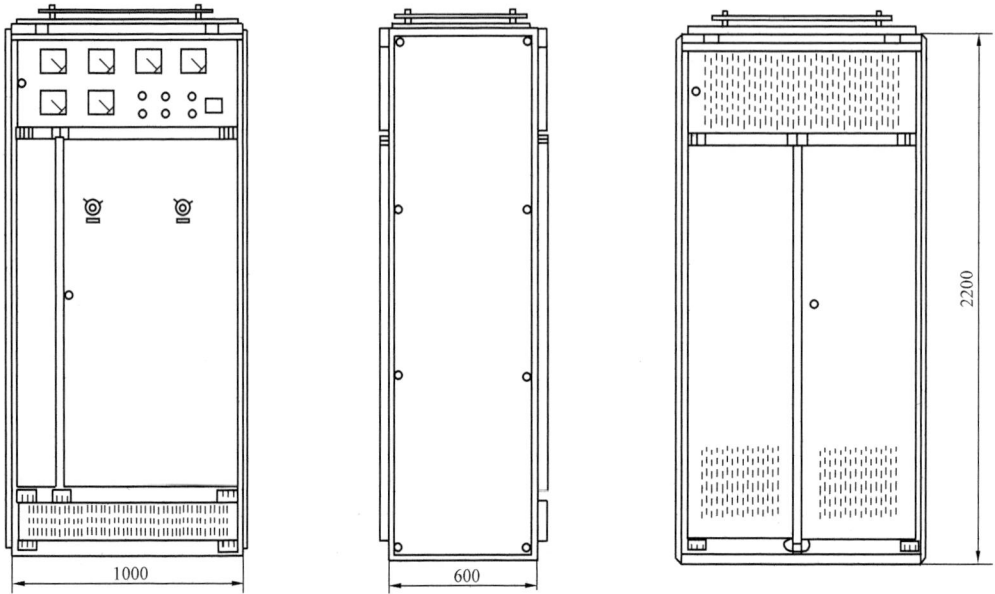

图 7-15　GGD 型固定式低压配电屏外形图

（2）抽屉式低压配电柜。抽屉式低压配电柜将主要电器安装在抽屉或手车内，当遇单元回路故障或检修时，将备用抽屉或小车换上便可迅速恢复供电。图 7-16 所示为 GCS 型抽屉

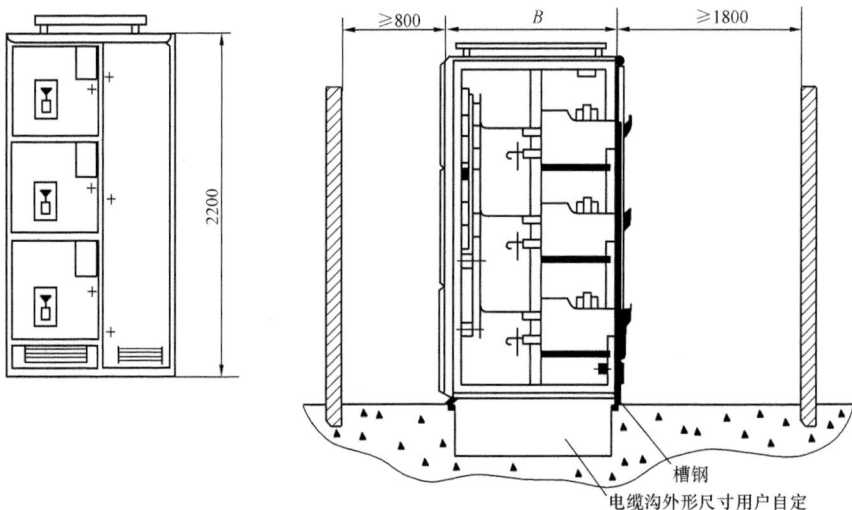

图 7-16　GCS 型抽屉式低压配电柜外形及安装尺寸图

式低压配电柜外形及安装尺寸图。它为密封式结构，分为功能单元室、母线室和电缆室。电缆室内为二次线和端子排。功能室由抽屉组成，主要低压设备均安装在抽屉内。若回路发生故障时，可立即换上备用的抽屉，迅速恢复供电。配电柜前面门上装有仪表、控制按钮和空气自动开关操作手柄。抽屉有连锁机构，可防止误操作。

这种配电屏的特点是密封性能好、可靠性高、占地面积小，但钢材消耗较多，价格较高。它将逐步取代固定开启式低压配电屏。

2. 动力配电箱和照明分电箱

动力配电箱就近设置于工厂车间和其他负载场地，直接向 500V 以下工频交流用电设备配电。由于具体使用条件的差异和新产品的不断出现，使之具有多种系列，各系列按其一次接线方案的要求，在箱内装设熔断器、自动开关、组合开关和磁力启动器等电器，一般采用防护式或封闭式（防尘式）结构以适应现场环境的需要。它结构紧凑，除电源总隔离开关外，各回路不设隔离开关。

水电站广泛采用 XL-14、XL-15 型动力配电箱，前者由 RM3 型熔断器给各配电回路分电，后者的熔断器则采用 RT0 型，其余结构完全一样。其外形如图 7-17 所示。正面上部中央安装电源总隔离开关的操作手柄和电源电压监视表，其下开大门可暴露全部配电回路以便做单面维护，箱顶板可以拆卸，以便给总隔离开关接电源电缆。这两种系列的一次接线方案较简单，只要用 4

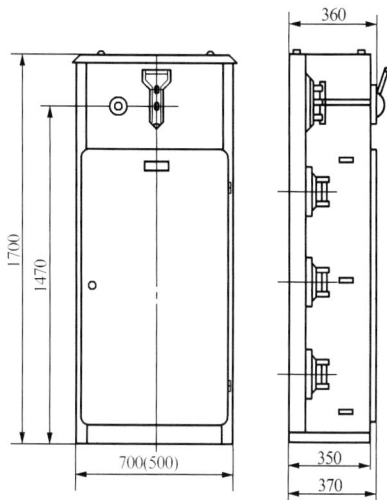

图 7-17　XL-14（F）型动力配电箱外形图

个数字按顺序从左至右分别表示 60、100、200、400A 熔断器的组数即可。例如 XL-14-4220 型表示内装 RM3 型熔断器 60A 的 4 组，100A 的 2 组，200A 的 2 组，无 400A 回路的动力配电箱。

与多数动力箱一样，XL-14 型为落地靠墙安装，单面维护，但箱内下部空余空间很少，放不下出线电缆头，需要升高箱体，在箱外下部形成出线空间，水电站常设有照明主盘专门向照明分电箱配电，使照明系统与动力配电分开。分电箱采用 380/220V 三相四线制，设有零母线，箱内由熔断器、组合开关、自动开关等低压电器按不同的一次接线方案组成分电回路，有的还装有电能表，箱体由薄钢板弯制焊接而成，为封闭结构，有嵌入（墙内）和悬挂（墙上）两种安装方式。

（二）低压成套配电装置的布置

1. 屋内低压配电装置的最小安全净距

屋内低压配电装置的最小安全净距见表 7-4。表中各项距离的意义与高压配电装置的基本相同。

表 7-4　　　　　　　　　　屋内低压配电装置的最小安全净距　　　　　　　　　（mm）

额　定　电　压（V）	＜500	500～1000
带电部分至接地部分间（A_1）	15（30）	15（30）
不同相带电部分间（A_2）	15（30）	15（30）

额 定 电 压 （V）	<500	500～1000
带电部分至栅栏（B_1）	100	100
带电部分至网状遮栏（B_2）	100	100
带电部分至无孔遮栏（B_3）	50	50
无遮栏裸导体至地（楼）板（C）	2200	2200
无遮栏裸导体与通道对墙面间的水平净距（D_1）	500	2000
通道两边的无遮栏裸导体间的水平净距（D_2）	1000	1500

注 括号中的数值为绝缘表面距离。

2. 低压成套配电装置的布置

在选定低压配电屏（柜）的型式以后，根据低压网络接线图和该型装置的一次接线方案，选择所需屏（柜）进行组合排列，大体上类似于高压配电装置的部署。然后再根据实际场所作配电室的布置，可作一面布置、平行两面布置、垂直两面布置或三面布置，但不得采取靠墙安装。低压配电室通道的最小尺寸及推荐值见表 7-5。其中维护通道较狭窄，当长度达到 6m 以上时应在两端留有出口，超过 15m 时还要在通道中点加开出口，配电室长度超过 10m 的应在两头设门。

表 7-5　　　　　　　　　　**低压配电室通道的最小尺寸及推荐值**　　　　　　　　（mm）

配电屏型号	操作通道（正面）				维护通道（背面）		侧端通道	
	单面布置		双面平行布置		最　小	推　荐	屏侧至墙	屏之间
	最　小	推　荐	最　小	推　荐				
BSL，PGL	1500	1800	1800	2000	1000	1300	800	800
BFC		2000		2500	1000	1300	800	800

低压配电室宜靠近配电变压器，配电室位置的选择和布置还要着重考虑配电变压器的联络接线以及其他出线的方便，并相应布置电缆沟。

动力配电箱和照明分电箱等应根据所选型号决定落地或悬挂、靠墙或嵌墙安装。其布置地点的选择既要靠近用电设备以方便操作维护，又要适当避开交通要道和少占用生产场地，还要便于进线。在操作过程中若配电箱与用电设备之间有单向或双向监视关系，其安装位置还要便于相互观察。

二、高压开关柜（高压成套配电装置）

目前我国生产的 3～35kV 高压开关柜可分为固定式和手车式两种，主要为屋内用。

GG-1A（F2）型固定式高压开关柜（单母线电缆出线柜）如图 7-18 所

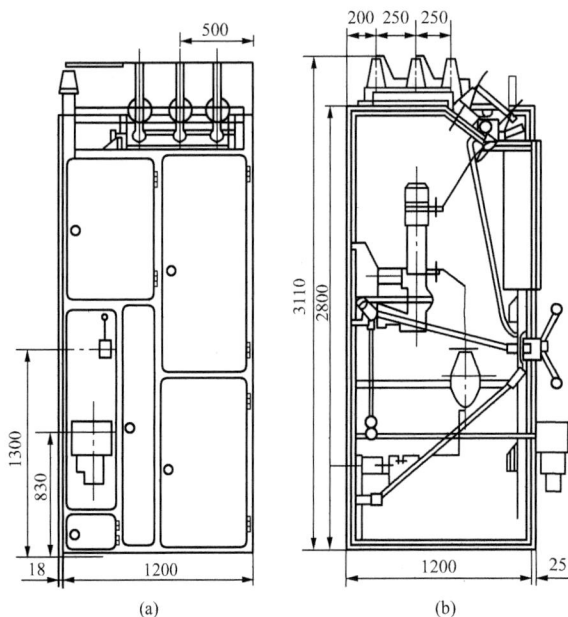

图 7-18　GG-1A（F2）型固定式高压开关柜
(a) 正面图；(b) 侧面图

示。开关柜总体为框架式结构,正面有门和操作防护板,左侧有防护板与相邻的开关柜隔开,中间隔板将柜内分为上、下两部分,上部是断路器室,下部是隔离开关室、电缆室,电流互感器安装在中间隔板上。柜顶有隔板与断路器室隔开,隔板上部装有母线和母线隔离开关。开关柜骨架为角钢焊成,操作板和门等均为薄钢板。

开关柜的正面右上方是断路器室的大门,下方是隔离开关室的大门,正面左上方是带门的继电器室,室内安装继电器和电能表,门上安装有仪表、信号灯和控制开关等二次元件,继电器室下面是端子排和操作板,操作板上有隔离开关和断路器的操动机构。这种开关柜有较好的机械式五种防止误操作的闭锁装置及完整的接地系统,是在 GG-1A 型高压开关柜基础上发展的新产品。

GC-2 型全封闭手车式高压开关柜如图 7-19 所示。它由固定本体和断路器手车两部分组成。

固定本体用薄钢板或绝缘板分隔成主母线室、继电器室、手车室和出线室四个互相隔离的小室,柜顶前部的盒内敷设着 15 根小母线和接线座。主母线室位于开关柜的后上部,室内装有母线和母线侧的隔离静触头。出线室位于开关柜的后下部,室内装有出线侧的隔离静触头、电流互感器、引出电缆头等。上门内为继电器室,装有继电器、端子排和电能表。下门内为手车室,门上装有模拟线路,手车室底板上敷设轨道。

断路器手车上装有断路器及其操动机构。手车正面上部为推进机构,用脚踩手车下部连锁踏板,手车室后隔板的帘板即自动提起然后插入手柄,转动蜗杆即可使手车在柜内前进或后退。手车正面下部为断路器操动机构,当手车在工作位置时,断路器通过隔离插头与母线及出线接通,检修时,将手车拉出柜外,隔离触头分开,手车室后隔板的帘板自动关闭,起安全隔离作用。手车与柜体相连的二次线采用插头连接,当断路器离开工作位置后,其一次隔离触头断开,而二次线路仍可接通,以便调试断路器。手车推进机构与断路器操动机构之间有安全连锁装置,以防止误操作。手车两侧及底部设有接地滑道、定位销和位置指示器等附件,柜门外有观察窗,运行时可观察内部情况。

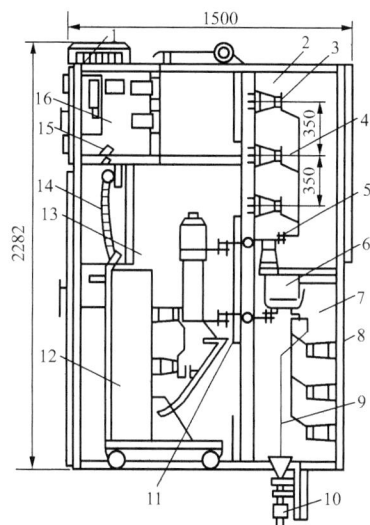

图 7-19　GC-2 型全封闭手车式高压开关柜

1—小母线室;2—主母线室;3—母线;4—引下线;5—静触头;6—电流互感器;7—出线室;8—绝缘子;9—电缆;10—零序电流互感器;11—自动帘板;12—断路器手车;13—手车室;14—二次电缆;15—端子排;16—继电器室

由于手车式高压开关柜具有密封性能好、能防尘、运行可靠、维护工作量小、检修方便,以及小车有良好的互换性,可以缩短用户停电时间等优点,故广泛应用于发电厂的高压厂用配电装置。

三、SF_6 封闭式组合电器 (GIS)

SF_6 封闭式组合电器是把各种独立结构的元件,如母线、断路器、隔离开关、接地开关、电压及电流互感器、避雷器、电缆终端盒等,按电气主接线的要求依次连接,组合成一个整体,并且将全部元件封闭在接地的金属(钢或铝)外壳中,壳体内充以 SF_6 气体作为绝缘和灭弧介质，元件的外壳在互相连接时再辅以一些过渡元件，如三通、弯头、伸缩节等，组成成套配电装置。

图 7-20 所示为 110kV 单母线接线的 SF_6 封闭组合电器的断面图。为便于支撑和检修，母线布置在下部，采用三相共箱式结构。

按照电气主接线的连接顺序，组合电器各元件布置成 Π 形，使结构更紧凑，以节省占地面积和空间。该封闭组合电器内部分为母线、断路器、隔离开关、电压互感器四个互相隔离的气室，各气室内 SF_6 压力不完全相同。

封闭组合电器各气室相互隔离，可以防止事故范围的扩大，也便于各元件的分别检修与更换。

SF_6 封闭式组合电器与一般配电装置比较有如下很多优点：

（1）大量节省占地面积和空间。

（2）运行可靠性高。

（3）土建和安装工作量小，建设速度快。

（4）检修周期长，维护工作量小。

（5）抗振性能好，金属外壳有屏蔽作用，消除了对无线通信、电视等的干扰。

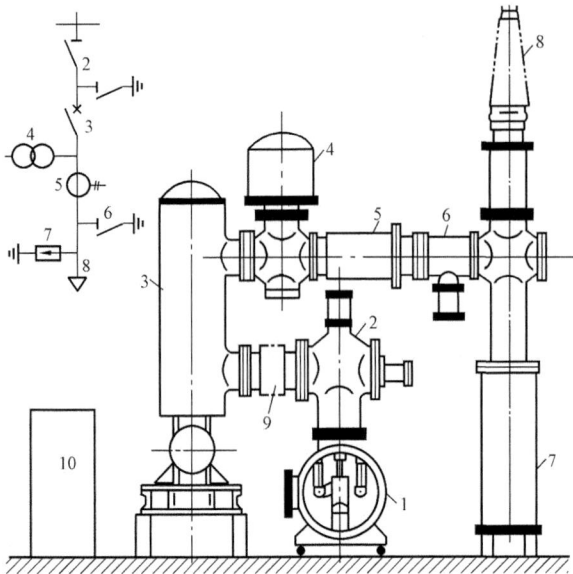

图 7-20　110kV 单母线接线的 SF_6 封闭组合电器的断面图
1—母线；2—隔离开关、接地隔离开关；3—断路器；4—电压互感器；5—电流互感器；6—快速接地开关；7—避雷器；8—引线套管；9—波纹管；10—SF_6 断路器操动机构

其缺点是加工和安装工艺要求高，金属消耗量大，造价高。

目前我国生产的 SF_6 封闭式组合电器，额定电压为 110～500kV，可用于屋外，一般用于地形狭窄的水电厂、城市中心和严重污秽环境恶劣的变电站。

第六节　成套配电柜和动力配电箱的安装

成套配电柜又称开关柜，分高、低压两种，高压开关柜是控制高压线路用的，低压开关柜是控制低压线路用的，它是变、配电装置中一项重要设备。成套配电柜通常用薄钢板和角钢焊成，根据用途的需要，柜内装有各种电气设备，如隔离开关、油开关、互感器、避雷器、熔断器及各种检测仪表和信号装置等。动力配电箱用于车间，供车间各用电设备分配电源。动力配电箱通常用钢板焊成，内装隔离开关和熔断器，有墙挂式和落地式两种。开关柜和动力配电箱型号规格很多，但安装方法大致相同。

一、成套配电柜的安装

成套配电柜的安装工序可分为基础型钢埋设、配电柜的搬运和检查、立柜、内部清扫等。

1. 基础型钢埋设

配电柜通常安装在基础上，基础大多数采用槽钢或角钢，并在土建施工时埋设好。埋设方法有两种：

（1）直接埋设法。这种埋设法是在土建打混凝土时，直接将基础型钢埋设好。埋设前先将型钢调直，除去铁锈，按图纸尺寸下好料并钻孔，然后在埋设位置找出型钢的中心线，再按图纸的标高尺寸，测量其安装位置，并做上记号，记号要正确，以免造成过大误差。将型钢放在所测量的位置上，使其与记号对准，并用水平尺调好水平，水平误差每米不超过1mm，全长不超过5mm。配电柜的基础型钢一般为两根，埋设时应使其平行，并处于同一水平面，可以用水平尺调整，如水平尺不够长，可用一平板尺放在两型钢上面，水平尺放在平板上，水平面低的型钢可用铁片垫高，埋设的型钢可高出地表面5～10mm（型钢是否需要高出地面，应根据设计规定）。水平调好后，可将型钢焊在钢筋上，也可将型钢用铁丝绑在钢筋上。为了防止钢筋下沉而影响水平，可在型钢下支一些钢筋，使其稳固。全部工作做完后，应再仔细检查安装尺寸和水平，如不符合要求，应及时处理。用这种方法埋设基础型钢的优点是不需要木盒板，可节约木材，但缺点是可能产生较大的误差。

（2）预留槽埋设法。用这种方法埋设型钢是在土建打混凝土的时候，根据图纸的要求在埋设位置预埋好用钢筋做成的钢筋钩（此钢筋钩用来焊在型钢上，使型钢基础牢固地打在混凝土内），并且预留出型钢的空位。预留空位的方法是在浇混凝土地面的时候，在地面上埋入比型钢略大的木盒（一般大30mm左右），待混凝土凝固后，将埋入的木盒取出，再埋设基础型钢。埋设型钢时，应先将预留的空位清扫干净，按上述要求将型钢加工，然后将型钢放入埋设位置，并按上述方法和要求调好水平。水平调好后，把预埋的钢筋钩焊在型钢上，使其固定，型钢的周围可用1∶2的混凝土填充并捣实。

埋设的基础型钢应做良好的接地，一般用扁钢将其与接地网焊接，接地不应少于两处，一般是在型钢两端各焊一扁钢与接地网相连，型钢露出地面部分应涂一层防锈漆。

2. 搬运和检查

搬运配电柜应在较好天气进行，以免受潮。高压配电柜体积较大，并且很重，在搬运中容易翻倒，因此在搬运过程中，要防止开关柜倾倒，同时也不要使它受到冲击和振动。配电柜由仓库运到现场，最好用起重机械装卸。用汽车运输时，配电柜应立放在汽车上，不得侧放和倒放，并用绳子拉住，防止倾倒。

配电柜搬运至现场后，应进行开箱检查。开箱时要小心谨慎，不要损坏设备，开箱后用抹布把开关柜擦干净，并检查设备与原设计是否相符，备品是否齐全，有无损坏、腐蚀等情况。

3. 立柜

立柜工作应在浇注基础型钢的混凝土凝固后进行。立柜前，先按照图纸规定的顺序将配电柜作好标记，然后将其搬放在安装位置。立柜时，可先把每个柜调整到大致的水平位置，然后再精确地调整第一个柜，再以第一个柜为基准逐次调整其他柜。调整顺序可以从左到右或从右到左，也可先调中间一柜，然后左右分开调整。配电柜的水平调整可用水平尺测量；垂直情况的调整可在柜顶放一木棒，沿着柜面悬挂一线垂，测量柜面上下端与吊线的距离，如果距离不等，可用薄铁片加垫，使其达到要求。调整好的配电柜应该盘面一致，排列整齐；柜与柜之间应用螺栓拧紧，应无明显缝隙。配电柜的水平误差不应大于1/1000，垂直误差不应大于其高度的 1.5/1000。调整完毕后再全部检查一遍，看看是否都合乎质量要求，然后用电焊（或连接螺栓）将配电柜底固定在基础型钢上。如用电焊，每个柜的焊缝不应少于 4 处，每处焊缝长约 100mm 左右。为了美观，焊缝应在柜体的内侧，焊接时，应把垫于柜下的垫片也焊在基础型钢上。

4. 内部清扫

配电柜固定好后，应进行内部清扫，用抹布将各种设备擦干净，柜内不应有杂物，同时检查机械活动部分是否灵活，导线连接是否紧固。

二、标准配电箱的安装

通常，标准配电箱内的仪表、开关、电器等元器件都是由制造厂提供的，现场只需进行检查和调试，调试合格，就可根据现场条件选择适当方式进行安装。配电箱的安装主要有墙上安装、支架上安装、柱上安装、嵌墙式安装和落地式安装等。

1. 基本要求

配电箱应安装在干燥、明亮、不易受振动、便于操作和维护的场所，满足以下要求：

（1）配电箱的安装高度，暗装时底口距地面为 1.4m，明装时为 1.2m，但明装电度表箱应加高到 1.8m。配电箱安装的垂直偏差不应大于 3mm，操作手柄距侧墙的距离不应小于 200mm。

（2）安装配电箱（盘）所需木砖、金具等均需随土建施工预先埋入墙内。

（3）在 240mm 厚的墙壁内暗装配电箱时，在墙后壁需加装 10mm 厚的石棉板和直径为 2mm、孔洞为 10mm 的铁丝网，再用 1∶2 的水泥砂浆抹平，以防开裂。墙壁预留的孔洞应比配电箱的外形尺寸大 20mm 左右。

（4）配电箱与墙壁接触部分均应涂刷防腐漆，箱内壁和盘面应涂刷两道灰色油漆，箱门油漆的颜色除设计有特殊要求外，一般与工程门窗的颜色相同，铁制配电箱需先涂樟丹漆，再涂油漆。

（5）配电箱内连接计量仪表、互感器等的二次导线，应采用截面积不小于 2.5mm² 的铜芯绝缘导线。

（6）配电箱后面的配线应排列整齐，绑扎成束，并用卡钉紧固在盘板上。从配电箱中引出和引入的导线应留出适当长度，以利于检修。

（7）相线穿过盘面时，木制盘面需套瓷管头，铁制盘面需装橡皮护圈。中性线穿过木制盘面时，可不加瓷管头，只需套上塑料套管即可。

（8）为了提高动力配电箱中配线的绝缘强度和便于维护，导线均需按相位颜色套上软塑料套管，分别以黄、绿、红、黑色表示 U、V、W 相和中性线。

2. 配电箱安装在墙上

配电箱在墙上安装的方法和步骤如下：

（1）预埋固定螺栓。在现有墙上安装配电箱以前，应量好配电箱安装孔的尺寸（见表 7-6），然后凿孔洞，预埋螺栓（有时采用塑料胀管固定）。预埋螺栓的规格可根据配电箱的型号和质量来选择（见表 7-6）。螺栓的长度应为埋设深度（一般为 120~150mm）加箱壁、螺母和垫圈的厚度，再加 3~5mm 的余留长度。配电箱一般有上、下各两个固定螺栓，埋设时应使用水平尺和线锤来校正，使其呈水平和垂直状态，螺栓中心间距应与配电箱安装孔中心间距相等，以免安装困难。

表 7-6　　　　　　　**常用配电箱安装孔间距及预埋螺栓的规格**　　　　　　（mm）

型　　号	安装孔间距		螺栓螺母及垫圈直径（d）	质量（kg）
	A	B		
XL-3-1	390	290	8	30
XL-3-2	570	290	8	35
XL-10-1/15	180	360	10	10
XL-10-2/15	365	465	10	22
XL-10-3/15	495	465	10	28
XL-10-4/15	665	465	10	40
XL-10-1/35，XL-10-1/60	180	420	10	12
XL-10-2/35，XL-10-2/60	430	550	10	28
XL-10-3/35，XL-10-3/60	595	555	10	40
XL-10-4/35，XL-10-4/60	760	555	10	45
XLF-11-100，XLF-11-200	274	176	10	26
XLF-11-400	334	232	10	40
XLF-11-60R	274	184	10	34
XLF-11-100R	274	230	10	50
XLF-11-200R	315	295	10	55
XLF-11-400R	364	476	10	75
XL-12	290	320	10	23
XM-7-3/10	240	370	8	8
XM-7-3/0A	240	290	8	7
XM-7-6/0，XM-7-6/1	270	570	8	12～15
XM-7-6/0A	270	410	8	12
XM-7-9/0，XM-7-9/1	450	670	8	21～30
XM-7-6，XM-7-12/0，XM-7-12/1	450	670	8	18～33
XM-7-9/0A，XM-7-12/00	450	510	8	19～28
XM-7-3/1	270	470	8	9
XM-7-2	350	370	8	12
XM-7-4	350	570	8	15

（2）配电箱的固定。待预埋件的填充材料凝固干透，就可进行配电箱的安装固定。固定前，先用水平尺和线锤校正箱体的水平度和垂直度，若不符合要求，则应查明原因，调整后再将配电箱可靠固定。配电箱在墙上的安装如图 7-21 所示。

3. 配电箱安装在支架上

在支架上安装配电箱以前，应将支架加工焊好，并在支架上钻好固定螺栓的孔眼，然后将支架固定在墙壁上或埋设在地坪上。配电箱安装在支架上的固定方法与在墙上的安装固定方法相同，如图 7-22 所示。

4. 配电箱安装在柱上

在柱上安装配电箱以前，应在柱上装设角钢和抱箍，然后在上、下角钢中部的配电箱安装孔处焊接固定螺栓的垫铁，并钻好孔，最后将配电箱固定安装在角钢垫铁上，如图 7-23 所示。

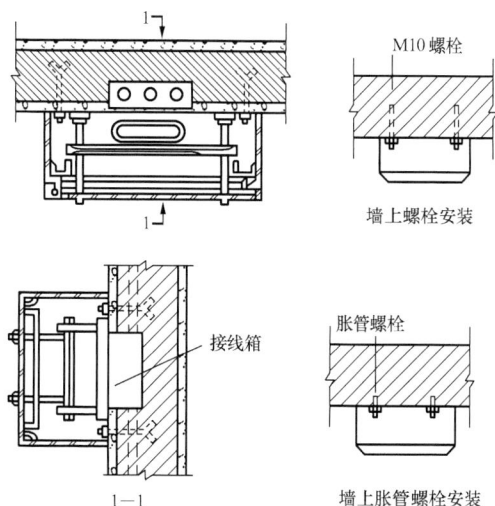

图 7-21　配电箱安装在墙上

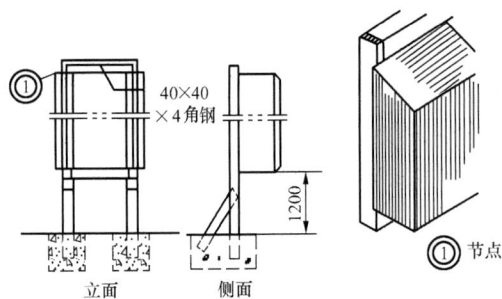

图 7-22　配电箱安装在落地支架上

5. 配电箱的嵌墙式安装

配电箱的嵌墙式安装应配合配线工程的暗敷设进行。待预埋线管施工完毕，将配电箱的箱体嵌入墙内（有时将线管与箱体组合后，在土建施工时埋入墙内），并做好线管与箱体的连接，然后在箱体四周填入水泥砂浆，如图 7-24（a）所示。

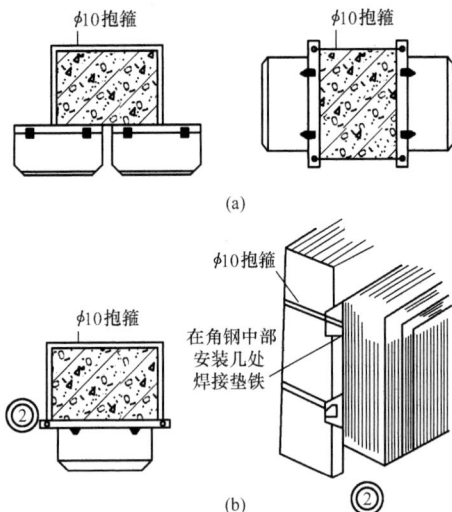

图 7-23　配电箱安装在柱上
（a）双台柱上安装；（b）单台柱上安装

如果墙壁的厚度不能满足配电箱嵌入式安装的要求，则实行半嵌入式安装，使配电箱的箱体一半在墙面以外，一半嵌入墙内［如图 7-24（b）所示］，其安装方法与嵌入式相同。

6. 配电箱的落地式安装

在安装以前，一般应预制一个高出地面约 100mm 的混凝土空心台［见图 7-25（b）］，这样进、出线方便，不易进水，可保证运行安全。进入配电箱的钢管应排列整齐，管口应高出基础面 50mm 以上。配电箱的落地式安装如图 7-25（a）、（c）、（d）所示，图中的 B、C 尺寸由设计确定。

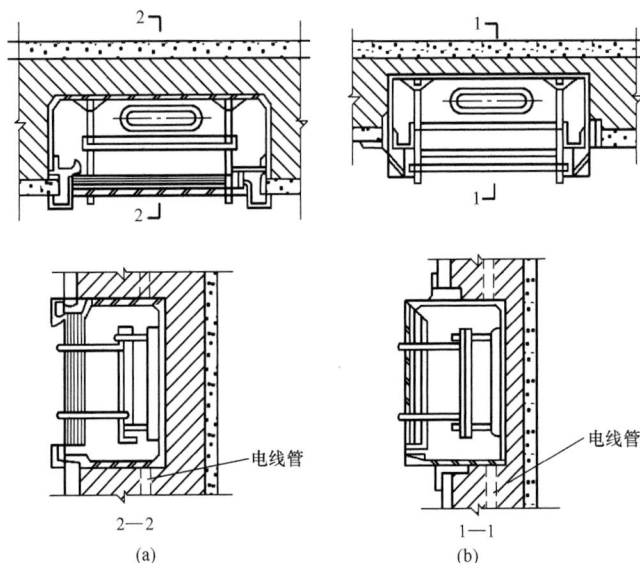

图 7-24　配电箱的嵌墙式安装
（a）嵌入式；（b）半嵌入式

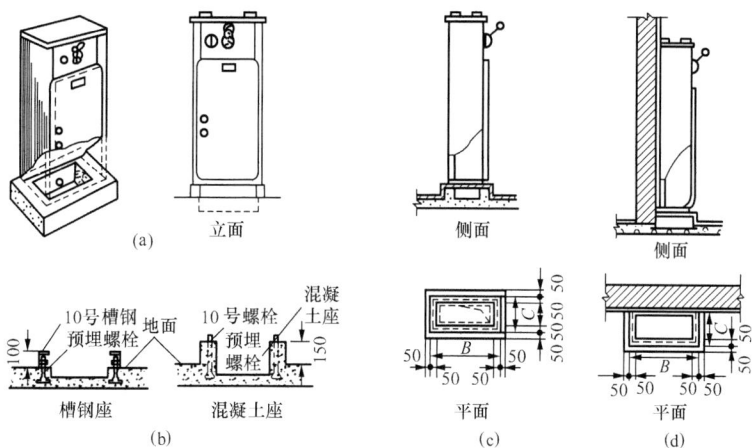

图 7-25　配电箱的落地式安装

（a）安装示意图；（b）基座示意图；（c）独立安装；（d）靠墙面安装

思 考 与 练 习

1. 配电装置有什么作用？实际生产中的配电装置分为哪些类型？

2. 简述 6～10kV 单层屋内配电装置的布置特点。

3. 简述 10kV 屋外配电装置的布置特点。

4. 简述成套配电柜的安装步骤及安装注意事项。

5. 屋内配电装置和屋外配电装置各有何优缺点？

6. SF₆ 全封闭式组合电器的主要结构和优、缺点是什么？适用范围如何？

7. 屋外中型、高型和半高型配电装置各有什么特点？各应用在什么场合？

第八章 电 机

第一节 电机的类型

电机是以磁场为媒介进行机械能和电能相互转换的电磁装置。将机械能转换为电能的称发电机，将电能转换为机械能的称为电动机，发电机和电动机统称为旋转电机。变压器的功能是将某个电压的交流电转换成同频率但不同电压的交流电，它是静止不动的，因为它的工作原理和分析方法与旋转电机密切关联，故将它列入电机范畴。

电机的分类方法很多，常用的分类方法有：

（1）按电能的性质分为直流电机和交流电机。

（2）按同步转速分为同步电机和异步电机。

同步发电机是当前人类获取电能最重要的装置，无论火电厂、核电厂，还是水电厂，它们都是先将热能、核能或水能转换为机械能，最后通过同步发电机将机械能转换为电能。电动机是当今获取机械能最方便、灵活、可靠的装置，无论工、商、交通运输、办公或民用，处处可见各种各样、大小不一、功能不同的电动机。电能的远距离传输宜采用高电压，而用户需要的电压通常较低，为此，电力系统中必须进行电压的升降变换，这项工作无一例外地均由变压器来完成。

电机的容量、体积差异极为悬殊，交流同步发电机的容量最大可达到 700MW 甚至更高，相应的配套变压器容量高达 840MVA，它们的质量可达数千吨。反之，有些控制用微电机，外径不到 10mm，质量小到以克计算，最小的微型电动机可以在人体的血管中工作。不同电机的转速也有极大的差异，转速变化范围从每分钟数转到几十万转不等。同步发电机实体图如图 8-1 所示。

异步电动机按转子结构不同可分为鼠笼式和绕线式，其中

(a)

(b)

(c)

图 8-1 同步发电机实体图

（a）汽轮发电机；（b）立式水轮发电机；（c）卧式水轮发电机

鼠笼式异步电机还可分为单鼠笼、双鼠笼和深槽式等。异步电动机按电源相数分类，有三相和单相两种；按不同的冷却和保护方式，异步电机可分为开启式、防滴式、封闭电动机、防护式电动机、潜水电动机及矿用隔爆型电动机等；还可按其防护功能分为若干等级。

电机的分类如图 8-2 所示。

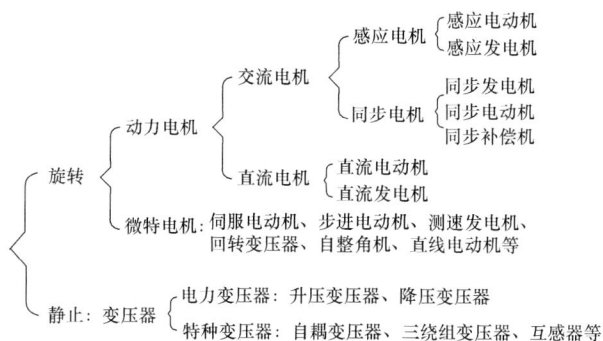

图 8-2 电机的分类

第二节 异步电机的基本结构

一、电机的一般结构

（一）定子

旋转电机的基本结构如图 8-3 和图 8-4 所示。电机固定不动的部分称为定子，定子主要由铁芯、绕组和机座组成。定子铁芯是电机主磁路的一部分，如果铁芯中流过的是交变磁通，为了减小铁芯损耗，通常采用 0.5mm 厚的电工硅钢片冲切成环形冲片，再叠成圆筒形铁芯，并将它压入机壳中，这种铁芯称为隐极式，常见于交流电机。如果铁芯中流过的是恒定磁通，则定子铁芯为铸钢形圆筒，且在内腔均匀设置磁极来构成，这种铁芯称为凸极式，主要是直流电机的结构。

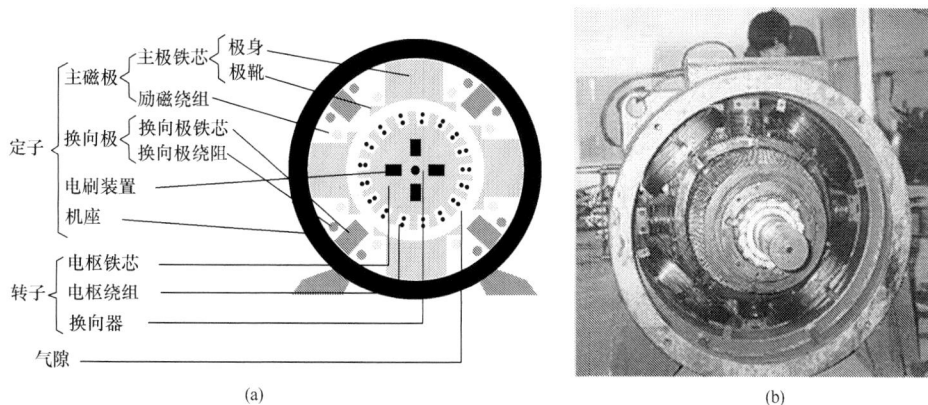

(a)

(b)

图 8-3 直流异步电机径向剖面图

（a）示意图；（b）实体图

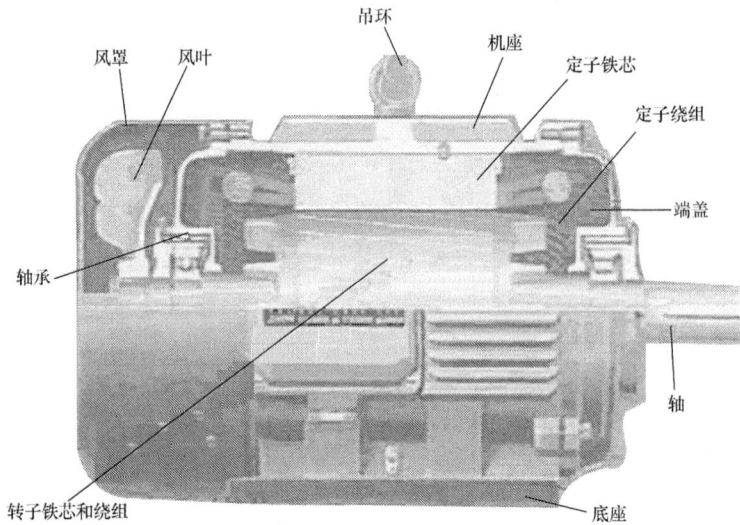

图 8-4 异步电动机示意图

定子绕组是电机电路的一部分。对隐极式铁芯，将导体嵌在圆筒形铁芯均匀分布的槽中，导体按电动势相加的原则连成线圈，众多线圈又按各种不同的要求连成不同形式的绕组，这种绕组称为分布绕组，它构成定子电路。对凸极式铁芯，定子绕组是套在磁极上的许多匝同心线圈，这些同心线圈构成的绕组又称为集中绕组。

机座是电机的机械支撑部分，一般由铸铝或钢片焊接而成，其外形应有利于散热，便于安装和固定。

大型同步发电机的定子实体图如图 8-5 所示。

图 8-5 同步发电机定子实体图
(a) 汽轮机的定子；(b) 水轮机的定子铁芯

（二）转子

电机的旋转部分称为转子，转子主要由转子铁芯、转子绕组和转轴三部分组成。

转子铁芯有隐极与凸极之分。隐极式铁芯中流通的是交变磁通，它由冲切成圆形的 0.5mm 厚的电工硅钢片叠成圆柱形；凸极式铁芯为圆柱形铸钢，表面铣出不均匀分布的槽，这样就使铁芯形成磁极（如汽轮发电机），有时也可将电工硅钢片叠成的磁极设置在圆柱形的铸钢体上（如水轮发电机）。同步发电机转子实体图如图 8-6 所示。

(a)　　　　　　　　　　　　　　　　(b)

图 8-6　同步发电机转子实体图
(a) 汽轮机的转子；(b) 水轮机的转子

转子绕组嵌在圆柱形铁芯外表面的槽中，绕组与铁芯一起旋转，为了使绕组与外电路连通，应设置电刷与换向器。感应电动机还有一种特殊形式的绕组，称为笼型绕组（见图 8-7），它的导条放置在转子铁芯槽中，两端由端环短接，整个绕组可以用铝铸成或铜条焊成。

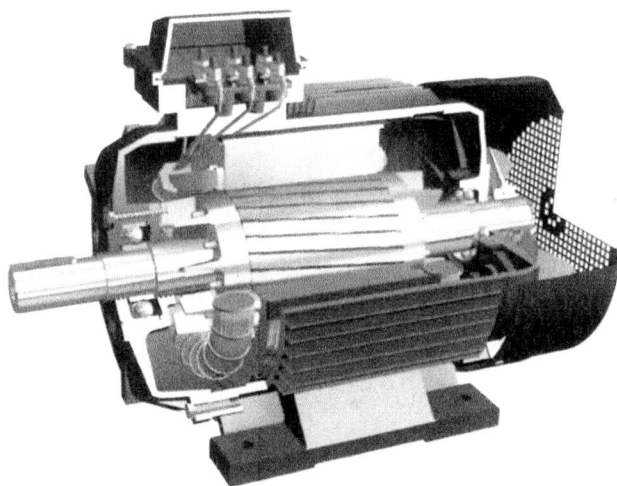

图 8-7　异步电动机转子结构示意图

转轴固定在转子铁芯中央，轴上装有轴承，轴承座安装在机座或机壳上。转轴是电机机械功率输入、输出的枢纽。

（三）主要材料

电机的结构复杂，应用材料众多，按各种材料的功能来看主要分为导电材料、导磁材料、绝缘材料、散热材料和机械支撑材料五种。

1. 导电材料

为了减小电阻损耗，导电材料应有良好的导电性能。电机绕组的材料主要采用含铜量在 99.9％以上的电解铜，这种电解铜在 20℃时的电阻率只有 $17.24 \times 10^{-9} \Omega \cdot m$。铝也是良导体，电阻率为铜的 1.6 倍左右，常用于铸造笼型转子绕组。碳也是应用于电机中的一种导电材料，滑动接触中的电刷常用碳（石墨）制成。

2. 导磁材料

为了在一定的电流下能产生较强的磁场，电机中常采用导磁性能较高的铸钢、钢板制成磁路。当磁路为交变磁场时，为了减小铁芯损耗，通常用电工硅钢片叠成铁芯构成磁路，硅钢片的标准厚度有 0.35、0.5、1.0mm 等多种规格。出于对机械强度要求的考虑，变压器铁芯用较薄的（0.35mm）硅钢片，旋转电机常用较厚的（0.5mm）硅钢片。永磁材料铝镍钴、钕铁硼等既是导磁材料又是磁动势源，是永磁电机、民用小电机中常用的材料。

3. 绝缘材料

导体与导体、导体与机座及铁芯间都必须用绝缘材料隔开。绝缘材料的使用寿命与工作温度有很大关系，长时间在高温下工作，绝缘材料会逐渐老化，丧失机械强度和绝缘性能。为了保证电机能在较长的年限内可靠地工作，规范规定了绝缘材料的极限容许温度。

绝缘材料常分为 7 级（见表 8-1），其中，E、B、F 级应用较普遍。变压器油是一种特种矿物油，在变压器中同时起绝缘和散热两种作用。

表 8-1　　　　绝缘材料的等级

绝缘级别	极限温度（℃）	主　要　材　料
O	90	棉纱、天然丝、纸等
A	105	经过油或树脂处理过的 O 类有机合成树脂
E	120	环氧树脂、聚酯薄膜等有机合成树脂
B	130	用有机黏合物制成的云母、石棉、玻璃丝等无机物质
F	155	B 级中用耐热有机漆、聚酯漆为粘合剂
H	180	B 级中用耐热硅、有机树脂、硅有机漆为粘合剂
C	>180	云母、玻璃、瓷、石英等

4. 散热材料

电机工作时的损耗最后均转化为热能，使电机升温，若不采取措施限制电机的温升，将加快电机绝缘的老化，缩短电机的使用寿命。为此，实际生产中采取多种措施加快散热，限制温升。中小型电机可利用增大机壳的表面积来帮助散热，大中型电机利用水或氢气的循环流动来散热（内冷式散热），也有电机利用轴上装设的风扇加快空气的流通来帮助散热。

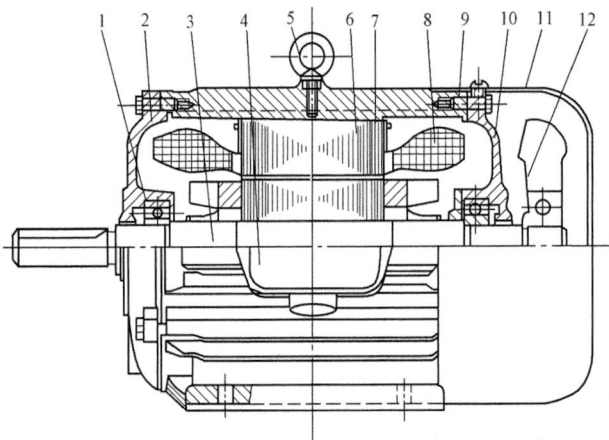

图 8-8　封闭式三相笼型异步电动机结构图

1—轴承；2—前端盖；3—转轴；4—接线盒；5—吊环；
6—定子铁芯；7—转子；8—定子绕组；9—机座；
10—后端盖；11—风罩；12—风扇

5. 机械支撑材料

机械支撑材料主要是指铝合金、钢板等制成的机座、端盖、转轴和轴承等。

二、三相异步电动机的基本结构及工作原理

三相异步电动机的种类很多，但各类三相异步电动机的基本结构是相同的，它们都由定子和转子这两大基本部分组成，在定子和转子之间具有一定的气隙，此外，还有端盖、轴承、接线盒、吊环等其他附件，如图 8-8 所示。

（一）定子部分

定子是用来产生旋转磁场的。三相电动机的定子一般由外壳、定子铁芯、定子绕组等部分组成。

（1）外壳。三相电动机外壳由机座、端盖、轴承盖、接线盒及吊环等部件组成。

1）机座：由铸铁或铸钢浇铸而成。它的作用是保护和固定三相电动机的定子绕组。中、小型三相电动机的机座还有两个端盖支承着转子，它是三相电动机机械结构的重要组成部分。通常，机座的外表要求散热性能好，所以一般都铸有散热片。

2）端盖：由铸铁或铸钢浇铸而成。它的作用是把转子固定在定子内腔中心，使转子能够在定子中均匀地旋转。

3）轴承盖：也由铸铁或铸钢浇铸而成。它的作用是固定转子，使转子不能轴向移动，另外起存放润滑油和保护轴承的作用。

4）接线盒：一般是用铸铁浇铸而成。其作用是保护和固定绕组的引出线端子。

5）吊环：一般是用铸钢制造，安装在机座的上端，用来起吊、搬抬三相电动机。

（2）定子铁芯。异步电动机定子铁芯是电动机磁路的一部分，由 0.35～0.5mm 厚表面涂有绝缘漆的薄硅钢片（定子冲片）叠压而成，如图 8-9 所示。由于硅钢片较薄而且片与片之间是绝缘的，所以减少了由于交变磁通通过而引起的铁芯涡流损耗。铁芯内圆有均匀分布的槽口，用来嵌放定子绕圈。

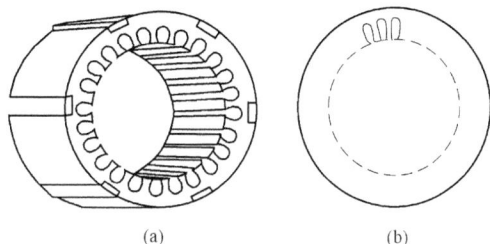

图 8-9　定子铁芯及定子冲片示意图

（a）定子铁芯；（b）定子冲片

（3）定子绕组。定子绕组是三相电动机的电路部分，三相电动机有三相绕组，通入三相对称电流时，就会产生旋转磁场。三相绕组由三个彼此独立的绕组组成，且每个绕组又由若干线圈连接而成。每个绕组即为一相，每个绕组在空间相差 120°。线圈由绝缘铜导线或绝缘铝导线绕制。中、小型三相电动机的定子线圈多采用圆漆包线绕制，大、中型三相电动机的定子线圈则用较大截面的绝缘扁铜线或扁铝线绕制，再按一定规律嵌入定子铁芯槽内。定子三相绕组的六个出线端都引至接线盒上，首端分别标为 U1、V1、W1，末端分别标为 U2、V2、W2。这六个出线端在接线盒里可以接成星形或三角形，如图 8-10 所示。

（4）定子绕组的相关参数：

1）槽距角 α。槽距角是指铁芯相邻两槽间的电角度，即

$$\alpha = \frac{360°p}{Q} \tag{8-1}$$

2）每极每相槽数 q。每极每相槽数是指每个极面下每相绕组所占有的槽数，即

$$q = \frac{Q}{2pm} \tag{8-2}$$

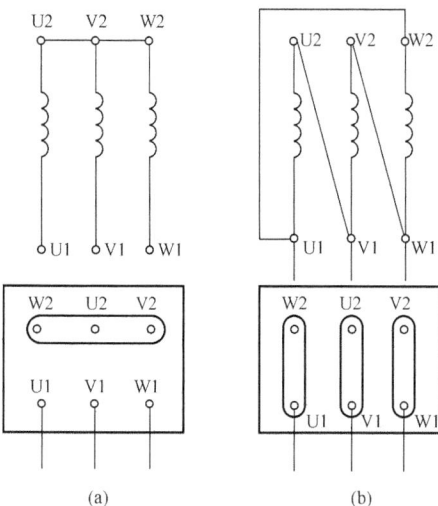

图 8-10　定子绕组的连接

（a）星形连接；（b）三角形连接

上两式中　　Q——定子铁芯总槽数；

$\quad\quad\quad\quad\quad p$——电机的极对数；

$\quad\quad\quad\quad\quad m$——相数。

3）相带。相带是指每个极面下每相绕组所占有的电角度。一个极面为 180°电角度，分配到 m 相，则每相的相带为 $180°/m$。如三相电机 $m=3$，则其相带为 60°。

（二）转子部分

（1）转子铁芯：转子铁芯用 0.5mm 厚的硅钢片叠压而成，套在转轴上，作用和定子铁芯相同，一方面作为电动机磁路的一部分，一方面用来安放转子绕组。

（2）转子绕组：异步电动机的转子绕组分为绕线形与笼形两种，由此分为绕线转子异步电动机与笼形异步电动机。

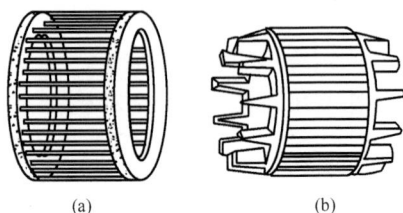

图 8-11　笼形转子绕组

(a) 铜排转子；(b) 铸铝转子

1）绕线形绕组：与定子绕组一样也是一个三相绕组，一般接成星形，三相引出线分别接到转轴上的三个与转轴绝缘的集电环上，通过电刷装置与外电路相连，这就有可能在转子电路中串接电阻或电动势以改善电动机的运行性能。

2）笼形绕组：在转子铁芯的每一个槽中插入一根铜条，在铜条两端各用一个铜环（称为端环）把导条连接起来，称为铜排转子，如图 8-11 (a) 所示；也可用铸铝的方法，把转子导条和端环风扇叶片用铝液一次浇铸而成，称为铸铝转子，如图 8-11 (b) 所示。100kW 以下的异步电动机一般采用铸铝转子。

（三）其他部分

其他部分包括端盖、风扇等。端盖除了起防护作用外，在端盖上还装有轴承，用以支撑转子轴。风扇则用来通风冷却电动机。

（四）气隙

气隙是指电动机转子与定子之间的间隙，异步电动机的气隙是均匀的，中小型电动机的气隙一般为 0.2～2mm，微型电动机将更小。气隙太大，电动机运行时的功率因数降低；气隙太小，使装配困难，运行不可靠，高次谐波磁场增强，从而使附加损耗增加以及使启动性能变差。

（五）铭牌

每台电动机的机座上都有一块铭牌，上面标有额定值和有关技术数据。

（1）额定功率 P_N，指电动机额定运行时，转轴上输出的机械功率，单位为 W 或 kW。

（2）额定电压 U_N，指电动机在额定方式运行时，定子绕组上应加的线电压，单位 V 或 kV。

（3）额定电流 I_N，指电动机在额定方式运行时流过定子绕组的线电流，单位为 A。

（4）额定频率 f_N，我国工业频率为 50Hz。

（5）额定转速 n_N，指电动机在额定方式运行时转轴的转速，单位为 r/min。

（6）额定功率因数 $\cos\varphi_N$，指额定运行时，定子电路的功率因数。

此外，铭牌上通常还标有相数、绕组连接方式、外壳防护方式及绝缘等级等。如系绕线转子感应电动机，还应标明外施给定子额定电压时，转子绕组的开路电压，额定运行时转子绕组的额定电流值。异步电动机铭牌如图 8-13 所示。

三、三相异步电动机的工作原理

（一）三相异步电动机的工作原理

三相交流电通入异步电动机定子绕组后，便形成了一个旋转磁场，其转速 $n_1 = \dfrac{60f}{p}$。旋转磁场的磁力线被转子导体切割，根据电磁感应原理，转子导体产生感应电动势。转子绕组是闭合的，则转子导体有电流流过。设旋转磁场按顺时针方向旋转，且某时刻为上为北极 N 下为南极 S，如图 8-12 所示。根据右手定则，在上半部转子导体的电动势和电流方向由里向外，用 ⊙ 表示；在下半部则由外向里，用 ⊕ 表示如图 8-12 所示。

流过电流的转子导体在磁场中要受到电磁力作用，力 F 的方向可用左手定则确定，如图 8-12 所示。电磁力作用于转子导体上，对转轴形成电磁转矩，使转子按照旋转磁场的方向旋转起来，转速为 n。

图 8-12　三相异步电动机
转动原理示意图

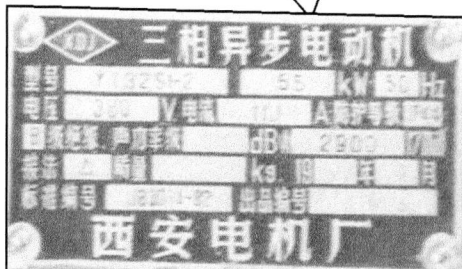

三相电动机的转子转速 n 始终不会加速到旋转磁场的转速 n_1。因为只有这样，转子绕组与旋转磁场之间才会有相对运动而切割磁力线，转子绕组导体中才能产生感应电动势和电流，从而产生电磁转矩，使转子按照旋转磁场的方向继续旋转。由此可见 $n_1 \neq n$，且 $n < n_1$，是异步电动机工作的必要条件，"异步"的名称也由此而来。

三相异步电动机铭牌如图 8-13 所示。

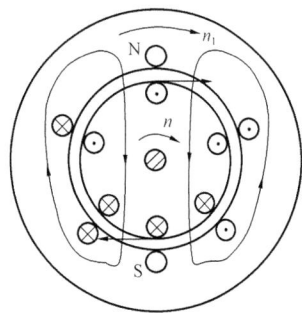

图 8-13　三相异步电动机铭牌

（二）转差率

旋转磁场转速 n_1 与转子转速 n 之差与同步转速 n_1 之比称为异步电动机的转差率 s，即

$$s = \frac{n_1 - n}{n_1} \tag{8-3}$$

转差率是异步电动机的一个基本参数，对分析和计算异步电动机的运行状态及其机械特性有着重要的意义。当异步电动机处于电动状态运行时，电磁转矩 T_{em} 和转速 n 同向。转子尚未转动时，$n = 0$，$s = \dfrac{n_1 - n}{n_1} = 1$；当 $n_1 = n$ 时，$s = \dfrac{n_1 - n}{n_1} = 0$。可知异步电动机处于电动状态时，转差率的变化范围总在 0 和 1 之间，即 $0 < s < 1$。一般情况下，额定运行时 s 为 $1\% \sim 5\%$。

四、三相异步电动机的运行

（一）异步电动机的启动

1. 异步电动机本身固有的启动性能

电动机的启动特性主要由启动电流和启动转矩来衡量。实际生产中往往希望启动转矩足够大，以便较快地带动机械负载达到额定转速；同时希望启动电流不要太大，以免给供电系统造成冲击和波动，影响供电系统中其他电气设备的正常工作。

然而，异步电动机如不采取措施而直接启动，其本身固有的特性与期望恰恰相反：启动电流很大，可达额定电流的 5～7 倍；启动转矩却不按启动电流的倍数增长，只为额定转矩的 1～2 倍。由此可见，异步电动机固有的启动性能很差。

2. 改善异步电动机固有启动特性的途径

降低启动电压虽然可以减小启动电流，但启动转矩将随电压的平方减小，故通过降低电源的电压来启动只适用于对启动转矩要求不高的场合，例如驱动各种机床设备、风机和水泵等电动机的启动。

增大转子电阻不仅可增大启动转矩，同时也能减小启动电流。可是，简单地增大转子电阻将导致电动机正常运行时的效率降低。

绕线转子异步电动机有其独特的优点，其转子回路通过集电环电刷在启动时串联接入附加电阻，该电阻也称之为启动电阻；电动机正常运行时又能将电阻切除，使转子回路直接短接，这样既改善了启动特性，又不影响正常运行时的效率。

笼型异步电动机不具备上述接入启动电阻的条件，但却具有构造简单、运行可靠、价格低廉等优点。为了既能改善启动特性，又保留笼型异步电动机的优点，实际生产中研制出了深槽笼型和双笼型结构的异步电动机。

3. 改善异步电动机启动特性的具体方法

改善启动特性的方法除应使电动机能具有足够大的启动转矩和不太大的启动电流外，还应要求启动时所用设备尽可能简单、可靠、易于操作，并有合理的价格。

（1）笼型异步电动机的启动。笼型异步电动机的启动方式有直接启动与减压启动。

直接启动就是用刀开关或交流接触器将异步电动机接到电压为电动机额定值的三相对称电源上的启动方式。直接启动时，启动电流可达电动机额定电流的 5～7 倍，启动转矩与额定转矩之比在 1～2 之间。

直接启动方法操作方便，设备简单，但启动电流大，对电网的冲击大。

减压启动主要有利用自耦变压器和 Y—△ 切换两种方式。

自耦变压器减压启动的原理是：启动时六刀双掷开关倒向启动侧，电源加到三相星形连接的自耦变压器 TA 上，TA 的电压变比为 k_a，所以电动机的启动电压降低到 $1/k_a$，相应地，电动机的启动电流也减小到 $1/k_a$。此时电动机的启动电流是 TA 的二次电流，电源供给的却是 TA 的一次电流，TA 的一、二次电流相差 k_a 倍。所以电源供给的启动电流比直接加额定电压至电动机时的启动电流减小到 $1/k_a^2$。转矩与电动机端电压的平方成正比，故启动转矩亦减小到直接启动时的 $1/k_a^2$。待电动机转速升到额定值附近时刀开关倒向运行侧，电动机全压正常运行。

自耦变压器 TA 及六刀双掷开关 S 可以组装在一起，统称为补偿启动器，S 的动作可以手动，亦可按转速或电动机电流通过专用电路来实现自动切换。

Y—△启动仅适用于正常运行时定子三相绕组为△连接的异步电动机。启动时三刀双掷刀开关倒向启动侧（Y形侧），定子绕组成 Y 连接，相电压降为额定电压的 $1/\sqrt{3}$，电动机每相启动电流 I_{ph} 也下降到 $1/\sqrt{3}$。如电动机直接启动则电源供给的是线电流 I_1，为相电流的 $\sqrt{3}$ 倍。Y—△启动时，使相电流下降 $\sqrt{3}$ 倍，而电源供给的为星形连接的线电流，即等于相电流。由此可见，与直接启动电源供给的启动电流相比，Y—△启动电流降到直接启动的 1/3。启动时相电压下降 $1/\sqrt{3}$，启动转矩下降到直接启动的 1/3。到转速上升接近额定转速时，刀开关 S 倒向运行侧（△侧），电动机成△连接，开始正常工作。

（2）绕线转子异步电动机的启动。启动时将启动电阻接至转子绕组的出线端，可调启动电阻调到阻值最大的位置，随着电动机转速的上升，逐步减小电阻值，当电动机的转速接近额定值时，电阻完全短接，这时电动机转入正常运行状态。

（二）异步电动机的调速

电动机的转速应能满足所驱动的机械负载的要求，总地说来，要求电动机调速范围宽广，能连续平滑地调节转速、操作方便，同时具有较好的经济性。

异步电动机调速的途径主要有两种：一是通过改变气隙旋转磁场的同步转速 n_s 来调速，另一种是在固定的气隙旋转磁场转速下通过改变转差率 s 来调速。

1. 通过改变气隙旋转磁场的同步转速 n_s 调速

由 $n_s = \dfrac{60f}{p}$ 可知，改变电源频率 f 或改变电动机的极对数 p 均可调节 n_s。

（1）变频调速。如果电源的频率可以连续调节，则电动机的转速就能连续、平滑地调节。

变频调速时希望气隙磁场的 Φ_m 能基本保持不变，励磁电流和电动机的功率因数基本不变。只有这样，才能保证调速范围大、调速效果好，而且效率较高。如果忽略异步电动机的定子阻抗压降，则

$$U_1 \approx E_1 = 4.44 f_1 N_1 k_{w1} \Phi_m$$

为了保持 Φ_m 不变，应使电压 U_1 随频率按正比例变化，即

$$\frac{U_1}{f_1} \approx \frac{E_1}{f_1} = 4.44 N_1 k_{w1} \Phi_m \tag{8-4}$$

也就是说，在改变频率的同时，必须相应调节电压。变频调速常用英文 VVVF 来表示。$x_{1\sigma}$ 和 $x'_{2\sigma}$ 均正比于 ω_1，而 $\omega_1 = 2\pi f$，故得

$$T_{max} \approx C \frac{U_1^2}{f^2} = C \left(\frac{U_1}{f} \right)^2 \tag{8-5}$$

式（8-5）表示在 VVVF 时，最大转矩 T_{max} 保持不变。

从转矩表示式 $T_{em} = C_T \Phi_m I_2' \cos\varphi_2$ 可见，在负载转矩不变的条件下调速时，如果 Φ_m 不变，I_2' 也基本不变，相应的定子电流 I_1 亦将基本不变，可见，这是一种接近于恒转矩的调速方法。

VVVF 亦可用于异步电动机启动。应用时可按负载启动力矩的要求，首先选择合适的启动频率 f_{st}，获得所需的启动转矩，之后随着电动机转速的上升相应地升高电源频率，这种启动方式通常称为软启动。

变频调速方法性能良好，但需要专门的变频变压装置。近年来，由于电力电子技术的发

展，变频器的价格不断降低，性能和可靠性不断提高，异步电动机的调速性能已经有了很大程度的改观。

值得注意的是，变频器输出的电压、电流波形中往往带有高次谐波，这会对电动机的运行性能带来不良影响。

（2）变极调速。极对数 p 与同步转速成反比，增加极对数便可降低同步转速，从而达到调速的目的。

下面仅以双速电动机为例从物理概念上简要说明变极调速的原理。

一台 8 极 24 槽定子绕组 $q=1$，其某相的接线如图 8-14（a）所示。当有电流流入 U 相时，产生的磁动势波如图 8-14（b）所示，为一个 8 极磁场。同理，可画出 V、W 两相绕组及其磁动势波，同样为 8 极，三相绕组各相距 120°电角度。

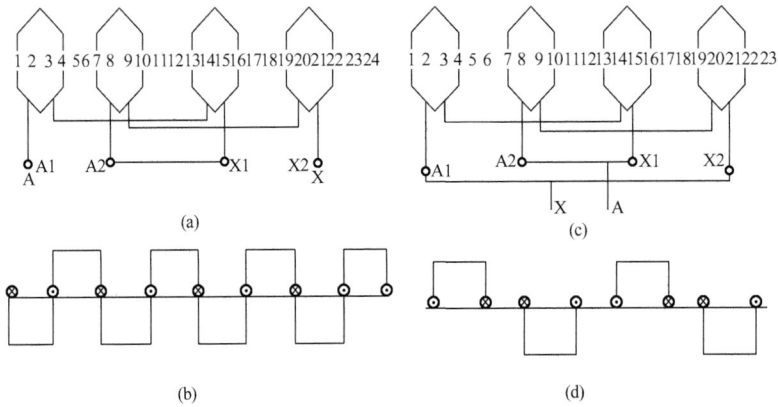

图 8-14　8/4 极变极接法

(a)8 极时某相绕组接线；(b)8 极磁动势波；(c)4 极时某相绕组接线；(d)4 极磁动势波

如果改变上述绕组的接线如图 8-14（c）所示。由图可见，有一半绕组的电流方向倒转，产生的磁动势波如图 8-14（d）所示，为一个 4 极磁场。

绕组接线变换时，三相的相序可能反转，如果要在两种转速下保持电动机的旋转方向，则应在改变极数的同时，把绕组的任意两个出线端对换。

变极电动机的尺寸一般要比同容量的普通电动机稍大，电动机的运行性能亦稍差，同时，电动机的出线端较多，并要配备专用的换接开关，这些均为其不足之处。但对需要调速的负载，变极调速对整个传动系统来说仍是一种可取的、较经济的选择。

2. 改变转差率调速

当气隙磁场的转速保持 n_s 不变时，可用下述方法改变转差率 s，从而进行转速调节。

（1）改变外施电源电压调速。由前面的分析可知，改变异步电动机的外施电压 U_1 时，最大转矩 T_{max} 将随 U_1 的平方变化，但出现最大转矩的临界转差率 s_c 则与 U_1 无关。据此，可画出不同的电压 U_1 时的转矩转差率曲线（如图 8-15 所示）。图 8-15（a）表示了 $U_1=U_N$，$U_1=0.8U_N$，$U_1=0.6U_N$ 三种不同外施电压时的 $T_{em}(s)$ 曲线。由该曲线可见，即使外施电压下降 20%，工作点由 a 变为 b，转差率由 s_1 变为 s_2，转差率的变化量很小，因此调速范围很小，调速不灵敏。另一方面，因为 $T_{max} \propto U_1^2$，外施电压又不能降低太多，否则，电动机的最大转矩将大幅度降低，当最大转矩降低到负载转矩后，电动机将停止转动，甚至烧毁。

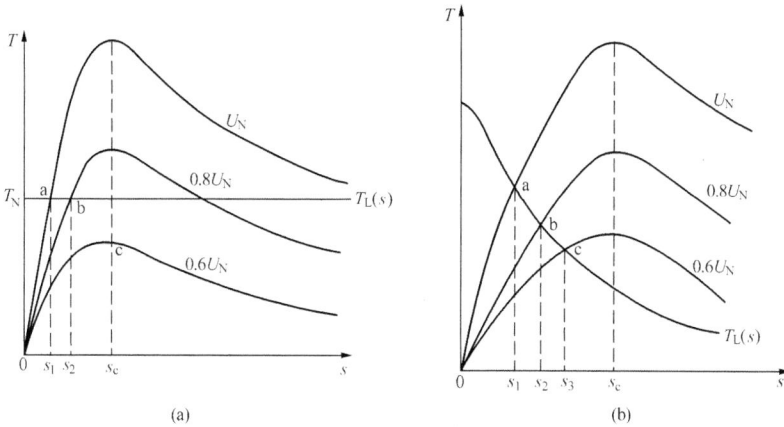

图 8-15　改变外施电压调速

（a）一般笼式异步电动机带恒转矩负载；（b）高转差异步电动机带风机类负载

如图 8-15 所示，对于转子电阻较大，s_c 较大的异步电动机，其稳定工作区域较宽，当用这样的电动机来驱动阻力转矩与转速平方成正比的机械负载（如风机、水泵类机械负载）时，利用改变 U_1 调速可有较大的调速范围，并有较好的节能效果，若配以晶闸管调压器，则控制简单，价格较低，操作维护也很方便。

（2）转子外加电阻调速。此法只适用于绕线式异步电动机。因为异步电动机的最大转矩与转子电阻无关，临界转差率与转子电阻成正比，据此作出转子电阻不同时的 $T_{em}（s）$ 曲线（如图 8-16 所示）。图中曲线 1 为异步电动机固有的机械特性，外加转子电阻 $r'_\Delta = 0$。曲线 2 为接入附加电阻 r'_Δ 以后的人为机械特性，如负载的机械特性为直线 5，则加入 $r'_{\Delta 1}$ 后，电动机转差率将由 s_1 变为 s_2。调速范围与附加电阻的大小成正比，加大到 $r'_{\Delta 2}$ 则转速降到 s_3。

转子外加电阻调速是一种能耗较大、不经济的调速方法，仅在中小型异步电动机中偶有应用。

（3）串级调速。串级调速也只适用于绕线转子异步电动机。其基本原理是用另外的辅助电动机或电力电子装置串联在异步电动机的转子电路中，把原来消耗在附加电阻上的能量加以利用，这样既可以达到调速的目的，又能提高电动机的运行效率。

串级调速形式很多，但它们的基本原理均是转子电路中串联引入一个附加电动势 $\dot{E}'_\Delta$，来替代串电阻调速方法中的电压降 $\dot{I}'_2 r'_\Delta$。其优点是 $\dot{E}'_\Delta$ 容易调

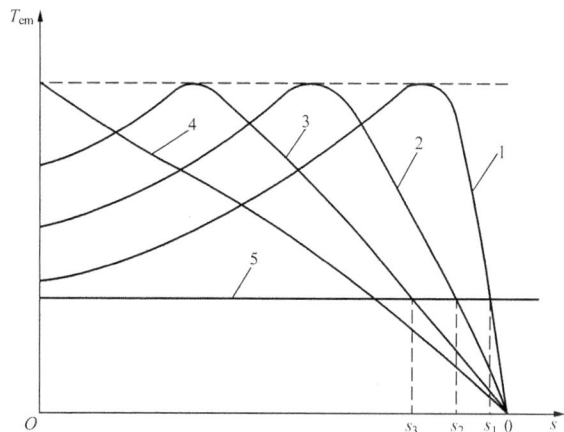

图 8-16　转子回路串电阻调速

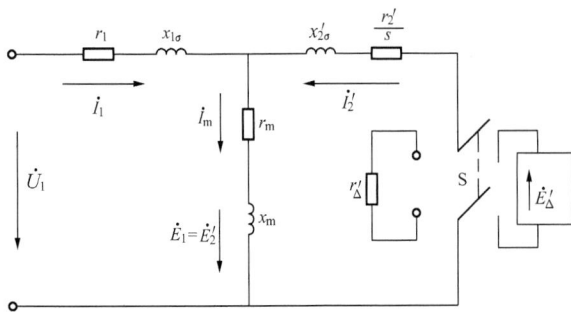

图 8-17　串级调速原理等效电路图

节，不仅改变大小，而且可改变它对 $\dot{I}'_2 r'_\Delta$ 的相对相位。如 $-\dot{E}'_\Delta$ 和 $\dot{I}'_2 r'_\Delta$ 同相，则调节 $\dot{E}'_\Delta$ 大小与调节 r'_Δ 大小一样，随着 $\dot{E}'_\Delta$ 的增大可将转速调低。当 $-\dot{E}'_\Delta$ 和 $\dot{I}'_2 r'_\Delta$ 反相，犹如串联了一个"负电阻"，这样可以将异步电动机的转速往上调，这是用附加电阻调速所无法做到的。

串级调速原理的等效电路如图 8-17 所示。

串级调速法较附加电阻调速法损耗小、效率较高、调速范围宽、精度高，其不足之处是设备较昂贵。

五、单相异步电动机

单相异步电动机具有结构简单、操作方便、单相电源容易获得等优点，故颇受欢迎。但因其性能比三相异步电动机稍差，故只宜制成小容量电动机。

单相异步电动机的工作原理可用图 8-18 来阐明。图 8-18（a）为转子不动时（$n=0$）的情况，定子单相绕组接通单相交流电源后将产生一个脉动磁场 Φ_p，该磁场在转子的导条中感应出电动势 e_T，e_T 的方向可由楞次定律确定，图中表示 Φ_p 增大瞬时的情况。e_T 又在短接的导条中产生电流，其方向与电动势 e_T 相同，导条电流与 Φ_p 作用所产生的电磁力的方向由左手定则确定。显然，电磁力产生的转矩一半为顺时针，一半为逆时针，其合成转矩为零，即单相异步电动机启动转矩为零，因而转子保持不动（$n=0$）。图 8-18（b）表示转子旋转时（$n\neq0$）的情况，当转子由外力驱动后，转子导条中除了感应电动势 e_T 外，还有导条掠过 Φ_p 而产生的速率电动势 e_V，e_V 及其产生的电流方向如图所示，e_V 产生的电流与 Φ_p 作用后将产生与 n 同方向的转矩，正是该转矩驱动转子旋转。

由上述分析可知，单相异步电动机没有启动转矩，实际生产中必须采取相应的措施进行启动。

1. 裂相启动

裂相启动的单相异步电动机的定子上有两个空间相隔 90°电角度的绕组，一个为主绕组 Lm，一个为辅助绕组 La，辅助绕组串联一个离心刀开关或速度继电器后与主绕组并联。将两绕组接到同一电源后，流过两个绕组的电流 i_m 和 i_a 相位不同，大小亦不相等，i_m 与 i_a 产生的两个不对称脉动磁场将合成为一个椭圆形的旋转磁场，椭圆磁场能够产生启动转矩，驱动电机旋转。当电动机的转速上升到额定转速附近（一般约 $0.7n_N$）时，离心刀开关动作将辅助绕组切除，电动

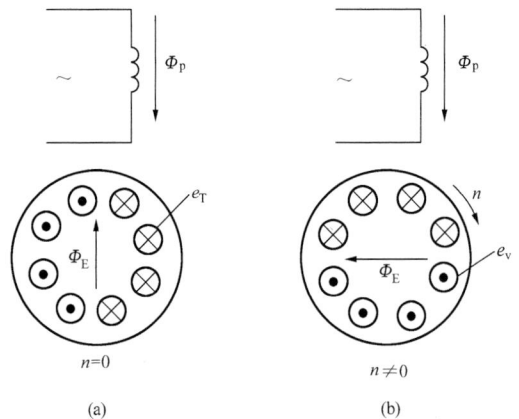

图 8-18　单相异步电动机基本工作原理
（a）转子不动时；（b）转子旋转时

机转入单绕组运行状态。

几种裂相电动机如图 8-19 所示。

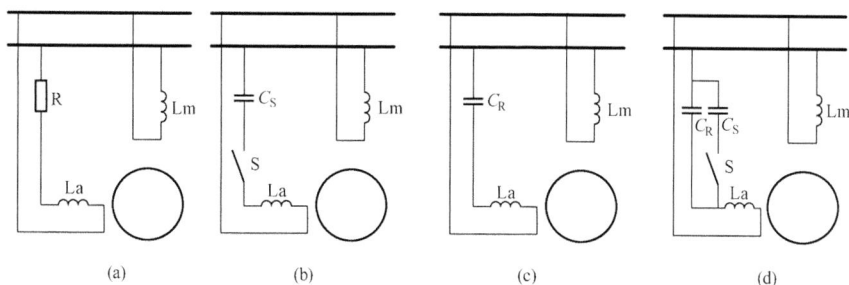

图 8-19　几种裂相电动机

(a) 电阻裂相电动机；(b) 电容裂相电动机；(c) 电容电动机；(d) 双电容电动机

图 8-19（a）为电阻裂相电动机，辅助绕组较主绕组有较大的电阻对电抗的比值，使 i_a 与 i_m 不同相，气隙磁场为椭圆形，产生启动转矩。

图 8-19（b）为电容裂相电动机，辅助绕组串联电容器使主绕组、辅助绕组的电流不同相。

图 8-19（c）为电容电动机，辅助绕组所串电容器在整个电动机运行过程都不被切除。它不仅帮助启动，并且改善了运行特性。

图 8-19（d）为双电容电动机，辅助绕组串有两个并联的电容的 C_R 和 C_S，运行电容 C_R 直接固定连接，启动电容 C_S 串有离心刀开关或继电器。在启动后被切除，这种方式兼有较好的启动及运行性能。

2. 罩极启动

用此方法启动的电动机通常称为罩极电动机。罩极电动机是一个定子为凸极式，转子为笼型结构的单相异步电动机。定子极上设有单相工作绕组，极面上开有一个小槽，槽中套一短路环，该短路环称为罩极绕组，罩极电动机因此而命名。

罩极启动的工作原理如下：

工作绕组接通电源后，建立起一个脉动磁场，该磁场有一部分磁通 Φ_a 穿过短路环，另一部分 Φ_m 不通过短路环直接穿过气隙。Φ_a 将在短路环中感应电动势，产生短路电流，这个电流将对 Φ_a 起阻尼作用，使穿过短路环而进入气隙的磁通 Φ_a 在时间相位上较 Φ_m 迟后。这样，气隙磁通 Φ_m 和 Φ_a 时间上有相位差，在空间又在不同位置，有空间相角差。Φ_m 和 Φ_a 将合成一个椭圆形旋转磁场，从而获得启动转矩，转矩的方向即为电动机的旋转方向。

罩极电动机的启动转矩小，效率低，但因其结构简单，造价低廉，故常应用于对启动转矩要求不高的场合。

第三节　同步电机的基本结构

一、同步电机的功能及用途

同步电机的基本特点：无论作为发电机运行还是电动机运行，转子的转速总是与旋转磁场的转速保持一致，即 $n = n_s = \dfrac{60f}{p}$。

同步电机主要用作发电机，现代工农业所需的交流电能几乎全由同步发电机供给。同步电动机只用在拖动转速要求恒定的大功率机械中。

二、同步发电机的作用原理

同步发电机原理示意图如图 8-20 所示。定子结构与异步感应电动机相同，由铁芯和三相对称绕组构成（图中三相绕组仅以三个等效线圈表示），转子为磁极。当转子励磁绕组中通过直流电流后，便在空气隙中产生正弦规律分布的磁场 $B(x)$。当原动机驱动转子后，$B(x)$ 将随转子一起旋转，在气隙中形成圆形旋转磁场，该旋转磁场切割定子三相绕组，从而获得三相对称电动势 $\dot{E}_A$、$\dot{E}_B$ 和 $\dot{E}_C$。

一对磁极掠过导体时，导体电动势变化一周，p 对磁极掠过导体时，导体电动势变化 p 周，即导体电动势的频率 $f=p$。若转子极对数为 p，转速为 n，则导体电动势的频率为

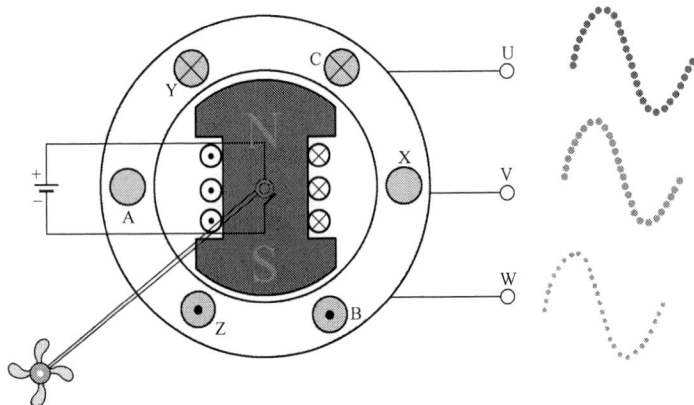

图 8-20 同步发电机原理示意图

$$f = \frac{pn}{60} \tag{8-6}$$

对于极数已经固定的同步发电机，要获得 50Hz 频率的电动势，原动机的转速必须有相应的固定数值，即为同步转速。

三、同步发电机的基本构造

（一）转子

同步发电机都是磁极旋转式，电枢为定子。同步发电机的转子有凸极式和隐极式两种构造型式。同步发电机结构示意图如图 8-21 所示。图 8-21（a）为隐极式，转子铁芯为圆柱形，圆周上铣有槽和齿，铣有槽的部分约占圆周的 2/3，其中镶嵌转子绕组（励磁绕组），

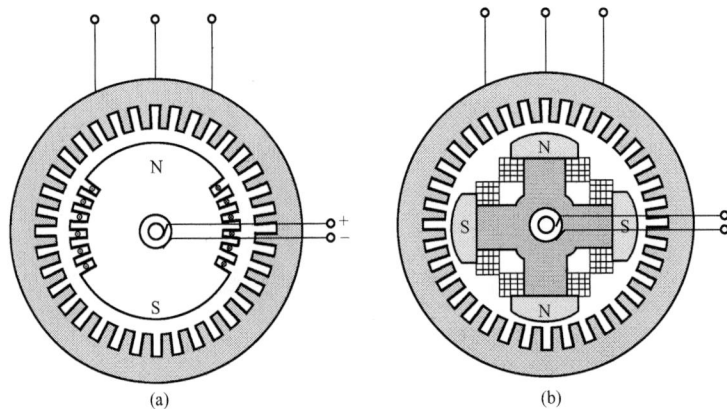

图 8-21 同步发电机结构示意图
（a）隐极式；（b）凸极式

无槽部分形成所谓大齿，即极面。励磁绕组为一分布绕组。图 8-21（b）为凸极式，磁极先制成后，再固定到转子磁轭上。

实际生产的同步发电机（见图 8-22），当极数较少，转速较高时，采用隐极式结构的转子；当极对数较多（$p \geqslant 3$）时，通常采用凸极式结构。

(a)

(b)

图 8-22 同步发电机结构示意图

（a）隐极式；（b）凸极式

（二）定子

定子包括铁芯、绕组和机座。

与异步发电机相似，同步发电机的定子铁芯也是由厚度为 0.35mm 或 0.5mm 的电工硅钢片裁剪冲压而成，只是同步发电机容量大，铁芯尺寸大，当定子铁芯外径大于 1m 时，为了合理利用材料，每层硅钢片常由若干块扇形片拼合组成，各层扇形片并缝互相错开，压紧后成为一个整体的圆筒形铁芯。为了有利散热冷却，定子铁芯分成许多叠片段，段间留有径向通风槽。水轮发电机的尺寸更大，为了便于运输，常将定子分成 4～6 瓣，在生产厂家分别制造后，再运到电站拼装成整体。

定子绕组一般采用三相双层对称绕组，其连接方式与异步发电机相似，在此不再赘述。

（三）机座

同步发电机的机座常由钢板焊接而成，机座与外壳和端盖构成仅与风室沟通的密封系统。由于端盖靠近定子绕组的端接部分，有较强的端部漏磁通。为了减小该漏磁通在端盖处引起的铁耗，端盖常用非磁性材料铸造而成。为了安装方便，端盖都制成左右两半。为了防止振动，在铁芯和机座间采用特殊的弹性隔振结构。

（四）气隙

同步发电机的气隙较大，一般在 0.5～0.8cm 之间。对于隐极机，如果忽略槽和齿的影响，可以认为在整个圆周方向气隙是均匀的。对于凸极机则不然，极面下的气隙较小，在两极之间，空气隙要大很多。

（五）冷却系统

电机发热的热源是运行时的各种损耗，虽然大型同步发电机的效率很高，可达 98% 以上，总损耗不到额定容量的 2%，但是大型发电机的容量很大，可达几十千瓦甚至上百万千瓦，因而这 2% 损耗的绝对值就非常可观，这样巨大的功率损耗在发电机内转变为热能，如不采取相应的冷却措施，发电机的温度将迅速超过允许极限，导致绝缘老化损坏，最后烧毁发电机。为此，同步发电机，特别是大容量的汽轮发电机，必须有有效的冷却系统。

同步发电机的冷却介质有空气、氢气和水三种，散热方式主要分为外冷（表面冷却）和内冷（直接冷却发热体）两种。

1. 空气冷却

冷空气由转子两侧的风扇吸入，通过所设计的风道后排出机外，将热量带走，热空气经机外的空气冷却器冷却后再送入机内重复利用。这样的空气封闭系统可以防止水分和灰尘等随空气进入机内引起绝缘性能下降、风道堵塞等弊病。

空气冷却系统结构简单，运行维护方便，但空气的传热系数相对较小，冷却效果不理想；此外，加大通风量来提高散热作用，但又会增大转子风扇的鼓风损耗和空气与转子间的风摩擦损耗。因此，空冷汽轮发电机的容量最大不超过 50MW。

2. 氢气冷却

以氢气代替空气作为冷却介质，其系统基本与空气冷却系统相同，但氢气的导热系数比空气大 6～7 倍，冷却效果自然就好一些。氢气的密度较空气小十多倍，又可以大大减少通风和风摩擦损耗。此外，氢冷可防止绝缘材料氧化；氢气不助燃，机内发生短路故障时，不会引起火灾。但因为氢气和空气混合达到一定比例后可能发生爆炸，因此，采取氢冷必须保持机内为正压力，防止空气渗入机内。

3. 内冷

上述的空冷和氢冷均为表面冷却，而内冷是使冷却介质直接接触绕组导体，使导体的热量不用再穿过绝缘层而直接被介质带走的冷却方式。内冷的冷却介质可以是氢气，也可以是水。现有发电机所应用的冷却介质中，以水的冷却能力最强，约为空气的 50 倍。内冷用氢气作为介质时，可在绕组导体间夹置几个内部通氢气的管子。转子氢内冷时，转子绕组和槽楔上钻有与槽底通风槽相通的小孔，氢气自槽底通风槽进入，冷却转子导体后再由小孔径向流入空气隙。当内冷用水作介质时，绕组采用空心导体，冷却水沿着导体内孔流通，直接将导体热量带走。

定子铁芯如要采用水内冷，则可在铁芯叠片间设置几处冷却水管通以冷却水，以降低铁芯温升。水内冷对冷却水的水质有一定要求，一般未经处理的水的电导率较大、含有杂质，不能作冷却水用。

水轮发电机由于直径大、轴向长度短，冷却条件较好，大都采用空气表面冷却方式。

（六）励磁系统

同步发电机运行时转子绕组中必须输入直流励磁电流，提供该直流电流的装置总称励磁系统。

同步发电机主要通过三种方式获得励磁电流。

1. 直流发电机供给励磁电流

这是中、小型同步发电机常用的励磁方式。最简单的直流发电机励磁方式是将与同步发电机同轴旋转的直流发电机作为励磁机，通过调节励磁电阻改变励磁机的端电压，从而调节同步发电机的励磁电流，以达到调节发电机出口电压的目的。

2. 静止半导体励磁

该励磁方式是利用交流励磁机配合半导体整流装置获得直流电流，以供给同步发电机的励磁电流。

3. 旋转半导体励磁

静止半导体励磁方式虽然解决了直流励磁机制造困难的问题，但是同步发电机较大的励磁电流仍要通过电刷集电环才能输入到励磁绕组中，这么大的电流通过滑动接触必然会引起严重的发热问题和电刷集电环间的磨损问题。为解决这个问题，可采用图 8-23 所示的旋转半导体励磁方式。图中框 1 为同步发电机的转动部分，包括同步发电机的转子、交流主励磁的电枢（与一般同步发电机

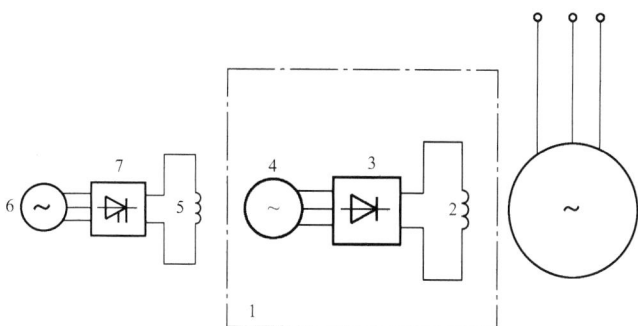

图 8-23　旋转半导体励磁系统原理框图
1—同步发电机转动体；2—同步发电机励磁绕组；3—转子上的整流装置；
4—交流主励磁机电枢；5—交流主励磁机的励磁绕组；6—交流副
励磁机；7—静止的整流装置

的构造不同，为旋转电枢式），以及装在轴上与转轴一起旋转的整流装置，又称转动体，5 是交流主励磁机的励磁绕组，特殊结构的交流副励磁机经可控整流装置向交流主励磁机提供励磁电流。这种方式使同步发电机的励磁电流直接在旋转体上获得，不再需要集电环和电刷，所以这种方式常称为无刷励磁。

（七）铭牌

铭牌上标示出同步发电机的以下基本特征参数：

（1）额定容量 S_N（或额定功率）：指输出的额定值，单位为 MW。

（2）额定电压 U_N：指线电压，单位为 kV。

（3）额定电流 I_N：指线电流，单位为 A。

（4）额定功率因数 $\cos\varphi_N$。

（5）额定功率 P_N：电机额定运行时的输出功率，单位为 kW 或 MW。

对发电机为额定输出有功电功率，计算式为

$$P_N = \sqrt{3}U_N I_N \cos\varphi_N$$

对电动机是轴上输出的额定机械功率，计算式为

$$P_N = \sqrt{3}U_N I_N \cos\varphi_N \eta_N$$

（6）额定频率 f_N（或额定转速）：单位为 Hz。

（7）额定励磁电压 U_{fN}：单位为 V。

（8）额定励磁电流 I_{fN}：单位为 A。

（9）额定温升 θ_N：单位为℃。

第四节　异步电动机的安装与检修

异步电动机是发电厂及其他工矿企业中广泛使用的动力设备。为了保证异步电动机能够稳定、可靠地运行，除进行正常维护外，还必须对电动机进行定期检修，通过检查试验找出故障隐患并消除缺陷。

本节主要介绍异步电动机的拆装工艺、故障检修方法及定子绕组的重绕。

一、异步电动机的拆装

故障或定期大修时，都需将电动机拆开进行检查、清洗和修理。本节以三相笼型异步电动机为例介绍其拆装工艺。

（一）异步电动机的拆卸

1. 拆卸前的准备

为了保证拆卸工作的顺利进行和检修时有针对性地采取消除缺陷的措施，拆卸电动机之前应做好必要的检查、记录和工器具的准备工作。

2. 拆卸前的检查

（1）检查机座、端盖和转子轴向窜动情况。将异步电动机外壳清扫干净，检查机座和端盖，应无裂缝，表面漆膜应完整无损；检查转子的轴向窜动情况，对于采用滑动轴承的电动机，其窜动值不应超过表 8-2 所列数值。

表 8-2　　　　　　　　　　　　**转 子 轴 向 窜 动 范 围**　　　　　　　　　　　（mm）

电动机容量（kW）	10 及以下	10～20	30～70	70～125	125 以上
向 一 侧	0.5	0.75	1.00	1.50	2.00
向 两 侧	1.00	1.50	2.00	3.00	4.00

注　向两侧的轴向窜动范围，系根据转子磁场中心位置确定。

（2）测量定子绕组的直流电阻和绝缘电阻。直流电阻的测量可使用电桥和电压降法，仪表的准确度不低于 0.5 级。测得的各相定子绕组的直流电阻，相互间的差别不应超过 2%。此种差别与以前测量（出厂或上一次交接试验时）的差别比较，相对变化也不应超过 2%。测量定子绕组的绝缘电阻时，1000V 以下的电动机应使用 1000V 的绝缘电阻表，1000V 及以上的电动机应使用 2500V 的绝缘电阻表，所测绝缘电阻值应大于 $1M\Omega/kV$。

3. 拆卸前的工器具准备工作

（1）备齐拆卸工具。拆卸工具包括大小扳手、铁锤、木锤、螺丝刀、套筒、拉轴器、起重设备等。

（2）做好技术准备。首先应熟悉被拆电动机的结构特点、拆装要领及它所存在的缺陷；然后拆除电源线和保护接地线，拆下地脚螺栓和联轴器螺栓等，将电动机搬到检修场地。为了防止装配时把位置弄错，在拆卸前还应做好如下标记：

1）标出电源线在接线盒中的相序。

2）标出联轴器或皮带轮与轴台的距离。

3）标出机座在基础上的详细位置。

4）标出绕组引出线在机座上的出口方向。

5）标出端盖、轴承盖的负荷端与非负荷端，并在端盖与轴承盖之间、端盖与机座之间的接缝处用钢冲打上记号。

做好上述准备工作后，方可拆卸电动机。

4. 电动机的拆卸步骤（见图 8-24）

5. 几种主要零部件的拆卸方法

（1）皮带轮或联轴器的拆卸。将皮带轮或联轴器的定位螺钉（定位销）旋松取下，装上拉轴器，使拉轴器的拉钩对称地钩住皮带轮或联轴器内圈，两钩爪要受力一致，拉轴器螺杆

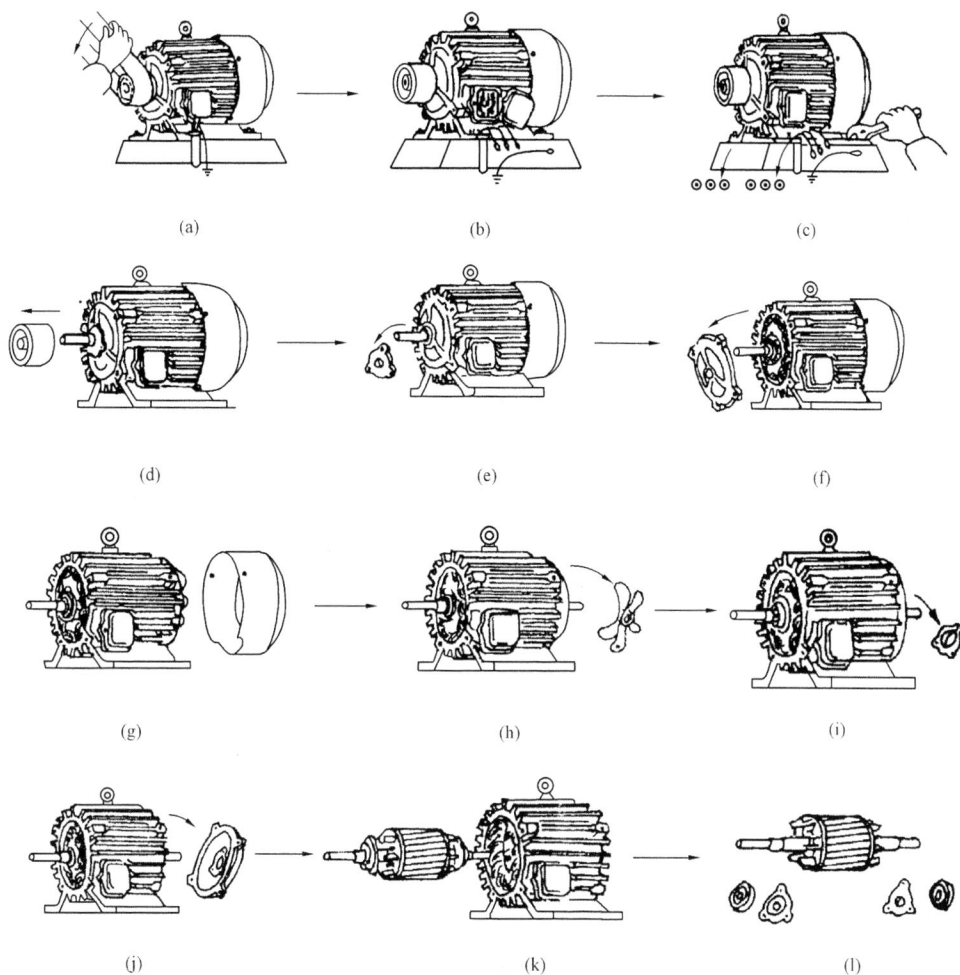

图 8-24 电动机的拆卸步骤

（a）拆下皮带轮或联轴器；（b）拆去接线盒内的电源接线；（c）卸下底脚螺母；（d）卸下皮带轮；（e）卸下
前轴承外盖；（f）卸下前端盖；（g）卸下风叶罩；（h）卸下风叶；（i）卸下后轴承外盖；（j）卸下后端盖；
（k）卸下转子；（l）拆卸前后轴承及轴承盖

顶端对准电动机转轴的中心，转动螺杆手柄，把皮带轮或联轴器慢慢拉出。当皮带轮或联轴器与转轴配合较紧时，不要硬拉，可在定位螺孔内注入煤油，待煤油沿轴浸润后再拉。如仍拉不出，可用喷灯或气焊火焰等急火快速而均匀地将皮带轮或联轴器加热，使其膨胀，就可拉出。加热温度不能太高，为防止转轴变形，可用石棉布将外露的转轴包住。

在拆卸过程中，不能用手锤直接敲击皮带轮或联轴器，以免将其敲碎或使转轴变形、端盖受损。

（2）风罩和风扇的拆卸。旋松风罩的紧固螺丝即可取下风罩。拆卸风扇时，应先松脱或取下转轴尾端风扇上的定位螺钉或销钉，然后用木锤在风扇四周均匀轻敲，风扇即松脱。若风扇是塑料制成的，可将风扇浸入热水中，待塑料风扇膨胀后即可取下。

小型异步电动机的风扇一般可不用拆下，待抽转子时随转子一起抽出。

拆卸风扇时应注意不要使扇叶变形，以免影响转子动平衡。

（3）轴承盖和端盖的拆卸。拆卸端盖前应先检查紧固件是否齐全，并预先在端盖与轴承盖和机座接合处做好对正记号，前后两端的记号应有明显区别。拆卸时，先把轴承盖螺栓拧下，取下轴承盖后再拆卸端盖。拆卸端盖的方法：拧下端盖与机座的固定螺栓，对于大中型电动机，可用端盖上的顶丝均匀加力，将端盖从机座止口中顶出；对于端盖上没有顶丝螺孔的小型电动机，可用撬棍或螺丝刀在端盖与机座的接缝中均匀用力，将端盖撬出止口。

拆卸较大型电动机的端盖时，由于端盖较重，应在拆卸前用吊车或其他起重设备将端盖吊住，以免端盖拆下时跌碎或碰伤绕组。

（4）抽出转子。小型异步电动机的转子可用手直接抽出，但应注意不要擦伤铁芯和绕组。风扇与转子一起抽出时，若风扇直径大于定子内腔，应将转子从风扇侧取出。

大中型异步电动机的转子较重，必须用起重设备抽出转子。抽转子的方式有多种，一般选用接假轴抽转子法：在转轴一端套入假轴（比轴颈大 10～20mm 的钢管），将转轴接长，在另一侧放一块与转子底沿同样高的垫木，用钢丝绳套住转子两端的轴颈，将转子微微吊起，经检查牢固可靠后，移动起吊设备，使转子慢慢地从定子内腔移出，暂时搁放在垫木上，然后将钢丝绳改套住转子，再慢慢将转子全部移出，吊至检修场地的垫木上放好。

抽转子（或装回转子）时应注意以下几点：

1）为防止钢丝绳直接接触轴颈，使轴颈碰伤，应在起吊处用棉纱或纸板把轴颈保护好。

2）抽出转子的过程中，应特别注意不能使转子碰及定子铁芯和绕组。

3）钢丝绳改套转子时，应注意不要将钢丝绳套在铁芯风道内，同时应在钢丝绳和转子间衬垫纸板，以防止损伤转子铁芯。

（5）轴承的拆卸。轴承的拆卸有两种情况，一种是在转轴上拆卸，另一种是在端盖内拆卸。

1）在转轴上拆卸轴承，常用的拆卸方法有三种：

① 用拉轴器拆卸轴承。这种方法与用拉轴器拆卸皮带轮或联轴器的工艺相同，但应根据轴承的大小，选用适宜的拉轴器。拆卸时应使拉轴器的钩爪紧扣在轴承内圈上，扳动螺杆手柄时要慢，用力要均匀，以免损坏轴承。

② 用铜棒拆卸轴承。在没有拉轴器的条件下，可用端部呈楔形的铜棒来拆卸轴承。用铜棒在倾斜方向顶住轴承内圈，用手锤敲打铜棒，边敲打边把楔形端沿轴承内圈均匀移动，直到敲下轴承。敲下轴承的过程中，应注意不可偏敲一边，用力不能过猛，以免将轴承敲坏。

③ 搁在圆桶上拆卸轴承。在轴承内圈下面用两块铁板夹住转轴，搁在一只内径略大于转子外径的圆桶上面，在转轴上端面垫上厚木板或铜板，用手锤敲打，着力点要对准转轴中心。为防止轴承脱下时转子和转轴被摔坏，圆桶内应放一些棉纱头。当敲到轴承逐渐松动时，用力要减弱。

2）在端盖内拆卸轴承。有时电动机端盖内孔与轴承外圈的配合比轴承内圈与转轴的配合更紧，在拆卸端盖时，轴承将会留在端盖内孔中。这时可将端盖止口面向上平稳地放置，在轴承外圈的下面垫上木板，但不能抵住轴承，然后用一根直径略小于轴承外沿的铜棒或其他金属棒，垫在轴承外圈上面，用手锤敲打铜棒，使轴承从下方脱出。

（二）异步电动机的组装

异步电动机的各零部件检修完毕，并做好必要的准备工作后，即可进行组装。

1. 组装前的准备

（1）组装前认真检查装配工具、设备是否齐全，组装场地是否清扫干净。

（2）彻底清扫定、转子表面的油垢和脏物。先用 0.2～0.3MPa 的压缩空气吹净定、转子表面的灰尘，再用蘸有煤油的棉布擦净各零部件上的油垢。

（3）用灯光检查气隙、通风沟、止口处和其他空隙有无杂物和漆瘤。如有，必须清除干净。

（4）检查槽楔、绑扎带、绝缘是否松动、脱落，有无高出定子铁芯内表面的地方。如有，应进行妥善处理。

（5）检查定子各相绕组的直流电阻和对地绝缘电阻及相间绝缘电阻，应符合相关规定的要求。

2. 电动机的组装方法

异步电动机的装配顺序原则上可按拆卸时的相反步骤进行。组装时，应按拆卸前所作标记将各部件原位装复。

（1）滚动轴承的装配。装配轴承前，应先用煤油将轴承和内轴承盖清洗干净，检查轴承、滚动件是否转动灵活，有无松动，检查轴承内圈与轴、外圈与端盖轴承孔之间的公差和粗糙度是否符合要求。通过上述检查后，才能将轴承套装到转轴上。

套装轴承时，应将轴颈部分擦拭干净，先把经过清洗并加好润滑脂的内轴承盖套在轴颈上，再套装轴承。套装轴承的方法有两种，一种是冷套法，另一种是热套法。

1）冷套法。把轴承套到轴上，用一段内径比转轴外径略大而比轴承内圈略小的特制钢管抵住轴承内圈，用手锤敲打钢管的另一端，将轴承打入至轴肩为止。若一时找不到合适的钢管，也可用一根长条方铁抵住轴承内圈，在圆周上均匀敲打，使其到位。

2）热套法。将洗净的轴承放入油槽内的支架上，使轴承悬于油中，给油槽逐步加温，当油温上升到 70℃ 左右时停止加热，保持 30～40min 后，继续加温到 90～100℃，便可取出轴承热套到轴颈上。热套时，要趁热迅速把轴承一直推到预定位置，冷却后轴承便紧紧地箍在轴颈上。轴承套好后，应用压缩空气吹去轴承内的油，并用白布擦拭干净。

在装好的轴承内加足润滑脂。一般 2 极电动机应装满 1/3～1/2 的空腔容积，4 极及以上电动机应装满轴承空腔容积的 2/3。

（2）转子的穿入。小型电动机的转子可以用手直接穿入定子腔内，较大的转子需用起重设备将转子平行地送入定子腔内。穿转子的顺序与抽转子时相反，但注意事项基本相同，只是穿入转子时还应注意转轴伸出端和接线盒的相对位置不能装错。

（3）端盖的装配。装配前应清除端盖内的灰尘和油垢，并用棉纱将端盖内、外表面擦拭干净。

1）后端盖的装配。按拆卸前所作的记号，转轴短的一端是后端。装配时，把后端盖轴承座孔对准轴承外圈套上，然后用木锤或紫铜棒轻敲端盖四周，使端盖轴承座套入轴承外圈。敲打端盖时，禁止使用铁锤直接打在端盖上，以免造成端盖裂纹。

套入端盖后，用螺栓把内外轴承盖固定在端盖上。拧紧螺栓时，应将对角位置的螺栓轮流上紧，不要一个螺栓一次就拧紧，防止轴承盖破裂或发生歪斜而卡住轴端。

将后端盖按拆卸前所作的标记固定到机座上。装端盖时，应先使端盖和机座止口互相吻合一小部分后，再按对角交替的顺序拧紧后端盖紧固螺栓。拧紧螺栓时，要边用木锤敲打端盖四周边拧紧，直至止口拧合。

2）前端盖的装配。把转子吊成水平，接着把前端盖与机座止口对合，拧上螺栓。用手盘动转子，检查前后端盖装得是否同心和平正。若两端盖稍有偏斜，转子就会被卡住。若端盖上没有通风孔，就无法看见前轴承内盖与端盖上的螺孔，把内轴承盖拉住，使内外轴承盖和端盖的对应螺孔始终对正，待端盖装好后，再拧紧内外轴承盖的紧固螺栓。

（4）组装后的试验。电动机的风扇、风罩和皮带轮或联轴器全部组装好以后，还应测量定子绕组的对地绝缘电阻、各相绕组间的绝缘电阻及各相绕组的直流电阻等，各电阻均符合要求后才能试转。

二、三相异步电动机的维护

（一）三相异步电动机的日常巡检与维护

电动机在运行中应进行巡视和维护，这样才能及时了解电动机的工作状态，及时发现异常现象，将事故消除在萌芽之中。在对电动机的巡检中，应采用看、听、摸、闻、问的方法来了解电动机的运行状态是否正常。通常应巡检如下几点：

1. 看

（1）检查电动机的接地保护是否可靠，检查电动机外壳有无裂纹，检查电动机的地脚螺钉、端盖螺栓是否松动。

（2）检查电动机通风和环境的情况，应保持电动机及端罩的干净卫生，保证冷却风扇的正常运行，保证通风口通畅，保证外部环境不影响电动机的正常运行。外部环境温度不宜超过40℃。

（3）检查电动机的工作电流是否超过额定电流（现场如有电流表）。

2. 听

（1）监听电动机的噪声有无异常情况。

（2）监听电动机轴承有无异常的声响。

3. 摸

（1）检查电动机有无过热情况。

（2）检查电动机有无异常振动情况。

4. 闻

（1）检查电动机是否发出异常气味。

（2）检查电动机轴承部位是否挥发油脂气味。

5. 问

向操作者了解电动机运行时有无异常征兆。

（二）三相异步电动机运行正常的标准

三相异步电动机运行正常的基本标准如下：

（1）在三相电源平衡时，三相中任一相电流与三相电流平均值的偏差不应超过10%。

（2）在环境温度不超过40℃时，运行中电动机的最高允许温升应符合表8-3规定。

表 8-3　　　　　　　运行中电动机的最高允许温升　　　　　　　（℃）

电动机部位	A 级绝缘	E 级绝缘	B 级绝缘	F 级绝缘	H 级绝缘
定子绕组	50	65	70	85	105
定子铁芯	60	70	80	100	125
滚动轴承	55	55	55	55	55

如果环境温度为 40～60℃ 时，表 8-3 中规定的温升限度应减去环境温度超过 40℃ 的数值。

（3）电动机在运行时的振动值（双振幅）应不大于表 8-4 的规定。

表 8-4　　　　　　　　　　　　　　　电动机在运行时的振动值

转速（r/min）	3000	1500	1000	750 以下
双振幅（mm）	0.05	0.085	0.1	0.12

（4）电动机轴伸的径向偏摆最大允许值应不大于表 8-5 的规定。

表 8-5　　　　　　　　　　电动机轴伸的径向偏摆最大允许值　　　　　　　　　　（mm）

轴伸公称直径	最大允许偏摆	轴伸公称直径	最大允许偏摆	轴伸公称直径	最大允许偏摆
10～18	0.03	18～30	0.04	30～50	0.05
50～80	0.06	80～120	0.08		

（5）三相异步电动机在额定电压变化 ±5% 以内时，可按额定功率连续运行，如果电压变化超过 5% 时，应减少电动机允许的负载。

由变频器拖动的三相异步电动机，当运行频率低于额定频率时，变频器的输出电压也会低于额定电压，此时的输出功率也会低于额定功率。因此，应当特别注意，在开启或切换泵时，首先应当进行盘车，只有在能均匀、平稳、灵活地盘动泵时，才能启动变频器，且应使给定频率不能太小（不低于额定功率 20%），否则有可能造成变频器在运行而电动机没有运转的情况，这样很容易造成烧毁电动机或变频器的事故。

三、异步电动机的检修

（一）异步电动机的常见故障原因及处理方法

在长期的运行过程中，异步电动机会发生各种各样的故障，这些故障综合起来可分为电气故障和机械故障两大类。电气故障主要有定子绕组、转子绕组、定转子铁芯、开关及启动设备的故障等，机械故障主要有轴承、转轴、风扇、机座、端盖、负载机械设备等的故障。及时判断故障原因并进行相应处理，是防止故障扩大、保证设备正常运行的重要工作。三相异步电动机的常见故障现象、故障的可能原因及相应的处理方法见表 8-6，供分析、处理故障时参考。

表 8-6　　　　　　　　　三相异步电动机的常见故障、原因及处理方法

故障现象	故 障 可 能 原 因	处 理 方 法
通电后电动机不能启动，但无异响，也无异味和冒烟	（1）电源未通（至少两相未通） （2）熔丝熔断（至少两相熔断） （3）过流继电器调得过小 （4）控制设备接线错误	（1）检查电源开关、接线盒处是否有断线，修复 （2）检查熔丝规格、熔断原因，换新熔丝 （3）调节继电器整定值与电动机配合 （4）改正接线
通电后电动机转不动，然后熔丝熔断	（1）缺一相电源 （2）定子绕组相间短路 （3）定子绕组接地 （4）定子绕组接线错误 （5）熔丝截面过小	（1）检查开关是否有一相未合好，找出电源回路断线并接好 （2）查出短路点，予以修复 （3）查出接地点，予以消除 （4）查出错接处并改接正确 （5）更换熔丝

续表

故障现象	故 障 可 能 原 因	处 理 方 法
通电后电动机转不动，但有"嗡嗡"声	(1) 定、转子绕组或电源有一相断路 (2) 绕组引出线或绕组内部接错 (3) 电源回路接点松动，接触电阻大 (4) 电动机负载过大或转子卡住 (5) 电源电压过低 (6) 轴承卡住	(1) 查明断路点，予以修复 (2) 检查绕组极性，判断绕组首尾端是否正确，将错接处改正 (3) 紧固松动的接线螺丝，用万用表判断各接点是否假接，予以修复 (4) 减载或查出并消除机械故障 (5) 检查三相绕组接线是否把△接法误接为Y，若误接应更正 (6) 更换合格油脂或修复轴承
电动机启动困难，带额定负载时的转速低于额定值较多	(1) 电源电压过低 (2) △接法电动机误接为Y (3) 笼型转子开焊或断裂 (4) 定子绕组局部线圈错接 (5) 电动机过载	(1) 测量电源电压，设法改善 (2) 纠正接法 (3) 检查开焊和断点并修复 (4) 查出错接处，予以改正 (5) 减小负载
电动机空载电流不平衡，三相相差较大	(1) 定子绕组匝间短路 (2) 重绕时，三相绕组匝数不相等 (3) 电源电压不平衡 (4) 定子绕组部分线圈间接线错误	(1) 检修定子绕组，消除短路故障 (2) 故障严重时重新绕制定子绕组 (3) 测量电源电压，设法消除不平衡 (4) 查出错接处，予以改正
电动机空载或负载时电流表指针不稳、摆动	(1) 笼型转子导条开焊或断条 (2) 绕线型转子一相断路或电刷、集电环短路装置接触不良	(1) 查出断条或开焊处，予以修复 (2) 检查绕线型转子回路查出断路或接触不良处，予以修复
电动机过热甚至冒烟	(1) 电动机过载或频繁启动 (2) 电源电压过高或过低 (3) 电动机缺相运行 (4) 定子绕组匝间或相间短路 (5) 定、转子铁芯相擦（扫膛） (6) 笼型转子断条或绕线型转子绕组的焊点开焊 (7) 电机通风不良 (8) 定子铁芯硅钢片之间绝缘不良或有毛刺	(1) 减小负载，按规定次数控制启动 (2) 调整电源电压 (3) 查出断路处，予以修复 (4) 检修或更换定子绕组 (5) 查明原因，消除摩擦 (6) 查明原因，重新焊好转子绕组 (7) 检查风扇，疏通风道 (8) 检修定子铁芯，处理铁芯绝缘
电动机运行时响声不正常，有异响	(1) 定、转子铁芯松动 (2) 定、转子铁芯相擦（扫膛） (3) 轴承缺油 (4) 轴承磨损或油内有异物 (5) 风扇与风罩相擦	(1) 检修定、转子铁芯，重新压紧 (2) 消除摩擦，必要时车小转子 (3) 加润滑油 (4) 更换或清洗轴承 (5) 重新安装风扇或风罩
电动机在运行中振动较大	(1) 电动机地脚螺栓松动 (2) 电动机地基不平或不牢固 (3) 转子弯曲或不平衡 (4) 联轴器中心未校正 (5) 风扇不平衡 (6) 轴承磨损间隙过大 (7) 转轴上所带负载机械的转动部分不平衡 (8) 定子绕组局部短路或接地 (9) 绕线型转子局部短路	(1) 拧紧地脚螺栓 (2) 重新加固地基并整平 (3) 校直转轴并做转子动平衡 (4) 重新校正，使之符合规定 (5) 检修风扇，校正平衡 (6) 检修轴承，必要时更换 (7) 做静平衡或动平衡试验，调整平衡 (8) 寻找短路或接地点，进行局部修理或更换绕组 (9) 修复转子绕组
轴承过热	(1) 滚动轴承中润滑脂过多 (2) 润滑脂变质或含杂质 (3) 轴承与轴颈或端盖配合不当（过紧或过松） (4) 轴承盖内孔偏心，与轴相擦 (5) 皮带张力太紧或联轴器装配不正 (6) 轴承间隙过大或过小 (7) 转轴弯曲	(1) 按规定加润滑脂 (2) 清洗轴承后换洁净润滑脂 (3) 过紧应车、磨轴颈或端盖内孔，过松可用粘结剂修复 (4) 修理轴承盖，消除摩擦 (5) 适当调整皮带张力，校正联轴器 (6) 调整间隙或更换为新轴承 (7) 校正转轴或更换转子

（二）异步电动机的定期检修

异步电动机的定期检修是消除故障隐患、预防故障发生或防止故障扩大的重要措施。定期检修可分为小修和大修两种。

1. 定期小修的期限和项目

定期小修一般不拆开电动机，只对电动机进行清理和检查，小修周期为 6～12 个月。定期小修的主要项目有：

（1）清扫电动机外壳，擦除运行中积累的油垢。

（2）测量电动机定子绕组的绝缘电阻；测后应注意重新接好线，拧紧接头螺母。

（3）检查电动机端盖、地脚螺栓是否紧固，若有松动应拧紧或更换新螺栓。

（4）检查接地线是否可靠。

（5）检查、清扫电动机的通风道及冷却系统。

（6）拆下轴承盖，检查润滑油是否干枯、变质，并及时加油或更换为洁净的润滑油；处理完毕后，应注意装好轴承盖及紧固螺栓。

（7）检查电动机与负载机械间的传动装置是否良好。

（8）检查电动机的启动和保护装置是否完好。

2. 定期大修的期限和项目

异步电动机的定期大修应结合负载机械的大修进行，大修周期一般为 2～3 年。定期大修时，需把电动机全部拆开，再进行检查和修理。

（1）定子的清扫及检修。

1）用压力为 0.2～0.3MPa 的干净压缩空气吹净通风道和绕组端部的灰尘或杂质，并用棉布蘸汽油擦净绕组端部的油垢，如果油垢较厚，可用木板或绝缘板制成的刮片清除。

2）检查外壳、地脚，应无开焊、裂纹和损伤变形。

3）检查铁芯各部位，应紧固完整，没有过热、变色、锈斑、磨损、变形、折断和松动等异常的现象。铁芯的松紧可用小刀片或螺丝刀插试。若有松弛现象，应在松弛处打入绝缘板制成的楔子。若发现铁芯有局部过热烧成的蓝色痕迹，应进行处理并作铁芯发热试验。

4）检查槽楔是否有松动、断裂、变形等现象，并用小木锤轻轻敲击，应无空振声。如果松动的槽楔超过全长的 1/3 以上，需退出槽楔，加绝缘垫后重新打紧。更换槽楔后应喷漆或涂漆，并按相关规程规定做耐压试验。

5）检查定子绕组端部绝缘有无损坏、过热、漆膜脱落现象，端部绑线、垫块等有无松动。若漆膜有脱落、膨胀、变焦和裂纹等，应刷漆修补。脱落严重时应在彻底清除后，重新喷涂绝缘漆，甚至更换绕组。若端部绑线松弛或断裂，应重新绑扎牢固。

6）检查定子绕组引线及端子盒，引线绝缘应完好无损，否则应重包绝缘；引线鼻子焊接应无虚焊、开焊，引线应无断股，引线接头应紧固、无松动。

7）测量定子绕组的绝缘电阻和吸收比，判断绕组绝缘是否受潮或有无短路。若绕组有短路、接地故障，应进行修理。若绝缘受潮，应根据具体情况和现场条件选用适当的干燥方法进行干燥处理。

（2）转子的清扫及检修。

1）用压力为 0.2～0.3MPa 的干燥压缩空气吹扫转子各部位的积灰，用棉布蘸汽油擦除油垢，再用干净的棉布擦净。

2）检查转子铁芯，应紧密，无锈蚀、损伤和过热变色等现象。

3）检查转子绕组。对笼型转子，导条及短路环应紧固可靠，没有断裂和松动，如发现有开焊、断条等现象应进行修理。对绕线型转子，除检查与定子绕组相同的项目外，还要检查转子两端钢轧带，应紧固可靠，无松动、移位、断裂、过热、开焊等现象。

4）检查绕线型转子的集电环和电刷装置，必须检查举刷装置，其动作应灵活可靠，短路环触头应接触良好。

5）检查风扇叶片，应紧固，铆钉齐全丰满，用木锤轻敲叶片，响声应清脆。风扇上的平衡块应紧固、无位移。

6）检查转轴滑动面，应清洁光滑，无碰伤、锈斑及椭圆变形。

（3）轴承的清洗及检修。

1）清除轴承内的旧润滑油，用汽油或煤油清洗后，再用干净的棉布擦拭干净。清洗后不得将刷毛或布丝遗留在轴承内。

2）对清洗后的轴承进行仔细检查。滑动轴承瓦胎与钨金应紧密结合，钨金面应圆滑光亮，无砂眼、碰伤等现象。滚动轴承内、外圈应光滑，无伤痕、裂纹和锈迹，用手拨转应转动灵活，无卡涩、制动、摇摆及轴向窜动等缺陷。否则，应进行修理或更换。

3）测量轴承间隙。滑动轴承的间隙可用塞尺测量，滚动轴承间隙可用塞尺或铅丝测量。若测得的轴承间隙超过规定值，应进行修理或更换新轴承。

4）检查轴承盖、轴承、放油门及轴头等结合部位，应严密、无甩油现象。

（4）冷却系统的清扫及检修。

1）用压缩空气吹扫通风道及冷却器表面的积灰和杂物，并用棉布擦除油垢。

2）检查空气导管、风门，应密封，无泄漏现象。

3）检修空气冷却器。

（三）异步电动机定子绕组的故障检修

定子绕组是异步电动机的主要组成部分，也是最易损坏而造成故障的部件。由于受潮、热、有害气体、灰尘等的侵蚀和过负荷等外界因素的影响，以及定子绕组本身的绝缘老化或绕组的绕制质量不好内部因素的影响，都可能导致定子绕组发生故障。定子绕组常见的故障主要有绕组接地、绕组短路、绕组断路等。这些故障会造成电动机不能正常运转或完全不能运行，甚至烧毁。因此，定子绕组发生故障时，必须进行检查和修理。

1. 定子绕组接地故障的检修

定子绕组接地是指绕组与铁芯或机壳间的绝缘破坏而直接接通的故障。出现这种故障后，会使机壳带电，将引起人身触电伤亡事故，也可能造成某些控制线路失控，还会使绕组发热而导致短路，电机无法正常运行。

造成定子绕组接地的原因是受潮、雷击、过热、机械损伤、腐蚀、绝缘老化，以及绕组制造工艺不良等。

（1）接地故障的检查方法。

1）绝缘电阻表法。根据电动机额定电压选择绝缘电阻表的电压等级。用绝缘电阻表测量各相绕组对地绝缘电阻。绝缘电阻表读数为零时，表示该相绕组接地。有时绝缘电阻表指针在 0 处摇摆不走，这说明该相绕组绝缘有击穿现象。这种方法一般只能检查出是哪一相绕组接地，而不能查出接地点。

2）校验灯法。在电源回路中串接一只灯泡，用带绝缘的测试棒分别测量各相绕组与机壳间的绝缘状况。如果灯泡发亮，则说明该相绕组接地；若灯泡微亮，则说明该相绕组有击穿现象；若灯泡不亮，则表明绕组绝缘良好。有时灯泡虽不亮，但测试棒接触电动机时出现火花，这说明绕组尚未击穿，只是严重受潮。用校验灯法检查绕组接地时，还可根据出现的冒烟或火花现象，直接找到接地故障点。

3）电压降法。当确定了接地故障相以后，可以采用电压降法查找接地点的位置。将交流或直流电压接于故障相的两端，各电压表测得的读数为 U_1、U_2、U_3，因为 $U_1+U_2=U_3$，按电压的比例即可求出接地点距离引线端的长度百分数 L（%）。如接地点 D 相距引线端 A 点的长度百分数为

$$L(\%)=\frac{U_1}{U_3}\times100\%$$

4）开口变压器法。确定故障相后，在故障相与铁芯间加一低压（36V）交流电源，这样在电流流入端至接地点 D 之间，所有串联的线圈中都有电流，而接地点以后的线圈中无电流通过。查找接地点时，变压器的开口绕组两端串接一只微安表，用开口变压器跨在槽的上面并沿轴向移动，逐槽测试。当全槽都有感应电压产生时，说明接地点不在该槽内；当开口变压器在 X1、X2 槽上移动，到 D 点后微安表的指示消失（或减少），则表示接地点在 D 处。

（2）定子绕组接地的检修工艺。接地绕组的修理方法应根据绕组损坏的情况而定。若绕组的绝缘已经严重老化、发脆、脱落，应拆除绕组进行重绕，除此以外，均只需进行局部修理。

1）接地点在槽口附近时，可用划线板撬开槽绝缘，在故障处塞入大小适当的绝缘材料。若是两根以上的导线绝缘损坏，处理好槽绝缘后，还应在导线间用黄蜡布隔离，并涂上绝缘漆，烘干后复查绕组绝缘，应无接地现象。如果接地处的绕组有较多根导线绝缘损坏，最好另换一只新绕组。

2）绕组的上层边绝缘损坏而发生接地时，可以打出槽楔，修补槽衬或抬出上层线匝进行绝缘处理。修复绕组绝缘后，应重新打入槽楔。若打入槽楔时过紧或无法打入，应适当将槽楔修薄。

3）接地点发生在槽底时，只有更换槽衬才能解决。为此必须抬出一个节距内的线圈，操作时应特别小心，不要碰伤匝间绝缘。为了避免损伤绝缘，一般采用将绕组加热软化后再撬出线圈的方法。可在线圈中通入小于额定值的电流，利用铜损耗来加热线圈，加热温度应不超过75℃。待绝缘软化后，停止加热，打出槽楔，用竹片撬开槽衬，慢慢地将线圈抬出槽口，逐个取出一个节距内的上层边后，再把有接地故障的下层边取出，更换新槽衬，并对故障线圈进行绝缘处理。接地故障修复后，重新嵌入此节距范围内绕组的上层边，打入槽楔，复查绕组接地情况。最后将绕组端部绑扎、整形，并进行涂漆、烘干处理。

2. 定子绕组短路故障的检修

定子绕组的短路故障一般有匝间短路、极相组间短路和相间短路三种类型。造成绕组短路故障的原因通常是电动机电流过大，电源电压偏高或波动太大，绝缘老化、受潮、机械损伤等。绕组短路后将使各相绕组串联的匝数不等，磁场分布不平衡，从而造成电动机运行时振动加剧、噪声增大、温升偏高甚至烧毁。

（1）定子绕组短路故障的检查方法。

1）外观检查法。绕组短路较严重时，拆开电动机后便可明显地看出，绕组短路处的表面绝缘有焦脆变色或局部烧损。如果故障点不明显，可给电动机通电，运行几分钟后，迅速停下拆开定子，用手触摸绕组端部，温度过高处即是短路部位。

2）直流电阻法。将电动机接线盒中三相绕组的接线端子拆开，利用电桥或万用表的低阻挡，分别测量各相绕组的冷态直流电阻。直流电阻小的一相绕组有短路故障存在。若要具体判断是哪个极相组或线圈有短路，可在电桥引线或万用表表笔上接一尖针，先后分别刺进极相组（或线圈）的首尾接头处进行测量，凡电阻明显小的极相组（或线圈）多有短路故障。

用直流电阻法还可方便地检查绕组相间短路。检查时，用绝缘电阻表或万用表高阻挡分别测量各相绕组间的绝缘电阻，如绝缘电阻值很低或为零，则说明该两相绕组有相间短路。

3）电压降法。对有短路故障的相绕组通以低压交流电或直流电，将万用表置于相应的交流电压挡或直流电压挡，两表笔接上尖针，分别测量该相绕组的各极相组（或线圈）两端电压降，电压降小的那个极相组（或线圈）即有短路存在。

4）短路侦察器法。短路侦察器是利用变压器原理来检查绕组匝间短路的。检查时，将短路侦察器放在定子腔内所要检查的线圈边的槽口上，给短路侦察器的励磁线圈通入交流电，这时定子铁芯与短路侦察器的开口铁芯构成一个闭合磁路，短路侦察器的励磁线圈相当于一般变压器的一次绕组。如被检查槽内的定子绕组中有匝间短路，则相当于变压器的二次绕组短路，在短路侦察器励磁线圈回路中的电流表读数增大；再用一块薄铁片（或一段锯条）放在被测线圈的另一边槽口上，此铁片被槽口的磁力吸引而产生振动，发出"吱吱"声。将短路侦察器沿定子铁芯内圆逐槽移动，便可找出有匝间短路的故障线圈位置。

使用短路侦察器检查绕组匝间短路时应注意以下几点：

① 三角形连接和多支路并联的绕组，在检查前应将三相绕组或并联支路拆开。

② 检查时铁片要远离短路侦察器，以防止有漏磁的干扰。

③ 判断双层绕组的短路线圈，当发现一个槽内线圈有匝间短路的征象时，应查出该槽内上、下层线圈各自对应的另一线圈边，并用薄铁片在两个对应边的槽口上探查，根据薄铁片的不同反映，确定是哪个线圈有匝间短路。

④ 短路侦察器在接通电源前，应先放在定子铁芯上，并使开口铁芯与定子齿接触吻合，以减小闭合磁路的磁阻。否则，短路侦察器的励磁线圈会因电流过大而发热烧坏。

（2）定子绕组短路故障的修理。

1）匝间短路的修理。绕组匝间短路时，通常在短路线匝上产生高热，使绝缘漆变色、烧焦乃至脱落，应根据线圈损坏的严重程度，采取不同的处理措施。

① 若线圈损坏不严重，可先把该线圈加热，使绝缘物软化后再用划线板撬起坏导线，垫入新的绝缘材料，并趁热浸上绝缘漆，进行烘干。

② 若线圈中有少数导线绝缘严重损坏，可采用穿绕修补法。先把该线圈加热软化，取下坏线圈的槽楔，并从线圈的端部将其剪断，抽出坏线圈。若是双层绕组，在抽出坏线圈的导线时，应注意不要损伤同槽内的好线圈。将坏线圈拆除后，应清理槽中的杂物，但不必去掉原有的槽绝缘，只在原绝缘上加一层聚酯薄膜即可。用穿绕修补法穿绕新线圈时，把直径比导线略粗并打蜡的竹签作为假导线，插入槽绝缘内，取略长于坏线圈总长的同规格新导线，从新导线

总长的中间开始穿线。穿线时，可边抽出假导线，边跟随穿入新导线。穿绕完毕，整理好端部，焊接端部引线接头并包好绝缘，进行必要的测试，符合要求后才能浸漆烘干。

③ 若线圈匝间短路使导线绝缘严重损坏，时间上又不允许进行彻底修理，可采用跳接法，即把短路线圈的一端剪断，并用绝缘材料包好断头，再把该线圈首、尾端用导线短接，即跳过了这个短路的坏线圈。采用这种应急措施时，应注意适当减轻负荷运行，等条件允许时，再进行彻底修理。

2）线圈间短路的修理。线圈间短路往往是由于线圈间的过桥线处理不当，或叠绕组嵌线方法不妥及端部整形时敲击过猛等原因所致。这种短路通常发生在绕组端部，可用划线板撬开有短路的两个线圈，在线圈间垫入绝缘纸后，再涂绝缘漆并烘干。

3）极相组间短路的修复。这种故障是由极相组间连线的绝缘套管过短、破裂或被导线接头毛刺刺破所造成的。发生极相组间短路时，可将绕组加热软化，用划线板撬开引线处，重新处理套管或在短路部位垫上绝缘纸，并用扎线绑牢。

4）相间短路的修复。相间短路故障多由各相引出线套管处理不当或绕组端部的相间绝缘纸破裂所造成。此时只需处理好引线绝缘或相间绝缘，即可排除故障。

3. 定子绕组断路故障的检修

定子绕组断路的原因主要是绕组受外力作用而断裂，接头焊接不良而松脱，绕组短路产生大电流而烧断。绕组断路后将使电动机不能启动，或在运行中使三相电流不平衡，甚至烧毁电动机绕组。绕组断路故障多数发生在绕组端部的各接线头或引线端等处。

（1）定子绕组断路故障的检查方法。

1）万用表法。这种方法适用于绕组无并联支路或多根并绕的小型异步电动机。根据绕组的接法可按下述四种情况进行检查：

① 定子绕组采用 Y 接法，且中性点引出到接线盒时，可将万用表置于相应的电阻挡，用一支表笔接中性点，另一支表笔分别接三相绕组的引出端 U1、V1、W1，如测到某相不通，则表明该相绕组有断路处。

② 定子绕组采用 Y 接法，但中性点无法引到机外时，可分别测量 UV、VW、WU 各相绕组接线端之间的电阻。若 UV 两端相通，VW 和 WU 两对端子之间不通，则表明 W 相绕组有断路处。

③ 定子绕组采用△接法，且 6 根引线端都引到接线盒时，可先拆开三角形连接的短接片，然后用万用表电阻挡分别测量各相绕组的电阻，哪相不通，则哪相绕组有断路。

④ 定子绕组采用△接法，但有 3 根引线端接到机外时，可用万用表电阻挡分别测量 UV、VW、WV 三对端子间的电阻 R_{UV}、R_{VW}、R_{WU}，电阻较大的两端子间的绕组为断路相。这可作如下解释：设每相绕组实际电阻为 r，若三相绕组完好，则万用表测得的电阻 $R_{UV}=R_{VW}=R_{WU}=\frac{2}{3}r$；若某相绕组中有断路，如 WU 间断路，则 $R_{WU}=2r$，而 $R_{UV}=R_{VW}=r$。

2）中等容量以上的电动机绕组大多采用多根并绕或多支路并联，若其中一根或一个支路断开时，常采用三相电流平衡法或电阻法来检查。

三相电流平衡法：

① 对于 Y 接法的电动机，在电动机 3 根电源线上分别串入 3 块电流表，再将三相绕组并联，通入低压大电流，若三相电流值相差大于 5%，则电流小的一相绕组中有

断路。

② 对于△接法的电动机，先将三角形接头拆开一个，然后通入低压电流，用电流表逐相测量每相绕组的电流，电流小的一相绕组中有部分导线断路。

电阻法：

用双臂电桥分别测量三相绕组的电阻，若三相电阻值相差大于 5%，则电阻较大的一相绕组中有断路处。

上述三种方法，只能查出是哪一相绕组断路，但不能找出具体故障线圈。这时可以拆开电动机，并将各相绕组的引线端子拆开，在万用表的一只表笔上焊接一枚尖针，从万用表没有尖针表笔所接的那个线圈开始，逐个测量前几个线圈，若都是通的，测到下一个线圈万用表不通了，则断路点就在这个线圈。

（2）定子绕组断路的修理。

1）若断路点是过桥线或引出线接头焊接不良或扭断时，可重新焊牢接头，并套好绝缘套管。

2）若断路点在铁芯槽外的绕组端部，又是单股线断开时，可用划线板将断线挑出，重新焊好断线接头并包扎绝缘；若是两股以上的导线断开，应仔细寻找线头、线尾，否则容易造成人为匝间短路。

3）当断路点在铁芯槽内时，可用前面讲过的穿绕修补法更换故障线圈。若电动机有急用，一时来不及彻底修理，也可采用跳接法将断路线圈的首尾端短接，供暂时使用。

（四）笼型转子绕组的故障检修

异步电动机的转子绕组有笼型和绕线型两种。绕线型转子绕组的故障检修方法与定子绕组的大致相同。现着重介绍笼型转子绕组的常见故障现象、原因及故障检修方法。

笼型转子绕组的常见故障是导条断裂。断条后会使电动机启动困难，带不动负载；运行中的电动机转速变慢，定子电流时大时小，电流表指针呈周期性摆动；电动机过热、机身振动，还可能产生周期性的"嗡嗡"声。造成笼型转子绕组断条的原因通常是铸铝或铸铜鼠笼材质不良，制造工艺粗糙，结构设计不佳或者是运行中启动频繁，操作不当，急促的正反转造成剧烈冲击等。

1. 转子绕组断条的检查方法

（1）铁粉检查法。这种检查方法是根据磁场能吸引铁粉的原理。在转子端环两端通入低压交流电，逐渐升高电压，使转子磁场不断增强，这时在转子上均匀地撒上铁粉，从铁粉的分布情况即可判断转子绕组导条有无断裂。如果没有断条，则转子铁芯表面的铁粉就整齐地按槽的方向排列；若转子某槽不能吸附铁粉或吸附的铁粉很少，则说明该槽导条断裂。

（2）短路侦察器法。将短路侦察器的铁芯开口外缘形状呈凹面压在转子槽上，给侦察器励磁线圈通入 36V 交流电后，使其沿转子圆周逐槽移动。如导条完好，电流表指示的是正常短路电流；若某一槽口处的电流有明显下降，则该槽导条断裂。

用上述两种方法查出转子绕组某槽有断条后，还必须找出导条断裂点。通常断裂时间较长的地方，有黄黑斑点，用肉眼即可直接看出。若不能直接发现，可在转子一端的端环上（如左端）焊一根较粗的软导线，将短路侦察器的铁芯凹面置于断条两侧的槽齿上，在断条的另一端（如右端）放上一段薄铁片（或锯条）；给侦察器励磁线圈接通 36V 交流电源，然后把软导线的自由端从左端开始沿断条向右移动，当薄铁片开始振动时，软导线自由端左侧的位置即为导条断裂点。

2. 转子绕组断条的修理工艺

转子断条常用以下几种方法予以修复：

（1）局部补焊法。在有裂纹的端环或导条两边用尖凿剔出 V 形或梯形槽，用喷灯或氧炔焰将转子加热到 450℃ 左右，再用气焊进行补焊，最后将修补处多余的焊料车去或铲平。补焊时，一般使用含锡 63%、含锌 33% 和含铝 4% 的焊料。

（2）冷接法。在断条的裂口处用与槽宽相近的钻头钻孔并攻丝，深度以钻到槽底为止，然后拧进一只与之相配的铝螺钉，再用车刀或凿子除去螺钉的多余部分。如果导条裂纹或裂口较长，单靠拧进一颗螺钉还不能接好断条时，可用尖凿将裂口处凿一矩形槽，并将四壁和槽底修理整齐；然后用一块形状、体积与矩形槽相似但尺寸略大的铝块强行嵌入槽里，同时在铝块两端与原导条结合部钻孔攻丝，拧紧铝质螺钉并除去多余部分。这样即使转子高速运转，铝块也不会脱出。

（3）换条法。当导条断裂严重或断条较多时，可用换条法更换新导条。

1）个别铸铝导条断裂时，可用钻头沿转子斜槽将断条钻掉，除去槽内的铝屑并擦拭干净；做一根与槽形相同的铝导条插入槽内，用气焊把铝条与端环焊牢，修整焊口后校正平衡。

2）个别铜导条断裂时，可把断条的端环两端开一缺口，凿去一边端环部分，把断条敲出，换上一根与原导条截面相同的新铜条，并要长出端环 15～20mm，将伸出部分敲弯紧贴在端环上，然后用气焊把铜条与端环焊牢，修整焊口并校正平衡。

3）铸铝转子断条较多时，应先将铝条熔化后，再重新铸铝或者改换铜条笼型绕组。在熔化铸铝前，应车去转子两端的端环，再用夹具将转子铁芯夹紧，以防熔铝后铁芯松散。熔铝的方法有以下两种：

① 化学熔铝。将铸铝转子垂直地浸入 30%～60% 浓度的工业烧碱溶液中，然后将溶液加热到 80～100℃，直到铸铝熔化为止。一般转子需要加热 7～8h，小型转子需 3～4h，大型转子可达 1～2 天。熔铝后，要用清水将转子冲洗干净，再投入浓度为 25% 的工业冰醋酸中煮沸 15min 左右，中和残余烧碱，最后再放入开水中煮沸 1～2h，取出冲洗干净并烘干。因烧碱具有强烈的腐蚀性，在操作过程中应注意劳动保护。

② 加热熔铝。将转子加热到 700℃ 左右，使铸铝全部熔化。熔铝后，必须清除槽内及铁芯两端的残余铝层和油污等。

重新铸铝的工艺较复杂，一般需要送回电机制造厂进行重铸。在现场一般采用改换铜条鼠笼。因铜条导电性能好，电流密度比铸铝的大，用铜条换铝条时，只要铜条嵌满转子槽的 60%～70% 即可。穿好铜条后，两端用短路环焊牢，再将铜条鼠笼安装牢固。铜条与短路环的焊接一般用银焊。换好鼠笼绕组后，应进行转子静平衡校验。

（五）异步电动机的干燥

异步电动机的绕组受潮或浸漆后，都必须进行干燥，将绕组内的潮气烘出。常用的干燥方法分为外部干燥和内部干燥两大类。根据检修现场的条件不同，外部干燥又可分为灯泡干燥法和烘房干燥法，内部干燥又分为铜损干燥法和铁损干燥法。

1. 外部干燥

（1）灯泡干燥法。将电动机定子放在灯泡温箱内，温箱最好使用红外线灯泡，因为这种灯泡发热效率比普通灯泡高得多，热辐射能力也较强。干燥时要注意用温度计监视箱内温度，应保持排气畅通，以便排出潮气。箱内温度较高时可关掉一部分灯泡。灯泡不可过于靠近定子绕组，以免烤焦。灯泡的功率可按 $5kW/m^3$ 左右选用。

灯泡干燥法所用装置简单、工艺方便、耗电少，适用于小型电动机的干燥。

（2）烘房干燥法。烘房一般都采用热风循环式，用电、煤气或蒸汽加热。近年来，采用了远红外线干燥新技术，取得了良好的技术经济效果。

烘房本体内层用耐温砖砌成，中间用石棉砖砌成。加热器宜装在烘房顶部或背面，便于维修。电热器发热元件用镍铬合金电热丝绕成。为防止溶剂的挥发物与灼热的电热丝相接触发生爆炸或火灾，应将电热丝装在充满石英砂的铁管内，并将接头处加以密封。电热器的功率可按 $6\sim8kW/m^3$ 计算。

利用蒸汽或煤气（天然气）加热时，需将电热器换成蒸汽管或煤气管加热元件。蒸汽式烘房比较安全，不易发生火灾事故；煤气式烘房则比较经济。

远红外线加热时，应将加热元件装在烘房内，利用远红外线辐射作用，将热量传递到被干燥的绕组上。

采用烘房干燥法时，用鼓风机将热空气吹入烘房内部加热绕组，排气、进气均用阀门控制，烘房内的空气流通快，加热温度均匀，干燥效率高，能源消耗少。因此，这种干燥法应用较广。

2. 内部干燥

（1）铜损干燥法。这种方法是将定子绕组按一定的接线方式通入低压电流，利用绕组本身的铜损发热进行干燥。定子绕组的接线方式可根据所加电源的电压大小和相数来决定，通常采用的接线方式有并联加热式、串联加热式和星形加热式、三角形加热式等。但不管哪种方式，每相绕组所分配到的加热电流都应控制在其额定电流的 50%～70%。干燥时，应通过断续送电控制绕组的加热温度，一般在 70～80℃ 为宜。

1）并联加热法。用电焊变压器二次低压交流电源向并联的三相绕组送电，电焊变压器二次电流可连续调节，低压电流能均匀地分配到三相绕组。这种方式适用于干燥 25～75kW 及以下电动机的绕组。

2）串联加热法。它适用于三相绕组的 6 根引线端都接到接线盒上的电动机。这种加热方式的优点也是三相绕组受热均匀，在干燥过程中不需改动接线，而且有些小型电动机可以直接通入 220V 交流电加热，省去另备低压电源。

3）在检修现场具备三相调压器时，可采用星形加热和三角形加热两种方法。它的优点是不必拆开电动机的三相引出线，可直接将三相低压电源接到接线盒内的三相引线端上，而且三相绕组受热也是均匀的。

（2）铁损干燥法。此法适用于干燥大型电动机。它是利用临时缠绕在定子铁芯和外壳上的励磁线圈，通入交变电流产生交变磁通，在铁芯和外壳中产生涡流和磁滞损耗来加热绕组进行干燥的。

第五节　同步电机的检修、安装与调试

本节讨论的同步电机主要指同步发电机（汽轮发电机）。汽轮发电机是火力发电厂生产电能的主要电气设备，它在长期运行过程中，不可避免地要受到振动、磨损、腐蚀、发热、绝缘老化及意外事故等多方面的危害，使某些部件的结构或工作性能变劣，甚至损坏。这就需要通过定期检修，恢复设备的健康状况，从而保证发电机的安全、可靠运行。

一、同步发电机（汽轮发电机）的拆装

（一）同步发电机的拆卸

为了便于对发电机进行全面的检查和修理，每次大修时都必须把发电机拆开，并从定子腔内抽出转子。因此，同步发电机的拆卸是大修的重要环节，必须做好充分的准备工作，才能使解体检修有条不紊地进行。

1. 拆卸前的准备工作

（1）查阅档案，了解发电机的运行状况。

1）查阅运行记录，了解上次大修投运以来所发现的缺陷和事故情况、原因分析、已采取的措施和尚存在的问题。

2）查阅上次大修和历次小修的总结报告和技术档案，了解对本次大修的意见。

3）进行大修前的试验，确定附加检修项目。

（2）编制大修施工计划。

1）人员组织及分工。

2）检修项目及进度表。

3）重大特殊项目的施工方案。

4）确保施工安全、质量的技术措施和现场防火措施。

5）主要施工工具、设备明细表，主要材料明细表。

6）绘制必要的施工图纸。

（3）施工场地和工器具的准备。

1）清扫施工现场，并做好防潮、防尘和消防措施，准备充足的施工电源及照明。

2）检查专用搁架、托架、弧形垫块等是否完好和齐全，并将转子专用搁架按所需间距及位置放在合适的检修场所。

3）检查专用起吊工具如钢丝绳、起吊行车、电动葫芦、滑车、倒链等是否完好、齐全。

4）准备好检修材料、备品、备件、工具等。

2. 发电机的解体

（1）拆开发电机。

1）拆除盘车装置，解开发电机与汽轮机的联轴器。

2）拆下励磁机和集电环的电缆接线，并将电缆引线压入孔洞内。解开发电机与励磁机的联轴器，拆下励磁机的地脚螺栓，将励磁机和刷架吊至检修场地。集电环的工作表面应用硬绝缘纸包好。

3）拆开发电机两侧的大、小端盖。拆前要做好位置标记。起吊端盖时要稳妥，由于这些部件的形状不规则，要防止起吊时突然倾倒而碰坏定子绕组端部和风挡等部件。

4）测量轴封与轴之间的间隙、励磁机磁极与电枢的间隙、风扇与端盖（或护板）之间的轴向和径向间隙、发电机定转子之间的间隙，作好记录，并与上次大修后所测数值进行比较，以便研究运行中的变动与磨损情况，供组装时参考。

（2）抽出转子。由于汽轮同步发电机的转子长而重，且定转子间的气隙很小，所以从定子腔内抽出转子的技术和安全要求都特别高，顺利而安全地抽出转子对发电机检修至关重要。

　　抽出转子的方法应根据发电机的构造、起重设备和现场条件等来选择，大型发电机常采用接假轴法和滑车法。

　　1）接假轴法。这种方法利用假轴接长发电机的转子，用双吊车或吊车。接假轴抽出转子的操作过程如下：

　　① 拆除励磁机侧轴承座地脚螺丝，用吊车微微抬起轴承座，至轴承座下垫片可以取出时即停止起吊，并抽出全部轴承座垫片。拆去汽轮机侧轴瓦上半部分，用另一台吊车在汽轮机侧联轴器上微微起吊，抬高转子至下轴瓦松动时，推出下轴瓦并吊走，以便于转子的抽出。仔细调整好汽励两端定转子间的气隙，使汽励两端的吊车以相同的速度向励磁机侧移动，当钢丝绳紧靠汽轮机侧定子绕组端面时停止移动，稍微抬高汽轮机侧转子，将工字钢塞到联轴器下支撑转子，取出汽端钢丝绳，完成抽转子的第一阶段工作。

　　② 在汽端联轴器装上接长假轴，将钢丝绳放在假轴的最外端。用汽端吊车稍微抬起转子，取出工字钢，重新调好定转子间的气隙，汽、励两端的吊车再次同步地向励磁机侧移动，直到转子重心移出定子膛外为止。此时，励磁机侧的转子末端放到轴承座上或枕木垫块上；汽轮机侧的接长假轴末端放到工字钢支撑上，这是抽转子的第二阶段工作。

　　③ 撤去汽励两端的钢丝绳，在转子重心处安放木板条，并用钢丝绳捆好，再将起吊专用钢丝绳绕在木板条上。用吊车起吊转子，调整两根专用钢丝绳的距离和位置，使转子处于水平状态时，将转子从定子膛内抽出。最后将抽出的转子吊到检修场地的专用搁架上，抽转子工作全部完成。

　　2）滑车法。此法先将转子轴颈架在专用的滑车上，由倒链把转子重心拉出定子后，再用吊车吊走转子。滑车法有双滑车抽转子和单滑车抽转子之分。采用双滑车时，励磁机侧转子轴颈架在外滑车时，仅励磁机侧转子轴颈架在外滑车上，而汽轮机侧仍接假轴用吊车起吊。下面介绍双滑车抽转子的操作过程。

　　① 拆开发电机汽励两侧的轴承，取下上盖和上瓦。

　　② 在汽轮机侧，用吊车将转子联轴器稍微吊起，取出轴承下瓦和下盖，在轴颈与风扇之间装好内滑车。若风扇和心环的直径大于定子膛时，应拆除风扇和心环后再装内滑车。

　　③ 在励磁机侧，用吊车将转子略微吊起，在轴承座内侧轴下垫好支架，把转子放在支架上，取出轴承下瓦，吊走轴承座。再将转子略微吊起，撤走支架，往定子膛内下部放入2～3mm厚的橡皮或塑料垫（长度与包括绕组端的定子长度相同，宽度为定子内圆周长的1/4），垫上再放厚度为12mm以上的弧形铁板，弧形铁板要略长于铁芯，弧形要与定子内圆吻合，并在汽轮机侧用铁丝把弧形铁板拉紧。对准发电机中心铺好铁轨，把外滑车放在轨道上，推到轴颈下面，将转子放下，使其轴颈坐落在滑车上面的弧形木垫块上，扣上滑车压盖，拧紧压盖紧固螺栓，在励侧轴端装好拉环，并挂在拉转子的倒链挂钩上。

　　④ 升降汽轮机侧的钢丝绳，使转子调整到水平状态（可用水平仪测量），拉紧倒链使转子缓慢移向励磁机侧，此时吊车也应跟随向前移动，当内滑车进入定子膛内时，放下转子，让内滑车落在弧形铁板上，此时转子全部重量由内外滑车随车承受。撤出汽端吊车的钢丝绳，拉紧倒链使转子继续移出。

　　⑤ 当转子重心移出定子膛外后，撤去倒链，在转子重心处放好木板条并绑紧钢丝绳，用吊车吊起转子，调整水平后，将转子平稳地从定子膛内抽出。

　　（3）抽转子时的注意事项。

1）在起吊和抽出转子的过程中，钢丝绳不能触及转子轴颈、风扇、集电环及引出线等处，以免损坏这些部件。

2）起吊转子时，不能让护环、风扇和集电环受力，更不能将其作为支撑面使用。

3）抽出转子的过程中，应始终保持转子处于水平状态，以免与定子碰撞。应设专人在一端用灯光照亮，利用透光法来监视定转子间隙，并使其保持均匀。

4）水平起吊转子时，应采用两点吊法，吊距应在 700～800mm，钢丝绳绑扎处要垫厚约 20～30mm 的硬木板条，以防钢丝绳滑动及损坏转子本体表面。

5）当需要移动钢丝绳时，不得将转子直接放在定子铁芯上，必须在铁芯上垫以与定子内圆相吻合的厚钢板，并在钢板下衬橡皮或塑料垫，以免碰伤定子铁芯。

6）为给今后的检修工作创造有利条件，应把水平起吊转子时的合适吊点位置作可靠而醒目的标记，以便下次起吊时作为参考。

7）拆下的全部零部件和螺栓要做好位置标记，并逐一进行清点，妥善保管。对定、转子的主要部位要严加防护，在不工作时，应用帆布盖好，贴上封条，以防脏污或发生意外。

（二）同步发电机的组装

发电机检修完毕，各部件经验收符合质量和工艺标准的要求，各项试验结果均符合相关规程规定后，即可进行组装、调整工作。

1. 组装前的准备工作

（1）检查定子膛内、绕组端部有无遗留下的工具或其他杂物。

（2）用压缩空气对定子内、外表面和转子进行吹扫，检查铁芯、绕组端部及通风道，应清洁。

（3）组装用起吊设备、专用工具、材料等应准备齐全并完好无损。

2. 组装与调整

同步发电机的组装与调整操作过程如下：

（1）穿入转子。转子穿入定子膛内的工具和方法及注意事项与抽出转子时相同，只是工序相反。

（2）装复轴承、联轴器及转子找中心。这项工作一般由汽轮机检修车间负责，但电气检修人员也应适当配合，一方面注意保护发电机，不使有关部分受损，同时还应配合进行间隙的测定与调整。在装复轴承、联轴器及转子找正后，分别在汽轮机侧和励磁机侧测量定转子之间的间隙，每侧测上、下、左、右 4 点，其最大偏差值与平均值之比不应超过 5%。

（3）回装端盖。在装端盖之前，还应再用干净的压缩空气将定子和转子绕组端部吹扫一遍，并用灯光照亮的方法检查各侧的空气隙，防止有杂物遗留在其中。

回装端盖时，要仔细检查大小端盖、轴封、护板等零部件，应无油泥、脏污，结合面应平整光洁。回装端盖与解体时的顺序相反，应逐一把护板、大端盖、小端盖、轴封按原标记装好，并按工序步骤逐一测量、记录调整好的各部间隙。各部间隙的调整及要求如下：

1）安装调整大端盖，应使端盖与风扇之间的径向间隙四周均匀相等，一般为 1～3mm。轴向间隙应考虑到投入运行后发电机与汽轮机转子受热膨胀的伸长，按制造厂规定的数值进行检查。

2）安装调整小端盖，使轴封与轴的间隙基本均匀，紧固螺丝后用塞尺测量四周间隙，一般应为 0.5～1mm，且上部间隙宜略大于下部间隙。

调整好各部间隙以后，拧紧所有螺丝并锁住，销钉、垫片应齐全，应特别注意端盖的所有接缝处的毛毡垫要正确接缝，以使发电机保持严密，减少漏风。

（4）安装刷架、更换调整电刷。将刷架及底座清扫干净，用吊车起吊刷架至集电环处，按原位将刷架安装紧固牢靠。粗调刷握与集电环间的距离，使大部分刷握与集电环距离在2～3mm之间，然后对粗调达不到要求的个别刷握进行单个调整，使距离达到2～3mm。在以上操作中不得碰伤集电环表面。

将电刷及恒压弹簧装入刷握，更换过短的电刷并用砂纸研磨弧面。电刷在刷握内应上、下活动自如，且有0.1～0.2mm间隙，若达不到要求时应将电刷适当磨小。

（5）安装励磁机。用吊车起吊已检修好的主、副励磁机，按原位装复，待整体找正中心后，紧固地脚螺栓。

（6）接引线。连接集电环励磁电缆线及励磁机和发电机出口引线，要求各接触面平整、光洁、接触良好，用0.05mm塞尺塞不进去，接头螺丝紧固，平垫、弹簧垫齐全。为了改善集电环的工作状态，每次大修接线时要调换集电环的极性。

接线完毕，将整个机组表面清扫干净，进行一次检修后的试验。

二、同步发电机的检修

为了保证发电机能够安全、可靠地运行，除了正确地维护以外，还必须定期进行检修和预防性试验，以便及时发现和消除设备存在的缺陷，提高设备的健康水平。

（一）同步发电机的大修和小修项目

发电机的定期检修分为大修和小修。大修时要对发电机作全面的检查、清扫，按规定进行预防性试验，并尽可能消除运行中发现的、上次大修时未能解决的和本次大修中发现的设备缺陷，做好改进措施等。小修时则只对发电机作一般性的检查和维护，并消除一些小的设备缺陷。

1. 大修期限和项目

（1）大修期限。发电机的大修周期应根据设备的技术状况，部件的磨损、腐蚀、劣化和老化等规律，以及运行、维护和检修工艺水平等条件来确定，一般每间隔2～4年大修一次。

（2）大修项目。发电机的大修项目可分为标准项目和特殊项目，见表8-7。

表 8-7 发电机的大修项目表

部件名称	标 准 项 目		特 殊 项 目
	常 修 项 目	不常修项目	
定子	（1）检查、清扫端盖、护板、密封衬垫等 （2）检查、清扫定子通风沟及通风沟处的槽部线棒绝缘，检查槽楔、铁芯 （3）检查并清扫定子绕组端部、绑线引出线及出线套管 （4）检查紧固螺丝和清扫绕组端部、绑线、隔木（垫块）等 （5）检查测温元件引线并测试绝缘，检查及校验温度计 （6）氢冷发电机做整体气密试验（包括全部氢气系统） （7）水内冷发电机进行反冲洗及水压试验 （8）检查并清扫灭火装置	（1）更换少量槽楔、绕组端部的隔木（垫块） （2）端部绕组喷绝缘漆	（1）更换定子线棒或修理定子绕组绝缘 （2）重焊不合格的定子绕组端部接头 （3）更换大量的槽楔和大量的端部绕组隔木或重缠绑线 （4）修理铁芯 （5）改进端部结构

续表

部件名称	标　准　项　目		特　殊　项　目
	常　修　项　目	不常修项目	
转子	(1) 测量定、转子之间的空气间隙 (2) 检查、清扫转子，检查槽楔、平衡重块的紧固情况，检查通风孔有无堵塞 (3) 检查护环嵌装情况，测量护环有无位移、变形，护环、心环、风扇探伤 (4) 检查并清扫刷架、集电环及引线，调整电刷压力，更换电刷（包括接地电刷），打磨集电环 (5) 氢冷发电机转子做气密试验，并消除漏氢 (6) 水内冷发电机转子进行反冲洗及水压试验	(1) 转子结构部件的改进更换 (2) 车旋集电环 (3) 转子喷漆	(1) 更换转子引线 (2) 更换集电环 (3) 处理绕组匝间短路、接地，更换转子绕组绝缘，拉出护环、清扫端部绕组
冷却系统	(1) 检查、清理冷却器及冷却系统（包括水箱、滤网、阀门、水泵、管道等），冷却器做水压试验并消除漏水 (2) 清扫空气室，检查严密情况，清除漏风；检查并清扫空气过滤器 (3) 检查氢氯系统、二氧化碳系统的管道、阀门、法兰、表计及自动装置等，消除漏气 (4) 冷却风扇的检查、修理 (5) 汽水回路仪表校验	(1) 转子结构部件的改进更换 (2) 油漆空气室	更换冷却器
主、副励磁机及励磁回路	(1) 检查、清扫端盖 (2) 测量定转子间气隙，抽转子 (3) 检查、清扫定子绕组、绕组接头及端部绑线、紧固件、隔木 (4) 检查和清扫定子铁芯、槽楔、通风沟 (5) 检查和清扫转子铁芯、绕组、风扇、通风沟等 (6) 检查并清扫刷架、集电环和引线，调整电刷压力，更换电刷 (7) 检查冲洗冷却器，并做水压试验，冲洗过滤器 (8) 灭磁开关解体检修，整流柜检修、测试，励磁回路其他设备检修	(1) 调整气隙 (2) 车旋集环 (3) 更换刷架 (4) 更换槽楔	(1) 更换磁极、电枢绕组 (2) 更换集电环
轴承及油系统	(1) 检查轴承及油挡有无磨损、钨金脱胎裂纹等缺陷及轴瓦球面、垫铁的接触情况，测量间隙紧力 (2) 检查氢冷发电机的密封瓦 (3) 检查油系统和滤油装置，检修常用的密封油泵 (4) 检查清扫油管道、法兰的绝缘垫	(1) 全部清洗油管道 (2) 更换绝缘垫 (3) 检查氢冷发电机的后备密封油泵	(1) 更换轴承、密封瓦 (2) 修刮轴承座、台板或基础加固灌浆
其他	(1) 进行预防性试验 (2) 检查、清扫发电机的配电装置、电缆、仪表、继电保护装置和控制信号装置等 (3) 盘车电机解体进行标准项目大修 (4) 其他根据设备情况需要增加的项目	修理发电机的配电装置及电缆等	(1) 发电机外壳喷漆 (2) 更换配电装置、电缆、继电器及仪表

2. 小修期限和项目

（1）小修期限。一般发电机的小修间隔为 4~8 个月。

（2）小修项目。

1）消除运行中发现的缺陷。

2）检查和清扫发电机、励磁机、集电环、刷架，更换电刷。

3）根据需要由人孔门进入机内，检查、清扫绕组端部及紧固件、出线套管等。

4）检查并清扫冷却系统。

5）做绝缘预防性试验。

6）大修前的一次小修，应做好检查，并核实大修项目。

7）在规定的小修日期内，可以提前进行一部分大修项目。

（二）同步发电机常见故障现象、原因及处理方法

同步发电机的故障多发生在定子绕组、定子铁芯、转子绕组以及冷却系统等部位。有些缺陷在发电机运行时就已暴露出来，致使设备不能正常工作，被迫停机进行检修；有些则必须在定期检修时经检查或试验才能发现并得到修复。为了便于检修时根据故障现象尽快查找出故障原因并对症处理，同步发电机的常见故障现象、故障可能原因及相应的处理方法见表 8-8。

表 8-8　　　　同步发电机的常见故障现象、故障可能原因及相应的处理方法

故 障 现 象	故 障 可 能 原 因	处 理 方 法
定子线棒松动	（1）木质槽楔和垫块干缩 （2）绕组端部绑线松弛 （3）运行中的振动或短路电流冲击力的作用 （4）制造工艺和质量缺陷	（1）更换为环氧酚醛层压玻璃布板槽楔和垫块 （2）重新扎紧绑线 （3）在槽楔下加垫条
定子线棒接头开焊	（1）焊接工艺和质量缺陷 （2）运行中绕组过热或受到冲击力作用	将锡焊改为银焊或银磷铜焊，重新焊牢
定子绕组绝缘老化	（1）长期运行时的自然老化 （2）受油浸蚀，绝缘膨胀 （3）绕组温升过高使绝缘裂缝、脱落	（1）恢复性大修，更换全部绕组 （2）擦除油污，修补绝缘，表面涂漆 （3）局部修补绝缘或更换故障线棒，表面涂漆
定子绕组绝缘击穿	（1）绝缘受潮或老化 （2）雷电过电压或操作过电压 （3）绝缘受机械损伤 （4）绕组匝间短路或接地	（1）更换绕组，进行干燥 （2）更换被击穿的线棒 （3）修补绝缘，表面涂漆 （4）修复因绝缘击穿时产生电弧而损坏的其他部分
电腐蚀	（1）定子线棒与槽壁嵌合不紧存在气隙（外腐蚀） （2）定子线棒主绝缘与防晕层粘合不良，存有气隙（内腐蚀）	（1）槽内加半导体垫条 （2）采用粘合性能好的半导体漆
定子铁芯松动	（1）铁芯压装不紧或不均匀 （2）长期振动，片间绝缘层磨损、脱落	（1）在铁芯缝隙中塞入绝缘楔块 （2）片间注入绝缘漆
定子铁芯短路	（1）定子线棒对地或相间击穿时产生电弧将局部铁芯烧熔 （2）硅钢片间绝缘因老化、振动磨损或过热被损坏	（1）清除熔渣，修复片间绝缘 （2）清除片间杂质和氧化物，重涂绝缘漆或塞入绝缘片

故障现象	故障可能原因	处理方法
转子绕组接地或绝缘电阻降低	(1) 长期停用绝缘受潮 (2) 集电环下有碳粉和油污堆积 (3) 多年未拉出护环，绕组端部大量积灰 (4) 热膨胀和气流冲击使槽口绝缘损坏 (5) 转子槽绝缘断裂	(1) 进行干燥 (2) 刮去油污并擦拭干净 (3) 拉出护环进行清扫 (4) 修复槽口绝缘 (5) 修补或更换槽绝缘；拉出集电环，更换绝缘，重包或加垫引线绝缘
转子绕组匝间短路	(1) 振动和铜线热胀冷缩使匝间绝缘磨损、脱落或位移等 (2) 端部绕组垫块配置不当，绕组变形，使线圈端部相碰或倒塌 (3) 通风孔堵塞引起局部过热使绝缘老化	(1) 修补匝间绝缘 (2) 重配端部垫块，修复或更换部分线圈 (3) 清理、疏通通风孔，修补绝缘
空气冷却器漏水	水管腐蚀损坏	少量水管漏水时换掉个别泄漏的铜管或将泄漏管两端堵死，大量水管漏水时更换冷却器
氢冷发电机漏氢	(1) 焊缝的焊接质量不良 (2) 结合面密封不严 (3) 定、转子引出线密封不严 (4) 密封瓦、螺栓等处密封不良或变形，冷却器泄漏	(1) 剔开焊口重新焊接 (2) 研磨结合面，加密封垫，对称拧紧螺丝 (3) 更换新密封垫压紧 (4) 找漏、采取堵漏措施
水冷发电机漏水	(1) 绝缘水管老化开裂或损伤 (2) 绝缘水管接头松动 (3) 焊口开焊 (4) 空心导线质量差 (5) 转子绕组引水弯脚断裂 (6) 冷却器泄漏	(1) 更换备用绝缘水管 (2) 更换密封铜垫，重新拧紧，或更换接头 (3) 补焊裂口 (4) 更换线棒 (5) 更换引水弯脚 (6) 找漏，堵漏

（三）空冷同步发电机定子的检修

同步发电机拆开前应先对定子进行预防性试验，一般试验项目包括绝缘电阻和吸收比的测量、直流泄漏电流测量和直流耐压试验，以及交流耐压试验等。发电机拆开、抽出转子后，再进行定子的清扫、检查。待发电机各部分充分冷却后，才能测量各相绕组的直流电阻。

进入定子腔内进行检修时，必须注意以下几点：

（1）在绕组端部和铁芯上敷设厚度为 2mm 左右的橡皮垫，不得用脚直接踏在绕组端部，以免损坏端部绝缘。

（2）凡进入定子腔内工作的人员，应穿清洁的工作服和不带铁钉或铁掌的软底鞋，衣袋内不得装有金属物品（如小刀、钥匙、螺栓、螺母等），以防落入机内。

（3）定子腔内严禁吸烟，遇有特殊工作，非点火不可时，要预先做好防火措施。

（4）禁止将工具和设备直接放置在定子铁芯或绕组上，工作结束时要将全部工具和设备如数拿出，不得遗忘。

1. 定子铁芯与机座的检修

（1）定子铁芯的检查。定子铁芯作为发电机的磁路和嵌入定子绕组的主要部件，要求它具有良好的导磁性能、足够的轴向和径向刚度及较低的铁芯损耗。同时定子铁芯又是发电机通风系统中的一部分，所以要求布置在定子铁芯上的通风结构具有良好的冷却效果。因此，在检修定子铁芯时应首先作以下几方面的检查：

1）检查定子铁芯齿部和轭部有无因振动而产生的红色粉末状锈斑。如有，可用硬质绝缘材料（如竹片、层压板等）做成铲子状工具，细心地将锈斑铲掉，再用压缩空气吹净，涂上绝缘漆。同时，应用薄刀片试探槽口和通风道边缘处的硅钢片接合部位，检查铁芯有无松动，并设法消除松动。

2）检查铁芯有无变色痕迹（变成表蓝色）及漆膜是否变色。若有，则表明有局部过热。当漆膜老化、脱落时，可将残漆清除干净，再喷入一层原质绝缘漆；当情况严重时，则应做铁损试验，找出发热点并进行处理。

3）铁芯用穿芯螺杆压紧时，应用 500～1000V 绝缘电阻表测量其绝缘电阻值，应在 10～20MΩ 以上。检查时要特别注意螺帽下的绝缘垫圈，它最易损伤且一般无法更换，若有损伤，应擦净周围的油垢，涂上绝缘漆。

4）测量埋设在铁芯内的测温元件的直流电阻和绝缘电阻，检查测温元件的引线有无开路、短路或接地情况。

5）检查、清扫定子铁芯通风沟道及铁芯表面。清扫时，先用 0.2～0.3MPa 的干燥压缩空气吹除灰尘，再用布蘸四氯化碳、酒精或航空汽油擦脏污与油垢（在通风道内擦拭时，应注意要有足够的通风，以防四氯化碳中毒）。

（2）定子铁芯松动的修理。定子铁芯松动会使硅钢片在运行中产生振动，片间绝缘磨损后硅钢片被氧化，就会出现锈蚀红粉。因此，检查发现铁芯上有红粉时，应进行修理，撑紧铁芯。否则，松动将会逐渐加剧，片间绝缘损坏情况逐渐严重，造成铁芯短路，甚至振断硅钢片或导致邻近线棒的绝缘过热而击穿。

铁芯松动的修理方法：刮掉锈斑吹去锈末，用探刀插试硅钢片间的松紧程度，将层压绝缘板做的楔块用木锤打入缝隙，将铁芯撑紧。

在塞入楔块时应注意以下几点：

1）楔块厚度一般为 1～3mm，不能太厚，以防撑断硅钢片。若铁芯松动严重，可在轴向不同的位置塞入几圈较薄的楔块。

2）在定子铁芯的整个圆周上应塞入同样厚度的楔块。

3）铁芯轭部松动时，楔块塞入铁芯的长度不能超过铁轭高度，以防损伤线棒；楔块应从硅钢片与风道片上的小工字钢（或风道片）之间塞入，并正好撑在两根小工字钢的位置。因小工字钢或风道片的厚度都较大，从这里塞入不易折断硅钢片或损伤片间绝缘。

4）铁芯齿部松动时，楔块也应从齿部风道片上的小工字钢（或风道片）与硅钢片之间塞入，撑紧铁芯。楔块的宽度应比齿窄一些，长度应比齿高短些并视铁芯松动程度而定。

5）打入楔块过程中，应注意不能碰伤线棒绝缘，楔块打入后与铁芯表面齐平，不应高出铁芯。

（3）定子铁芯局部被电弧烧损的修理。同步发电机发生定子绕组对地击穿或相间击穿时，产生的电弧将会烧损附近的铁芯。尤其是运行中发生相间短路产生的短路电流很大，铁芯将被严重烧损，该处硅钢片会熔化，线棒中的铜也会熔化，形成比较坚硬的铜铁熔渣。

如果铁芯局部烧损而烧熔程度较浅时，可用凿子或锉刀小心地凿磨掉熔渣，使铁芯表面光滑，没有毛刺，然后用压缩空气吹净。

如果铁芯局部烧熔程度较深时，则在打磨处理消除短路后，还须在缺损处胶配假齿。假齿材料最好用环氧酚醛层压玻璃布板，其形状要与铁芯缺损空洞相吻合，配好假齿后涂上环氧树脂，用木锤敲入空洞内，使假齿与铁芯胶粘牢固。

（4）定子机座、外壳和端盖等部件的检修。

1）检查的各部分应无裂缝、开焊、变形或螺栓松动等情况，机座表面油漆应平滑光亮，内外部清洁干净。

2）检查机座和铁芯，连接应牢固，隔振弹簧钢板无裂纹、变形。

3）检查外壳，应良好接地，焊口牢实，各起重吊环、吊孔应完整可靠，各温度计座、窥视窗孔应完好、位置正确。

4）检查大小端盖、挡风板、轴封各部件，应无变形、裂纹、开焊等现象，端盖密封毡垫应完整无缺、富有弹性，风挡、轴封要圆滑且沟、齿清晰尖锐，为密封而向轴封齿间引入正压风的所有风道与风孔应完整、对外不漏、内部畅通无阻。

2. 定子绕组的检修

（1）定子绕组端部的检查。定子绕组端部的形状比较复杂，再加上励磁机侧还有极相组之间的连线和引出线，所以绕组端部的绑扎固定工艺比较繁琐，必须仔细、认真地进行检查。

1）检查绕组端部的垫块和固定装置是否牢固。如果垫块、端箍、压板等附近有黄色粉末则表示已有松动，黄色粉末是由它们与线棒绝缘摩擦产生的。这时应垫紧垫块，重新扎带、涂绝缘漆或拧紧压板螺母。

2）检查线棒接头处绝缘是否变色、膨胀、甚至焦脆。若发现这种情况，则应剥开接头的外包绝缘，检查接头是否接触不良，并进行补焊。

3）检查极相组间连线和引出线的绝缘是否良好，连接螺丝有无松动等情况。

4）检查绕组端部是否有漏胶或油垢现象。采用沥青浸胶云母绝缘的发电机在运行中过热会引起漏胶，一般少量漏胶不会严重影响绝缘的性能，仅需加以清除即可，但以后在运行中应注意监视发电机的负荷，以免继续大量漏胶，损坏线棒绝缘。油垢是轴承漏油造成的，应用废布蘸以四氯化碳擦去绕组端部的油垢，并检查轴承漏油的情况，一般因油压过高、油挡间隙过大、轴封不严等原因引起的漏油，应予以修理。

5）绕组端部的护面漆脱落严重时，应再喷刷一层，但不宜喷刷过厚，以免影响线棒端部的散热。

（2）定子绕组槽部的检查。

1）检查槽口或铁芯径向通风道处的线棒有无严重凸起、磨损、漏胶和槽口垫块松动等情况，有无因电腐蚀产生的白色粉末。

2）用小锤敲击槽楔，若声音清脆则表明槽楔是紧的，声音嘶哑则表明槽楔松动。线棒松动时会在槽内出现黄色粉末。对于松动的槽楔应打出来，加垫条后重新打紧。

3）检查槽楔有无因过热而发黑、变色的现象。若有，则必须更换新槽楔，同时应进一步查明发热原因并消除热源。

4）测量埋设在槽内的定子绕组测温元件的直流电阻，检查测温元件有无损坏，用250V绝缘电阻表测量测温元件对铁芯的绝缘电阻，检查测温元件有无接地。若接地点在定子槽内部时，对于埋设在槽底的测温元件，应设法取出线棒，进行修理；对于埋设在上下层线棒间或槽楔下面的测温元件，可以不进行处理，但须防止引出线另一点接地。

（3）定子线棒松动的修理。定子线棒松动会使线棒绝缘磨损，从而使线棒损坏引起发电机故障。线棒松动的原因已在前面分析，主要由于槽楔或端部垫块松动引起，可在大修时通过对定子绕组槽部和端部的检查来发现，并采取措施予以修理。

1）若检查发现定子槽楔松动时，可根据具体情况将松动的槽楔打出，加垫条后再将新槽楔打入。如果原槽楔材料为木材或酚醛层压板的，应在换新时尽可能改用环氧酚醛层压玻璃布板槽楔。对于大容量的发电机，最好改用楔形槽楔。由于这种槽楔是斜楔，打入时越敲越紧，当紧力不合适时，只要调整楔下垫条即可。

打入槽楔前，槽内应用干燥的压缩空气吹净，不可留有垫条碎屑等杂物。打入槽楔时应特别注意不能损坏线棒，一般用木锤敲打，切勿使用铁锤，要防止锤头误击绕组或铁芯表面。

2）当检查发现端部垫块松动时，应将垫块的扎带切断、拉去，取下垫块。如果垫入原垫块，紧固后需重新扎带，扎带上也应涂绝缘漆。如果原垫块已损坏或老化严重，则应配制新垫块，垫块材料最好采用环氧酚醛层压玻璃布板。

（4）定子线棒接头开焊的修理。定子两根线棒末端的铜股线匝排列整齐后，用一个并头铜套套住，然后用楔块或楔板楔入两个线棒接头之间或两排铜线之间。并头铜套四面有孔，作为焊接时注入焊锡之用。采用锡焊的机组，接头开焊的故障较多，特别是那些容量较大、整根线棒采用一只并头铜套的机组，由于接头尺寸较大，锡焊时因为加热设备的限制，往往难以充分焊透，更易发生开焊事故。

定子线棒接头开焊时，若发现的较早，可以看到接头处的外包绝缘、垫块、扎线被烧焦。若发现的较晚，就会使焊锡熔化，接头处产生弧光放电烧坏相邻的接头及附近端线的绝缘，严重时甚至会引起相间短路，烧坏端部绕组。

近年来，随着焊接技术的发展，线棒接头多采用银焊和银磷铜焊，尤其是对于采用多股扁铜线的篮形绕组，其焊接方法简单，焊接速度快，允许工作温度高（熔点大于700℃），基本上消除了因接头焊接不良而引起的事故。因此，对于锡焊的多股扁铜线编织的线棒接头，应尽可能在检修时改为银焊或银磷铜焊。

原为锡焊的线棒接头开焊后，改用银焊的焊接施工过程如下：

1）拆下绕组端部有关的紧固零件和垫块，并做好标记，以防装复时装错造成困难。

2）剥开接头的并头铜套碱度绝缘物，并记录所拆下绝缘材料的规格、包扎层数及包扎方法。由于银焊时加热温度较高，应做好绝热措施，可用石棉布、石棉绳、石棉泥等材料包住端线及相邻的端线接头，以防烧坏周围绝缘。

3）用气焊（小火嘴）对并头铜套加热至200℃，取下楔块和并头铜套，用锉或砂纸清除每根扁铜线上的焊锡及氧化物，清除的长度为20mm左右。如扁铜线已烧断，应用银焊接长。

4）将扁铜线头弯曲，用气焊加热焊接。一般最里和最外层铜线采用搭接，中间铜线采用对接。应注意焊接后接头的长度不能比原来的长度增加过多，以免装复时距端盖过近。焊接后应清理接头上的毛刺及残余溶剂等杂物。对于结构为股焊接的接头，应注意包好或垫好股间绝缘，以防止股间短路。

5）测量直流电阻合格后，应在接头上涂填充泥。填充泥可用绝缘漆加云母粉（或云母粉、石英粉各 50%）调制，也可用环氧树脂与适量的石英粉及云母粉调制而成。涂好填充泥后包一层玻璃丝带，再包扎绝缘带（层数由额定电压而定），最外层包一层玻璃丝带，并涂上绝缘漆。绝缘带和玻璃丝带均采用半叠包。

6）配装垫块，若原来垫块已损坏时，应配制新的。然后装复拆下的全部紧固零件。

7）按相关规定进行有关电气试验，合格后，焊接线棒接头工作结束。

锡焊接头开焊后，若无条件改为银焊时（如盘形绕组的接头），则仍用锡焊焊接。其焊接过程与银焊大致相同。

（5）更换定子线棒。发电机不论在运行中还是在大修的预防性试验中，如果发生线棒绝缘击穿事故，就需要更换定子线棒。

造成定子线棒绝缘击穿的原因很多。例如线棒固定不可靠，由振动而造成线棒绝缘严重的磨损；长期过负荷造成线棒过热或铁芯损坏使线棒局部过热；运行中的过电压使线棒绝缘击穿；短路故障、非同期并列使线棒受到过大的电动力冲击，引起槽口处绝缘的损坏；水内冷机组铜线漏水使绝缘损坏；小型机组由于匝间短路发展到对地或相间短路等，都会引起定子线棒绝缘击穿。有的机组，由于运行日久，绝缘受各种外界因素的作用已经普遍老化时，也会使发电机发生线棒绝缘击穿的事故，这时除了更换击穿的线棒外，还应安排计划进行恢复性大修，将全部线棒重新绝缘。

更换上层线棒比较容易，只要取出损坏线棒即可。如果损坏线棒是在下层，则要仔细观察需要取出多少压住它的端线的上层线棒，才能将损坏的下层线棒取出，切勿搞错。下面主要介绍更换上层线棒的施工方法。

1）取出线棒。首先拆除待取线棒端部有关的固定零件，如垫块、压板、扎带等，打出该槽的槽楔。拆前应按顺序编号，拆下的槽楔应妥善保管，以便顺利装复。剥去线棒接头处的外包绝缘，烫开接头，割断槽口上下层线棒间的绑带，然后用压缩空气对槽口进行吹扫，检查有无杂物和垫条碎屑，槽口若有毛刺或漆瘤等，应刮干净，以免阻塞线棒的取出或损伤线棒绝缘。

取线棒先从汽、励两端的直线部分轻轻活动线棒，然后用锦纶线带分别从汽、励两端的槽口上下层线棒间穿过，并打结后穿入杠杆，以铁芯为支点，慢慢抬起线棒，待线棒全部活动后，定子内、外检修人员同时将线棒抬出。若线棒与槽的配合较紧而不能顺利取出时，不要硬性拉出，应在铁芯中部通风孔中分段穿入锦纶线带，以增加线棒受力点，避免线棒受损。

取出线棒过程中应注意以下几点：

① 取出线棒必须按工艺规定的操作方法进行，不许生拉硬撬，以免损坏线棒主绝缘及防晕层。

② 当线棒抬出至铁芯槽口处时要格外小心，因为铁芯槽口较锋利，很容易划破防晕层。线棒脱槽后，应立即将其抬出定子膛并妥善放置。

③ 取出线棒时应尽可能不要碰坏测温元件及其引线。

2）嵌入线棒。嵌入线棒前应做好以下准备工作：

① 对待嵌线棒（备用线棒或修复好的线棒）进行清理、检查。检查待嵌线棒的宽、高

尺寸是否符合要求，线棒宽度应比槽宽小 0.3mm 左右，线棒宽度过大则下线困难，过小则影响散热和线棒的紧固。将待嵌线棒的接头部分清理干净，如系锡焊，应经搪锡且需质量良好。按规定对待嵌线棒进行耐压试验。

② 检查铁芯槽内有无杂物及垫条、扎线等碎屑，如有，应清理干净并用压缩空气吹扫。

③ 检查上、下层线棒间的测温元件和垫条及端部垫块，应完好无缺，若有损坏应换新的。

④ 若采用沥青浸胶连续绝缘的线棒需预先加热。加热温度一般为 80℃ 左右，可利用在线棒表面涂白蜡的方法来判断，当线棒加热至白蜡熔化后即表示温度已到。

嵌入线棒时，首先弄清线棒汽、励两侧的方向，再将线棒端部的渐伸线放平，使线棒从定子的励端慢慢进入，线棒进入定子膛后应立即转动到嵌线的方向，以防线棒直线部分和端线拐弯处的绝缘被槽口擦伤。入槽时，线棒的两个侧面必须与铁芯槽的两个侧面保持平行，先将线棒一端入槽，再向直线部分加压，使整个线棒入槽。待线棒全部入槽后，检查并调整两端伸出槽口部分的长度至符合要求，再向线棒的直线部分均匀加压，将线棒压紧。压紧线棒可用几副螺杆千斤顶进行，在线棒上垫上木压板，用千斤顶的上鞍压住木压板，另一端顶在垫木上，旋动千斤顶手柄即可将线棒压紧。木压板的宽度应比上鞍的槽宽小 1mm 左右，厚度应使线棒被压紧后，木压板仍高出槽口 20～30mm，长度最好与线棒直线部分相接近，如为几块拼接时，块数应尽可能少。沿线棒直线部分每隔 500～600mm 装一副千斤顶。操作时，应尽量使每副千斤顶施加的压力相等。如果线棒在嵌入时预先加温，须待线棒冷却后才能拆下千斤顶和木压板。

3）线棒的固定、焊接头及试验。线棒压紧后，检查槽内是否有异物，垫好楔下垫条打进槽楔。垫好线棒端部的垫块并扎紧或装好压板，拧紧螺丝。线棒固定后，应按相关规定对其进行交流耐压试验，合格后才能进行焊接头，包接头绝缘，配接头处垫块，并在接头、垫块、扎带处涂绝缘漆和护面漆等工作。最后按规定项目进行直流电阻与绝缘试验。

3. 定子线棒绝缘的电腐蚀及其防止措施

定子线棒外面包的绝缘称为主绝缘，它的厚度决定于发电机的额定电压。线棒的主绝缘有两种，一种是沥青浸胶云母绝缘，另一种是环氧粉云母绝缘。为了防止电晕，在线棒的直线部分及端部出槽口的一段长度的主绝缘表面上涂一层半导体漆或包浸有半导体漆的带子，作为防晕层。

在发电机运行过程中，由于定子线棒受到电、热、机械、化学等各方面因素的综合作用，使防晕层外表面及线棒主绝缘表面发生腐蚀，轻者使防晕层变色，严重者使防晕层变酥，主绝缘受到损伤。在损伤绝缘的各种因素中，电的影响最大，因此把这种损伤称为电腐蚀。

根据电腐蚀发生的部位不同，可分为外腐蚀和内腐蚀。

外腐蚀是指发生在防晕层与槽壁之间的腐蚀。由于定子线棒与槽壁嵌合不紧，使防晕层与槽壁之间存在间隙，当间隙内的电场强度超过某一数值时，产生电容性放电而形成外腐蚀。定子线棒采用环氧粉云母绝缘较采用沥青浸胶云母绝缘易发生外腐蚀现象。这是因为环氧粉云母绝缘运行在额定温度时，不像沥青浸胶云母绝缘那样受热后易膨胀，故运行时环氧粉云母绝缘的定子线棒与槽壁间的间隙较大，机组振动易将线棒外表面的半导体防晕层磨损，致使电腐蚀更加严重。

外腐蚀的程度可分为下面三类：

（1）轻微腐蚀。线棒防晕层的局部或全部由原来的黑灰色变成深褐色。

（2）较重腐蚀。线棒防晕层内表面和主绝缘外表面呈黄白色。

（3）严重腐蚀。线棒防晕层内表面和主绝缘外表面呈白色，并有大量的白色粉面出现。

随着发电机容量的不断增大，其定子电流和电压越来越高，运行时的定子线棒处在强大的电磁场和交变电动力作用下，定子线棒的磨损和电腐蚀问题日益突出，尤其是目前较多采用环氧粉云母绝缘，使发电机定子线棒的电腐蚀情况普遍存在，往往会引起发电机的短路事故。因此，采取防止电腐蚀的措施是十分重要的。

在检修定子线棒时，可采取以下防止电腐蚀的措施：

（1）保证线棒与定子槽紧密配合，加强线棒的固定。可在线棒入槽后沿槽壁两侧塞半导体垫条，使线棒表面防晕层和槽壁保持良好的接触。定子下层线棒可置于环氧玻璃丝坯布做的槽内，在其四周浇注环氧树脂半导体胶，使其和定子铁芯粘牢。

（2）槽内采用半导体垫条，提高防晕性能。

（3）选用适当电阻系数的半导体漆喷于定子槽内，并保证定子铁芯的其他性能符合相关技术要求。

（4）定子槽楔要均匀压紧。可将长槽楔改为分段楔形槽楔；也可在槽楔下加垫一张绝缘波纹板，当槽楔打紧后，压缩波纹板，波纹板产生的弹性力始终压牢线棒。

（5）提高半导体漆的性能，选用附着力强的半导体漆。

（6）防止损伤防晕层，在线棒外层包半导体石棉带。

（7）加强线棒端部的机械固定，在端部绑线处增加楔条。

（四）空冷同步发电机转子的检修

同步发电机的转子从定子内腔抽出后，应放到检修场地的专用搁架上，并用三角木楔撑紧，以防滚动。检修转子时，应首先进行一般性的检查、清扫和维护，当发现转子绕组有缺陷或损坏，或者是转子护环、中心环和风扇有缺陷或损坏时，才将这些部件拆下来进行检修。

1. 转子的一般性检修

用 0.2～0.4MPa 的干燥压缩空气吹扫转子各部灰尘及污垢，用白布将转子擦拭干净后进行如下检修：

（1）测量转子绕组的直流电阻及其对铁芯的绝缘电阻，以判定转子绕组是否有接地、匝间短路等故障。一般大修时不进行转子交流耐压试验，仅在必要时才进行。转子绕组的直流电阻测量值，换算到同样温度与初次（交接或大修）所测的数据相比较，差值不应超过2%。转子绕组对铁芯的绝缘电阻测量值，换算到热状态下不应小于 0.5MΩ。

（2）检查转子表面漆层是否完整，转子本体与护环、护环与中心环、中心环与花鼓筒等嵌装处有无锈斑或变色的痕迹。出现锈斑则说明嵌装处松动，变色说明有过热现象，应进一步查清原因，予以消除。若转子表面漆膜脱落过多，应重新喷涂，但不宜过厚。

（3）用小锤轻轻敲打，检查转子槽楔是否松动；检查各处定位、紧固螺钉有无松动，锁定装置是否完好；检查平衡螺栓有无松动、脱落现象；检查风扇叶片安装是否牢固，有无裂纹，用小锤轻敲叶片，若声音清脆则说明叶片紧固，若声音嘶哑则说明叶片松动或有裂痕，应查明原因并予以消除。

（4）检查集电环对轴的绝缘及转子引出线的绝缘，应无损坏，引出线的槽楔不应松动。集电环附近如有油垢，应用布条蘸少许汽油擦拭干净。检查集电环表面应无烧伤、创伤和磨损的沟纹。当集电环表面的沟纹不严重时，可用 00 号玻璃砂纸打磨，以恢复表面光洁。若集电环表面不平情况超过 0.5mm 时，必须进行车光。

集电环的车光工作一般在现场进行，有的利用盘车电动机带动，有的则在开机时用汽轮机带动，但在加工时应采取特别措施防止转子轴向窜动；车削速度不应超过 6～7m/s，进刀量不应超过 0.05mm。车光后可用一块圆弧曲率与集电环相同的木块，在木块的弧形面装上 00 号玻璃砂纸进行磨光。

2. 护环、中心环、风扇的拆装与检修

通过对发电机转子的检查，若发现转子绕组、护环、中心环和风扇有缺陷或损坏时，需将风扇、护环和中心环拆下来对故障部件进行检修。

（1）风扇的拆装与检修。离心式风扇用螺钉固定在中心环上，旋桨式风扇则热套在中心环外侧的转轴上，所以当拆卸护环、中心环时，必须首先拆卸风扇。

拆卸离心式风扇前，应先将风扇与中心环的对应位置及每个螺钉与相应的螺孔打好标记，而且汽、励两侧应有明显的区别，以便原位装复。拆卸时吊车吊住风扇，拆下固定螺钉，用撞木或紫铜棒轻敲风扇环，使它脱出止口。风扇拆下后，用吊车吊离转子并平放到检修场地上。拆卸风扇时，应注意不能碰伤叶片和转子轴颈。

拆卸旋桨式风扇时，应先拆除固定风扇环的环键（或其他形式的固定用零件），然后用氧—乙炔火焰加热风扇环到 150～200℃，用撞木轻敲风扇环，把风扇拆下。加热时应注意不可把火焰直冲叶片，敲击时也不可碰伤叶片。

风扇拆下后，应仔细检查叶片有无松动、损伤、裂纹等，必要时可作超声波探伤。若发现叶片松动，应加以紧固；如叶片受损伤、有裂纹等，应更换经试验合格的新叶片。更换叶片时应注意动平衡问题。

离心式风扇装复时，应按拆卸时的记号装复，特别应注意汽、励两端的风扇不可装反，每只螺钉都应配齐锁定垫圈。旋桨式风扇装复时，应先将嵌装面上的锈斑、漆膜及毛刺清理干净，然后将风扇加热套装在轴上，最后装复环键等固定装置。

（2）护环和中心环的拆装与检修。护环、中心环的转子之间都是热套配合的，大多数机组的护环和中心环同时拆装，只有些老式机组的护环和中心环分别拆装。

1）拆卸护环和中心环。拆卸步骤为：

① 在护环与转子本体及护环与中心环之间的接合处打好标记，汽、励两侧的标记应有明显的区别，以便原位装复。拆去固定护环、中心环的零件，如环键、螺母等。

② 做好防热措施。为防止加热时烧坏转子绕组端部和槽口等处的绝缘，可用石棉绳塞住转子花鼓筒、中心环上的所有孔洞及护环表面的通风孔。在护环和转子本体接合处的间隙上，也应缠绕 2～3 圈 ϕ12mm 的石棉绳。

③ 装配拉出护环的工具，并用吊车吊住护环。一般机组的护环外径比转子本体的外径大，可以采用拉脚式专用工具来拉出护环。拉脚式专用工具包括两根接有长拉杆的拉脚和一只中间有螺纹顶杆的横担。为了便于调节拉杆的长度，拉杆上打有许多孔，拉护环时可将两根拉脚扣住护环的端面，横担的螺纹顶杆顶住转子的轴端，用销钉插入拉杆与横担对应的圆孔里，拉杆的长度可根据轴头的长短进行调节。有些老式机组的护环止口处的外圆车成圆锥

状，其端面外径与转子本体的外径相同，无法用拉脚扣住护环端面，因而采用抱箍箍住护环，利用抱箍上的吊攀将护环吊住。装配时应注意使抱箍箍在护环和中心环组合件的重心处，若护环上有通风孔，可在抱箍外侧（拉出方向）的孔内塞几只销钉，以防抱箍打滑，但销钉的长度应大于护环厚度，以免损坏端部绕组及绝缘。

④ 用氧—乙炔火焰加热护环并拉出护环。焊枪的数量应根据护环的大小来决定，一般为 4 把左右。加热时火嘴应均匀地沿护环表面移动，防止因局部过热而损坏护环的金属组织。加热温度一般控制在 250℃左右，这可用 $\phi6mm\sim\phi8mm$ 的锡焊条触到护环上，观察其是否熔化的方法来判断，如锡焊条触到护环就熔化，即可停止加热，迅速扳动拉杆螺母（或螺纹顶杆），将护环拉出。

拉出护环后，将它翻过来使端面着地，并用石棉布包住保温，以防变形或烫伤工作人员；同时将转子绕组端部用专用轧具箍紧，防止端部绕组受热后径向尺寸胀大，给装复护环造成困难。待端部冷却后再拆去轧具。

2）护环和中心环的检修。待护环和中心环冷却后，清理护环和中心环的内部，检查护环和中心环是否完好，尤其是对各嵌装面和弹性心环的"S"形部位，应仔细检查，必要时用超声波探伤。当发现护环和转子嵌装面有细微裂纹或电弧灼伤等情况时，必须研究其产生的原因并设法消除。消除的方法一般是车削或局部磨光，这可根据具体情况来决定。如果发现弹性心环"S"形部位有裂纹时，应换用备品。

当护环或中心环本身有损伤或有特殊要求（如复核尺寸等）时，需将护环和中心环拆开。拆卸护环和中心环的方法是将其立放，使护环与转子本体嵌装面着地，用吊车吊住中心环，然后加热护环至 250℃左右，再根据中心环是内装还是外装的，松下或略微升起吊钩，中心环就会与护环分离。加热护环时，应注意尽量不使中心环加热，这可用湿布或用水使中心环冷却。当中心环不易从护环上脱下时，可用紫铜棒轻轻敲击中心环，使其与护环分离。将中心环装入护环的方法与拆开的方法基本相同，只是对内装中心环结构，需将护环翻过来立放，加热护环至 250℃后把中心环吊起放入。中心环装入后的位置与拆前相同，不能有瓢偏，否则应趁热用紫铜棒敲正。最后在中心环上用较重物件均匀压住，以防冷却过程中发生瓢偏。

3）护环和中心环的装复。在护环、中心环的检修结束后，即可将其装复。

① 装复前应检查转子本体、护环、中心环、花鼓筒等嵌装处有无毛刺、锈斑和漆膜等，若有则应进行清理、铲除、磨光，并用压缩空气连同转子端部一起吹净。装复前还应复核转子绕组端部护环绝缘的外径尺寸，如果尺寸比拆卸时的记录数据大 1～2mm 左右，或比护环的内径大 2～3mm 左右，应该认为是合格的。这些尺寸的增大是由于绕组端部的弹性变形或新制的护环绝缘的疏松所致。

② 将护环套入转子本体。套护环的工具与拆卸工具相同，只需将横担装在拉出时的另一轴端。工具装配就绪后，吊起护环，对准拆卸时的记号进行试套，并复核套护环的工具是否合适。试套符合要求后，退出护环（只需沿轴向移动一段距离），将护环加热至 250℃，移动吊车将护环套入，装上拉杆（或拉脚），扳紧螺母（或螺纹顶杆），使护环套到拆卸前的位置，这可用塞尺测量护环与转子本体间的间隙来判断，四角上的间隙尺寸相差不能超过 0.2mm。如果护环未套足或四角间隙相差过多时，应趁热校正。当护环冷却到 70～80℃以下时，拆去套护环工具。按同样的方法装复另一端护环。

③ 两端护环装复后，再装固定护环、中心环的零部件，如环键、螺母、螺钉等，最后装复风扇，再用绝缘电阻表测量转子的绝缘电阻，其绝缘电阻值应不低于 0.5MΩ。

3. 转子绕组的检修

（1）转子绕组绝缘电阻降低或接地的检修。相关规程规定，运行中的转子绕组的绝缘电阻一般不应低于 0.5MΩ，水冷转子绕组的绝缘电阻不应低于 5kΩ。如发现转子绕组绝缘电阻过低或有接地的情况，应按表 8-9 所列的故障可能原因进行仔细检查，并予以消除，以避免发生两点接地故障，致使转子烧损。

1）转子绝缘受潮的处理。如果经经验鉴定及情况分析后，确认是因受潮而使转子绝缘电阻降低或引起接地时，可采用给转子绕组通以不大于额定值的直流电流的方法进行干燥。

2）集电环下有碳粉和油污堆积的处理。由于集电环与轴间的绝缘表面有碳粉和油污堆积，使转子绝缘电阻过低或造成接地时，应将集电环及绝缘上的碳粉和油污用布擦净，再用 0.4～0.6MPa 的压缩空气吹净，也可用布条浸汽油擦拭。

3）转子绕组端部积灰的处理。端部严重积灰造成转子绝缘漆膜有脱落时，应对端部绕组喷一层型环氧漆，干燥后装复护环。

4）槽口绝缘损坏的修理。槽口绝缘的损坏一般发生在运行日久的机组上，由于槽口处槽套的保护层老化、断裂，槽套的云母剥落，在云母剥落处形成的间隙中又大量积灰，致使转子绝缘电阻降低或造成接地。如果槽口绝缘套普遍损坏，应在恢复性大修时更换槽套；当个别损坏时，可进行局部修理。

修理时需拆去端部和槽口处的绝缘垫块，用 0.1～0.2MPa 的压缩空气吹净积灰并擦掉垢渍，再将醇酸漆和云母粉调合的填充泥涂塞在槽口绝缘损坏处的缝隙内和绕组与本体之间的转角处，转角处的填充泥应形成一个圆角，以增加绕组与转子本体间的爬电距离；然后包 2～4 层 0.10mm×（10～25）mm 的玻璃丝带，应尽可能将填充泥形成的圆角全部包进，第一、二层玻璃丝带不能包得太紧，以免将填充泥挤出。玻璃丝带不要包得过长，否则影响散热。在新包玻璃丝带上应涂绝缘漆。所有槽口绝缘损坏处都应同样处理，最后在绕组端部喷一层绝缘漆。

修补好槽口绝缘并配好槽口与端部垫块后，测量绝缘电阻，若符合要求，就可包护环绝缘，准备装复护环。

5）槽绝缘断裂或损坏的修理。转子槽绝缘断裂或损坏时将造成转子绕组接地。如果槽绝缘已经严重老化、断裂，则应进行恢复性大修。当仅为靠近槽楔几匝处个别点槽绝缘断裂或损坏时，可采用临时的修理办法。

修理时，先用绝缘电阻表或万用表或探针等查出接地点的准确位置，并做好记号；然后用前端呈斜面且磨光的钢片从接地点的槽壁插入，同时用万用表测量接地情况。当钢片插入时，万用表指针会有摆动，当钢片插到接地点时，万用表指针将会摆动显著或者使接地消失，绝缘电阻值回升，再将钢片插进 10mm 左右后，拔出钢片，如果仅此一点接地，拔出钢片后接地现象应消失。此时可将预先准备好的天然云母片或层压薄板塞入槽绝缘与槽壁的缝隙内，用绝缘电阻表测量应无接地现象。向新插入的绝缘片周围的缝隙中注入绝缘漆。

槽绝缘修补好后，在槽内最上面的一匝绕组上涂绝缘漆，按原样垫好垫条打进槽楔。打好槽楔后，应再次测量绝缘电阻，如符合要求则表明已修好。

6）转子绕组引出线绝缘损坏的修理。转子绕组引出线的安装方式有两种：一种是引出线在转子轴表面的槽内。集电环布置在转子两端时，其引出线包好绝缘后嵌放在转子轴表面的槽内，引出线一头与绕组焊牢，另一头用螺钉或斜楔等与集电环连接，轴表面槽内部分的引出线用槽楔固定。另一种是集电环布置在励端轴承外侧时，其引出线一般安装在中心孔内。引出线绝缘损坏一般发生在由转轴表面的槽内引线的机组，而引出线在中心孔内的机组，发生引线绝缘损坏的可能性很少。

引出线绝缘损坏时也会引起转子接地。修理时应打出线槽楔，将引出线与集电环拆开，重包或加垫引出线绝缘。包扎绝缘时，新、旧绝缘搭接处应有一定的锥度，新包绝缘的厚度应与原来的一样。如果无法重新包扎，则应抬起引出线，在四面加绝缘垫条。如槽楔仍松动，可加垫绝缘垫条后将槽楔打紧。

（2）转子绕组匝间短路的检修。引起转子绕组匝间短路的原因已在表8-9中给出。由于绕组槽部是用热压绝缘套作槽衬的，且绕组上面压有槽楔，紧固性较好，因此绕组槽部不易发生匝间短路。匝部短路多发生在转子绕组端部，这是因为转子绕组端部是悬空的，在运行中由于热膨胀和振动等影响，绝缘易破碎、脱落以致造成短路。转子绕组的匝数较多时，才会引起转子电流增大并产生剧烈振动，使发电机不能继续运行。

当转子绕组发生匝间短路时，必须进行相关试验，确定短路匝数及位置。根据经验，转子绕组常存在不稳定的匝间短路，当转子静止或拉出护环后，由于线匝弹起，匝间短路消失，但装上护环或转子运行时，匝间短路仍然存在。为消除此种隐患，必须寻找出不稳定的匝间短路点。这可用几十对专用压板夹在绕组端部及拐角处，对绕组逐个逐点加压，模拟护环的热套紧力和绕组运行中产生的离心力，这时通过电压降法逐个试验，就可找出故障点。

匝间短路点找出之后，可用圆钢做的"L"形工具将短路匝略微撬开一点，将损坏的绝缘清理干净，在线匝之间垫以刷有硅有机漆作粘合剂的云母板，然后压平撬开的线匝。

匝间绝缘全部处理好后，应再次检查绝缘情况，合格后，清理、检查端部各处无遗物，按原记号装好端部垫块，在绕组表面喷一层防油绝缘漆，最后装复护环、中心环和风扇等。

（五）空冷同步发电机辅助装置的检修

1. 空冷系统的检修

（1）冷、热风室和风道的检查及修理：

1）各风室、风道应清扫干净，内壁应平滑光亮，油漆完整，无裂纹、剥落现象。检查各风室、风道、门、窗、窥视孔应对外密封不漏，对内畅通无阻。冷、热风室及风道应隔开，使全部气流经过空冷器而不发生冷热风短路现象。

2）冷空气内排水管疏畅、密不漏气。

3）将空气过滤器用汽油或热碱水清洗干净，晾干后浸85%透平油和15%变压器油的混合油，浸油后斜置12h以上，余油滴尽时再装回原位。

4）检查辅助风门及传动装置应动作灵活、可靠。

5）检查风室内的照明灯及线路应齐全、完好。

（2）空气冷却器的检修：

1）检查空气冷却器外侧，应清洁、干净，无脏污油垢；各散热丝整齐、金属光泽鲜艳，没有堆倒、开焊现象。当发电机轴承漏油严重，空气冷却器外侧积有很多油垢时，可用热碱水冲洗以清除油垢，恢复原有的冷却能力。

2）检修空气冷却器内部时，应拆开两端的端盖，将水盖、管板清扫干净，清除石子、泥砂、木块等杂物。检查散热管内应畅通，无结石、水垢。检查中一般用 0.4～0.6MPa 的高压工业用水进行冲洗，必要时可用圆钢丝刷清除管内的泥垢和锈蚀。冲洗后进行 0.2～0.3MPa 的水压试验，应无渗漏。如有渗漏应做单管试验，找出漏管用紫铜塞将两头堵死不用。但堵死的散热管数量超过总管数的 10%～15%时，应更换新的冷却器。

2. 励磁系统的检修

励磁系统的检修可与发电机大修同时进行。下面主要介绍同轴直流励磁机和半导体励磁装置及灭磁开关的检修方法。

（1）同轴直流励磁机的检修。

1）励磁机的拆卸。大修时把励磁机与发电机间的联轴器解开后，就应将励磁机拆开并把定子和电枢等吊到检修场地进行检修。拆卸励磁机时应遵循以下步骤及注意事项：

① 依次拆开地脚螺栓、机座、端盖、轴封、护板、电刷装置和各种引线，拆卸前应注意对刷架、刷握、端盖、电缆接头等作好记号，以便组装时进行校对，拆下的螺栓、零件、刷架、刷握、引线头等应妥善保管。

② 测量端盖与转轴之间的间隙、电枢与磁极间的空气间隙、电枢与主磁极中心的相对位移，并作好记录。

③ 抽出转子时，应注意不要碰伤电枢绕组、换向器、风扇、磁极铁芯和线圈。转子抽出后应平稳地放在专用支架上。换向器应用青壳纸或白布包扎加以保护。

2）励磁机的检修。

① 定子机座和磁极的检修。用 0.2～0.3MPa 的干燥压缩空气将机座、机壳内外各部件吹扫干净，并用白布擦去油垢，然后进行检查处理。

检查磁极与机座磁轭的固定是否牢固，磁极铁芯有无锈斑。若发现磁极松动，应拧紧固定螺栓。

检查各磁极线圈，应牢固地固定在极掌上，若有松动，应用绝缘板垫紧。检查磁极线圈，表面应光滑，漆膜完整，绝缘良好，无裂纹、破损、过热、焦枯和烧伤现象，若有损伤，应进行局部修理或更换备用的磁极线圈。

检查各磁极线圈之间的连接线是否紧固，接头处应无开焊、松动和过热现象，必要时应重焊接头并包扎绝缘。

测量并励、串励和换向极线圈的直流电阻，检查有无匝间短路或断线。各线圈的直流电阻与原来的数据比较，相差不应超过±2%。

用 500V 绝缘电阻表测量各磁极线圈对地及串励、并励线圈相互间的绝缘电阻，应不低于 0.5MΩ。若绝缘电阻过低，应查明原因，进行处理。

② 电枢的检修。用干燥的压缩空气吹净电枢铁芯和绕组表面的灰尘和脏物，并用布蘸汽油擦除油污，再进行检查处理。

检查电枢铁芯，应紧固且无松动、变形、破损、锈斑、过热和烧伤等情况，所有的径向和轴向通风沟道应畅通无阻。

检查槽楔，应紧固并低于铁芯表面，没有松动、移位、碰伤、断裂、过热、变色等异常现象。

检查电枢绕组的绝缘，应无老化，无擦伤、破损现象。用 500V 绝缘电阻表测量电枢绕组与铁芯间的绝缘电阻应不低于0.5MΩ。

检查电枢绕组端部绑线，应紧固整齐，无松动、移位、断裂、过热、变色开焊及焊锡熔化现象。若有损坏应修理好。用500V绝缘电阻表测量绕组端部的钢扎带与绕组间的绝缘电阻，应不低于0.5MΩ。

检查电枢绕组与换向器升高片的焊接，应牢固可靠，无开焊、甩锡、空洞和过热现象。用0.5级仪表测量换向片间的直流电阻，各片间的直流电阻差值不应超过10%。若电枢绕组有均压线时，片间直流电阻数值应按均压线的规律变化。

经过以上检查，如发现电枢绕组有开路、短路、接地及接头脱焊等现象，应查找故障位置并予以处理。

③ 换向器、电刷和刷握的检修。直流励磁机在运行中，换向器与电刷滑动接触处经常发生火花，易使换向器和电刷磨损或烧坏，应仔细地检查、修理。

检查换向器表面，应光滑，无发热、变色和烧灼痕迹。如换向器表面不平度超过0.5mm，必须进行车旋并磨光。车旋换向器表面之前应先将片间云母绝缘切去少许，以便车削，车旋后再对片间云母进行切削。云母片的切削深度一般为1～1.5mm左右，而且应切削得齐平，切削后将换向器的铜片两侧倒角。换向器车旋后还应用00号砂纸或细油石打磨光滑，不应留有车旋刀纹。

检查刷架和刷握。刷架的绝缘套管和绝缘垫片应稳固可靠、无损伤变形，用500V绝缘电阻表测量其导电部分对地的绝缘电阻，不应低于1MΩ，刷握应无破裂，具有足够的机械强度，刷握内壁应平直光滑，无烧毛或损坏，否则应修理或换新。刷握下边缘与换向器表面的距离应保持2～3mm。刷握弹簧的弹性应良好，若弹性不足应换新的。

检查电刷，应有足够的长度，最短不得低于刷握的1/3高度，电刷的牌号应相同；电刷的接触面应光滑，无破损、掉角、划痕等现象；电刷除接触面外，各对应平面平行，与刷握间应留有0.1～0.2mm的间隙，电刷在刷握中应滑动自由。

更换电刷时，新换电刷的型号和规格应与原来的相同，禁止在同一换向器上使用不同型号的电刷；各电刷的接触面应研磨成与换向器表面的弧形相吻合。研磨的方法是先用粗砂布塞进电刷与换向器之间，有砂的一面朝向电刷，然后紧贴换向器左右抽动砂布，待电刷接触面的弧形与换向器表面相吻合时，换用00号细砂纸并朝电机旋转的单一方向磨光；电刷磨光后应用压缩空气吹净换向器表面上的碳屑和砂粒，并用白布擦拭干净。

3) 励磁机的组装与调整。检查励磁机内确无遗物和漏修、漏试项目，各部件清扫干净，经验收合格后，方可进行组装工作。组装按拆卸的逆顺序进行，并应做好以下调整工作：

① 检查、调整电枢与各个磁极间的间隙。磁极与电枢间的轴向间隙可以利用移动励磁机的定子来调整，磁极与电枢间的径向间隙可用减少或增加励磁机脚下的垫片来调整。电枢与各磁极间的间隙与其平均值相差应不大于5%。

② 调整电刷的中心位置。毫伏计必须接在相邻的两组电刷上。调整时，将励磁线圈通以5%～10%的额定电流，调整刷架的位置，当按钮按下或松开时，毫伏计指针的瞬间摆动为最小的电刷位置即是电刷中心线位置。在找电刷中心位置的过程中，每移动一次刷架，务必重新研磨电刷，使其与换向器表面保持严密接触，否则校对的中心线可能不是理想的，甚至是假中性线。

③ 极性检查。磁极线圈的连接如有拆动，应检查它的极性是否正确。检查时，在磁极

线圈回路中接上 6～12V 直流电源，用指南针在磁极下逐极测量。若指南针在各磁极下的指向交替变动，则表明极性正确；若在相邻两磁极下指向不变，则表明极性接错，应调整错接磁极线圈的两端接头。

（2）半导体励磁装置的检修。半导体励磁装置所用的交流励磁机和中频副励磁机应按一般交流发电机和励磁机检修的要求进行检修。

检修半导体励磁装置时可按下述步骤进行：

1）将硅整流元件、散热器、熔断器及冷却风机等全部拆下，用压缩空气吹去各部件上的积灰并用白布擦拭干净。

2）用专用测试仪器测量硅整流元件的正反向伏安特性，如发现个别元件的特性劣化，应换用新的整流元件。装复硅整流元件时，应在硅整流元件与散热器的接触面上涂油脂，以免腐蚀并减少热阻。

3）测量各阻容保护回路的电阻、电容数值，如不符合规定或发现已损坏的应换新的。检查各回路接线，应牢固可靠。对其他保护装置也应按要求进行检查、校验。

4）检查、清扫冷却风机及电动机和进风口的滤网。当硅整流元件采用水冷却时，应检修水系统，进行水路冲洗并验漏。

5）半导体励磁装置的交流进线开关和直流出线开关应进行解体检修。检查开关触头应接触良好，无烧损现象。检查开关操动机构应动作灵活，无卡涩现象。

6）检修工作结束后，应对励磁装置进行交流耐压试验。试验前必须将硅整流元件短路，以防止硅整流元件被击穿。

（3）励磁系统中其他装置的检修。发电机大修时，应将励磁回路拆开，对各个部件进行检修。

1）灭磁开关的检修。检修灭磁开关时，应着重检查下列部件：

① 检查主触头、副触头、灭弧栅片及弧罩是否烧坏，如发现主、副触头烧毛，应用锉刀细心修整，并检查接触面应在 75% 以上，烧损严重的应更换。

② 检查操动机构动作是否灵活，如发现动作受阻时，应予以修理，确保动作灵活、可靠。

③ 检查各部件的连接线是否牢固，如有松动应拧紧连接螺栓。

④ 检查灭磁电阻是否有熔断或短接现象。

⑤ 测量合闸及分闸线圈的直流电阻值，与铭牌数据或上次大修所测得的数据比较，其差值不应超过 10%。

2）磁场变阻器的检修。检查磁场变阻器的操动机构应动作灵活，装置耦合紧密，动、静触点接触良好。静触点表面应光滑，无烧伤痕迹，否则应用砂纸打光或用锉刀锉平。动触点应安装牢固，弹性良好。电阻元件应无过热及氧化变色现象。

3）放电电阻的检查。转子灭磁电阻和磁场灭磁电阻一般与灭磁开关装在一起，大修时应检查无过热、变色烧断等现象。测量灭磁电阻的直流电阻值，与以往数据比较相差应不超过 5%。

（六）氢冷和水冷发电机的检修

氢冷和水冷发电机的基本结构与空冷发电机是相似的，因此前面所讲的空冷发电机检修的内容也适用于氢冷和水冷发电机。但是，由于所采用的冷却介质和冷却方式不同，使得氢冷和水冷发电机的检修还具有各自的特点。下面就着重介绍它们的检修特点。

1. 氢冷发电机的检修

氢冷发电机漏氢将降低冷却效果，增加发电成本，甚至还会引起火灾以致爆炸事故。因此，氢冷发电机大修就增加了密封装置的检修和验漏工作。

（1）滑动密封装置的拆卸与检修。氢冷发电机的转轴密封采用油密封装置。对于油密封装置固定在端盖上的氢冷发电机，大修时应先拆开端盖上的人孔门，分解油密封装置后，才能拆卸端盖。当油密封装置固定在轴承上时，则可先拆开端盖，再拆卸油密封装置。

如果油密封装置严重漏油，将会在定子绕组的端部造成大量油垢。在油的长期浸蚀下，绝缘会吸收大量油分而"发胖"，严重时甚至会堵塞端部通风孔，造成端部通风不良，使线棒过热。因此，大修时除了要仔细清除端部的油垢外，还应对油密封装置进行修理，并在运行中密切监视油压。油密封装置一般由汽轮机车间检修。

（2）漏氢的检查及处理方法。

1）检查定子测温元件引出线端子板的密封情况。端子板上的每个螺钉都应均匀拧紧，以免密封垫不平产生漏氢，当密封垫老化和损坏时应更换新的。

2）仔细检查定子引出线套管的密封橡皮垫。当橡皮垫受油浸蚀或高温作用而变质发脆时，应更换新的防油橡皮垫。若因密封弹簧压力不够而漏氢时，应拧紧螺母加大弹簧压力。必要时可在定子充气的情况下，把套管浸入水中，观察有无气泡逸出，如有，则表明有漏气；也可用肥皂水涂于套管表面检查漏气情况。

3）检查氢冷系统的所有管道，清除管道内的污垢、积灰和铁锈，并用压缩空气吹扫干净，所有管道应畅通无阻。管道各处的法兰橡皮垫应密封好，若有变质和损坏者应更换。

4）检查转子引出线处和轴中心孔的堵头有无泄漏现象。这可通过做转子密封试验来发现。试验时，将转子励端的轴头堵板拆下，装上打风压的专用工具和压力表，向转子内通入压力为 0.2MPa 的干净空气或二氧化碳。密封试验 1h 后压力应下降。若压力下降则表明转子泄漏，可用检漏仪或肥皂水找出泄漏处。泄漏多是因为密封垫发硬变脆或压得不平、螺钉未拧紧等引起的，更换密封垫和均匀拧紧螺钉后，就能消除漏气现象。

（3）氢冷发电机的整体密封试验。氢冷发电机组装后，应进行整体密封试验，以保证发电机的密封良好。

密封试验可在发电机静止或额定转速下进行。试验时应向密封瓦供油，为了防止机壳内进油，必须在机壳内的试验风压升高到 40kPa 后，才可启动密封油泵，且油压要随风压的升高而配合升高，最终使油压比试验风压高 30～50kPa。试验过程中要设专人监视油压、风压的变化，以免发生意外。试验使用的压缩空气必须清洁，因此压缩空气通入发电机前要进行干燥和过滤。试验时的风压见表 8-9。

表 8-9	试 验 时 的 风 压		(kPa)
额定运行氢气压力	4.0～6.7	40～67	133～266
密封试验空气压力	10.5～26.5	133～200	266

试验中要记录每小时压力的下降值，并按下式计算发电机一昼夜的漏气量

$$\Delta V = \frac{\Delta p V}{K} \times 24$$

式中　ΔV——24h 内发电机系统的漏气量，m^3；

Δp——1h 内发电机系统压力下降的平均值，Pa；

　　V——发电机系统充氢气的总容积，m^3；

　　K——试验风压换算到额定运行风压的系数，一般取 $K=2$。

通常，一昼夜总漏气量不超过发电机系统容积的 3% 为合格。

若试验开始和结束时的温度发生变化，则应满足下式才算合格

$$\Delta V = \frac{V}{K}\left(p_1 - p_2 \frac{t_1 + 273}{t_2 + 273}\right)\frac{24}{T} < 3\%V$$

式中　p_1——开始试验时的压力，Pa；

　　　p_2——试验结束时的压力，Pa；

　　　t_1——开始试验时的温度，℃；

　　　t_2——试验结束时的温度，℃；

　　　T——试验持续的时间，h。

若整体试验不合格，必须升高压力，组织人员分区分段进行检查，在可能泄漏之处用检漏仪检测，找出泄漏部位并设法消除。

2. 水内冷发电机的检修

由于水内冷发电机有一套冷却水系统，所以在拆卸发电机时，应先拆除转子进水支座，再拆励磁机，同时还应将转子甩水盒及定子进出水管法兰拆除，其他部分的拆卸基本上与空冷发电机相同。而装复时，应在转子穿入定子膛内、找正中心后，再装进水支座及甩水盒。

水内冷发电机经过长期运行后，水路内特别是转角、缩口、弯脚处容易积聚污物，水路的接头和绝缘水管也可能因松动、磨损、开焊等原因造成漏水。因此，水内冷发电机大修时，除了完成前述空冷发电机的检修项目外，还需进行水路冲洗和水压试验，并对水路零部件进行检查、修理。机外的冷却水系统也应进行检修。

（1）定子水回路的检修。定子水回路的检修主要包括水路冲洗、水压试验及漏水处理等。

1）定子水路的冲洗。

① 冲洗定子绕组水路前，应先拆去汽、励两端的定子绕组进出水连接弯头，然后再装上水路冲洗专用法兰连接头，接好气、水管路。

② 冲洗时，用 0.3～0.5kPa 的干净压缩空气和清洁的凝结水，反复进行反冲洗和正冲洗，直到出水中无黄色杂质为止。冲洗次序一般为先反冲洗，再正冲洗。

反冲洗工艺：先用干净压缩空气从定子绕组的总出水管吹入，吹净剩水，再通入清洁的凝结水进行冲洗。

正冲洗工艺：先用压缩空气从定子绕组的总进水管吹入，吹净剩水，再通入凝结水进行冲洗。

③ 冲洗中如发现个别线圈阻塞（这在运行中会发现对应的线槽温度过高）时，可以拆开接头，单独进行冲洗，必要时可作流量试验。做流量试验时，通入一定压力的凝结水或自来水，用量杯测量出水量，用秒表记录时间，测量 1min（或更长些）内通过的水量，与原始数据比较或相互比较时，差别不大为合格。

2）定子水路的水压试验。定子绕组的水回路经冲洗后，应进行水压试验，水压试验标准见表 8-10。

水压试验的压力表应事先经过校验。加压前应排除整个水回路中的空气并充满水。这可利用在集水环最高点处是否能放出连续不断的水流来判别。加压时，可用手动（或电动）压力试验机，缓慢升高压力，避免突然升压。压力达到后保持表8-10规定的时间，并检查各个可能漏水的部位有无漏水。

表 8-10　　　　　　　　　　　　　　水内冷发电机的水压试验标准

类　　别	标　　准		类　　别	标　　准	
	试验水压（kPa）	时间（h）		试验水压（kPa）	时间（h）
交接试验	750	8	更换部分绝缘水管	500	8
更换整台绝缘	800	8	大修、预防性试验	500	8

3）定子绕组水路漏水的检查和处理。

① 绝缘水管在运行和试验中，由于老化而开裂将会造成大量漏水，因此应仔细检查绝缘水管有无损坏。若绝缘水管开裂、表面严重碰伤或磨损部分深度超过 0.5mm 时，应更换为备用绝缘水管。

② 绝缘水管接头松动也会引起漏水。水压试验时应检查绝缘水管接头处是否有水渗出，或用手触摸有无潮湿感觉。如有，应剥去接头处外包绝缘，将接头拧紧或更换密封铜垫圈。当接装头的螺纹已磨损而无法拧紧时，应更换绝缘水管接头。

③ 接头焊接部分因振动而开焊，也会引起漏水。水压试验时可发现该接头处的外包绝缘已松软，此时应剥去接头绝缘进行补焊。

④ 空心导线质量差引起渗漏时，应更换为备用线棒。

定子机壁冷却元件的水路由空心铜管弯制，大修时也应冲洗和进行水压试验。冲洗时用 0.3～0.5MPa 的压缩空气把剩水吹净，再通入清洁的凝结水冲洗。正冲洗和反冲洗反复几次，直至排出的水清洁为止。水压试验的标准与定子绕组的相同。定子机壁冷却元件漏水一般是焊缝开裂或堵头垫圈老化所引起的。如有漏水，应找出原因并消除。

（2）转子水回路的检修。转子水回路的检修项目与定子水回路的基本相同。

1）转子水路的冲洗。由于转子水路弯角较多，因此检修时更应认真冲洗。转子水路一般只进行反冲洗。冲洗时，可用压力为 0.5～0.7MPa 的压缩空气，从出水箱的出水孔逐个吹入，把剩水吹净，然后通入清洁的凝结水冲洗。如此反复冲洗，直至出水无黄色杂质为止。有时因为有较大异物进入水路，反冲洗多次无效时可再进行正冲洗，或者多次正冲洗、反冲洗交替进行。冲洗好一半后，将转子转过 180°，再继续冲洗其余部分。

2）转子水路的水压试验。大修时，转子水路的水压试验适宜于在汽轮机校验危急保安器时进行。这样，在高速下使转子绝缘水管承受较高的压力，易于检漏。此时如果有漏水，则在大、小护环的接缝间就会有雾状水滴沿圆周甩出。转子水压试验时，应将转子出水环上的所有出水孔用黄铜塞子堵住，从进水口加水，待水灌满后，升高压力至要求的数值，并保持规定的时间。转子水压试验标准根据机组型号和容量的不同而有所差别，其具体数值由制造厂规定。

3）转子水路的检查及更换绝缘引水管。

① 检查转子水路的泄漏情况。转子水路泄漏是常见故障，其中多数是绝缘引水管漏水，其次是转子绕组引水拐脚处漏水。检查转子绝缘引水管仅在大修时进行，首先拉下小护环，

对于采用丁腈橡胶作绝缘引水管的，因其寿命短、老化快，一般大修时须更换。对于用复合管作绝缘引水管时，其寿命长得多，则应检查绝缘引水管有无老化、弯曲、变形及裂纹，固定是否牢固，水、电连接处是否有松动、开焊现象。对已经老化的或经水压试验不合格的转子绝缘引水管，必须更换备品。

②　更换转子绝缘引水管。先拆卸保护绝缘引水管的小护环（其拆卸方法与前述拆卸护环相类似，但各型机组的小护环结构不同，故拆卸前应查阅图纸，核对实物，弄清具体拆法），取下固定绝缘引水管的绝缘垫块，做好记号并进行水压试验，找出泄漏的绝缘引水管；然后剥去接头处的外包绝缘，拆下损坏的绝缘引水管，并在线圈的接头和进出水箱接头处做好记号，特别是进出水箱都在一端的机组，应防止错接而造成重大事故。截取新的绝缘引水管（应比旧的长 1～2mm），装上接头，做单根绝缘引水管的水压试验，并对相应的绕组进行一次反冲洗和流量试验（冲洗和试验时，水管可以直接接在绕组的接头上）。试验合格后，将引水管装复，每一支路的进出水孔必须与进出水箱环上的孔相对应，不允许引水管有交叉、重叠现象。水箱装复后，应进行总体水压试验、检查各接头和引水管不漏后，再包扎接头处绝缘，装复绝缘垫块和小护环。

（3）水系统检修。大修时，除了发电机内的水路外，还应对机外水系统进行清扫，检修进出水支座等部件，并检修进水口处的滤网，除去附在滤网上的杂质、积垢，滤网如有损坏，应修复或更换。

对于采用循环式水系统的机组，还应清洗水冷却器，水箱也应进行清理，冷却水泵的检修可按一般清水泵的检修要求进行。

（七）同步发电机的干燥

同步发电机受潮或在大修中更换全部或局部绕组后一般需要进行干燥。而发电机大修时如未更换绕组，除在绕组上有明显的落水情况外，一般不必进行干燥。

1. 发电机的干燥方法

（1）定子铁损干燥法。定子铁损干燥法具有比较安全、方便和经济等特点，因此现场干燥发电机应首先考虑采用这种方法。

1）定子铁损干燥法是在定子铁芯上缠绕励磁线圈，接通交流 380V 电源，使定子产生磁通，依靠其铁损来干燥定子，一般在大修抽出转子后进行。干燥前，应先计算出励磁线圈的匝数和导线的截面积。

励磁线圈的匝数 W 可按下式计算

$$W = \frac{U}{4.44 f \, SB} \times 10^4 \approx \frac{45U}{SB}$$

式中　f——频率，Hz；

　　　U——励磁线圈外施电压，V；

　　　S——定子铁芯的有效截面积，cm^2；

　　　B——定子铁芯磁通密度，T。

对于定子铁芯，磁通密度一般选取 1T 左右，其有效截面积可根据测量的铁芯尺寸进行计算，公式为

$$S = K(L - nl)\left(\frac{D_{\text{out}} - D_{\text{in}}}{2} - h\right)$$

式中　　S——有效截面积，cm^2；

　　　　L——定子铁芯长度，cm；

　　　　n——通风道数；

　　　　l——通风道宽度，cm；

　　　　K——铁芯的填充系数，用绝缘漆作片间绝缘时取 $0.9\sim0.95$；

　　　　D_{out}——定子铁芯外径，cm；

　　　　D_{in}——定子铁芯内径，cm；

　　　　h——定子齿的高度，cm。

　　励磁线圈的导线截面积可根据励磁电流的数值来选择，并考虑留有适当的裕度。励磁电流的大小可按下式计算

$$I = \frac{\pi D_{av} H}{W}$$

$$D_{av} = D_{out} - \frac{D_{out} - D_{in}}{2} - h$$

式中　　D_{av}——定子铁芯的平均直径，cm；

　　　　H——定子铁芯磁场强度，一般取 $1.7\sim2.1A/cm$。

　　2）干燥时应注意以下几个问题：

　　① 用不小于 $50mm^2$ 截面的导线将发电机的定子绕组接地。

　　② 励磁线圈的绝缘应良好。为防止励磁线圈绝缘不良产生电弧而损坏铁芯，在定子铁芯上缠绕励磁线圈时，最好用绝缘材料垫起，使励磁线圈不与铁芯直接接触。

　　③ 测温时应采用酒精温度计，而不用水银温度计，以防温度计损坏时水银掉入槽内。放置温度计时不要碰着定子线棒。

　　④ 用手触摸铁芯时，只允许一只手触摸，以免触电伤人。

　　⑤ 发现个别处温度超过允许温升时，应立即切断电源进行检查，若无异常，在温度降低到低于规定值 5℃后，再合上电源。

　　（2）直流电源加热法。直流电源加热法是将直流电流（如利用直流电焊机等）通入定、转子绕组，利用铜损耗所产生的热量进行加热干燥。但是，由于发电机定子的体积较大，干燥时发热较慢，所以定子的干燥一般不单独采用此法，而仅作为铁损干燥时的辅助加热方法。转子干燥时多采用这种方法，干燥时通过转子的电流不应超过转子额定电流。

　　使用直流电源加热法干燥时，加热温度应缓慢升高，对转子绕组温度的监视，可用嵌入转子两端和中部通风孔内的 3 支酒精温度计，转子温度不应超过 100℃。对定子绕组温度的监视，可用绕组中埋置的测温电阻元件，定子温度不应超过 75℃。如超过规定值，则应暂时断开电源。接通或断开电流回路时，应使用磁力启动器，不能用隔离开关操作。

　　（3）热水干燥法。对于水内冷发电机，这是一种简单易行的干燥方法。其优点是经济、安全、快速，而且工效高，干燥效果好。干燥时，启动发电机的冷却系统，用 70℃的热水进行循环。热水可以利用蒸汽通入水箱加热得到，而冷却器的循环水则应切断，热水压力应保持在 0.1MPa 左右。

　　2. 干燥发电机时采取的措施

　　（1）保温和安全措施。发电机在电厂检修时，都是就地进行干燥，必须做好保温和现场

安全措施。

1）如果现场周围空气温度较低，可在发电机四周搭棚将发电机罩起来，必要时可用热风或无明火的电热装置将棚内温度提高。

2）为防止发生火灾，现场应备有 3～5 瓶四氯化碳灭火器，并清除现场中的易燃物件。

3）干燥时所用的导线应绝缘良好，并应避免高温烙坏导线绝缘。

4）干燥时派专人值班，每班不得少于 2 人，严格监视和控制干燥温度，不应使其超过限额。

（2）温度限额。干燥时发电机各部位的温度应不超过下列数值：

定子腔内的空气温度	80℃	（用温度计测量）
定子绕组表面温度	85℃	（用温度计测量）
定子铁芯温度	90℃	（在最热点用温度计测量）
转子绕组平均温度	120℃	（用电阻法测量）

3. 发电机的干燥过程和终结条件

（1）干燥的时间。发电机的干燥时间由受潮程度、干燥方法、机组容量和现场具体条件等来决定。预热到 65～70℃ 的时间，一般不得少于 15～30h，全部干燥时间一般在 72h 以上。

（2）干燥的过程和终结条件。在发电机的干燥过程中，应定时记录绝缘电阻、排出的空气湿度、铁芯温度和绕组温度等数值，并绘制定子温度和绝缘电阻的变化曲线。从曲线中可以看出，受潮绕组在干燥初期，由于潮气蒸发的影响，绕组绝缘电阻显著下降；然后，随着干燥时间的增加，潮气逐渐蒸发，绝缘电阻便逐渐升高，最后在一定温度下，稳定于一定数值。

当温度恒定后，测得定子绕组的绝缘电阻应稳定，换算到接近工作温度时的绝缘电阻应大于 $1M\Omega/kV$，吸收比 $R_{60s}/R_{15s} > 1.3$（对沥青烘卷云母绝缘、环氧粉云母绝缘应不小于 1.6），再经过 3～5h 不变；转子绝缘电阻换算到 20℃ 时也大于 $1M\Omega/kV$，即可认为干燥合格。此时，可以测定空气的湿度，当出口热空气的湿度等于入口空气的湿度时，即表示已无水分从绝缘体中排出，干燥工作可以结束。

三、同步发电机的试验

同步发电机在检修时和检修后，都需进行相关规程中规定的有关电气试验项目。通过试验，可以发现机组在运行中发生的各种变化（如绕组绝缘降低、老化等）及存在的各种缺陷（如短路、断路、放电、局部过热等），还可检验发电机的导电、导磁绝缘和机械紧固系统的质量是否符合相关标准和技术条件的规定。

同步发电机的试验项目较多，可参照高电压试验技术及有关电气设备试验技术的手册和书刊进行，这里只着重介绍同步发电机的轴电压测量和定、转子间气隙的测定。

（一）轴电压测量

在发电机内，由于电机的磁路不完全对称、转子轴的磁化以及静电充电等原因，使发电机轴上产生电动势。若此时轴承绝缘不良，当轴电动势足以击穿轴与轴承间的油膜时，将产生一个通过轴颈、轴瓦及底座构成闭合回路的轴电流。虽然轴电动势一般不高（50～300MW 发电机的轴电动势可达 3～5V），但由于轴承绝缘短路后的闭合回路电阻非常小，所产生的轴电流可能较大，有时可达数百安。轴电流会使轴承油的油质劣化，甚至会把轴颈和轴瓦等部件烧坏。

为防止轴颈和轴瓦的损坏及轴承油质的劣化，在发电机安装、检修时和发电机运行过程中，应仔细检查轴承的绝缘状况。轴承绝缘在安装、检修时可通过轴电压的测量来检查。

1. 轴电压的测量方法

测量轴电压应在发电机满载、半载及空载三种运行状态下进行，并分别测量转轴两端电压和轴承与底座之间的电压。

（1）测量转轴两端电压。测量转轴两端电压时可以使用量程 $3\sim10V$ 的交流电压表，若无此种电压表，可经过变比为 $1:10\sim1:20$ 的升压变压器将电压升高后用一般的电压表进行测量。测量的连接线与转轴的接触必须通过专用电刷，且电刷上应具有长达 300mm 以上的绝缘手柄。

（2）测量轴承与底座之间的电压。测量轴承与底座之间的电压时应把轴承外壳和转轴之间用一端接有专用电刷的导线短路，否则由于轴承和转轴之间存在油膜而影响测量结果。

2. 测量电压时的注意事项

（1）由于轴电压的测量是直接在高速转动的发电机转轴上进行的，因此要特别注意安全，尤其是防止发生卷轧事故。

（2）为了减小测量误差，应尽量选择内阻大的电压表，并注意使电刷与旋转的轴表面接触良好。

（3）为了保证测量结果的正确性，应重复进行测定，观察各次测量值是否相同。

（4）当轴承座与底座之间是双重绝缘垫片时，还应分别检查轴承与金属垫片、金属垫片与底座间的绝缘电阻。

3. 根据测量的轴电压判别轴承绝缘状况

比较测量的转轴两端电压 U_1 和轴承与底座之间的电压 U_2，就可判断出运行中轴承绝缘的好坏：

（1）当测得的转轴两电压 U_1 和轴承与底座间的电压 U_2 相等时，则表明轴承绝缘良好。

（2）当转轴两端电压 U_1 大于轴承与底座间的电压 U_2，且超过 U_2 值的 10％时，说明轴承绝缘不良。此时应更换轴承与底座间的绝缘垫。

（3）当转轴两端电压 U_1 小于轴承与底座间的电压 U_2 时，可认为测量不准确，应重测。

（二）定、转子间气隙的测定

同步发电机定子与转子间的气隙大小及其均匀性，对发电机的性能有明显的影响。如果转子轴线与定子的中心线不重合，即发电机转子在定子中偏心运行时，就会有径向磁拉力作用在转子的全长上。磁拉力的大小与定转子的相对偏心率成正比，且是周期变化的，转子每转 1 周，磁拉力作 2 个周期的变化，若电网频率为 50Hz，则该不平衡磁拉力将对转子产生 100Hz 的冲击力，致使转子产生振动。此外，发电机气隙不均匀还会使磁路不对称，引起轴电动势或轴电流，严重时将轴颈和轴瓦烧坏。因此，在发电机安装检修时，应对定、转子间的气隙进行测量和调整。

1. 定、转子间气隙的测量

测量气隙应在发电机和汽轮机联轴器找正中心，并连接好联轴器螺栓后进行。测量时，将转子按上、下、左、右每隔 90°的位置上作好标记，然后按正常运行时的转向盘动转子，当转至 90°的标记点时停下，测量发电机汽励两端上、下、左、右 4 个方向的定、转子间气隙。这样，转子盘动 1 周后，每一端气隙可测得 4 组数值，分别求取上、下、左、右侧气隙的平均值 $\delta_{av,u}$、$\delta_{av,d}$、$\delta_{av,l}$、$\delta_{av,r}$，然后再求取这 4 个方向的气隙平均值 δ_{av}，即

$$\delta_{av} = \frac{\delta_{av,u} + \delta_{av,d} + \delta_{av,l} + \delta_{av,r}}{4}$$

通常规定发电机气隙的最大值 δ_{max} 与平均值 δ_{av} 之差或平均值 δ_{av} 与最小值 δ_{min} 之差，应不超过平均值 δ_{av} 的 5%，即

$$\frac{\delta_{max} - \delta_{av}}{\delta_{av}} \leqslant 5\%$$

或

$$\frac{\delta_{av} - \delta_{min}}{\delta_{av}} \leqslant 5\%$$

气隙尺寸的测量最好使用长带形或楔形塞尺。测量时要注意以下两点：

（1）塞尺要顺轴向插入，不可偏斜，否则影响测量的准确度。

（2）塞尺要插在齿表面上，不可插在槽口处，并注意铁芯表面的漆瘤。

2. 定、转子间气隙的调整

当测得的气隙值超过规定时，应通过移动定子和底板的位置及高低来调整。调节定子机座与轴承座下的垫片厚度，就可调整上、下气隙的大小。当上、下气隙调整均匀以后，再调节左、右两侧的气隙。左、右气隙的大小可通过沿底板平面调节定子两端的位置来调整。

当上、下、左、右气隙均调整妥善后，将定子和轴承座的紧固螺栓拧紧，最后测量一次气隙尺寸并作记录。如果气隙尺寸已符合规定，可分别配钻、配铰机座与底板之间和轴承座与底板之间的定位锥销孔，完成所有定位工作。

思 考 与 练 习

1. 电机的基本结构包括哪几部分？它们各自的作用是什么？

2. 同步发电机的冷却介质有哪些？它们如何进行冷却？

3. 拆卸电动机时应按哪些步骤进行？

4. 组装电动机前应做好哪些准备工作？

5. 异步电动机通电后，转子转不动，但有"嗡嗡"声，引起这种故障现象的原因有哪些？

6. 运行中的异步电动机发生过热或冒烟现象可能是哪些原因引起的？

7. 异步电动机在运行中发生剧烈振动可能是哪些原因引起的？

8. 异步电动机定期小修和定期大修各需进行哪些检修项目？大修周期和小修周期一般为多长时间？

9. 造成定子绕组接地故障的原因有哪些？检查绕组接地故障的方法有哪几种？

10. 定子绕组的短路故障有哪几种类型？检查绕组短路故障的方法有哪几种？

11. 检查定子绕组断路的方法有哪几种？如何利用万用表查出绕组的具体断路位置？

12. 转子断条的检查方法有哪几种？可用哪些方法修复断条？

13. 异步电动机在什么情况下必须进行干燥？干燥的方法有哪几种？

14. 定子铁芯松动的原因有哪些？定子线棒松动的原因有哪些？各应怎样处理？

15. 发电机转子绕组匝间短路的原因有哪些？如何检修？

16. 如何调整直流励磁机电刷的中心位置？

17. 如何测量同步发电机的气隙值？怎样调整气隙大小？

第九章 防雷设备和电气接地装置

在电力系统中，无论是高压、低压、变压等凡涉及变电一次设备、二次设备、线路等都必须解决好防雷和接地问题，只有这样，才能够保证电气系统安全可靠地运行。

第一节 接地装置的基本概念

一、电气接地的基本概念

（一）接地与接地装置

电气设备的任何部分与大地之间做良好的电气连接，称为接地。埋入地中并直接与大地接触的金属导体，称为接地体，或接地极。专门为接地而人为装设的接地体，称为人工接地体。兼作接地体用的直接与大地接触的各种金属构件、金属管道及建筑物的钢筋混凝土基础等，称为自然接地体。连接于接地体与电气设备接地部分之间的金属导线，称为接地线，它与接地体合称为接地装置。由若干接地体在大地中相互用接地线连接起来的一个整体，称为接地网。

图 9-1 所示接地线又分为接地干线和接地支线，接地干线一般应采用不少于两根导体在不同地点与接地网连接。

接地体按布置方式可分为外引式接地体和环路式接地体；按形状划分，有管形、带形和环形几种基本形式；按结构划分，有自然接地体和人工接地体。

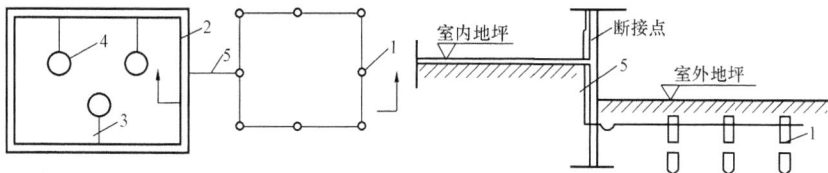

图 9-1 接地装置示意图

1—接地体；2—接地干线；3—接地支线；4—电气设备；5—接地引下线

（二）接地电流和接地短路电流

凡从带电体流入地下的电流即属于接地电流。

接地电流有正常接地电流和故障接地电流之分。正常接地电流指正常工作时通过接地装置流入地下，借大地形成工作回路的电流；故障接地电流指系统发生故障时出现的接地电流。

系统一相接地可能导致系统发生短路，这时的接地电流叫做接地短路电流，如接地的 380/220V 系统的单相接地短路电流。在高压系统中，接地短路电流可能很大。接地短路电流在 200A 及以下的，称小接地电流系统；接地短路电流大于 500A 的，称大接地电流系统。

（三）流散电阻和接地电阻

接地电流流入地下以后，就通过接地体向大地作半球形散开，这一接地电流就叫做流散

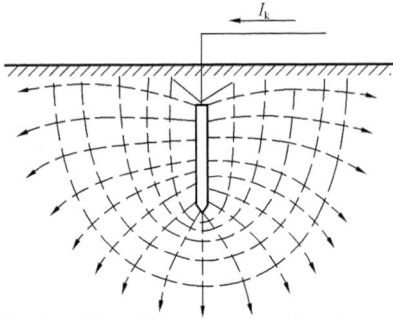

图 9-2　流散电流

电流（见图 9-2）。流散电流在土壤中遇到的全部电阻叫做流散电阻。

接地电阻是接地体的流散电阻与接地线的电阻之和。接地线的电阻一般很小。

（四）对地电压

电流通过接地体向大地作半球形流散，距接地体越远的地方球面越大，流散电阻越小。

在离开接地体 20m 处土壤电阻已小到可以忽略不计。这就是说，可以认为在距离接地体 20m 以上，电流就不再产生电压降了。或者说，至距离接地体 20m 处，电压已降为零。电工上通常所说的"地"就是这里的地。通常所说的对地电压，即带电体同大地之间的电位差，也是指离接地体 20m 以外的大地而言的。简单地说，对地电压就是带电体与电位为零的大地之间的电位差。显然，对地电压等于接地电流与接地电阻的乘积。如果接地体有多根钢管组成，则当电流自接地体流散至电位为零处的距离可能超过 20m。

（五）接触电动势和接触电压

接触电动势是指接地电流自接地体流散，在大地表面形成不同电位时，设备外壳、构架或墙壁与水平距离 0.8m 处之间的电位差。

接触电压是指设备的绝缘损坏时，在身体可同时触及的两部分之间出现的电位差。例如，人在发生接地故障的设备旁边，手触及设备的金属外壳，则人手与脚之间所呈现的电位差，即为接触电压，接触电压通常按人体离开设备 0.8m 考虑。如图 9-3 所示，a 的接触电压为 U_c，故障设备对地电压为 U_d。

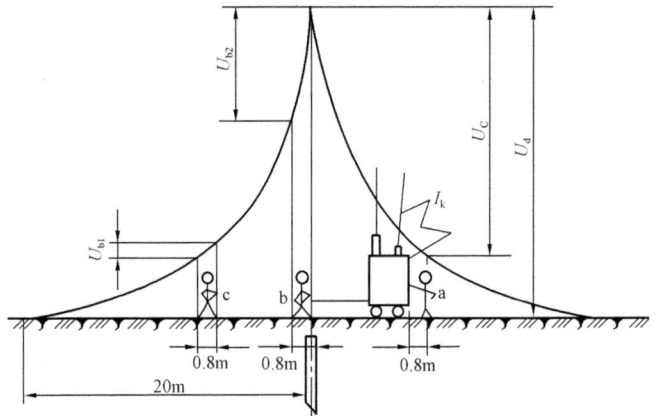

图 9-3　接触电压和跨步电压

（六）跨步电动势和跨部电压

跨步电动势是指地面上水平距离为 0.8m（人的跨距）的两点之间的电位差。

跨步电压是指人站立在流过电流的大地上，加于人的两脚之间的电压，如图 9-3 中的 U_{b1}、U_{b2}。人的跨步一般按 0.8m 考虑。图 9-3 中，紧靠接地体位置，承受的跨步电压最大；离开了接地体，承受的跨步电压小一些，对于垂直埋设的单一接地体，离开接地体 20m 以外，跨步电压接近于零。考虑人脚底下的流散电阻，实际跨步电压应降低一些。

（七）中性点、零点和中性线、零线

发电机、变压器、电动机等电器的绕组中以及串联电源回路中有一点，它与外部各接线端间的电压绝对值相等，这一点就成为中性点或中点。当中性点接地时，该点则称为零点。

由中性点引出的导线，称为中性线；由零点引出的导线，则称为零线。

（八）接地线和接地

1. 接地线

接地线一般有中性线（代号 N 线）、保护线（代号 PE 线）或保护中性线（代号 PEN 线）。

中性线（N 线）的功能，一是用来接用额定电压为相电压的单相用电设备，二是用来传导三相系统中的不平衡电流和单相电流，三是用来减小负荷中性点的电位偏移。

保护线（PE 线）的功能，是为保障人身安全、防止发生触电事故用的接地线。系统中所有设备的外露可导电部分（指正常不带电压但故障情况下能带电压的、易被触及的导电部分，如金属外壳、金属构架等）通过保护线（PE 线）接地，可在设备发生接地故障时减小触电危险。

保护中性线（PEN 线）兼有中性线（N 线）和保护线（PE 线）的功能。这种保护中性线在我国通称为"零线"，俗称"地线"。

2. 接地

电气装置的必须接地部分通过接地装置与大地的良好的电气连接，称为接地。

电力系统和电气设备的接地，按作用的不同，可分为工作接地、保护接地、重复接地和接零。

（1）工作接地。在正常或事故情况下，为了保证电气设备可靠运行而必须在电力系统中某一点进行的接地，称为工作接地。这种接地可直接接地或经特殊装置接地，如图 9-4 (a) 所示。例如，电源中性点的接地、防雷装置的接地等。各种工作接地有各自的功能。例如，电源中性点直接接地，

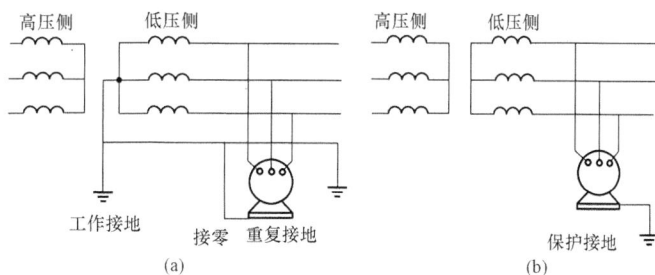

图 9-4　接地示意图
(a) 工作接地、接零与重复接地；(b) 保护接地

能在运行中维持三相系统中相线对地电压不变；而电源中性点经消弧线圈接地，能在单相接地时消除接地点的断续电弧，防止系统出现过电压。防雷装置的接地，能在雷击时将强大的雷电流泄入大地，以减小雷电流流过时引起的电位升高，从而实现防雷的要求。

（2）保护接地。为防止因绝缘损坏而遭受触电的危险，将与电气设备带电部分相绝缘的金属外壳或构架同接地体之间作良好的连接，称为保护接地，如图 9-4 (b) 所示。

保护接地的形式有两种：①设备的外露可导电部分经各自的接地线（PE 线）直接接地，如在 TT 和 IT 系统中；②设备的外露可导电部分经公共的 PE 线（在 TN-S 系统中）或经 PEN 线（在 TN-C 系统中）接地，这种接地形式我国习惯称为"保护接零"。

必须注意：同一低压系统中，不能有的采取保护接地，有的又采取保护接零，否则当采取保护接地的设备发生单相接地故障时，采取保护接零的设备外露可导电部分将带上危险的电压。

（3）重复接地。在 TN 系统中，为确保公共 PE 线或 PEN 线安全可靠，除在中性点进行工作接地外，还应在 PE 线或 PEN 线的下列地方进行重复接地：①在架空线路终端及沿

线每 1km 处；②电缆和架空线引入车间或大型建筑物处，如图 9-4（a）所示。

（4）接零。如图 9-4（a）所示，将与带电部分相绝缘的电气设备的金属外壳或构架与中性点直接接地的系统中的零线相连接，称为接零。

（九）接地系统

在三相交流电力系统中，作为供电电源的发电机和变压器的中性点有三种运行方式：一种是电源中性点不接地，一种是中性点经消弧线圈接地，再有一种是中性点直接接地。前两种合称为小接地电流系统，亦称中性点非有效接地系统，或中性点非直接接地系统。后一种中性点直接接地系统，称为大接地电流系统，亦称中性点有效接地系统。

我国 3～66kV 系统，特别是 3～10kV 系统，一般采用中性点不接地的运行方式。如单相接地电流大于一定数值时，3～10kV 系统中接地电流大于 30A，20kV 及以上系统中接地电流大于 10A 时，则应采用中性点经消弧线圈接地的运行方式。我国 110kV 及以上的系统，则都采用中性点直接接地的运行方式。

我国 220/380V 低压配电系统，广泛采用中性点直接接地的运行方式，而且引出有中性线、保护线或保护中性线。按保护接地形式，分为 TN 系统、TT 系统和 IT 系统。

TN 系统中的所有设备的外露可导电部分均接公共保护线（PE 线）或公共的保护中性线（PEN 线），这种接公共 PE 线或 PEN 线的接地也称"接零"。如果系统中的 N 线与 PE 线全部合为 PEN 线，则此系统称为 TN-C 系统。如果系统中的 N 线与 PE 线全部分开，则此系统称为 TN-S 系统。如果系统的前一部分，其 N 线与 PE 线合为 PEN 线，而后一部分线路，N 线与 PE 线则全部或部分地分开，则此系统称为 TN-C-S 系统。

二、电气接地的作用及分类

（一）电气接地的作用

接地的作用主要是防止人身遭受电击、设备和线路遭受损坏、预防火灾和防止雷击、防止静电的危害和保障电力系统正常运行。

1. 防止人身遭受雷击

将电气设备在正常情况下不带电的金属部分与接地极之间做良好的金属连接，以保护人身的安全，防止人身遭受电击。

当电气设备某处的绝缘体损坏时外壳就带电，由于电源中性点接地，即使设备不接地，因线路与大地间存在电容，或者线路上某处绝缘不好，如果人体触及此绝缘损坏的电气设备外壳，则电流就经人体而成通路，从而遭受了电击的危害。

有接地装置的电气设备，当绝缘损坏时，接地电流将同时沿着接地极和人体两条通路流过。流过每一条通路的电流值将与其电阻的大小成反比，接地极电阻越小，流经人体的电流也就越小；通常人体的电阻比接地极电阻大数百倍，所以流经人体的电流就比流经接地极的电流小数百倍。当接地电阻极小时，流经人体的电流几乎等于零，因而，人体就能避免触电的危险。

因此，无论施工或运行时，在一年中的任何季节，均应保证接地电阻不大于设计或规程中所规定的接地电阻值，以免发生电击危害。

2. 保障电气系统正常运行

电力系统接地一般为中性点接地，中性点的接地电阻很小，因此中性点的电位接近于零。当相线碰壳或接地时，其他两相对地电压，在中性点绝缘系统中将升高为相电压的 $\sqrt{3}$ 倍；而在中性点接地的系统中则接近于相电压，因此中性点接地有利于系统稳定运行，防止系统振荡，而且系统中的电气设备和线路只需按相电压考虑其绝缘水平，降低了电气设备的制造成本和线路的建设费用。系统由于有了中性点的接地线，也可保证继电保护动作的可靠性。

3. 防止雷击和静电的危害

直接遭受雷击时产生静电感应和电磁感应，物料在生产和运输中因摩擦而引起的静电，都可能造成电击或火灾危险。为了防止直击雷和静电危险，要对防雷装置设置接地装置。

（二）电气接地的分类

1. 按接地作用分类

常用的接地按接地作用可分为以下几种：

（1）系统接地。在电力系统中将其某一适当地点与大地连接，称为系统接地或称工作接地，如变压器中性点接地、零线重复接地等。

（2）设备的保护接地。各种设备的金属外壳、线路的金属管、电缆的金属保护层、安装电气设备的金属支架等，由于导体的绝缘损坏可能带电，为了防止这些不带电金属部分发生过大的对地电压危及人身安全而设置的接地，称为保护接地。

（3）防雷接地。为了使雷电流安全地向大地泄放，以保护被击建筑物或电力设备而采取的接地，称为防雷接地。

（4）屏蔽接地。

（5）防静电接地。

（6）等电位接地。

（7）电子设备的信号接地及功率接地。

2. 按接地形式分类

接地极按布置方式可分为外引式接地极和环路式接地极；按形状，则有管形、带形和环形几种基本形式；按结构，则有自然接地极和人工接地极之分。

（三）电气设备的接地

为了保证安全，必须将正常时不带电而故障时可能带电的电气设备的外露导电部分采用保护接地或保护接零的措施，《接地装置设计技术规程》对必须接地和不需接地部分作了明确的规定。

（1）电气设备的外露导电部分。

电气设备的下列外露导电部分应予接地：

1）电动机、变压器、电器、手携式及移动式用电器具等的金属底座和外壳。

2）发电机中性点柜外壳、发电机出线柜外壳。

3）电气设备传动装置。

4）互感器的二次绕组。

5）配电、控制、保护用的屏（柜、箱）及操作台等的金属框架和底座，全封闭组合电气的金属外壳。

6）户内、外配电装置的金属构架和钢筋混凝土构架以及靠近带电部分的金属遮拦和金属门。

7）交、直流电力电缆接线盒、终端盒和膨胀器的金属外壳和电缆的金属护层，可触及穿线的钢管、敷设线缆的金属线槽、电缆桥架。

8）金属照明灯具的外露导电部分。

9）在非沥青地面的居民区，不接地、经消弧线圈接地和经电阻器接地系统中，无避雷线架空电力线路的金属杆塔和钢筋混凝土杆塔，装有避雷线的架空线路的杆塔。

10）安装在电力线路杆塔上的开关设备、电容器等电气装置的外露导电部分及支架。

11）铠装控制电缆的金属护层，非铠装或非金属护套电缆闲置的1～2根芯线。

12）封闭母线金属外壳。

13）箱式变电站的金属箱体。

（2）电气设备的下列外露导电部分可不接地：

1）在非导电场所，例如有木质、沥青地面等不良导电地面及绝缘墙上的电气设备。

2）在干燥场所，交流额定电压50V以下、直流额定电压120V以下的电气设备或电气装置的外露导电部分，但爆炸危险场所除外。

3）安装在配电屏、控制屏和电气装置上的电气测量仪表、继电器和其他低压电器等的外壳，以及当发生绝缘损坏时，在支持物上不会引起危险电压的绝缘子金属底座等。

4）安装在已接地的金属构架上电气接触良好的设备，如套管底座等，但爆炸危险场所除外。

5）额定电压220V及以下的蓄电池室内的支架。

6）与已接地的机座之间有可靠电气接触的电动机和电器的外露导电部分，但爆炸危险场所除外。

（3）外部导电部分。外部导电部分中可能有电击危险的地方应予接地，通常需要接地的部分如下：

1）建筑物内或其上的大面积可能带电的金属构架可能与人发生接触时，则应予以接地，以提高其安全性。

2）电气操作起重机的轨道和桁架。

3）装有线缆的升降机框架。

4）电梯的金属提升绳或缆绳，如已与电梯本体连接成导电通路的则可不接地。

5）变电站或变压器室以外的线间电压超过750V的电气设备周围的金属间隔、金属遮栏等类似的金属围护结构。

6）活动房屋或旅游车中的裸露的金属部分，包括活动房屋的金属结构、旅游车金属车架应接地。

第二节　防　雷　设　备

防雷设备有避雷针、避雷线、避雷器、避雷网、避雷带和均压环等。

防雷设备的主要作用是当系统遭到雷击或过电压时，能安全地将事故电流引到大地中去，使系统不受危害。

一、避雷针（线）的保护范围

（一）避雷针

1. 避雷针的组成及作用

避雷针是防直击雷的有效设备，它的作用是将雷电流吸引到金属针上来并安全地导入大地中，从而保护了附近的建筑和设备免遭雷击。

为了有效地担负起引导雷电流和泄放雷电流的任务，避雷针应包括接闪器（避雷针的针头）、接地引下线和接地体（接地电极）三部分。接闪器常用直径为 10～12mm、长 1～2m、表面镀银或镍的钢棒做成。接地引下线应保证雷电流通过时不致熔化，实际生产中常用直径为 6mm 的圆钢或截面不小于 25mm² 的镀锌钢绞线，还可以利用非预应力钢筋混凝土杆的钢筋或钢支架本身作为引下线。

引下线与接闪器及接地电极之间都要可靠连接，接头处不许用绞合的办法，必须用烧焊或线夹、螺栓等进行连接。

2. 避雷针的保护范围

避雷针因其全体挺立在地面上而使地面电场发生畸变，但避雷针使电场畸变的范围究竟是有限的。当雷电先导从云中开始放电时，避雷针不能影响它的发展路径，但当先导放电发展到离地面一定高度 H 时，地面上突出的避雷针才可以影响先导放电的发展方向，使先导雷电沿着电场强度较大的方向击向避雷针，这个定向高度 H 的大小显然与避雷针的高度 h 有关。根据经验，当 $h \leqslant 30$m 时，避雷针的 H/h 值为 20；当 $h > 30$m 时，H 值基本上可取为常数，即 $H = 600$m。

避雷针的保护范围是指被保护物在此空间范围内不致遭受雷击。由于放电的路径受很多偶然因素影响，因此要保证被保护物绝对不受雷击是非常困难的，一般雷击概率不超过 0.1% 即可。

（1）单支避雷针的保护范围。单支避雷针的保护范围如图 9-5 所示，如果避雷针的高度为 h，避雷针在地面的保护半径 $r = 1.5h$，从避雷针的顶点向下做一条与针成 45° 的斜线，构成锥形保护空间的上部，则从距针底各方向

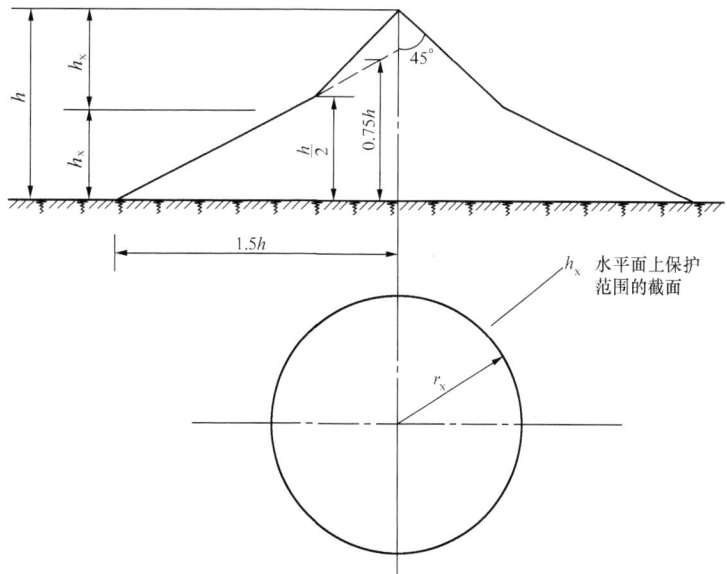

图 9-5　单支避雷针的保护范围

1.5h 处向避雷针 0.75h 高处做连接，与上述 45° 斜线相交，交点以下的斜线构成了锥形保护空间的下部。

如果用公式表达保护空间，则在被保护物高度 h_x 的水平面上，保护半径 r_x 为

$$\left.\begin{array}{ll}\text{当 } h_x \geqslant h/2 \text{ 时} & r_x = (h - h_x)p \\ \text{当 } h_x < h/2 \text{ 时} & r_x = (1.5h - 2h_x)p\end{array}\right\} \tag{9-1}$$

式中　p——考虑到避雷针太高时保护半径不成正比增大的系数（当 $h \leqslant 30$m 时，$p = 1$；当 30m $< h \leqslant 120$m 时，$p = 5.5/\sqrt{h}$）。

（2）两支等高避雷针的保护范围。两支等高避雷针外侧的保护范围与单支避雷针相同。为确定两避雷针之间的保护范围，需首先求出假想避雷针的高度 $h_0 = h - D/(7p)$，D 为两避雷针之间的距离。而此避雷针在地面一侧的保护宽度 $b_x = 1.5h_0$。需要注意的是：要两针对被保护物能构成联合保护，即使被保护物高度为零，两避雷针间的距离也必须小于 $7h_0p$。

（3）两支不等高避雷针的保护范围。两支不等高避雷针的保护范围可先按单支避雷针保护范围的做法作出较高避雷针 1 的保护范围，然后经过较低避雷针 2 的顶点作水平线与之交于点 3，设点 3 为一假想针的顶点，此时可作出两等高避雷针 2、3 的联合保护范围 $f = D'/(7p)$，两针外侧的保护范围则仍按单针计算。

两针联合起来的保护作用比两支孤立的单避雷针大得多，由于两针之间受到了良好的屏蔽作用，所以其间就很少受雷击了。

（4）3 支或 4 支避雷针的保护范围。3 支等高避雷针相邻两针之间的外侧保护范围按两针联合保护范围确定。而保护三角形内全部面积所需的条件为：在被保护物高度上，所有的 2 针之间保护范围的宽度均应大于零。由此可知，3 针的保护范围又比 2 针的保护范围增大了。

4 支及以上等腰三角形等高避雷针所成的四角形或多角形保护范围，只需将其分成 2 个或几个三角形，分别按 3 支等高避雷针方法计算，当符合保护条件时，全部面积即受到保护。

（二）避雷线

1. 避雷线的作用

避雷线由悬挂在空中的接地导线、接地引下线和接地体组成。避雷线的作用是保护架空线路免遭雷击。

2. 避雷线的保护范围

（1）单根避雷线的保护范围。用避雷线保护发电厂、变电站时，单根避雷线的保护范围可由避雷线向下做与其铅垂面成 25°的斜面，构成保护空间的上部；在避雷线的高度 $h/2$ 处转折，与地面上离避雷线水平距离为 h 的直线相连的平面，构成保护空间的下部。保护半径 r_x 也可用公式表达为

$$当 h_x \geqslant h/2 时 \qquad r_x = 0.7(h - h_x)p \left.\begin{array}{r}\\ \\\end{array}\right\} \qquad (9\text{-}2)$$
$$当 h_x < h/2 时 \qquad r_x = (h - 1.53h_x)p$$

（2）双避雷线的保护范围。用两根平行等高避雷线保护发电厂、变电站时，两避雷线外侧的保护范围按单线时确定，两避雷线内侧的保护范围的横截面，由通过两避雷线及保护范围上部边缘最低点 O 的圆弧确定。O 点的高度计算公式为

$$h_0 = h - D/(4p) \qquad (9\text{-}3)$$

式中　D——两避雷线间的距离，m；

　　　h——避雷线的高度，m。

两根不等高避雷线的保护范围可依照两支不等高避雷针保护范围的确定方法求出。

二、防雷保护设备

当雷电击中电气设备时，由于雷电电压超过了电气设备的耐压值，电气设备的绝缘将被损坏并造成事故。但若在电气设备上并联保护用的防雷设备（如保护间隙、管型避雷器或阀型避雷器），且令防雷设备的放电电压低于电气设备绝缘的耐压值，则雷电将使保护设备放

电，从而实现了对电气设备的保护。

（一）保护间隙

防雷保护设备最简单的形式就是保护间隙，它与被保护的设备（如变压器）并联。为了使被保护设备得到可靠的保护，保护间隙伏秒特性的上限应低于被保护设备伏秒特性的下限。这样，当雷电波袭来时，间隙先击穿，把部分雷电的电荷引入大地，避免了电气设备上电压的升高。这种间隙称为保护间隙。

保护间隙虽然可以把雷电引入大地，但也带来一个新问题，即在保护间隙击穿后，除了雷电波流过间隙外，还可能有电网的工频短路持续电流（简称续流）流过间隙。在保护间隙间形成的续流电弧靠回路电动力的作用及热气流上升的作用而向上移动，在移动过程中被拉长冷却而熄灭。但由于保护间隙的熄弧能力不高，所以相间短路故障必须靠相应的断路器来切除，而断路器的跳闸将造成停电事故。所以，保护间隙只能在缺乏避雷器的情况下才采用，而且采用保护间隙时，应配以断路器的自动重合闸来增加系统供电的可靠性。

（二）管型避雷器

管型避雷器实质上是一个具有较高灭弧能力的保护间隙。其基本元件是装在产气管内的火花间隙，间隙由棒形和环形电极组成，管体可由纤维、塑料或橡胶等产气材料制成。这样，在工频续流流过间隙时，电弧的高温会使产气材料分解出大量的气体，使管内的压力升高，气体在高压作用下由环形电极的开口孔喷出，形成强烈的纵吹作用，使电弧在电流第一次过零点时熄灭。因此一般说来，采用管型避雷器后，短路故障就不用靠断路器来切除了。

管型避雷器的管体极易受潮，管体受潮后就有可能在工作电压下发生沿面闪络导致避雷器的误动作。因此在使用时必须同它串联一个空气间隙。这个间隙称为管型避雷器的外间隙，而管内的灭弧间隙则称为内间隙。外间隙的电极可用直径为 10mm 的圆钢制成，也可以用线路导线本身作为外间隙的一个电极，但此时必须用导线在线路导线上缠绕 0.5m 长，以免线路导线被电弧烧坏。

虽然管型避雷器能把危及电气设备的雷电波引入大地，而且又能及时切断续流使系统恢复正常工作，但是用管型避雷器来保护变压器或电机等具有绕组的电气设备仍然是不理想的。这是因为：第一，管型避雷器具有较陡的伏秒特性，不易和变压器的绝缘配合；第二，管型避雷器动作后会产生截波，截波会危及变压器绕组的匝间绝缘甚至相间绝缘。因此，管型避雷器只用来保护线路上的某些弱绝缘点或保护发电厂、变电站的进线段，而另外采用阀型避雷器保护发电厂、变电站的电气设备免受雷电的损害。

在安装管型避雷器时，应注意避免当避雷器动作时排出的电离气体相交，引起相间短路。为防止管型避雷器管腔积水，应将其垂直安装（开口端向下）或倾斜安装。对额定电压为 10kV 及以下的管型避雷器，外间隙应水平布置，以免雨滴使很小的外间隙短路。

（三）阀型避雷器

1. 阀型避雷器的基本元件

阀型避雷器的基本元件是装在密封瓷套中的火花间隙和非线性电阻。

（1）非线性电阻。

非线性电阻又称阀片，它是由金刚砂（SIC）和结合剂（如方解石、水玻璃或瓷泥等）在一定的温度下烧结而成的直径为 55～100mm 的圆饼。阀片的两面用铝粉喷涂，使各个串联阀片之间能保持良好的接触，其侧面则涂有无机绝缘涂料以防止沿面闪络。阀片是多孔性的，容易受潮变质，故需装在密封的瓷质容器中。

非线性系数 α（或伏安特性）和通流容量是表示阀片性能的两个主要指标。阀片应具有良好的非线性和足够的通流能力。

1）阀片的伏安特性。阀片的电阻值随流过的电流值的变化而变化，其伏安特性用公式表示为

$$U = CI^{\alpha} \tag{9-4}$$

式中　C——材料的常数，和阀片的截面和高度有关；

　　　α——非线性系数，其值小于 1，一般在 0.2 左右，α 越小说明阀片的非线性程度越高。

串联非线性电阻可以解决既要降低残压又要避免截波之间的矛盾。采用非线性电阻的另一个优点是：当很大的雷电流流过非线性电阻时，非线性电阻将呈现很大的电导率，使避雷器上出现的残压不致过高。雷电流过去后，当加在电阻上的电压是线路电压时，非线性电阻的电导率将突然下降而将工频续流限制到很小的数值。在这里，非线性电阻和阀门一样起着自动节流的作用，这也就是阀型避雷器名称的由来。

显然，续流的减小对避雷器的运行是十分有利的，它为火花间隙切断续流创造了良好的条件，也可以避免系统在避雷器动作时形成短路。

2）阀片的通流容量。通流容量表示阀片通过电流的能力。因为避雷器中通过的电流主要有两种，一种是雷电流，另一种是工频续流，所以通流容量也有冲击和工频两种。试验证明，阀片的通流能力和通过阀片的累积能量有关，所以阀片的冲击容量要以具有一定波形和幅值的电流所允许通过的次数来表示，而工频通流容量则以具有一定幅值的半波电流所允许通过的次数来表示。

普通阀型避雷器阀片的通流能力大致为：波形为 $20/40\mu s$、幅值为 5000A 的冲击电流和幅值为 100A 的工频半波电流各 20 次。可见，阀型避雷器的冲击通流容量与雷电流相比是不太大的，因此，阀型避雷器不宜像管型避雷器一样安装在雷电流较大的场所。一般它只装在变电站内，而变电站通常都装设了进线保护，这样就能把进入变电站的雷电流限制在 5000A 以下。

（2）火花间隙。

火花间隙应具有平坦的伏秒特性和尽可能高的灭弧能力。

1）火花间隙的伏秒特性。普通阀型避雷器的火花间隙采用了多个间隙串联的结构形式，每个火花间隙由 2 个黄铜电极及 1 个云母垫圈组成，云母垫圈的厚度仅为 0.5～1mm。由于电极间的距离很小，电极间的电场就比较均匀，所以间隙的伏秒特性曲线也就比较平了。但另一方面，随着间隙跨度的缩小，间隙放电过程中出现第一个有效电子的几率就会减小，从而使间隙的放电分散性增大。为了解决这一问题，应在间隙中加装预照射的设施，而采用云母垫圈就可以达到这个目的。这是因为云母的介质常数远较空气的介质常数大，所以加压后，在电极和云母垫圈间的空气间隙处形成的电场就很强，这样当外加电压尚未达主间隙的击穿电压时，该处的空气间隙已先游离，它所发的光在主间隙内产生了足够的有效电子，因而降低了放电的分散性。

电场的均匀分布和预照射这两个条件，可使阀型避雷器单个火花间隙的冲击系数下降到

1.1左右（一般单个火花间隙的冲击系数小一些为好）。可见短间隙的伏秒特性是比较理想的。

2）短间隙的近极效应和初始恢复强度。在电弧燃烧过程中，阴极附近会堆积一些正的空间电荷，形成阴极位降区；阳极附近会堆积起一些负的空间电荷，形成阳极位降区。弧柱则处于热游离的状态，其中充满着正负离子，是一良导体。维持电弧燃烧所需的阴极的电子放射是靠阴极位降区的强大电场来实现的。强大电场可直接把电子从阴极表面拉出来，也可使弧柱中奔向阴极的正离子得到加速而把电子从阴极表面撞击出来。当流过间隙的电流不大而电极不发热（即电极表面不发生热电子放射）时，维持阴极电子放射所需的电场强度可达300kV/cm。由于弧柱上的压降很低，正空间电荷和阴极间的距离 d 又很小，要达到这一场强，只要在间隙上加不大的电压即可。

这说明，维持电弧燃烧所需的电压是不大的，但在电流过零后情况就又不同了。电弧电流达到零点时，电弧放电虽然停止，但间隙中正负离子依然存在，因此当电流过零后，在间隙两端出现反向的恢复电压时，间隙中的正负离子将分别流向新的阴极附近会立即形成正电荷区。又由于在电压反向前，这一极电位原是正的，所以正的空间电荷离新阴极的距离 d' 远较 d 为大。此时要使新的阴极发生电子放射以形成电弧就需要加更高的电压，亦即在电流过零的瞬间，使电弧重燃所需的电压会立即上升到较高的数值。这对防止电弧重燃是极为有利的。

把电弧过零瞬间使电弧重燃所需的电压称为间隙的初始恢复强度，而把这一效应称为间隙的近极效应。显然，近极效应只有在流过间隙的电流不足以使阴极发生热电子放射时才能充分发挥效果，所以对流过火花间隙的电流必须作相应的限制。实验证明要使普通阀型避雷器的火花间隙不产生热电子放射，必须把工频续流限制在80A（幅值）以下。

间隙的初始恢复强度和电极的材料有关，也和电流过零时间隙中的游离状态有关（因为间隙中的游离状态将影响到空间电荷的数目，影响到间隙中的电场分布）。试验证明，如果通过间隙的电流为正弦波，在没有热电子放射时，黄铜电极间隙的初始恢复强度可达250V。如果通过间隙的电流为尖顶波，则由于在电流过零前的一段相当长的时间内电流值都很小，电流过零时弧隙中的游离状态已大为减弱，所以初始恢复强度将要增大。在阀型避雷器中串联有非线性电阻，其续流波形将为尖顶波，所以普通阀型避雷器的单个间隙的初始恢复强度就可以达700V左右。串联的间隙越多，总的初始恢复强度也就越大，所以用串联的短间隙来代替长间隙对熄弧是十分有利的。

3）介质强度恢复速度、灭弧电压和切断比。火花间隙除了要有一定的初始恢复强度外，还必须有尽可能快的介质强度的恢复速度。由于在阀型避雷器中串联有很大的电阻，电弧电流和电源电压基本上是同相位的，所以电流过零后间隙两端的恢复电压即为电网的工频电压。如果介质强度恢复得较快以致恢复电压在任何时候都不能赶上它，则电弧将不再重燃。如果介质强度恢复较慢，在恢复电压上升到某一值时就能使间隙重新击穿。

把电流过零后间隙所能承受的最大工频电压称为间隙的灭弧电压，而把间隙的工频放电电压和灭弧电压之比称为间隙的切断比（或把灭弧电压和工频放电电压之比称为间隙的介质强度恢复比）。由于介质强度的恢复需要一个去游离的过程，所以间隙的灭弧电压总是低于其工频放电电压，也就是说切断比一般都大于1（或介质强度恢复比一般都小于1）。切断比越小（或介质强度恢复比越大）说明间隙的介质强度恢复得越快。因此切断比（或介质强度恢复比）是体现间隙熄弧能力的重要指标。然而介质强度恢复的快慢和所切断的电流的大小有关，所以切断比通常都和切断电流并提，例如切断 80A（幅值）续流时切断比为 1.8。

试验证明，短间隙的介质强度恢复速度和间隙的距离有关，间隙距离越短，其介质强度恢复越快。这是因为短间隙的去游离主要是靠在极板上的复合以及通过极板的散热来实现的。电极间的距离越短，去游离的作用就越强。

综上所述，在改善避雷器的伏秒特性，增加避雷器间隙的初始恢复强度及介质强度恢复速度等方面，短间隙都有很大的优越性。但间隙也不能过小，因为间隙太小，不仅在制造上有困难，而且放电电压也很难稳定。因此通常把单个火花间隙的工频放电电压取为 2.7～2.9kV（有效值），此时间隙的切断比为 1.8 左右。

（3）火花间隙组。

上面只介绍了单个火花间隙的特性。事实上阀型避雷器的火花间隙是由数个或数十个单个火花间隙组成的。多间隙串联后将形成一电容链。由于受电极片对地和对高压端盖的部分电容的影响，电压在各间隙上分布是不均匀的。更严重的是这种不均匀是不稳定的，它受瓷套表面情况的影响很大，例如由于淋雨或湿污秽而使外瓷套上的电压分布改变时，间隙串的电压分布也就随着改变。这样避雷器的工频放电电压就很不稳定。为了解决这个问题，可在每个火花间隙（或间隙组）上并联一分路电阻（更确切些应称为均压电阻）。如果并联分路电阻后，流过分路电阻的电导电流比电容电流大得多，则间隙串上的电压分布将由分路电阻来决定。此时只要使与间隙（或间隙组）并联的分路电阻的阻值相等，各个间隙上的电压就基本上相等了。

必须注意到，采用分路电阻后，在系统额定相电压的作用下，分路电阻中将长期有电流通过（这一电流称为避雷器的泄漏电流），所以分路电阻必须有足够的热容量。通常分路电阻都采用高温焙烧的非线性电阻，其 $\alpha = 0.35 \sim 0.45$。非线性电阻的热容量大，热稳定性好，但制造工艺和装备较复杂。为此目前有的工厂用金属膜的线性分路电阻来代替非线性电阻，线性电阻的缺点是容量小，极易损坏，所以一般应尽量采用非线性分路电阻。

阀型避雷器的火花间隙一般都由数个或数十个火花间隙组成。由于并联了分路电阻，工频电压在串联的各间隙上是均匀分布的，所以阀型避雷器的工频放电电压就等于各串联间隙放电电压的总和，避雷器的灭弧电压也等于各串联间隙灭弧电压的总和。但是在冲击电压的作用下情况就不同了。由于冲击电压频率很高，在冲击电压的作用下，虽有分路电阻存在，电容电流将仍占优势，所以分路电阻对冲击电压的分布影响不大。也就是说，分路电阻只能提高串联间隙组的工频放电电压而不能提高其冲击放电电压。因此带有分路电阻的阀型避雷器的冲击系数一般都会小于 1。

2. 阀型避雷器的电气特性

阀型避雷器的基本特性参数有以下几个：

（1）额定电压（U_N）。它是由安装避雷器的电力系统的电压等级决定的。我国高压电网的标准电压等级目前规定为 3、6、10、35、60、110、154、220、330kV 和 500kV。但必须注意，额定电压指的是线电压而且由于系统调压的需要，系统的工作电压是可能比额定电压高的，通常会高出 10%～15%。

（2）灭弧电压（U_{qu}）。灭弧电压是指在保证灭弧（切断工频续流）的条件下，允许加在避雷器上的最高工频电压。

　　避雷器通常是接在导线和大地之间的，因此在某些情况下，电网中会出现短时的工频电压升高。例如，一次雷击的结果使电网发生单相接地，那么健全相上的避雷器所承受的电压就会高于系统的相电压。此时，如果健全相的避雷器动作，则加在该避雷器上的恢复电压就会比相电压高。当然避雷器应保证能在这一电压作用下可靠熄灭电弧。因此必须进一步研究可能发生的短时工频电压升高。

　　系统的短时工频电压升高和电网中性点接地方式有关，一般可分为两种情况：

　　1) 中性点不直接接地的系统（60kV 及以下）。其工频电压升高一般可达系统最大工作电压的 $100\%\sim110\%$。

　　2) 中性点直接接地系统（110kV 及以上）。其工频电压升高一般可达系统最大工作电压的 80%。

　　因此，一般 3、6、10kV 的避雷器的灭弧电压规定为系统最大工作电压的 110%，称为 110% 避雷器；35～60kV 避雷器的灭弧电压规定为系统最大工作电压的 100%，称为 100% 避雷器；而 110、220kV 避雷器的灭弧电压规定为系统最大工作电压的 80%，称为 80% 避雷器。

　　(3) 工频放电电压（U_{if}）。对避雷器的工频放电电压要规定上限和下限。

　　避雷器的工频放电电压不能过高。因为当避雷器的结构一定时，它的冲击系数就一定了。所谓冲击系数就是冲放电压与工放电压幅值之比，一般希望冲击系数在 1 左右。增大工频放电电压也就会使冲击放电电压升高，从而影响到避雷器的保护性能。

　　避雷器的工频放电电压也不能过低。这是因为：

　　1) 当火花间隙的切断比给定时，降低工频放电电压就会使整个避雷器的灭弧电压降低，导致避雷器不能熄灭续流。所以从灭弧的观点出发，避雷器的工频放电电压应不低于其灭弧电压和切断比的乘积（或避雷器的灭弧电压应高于其工频放电电压和介质强度恢复比的乘积）。

　　2) 普通阀型避雷器的通流能力有限，一般是不允许在内部过电压下动作的。考虑到内部过电压在中性点不直接接地（35kV 及以下）时，通常不超过最大相电压的 3.5 倍，而中性点直接接地（110kV 及以上）时，不超过 3.0 倍，因此从防止避雷器在内部过电压下动作的观点出发，35kV 及以下，110kV 及以上的避雷器的工频放电电压应分别不小于系统最大相电压的 3.5 倍与 3.0 倍。

　　(4) 冲击放电电压。避雷器的冲击放电电压是指预放电时间为 $1.5\sim20\mu s$ 的冲击放电电压。冲击放电电压与残压是说明避雷器保护性能的两个指标，这两个指标越小，被保护设备的绝缘水平就可以越低，所以在某些情况下，当工频放电电压不能降低时，要设法降低冲击系数来降低避雷器的冲击放电电压。但必须注意，不降低残压而单方面地降低冲击放电电压是无意义的，因为它只能增加避雷器不必要的动作次数，而不能降低被保护设备的绝缘水平。反之，不降低冲击放电电压而单方面降低残压也是无意义的。这样，在某些情况下，当冲击放电电压过低时，还要采取措施来加以提高（如装均压环），以防止在某些内部过电压下动作。

　　(5) 残压（U_r）。由于变电站一般都设有进线保护段来限制进入变电站的雷电流，所以 220kV 及以下的避雷器的残压都是以波形 $10/20\mu s$ 和冲击电流幅值 5kA 为标准。对于 330kV 的避雷器，由于线路绝缘较高，同时分裂导线的电感较小，为可靠起见采用 10kA 的冲击电流为标准。

（6）通流容量。避雷器的通流容量主要取决于阀片的通流容量。

3. 阀型避雷器的保护性能

冲击放电电压和残压是说明避雷器保护性能的两个重要指标。要提高避雷器的保护性能，必须同时降低其冲击放电电压和残压。然而降低避雷器的这两个参数，将受到火花间隙和阀片性能的限制。

避雷器的冲击放电电压和所用间隙的数量有关，一般来说，串联的间隙数越多，其冲击放电电压就越高。要降低冲击放电电压，就意味着减少串联的间隙数。这必然会引起避雷器工频放电电压和灭弧电压的降低，使避雷器不能在规定的系统最大工作电压下灭弧，同时造成避雷器在内过电压下动作的危险。解决这一问题的方法是提高间隙的性能。例如，降低间隙的冲击系数，可以在同一冲击放电电压下得到较高的工频放电电压；又如，降低间隙的切断比，可以在同一工频放电电压下得到较高的灭弧电压。这就可以使避雷器在冲击放电电压降低后，仍能可靠地工作。

避雷器的残压和所用阀片的数量有关。要降低残压，就意味着减少串联的阀片数，这就会使通过避雷器的续流增大，同样会造成灭弧的困难，还会使阀片因过热而损坏。解决这一问题的方法是提高阀片和间隙的性能。例如，增大阀片的通流能力和间隙的熄弧能力来满足续流增大的要求；又如，改善阀片的非线性，可使续流不因残压的减少而增大。

我国目前生产的磁吹阀型避雷器由于采用了通流能力大的高温阀片和熄弧能力强的磁吹间隙，其保护性能已得到很大的改善，为降低超高压系统电气设备的绝缘水平创造了有利条件。

（四）压敏避雷器

压敏避雷器仅由压敏电阻（阀片）构成，而不用间隙。压敏电阻是由氧化锌、氧化铋等金属氧化物烧结制成的多晶半导体陶瓷非线性元件，它具有极好的伏安特性，其非线性系数 $\alpha \approx 0.05$，即已接近于理想的阀体（$\alpha = 0$）。它在工频电压下可呈现极大的电阻，因此，续流极小，已不需要再用间隙熄灭工频续流了。加上压敏电阻的通流容量很大，约2分硬币大小面积即可通过 5kA 的冲击电流（$10/20\mu s$），所以压敏避雷器的体积很小。

压敏避雷器可广泛用于低压电气设备的防雷，如配电变压器的低压侧、低压电机和电能表的防雷等。用于 380V 及以下电气设备的压敏避雷器的体积只有5分硬币大小。

我国生产的高压用大型压敏避雷器，每个压敏电阻片尺寸为 $\phi80mm \times 5mm$，通流能力为 10kA，它的 10kA 残压与 2s 工频耐压之比达 2.8 左右，已达到目前世界先进水平。我国生产的保护旋转电机用的 10kV 压敏避雷器，其 10kA 残压只有 28.4kV，约比 FCD-10 型磁吹避雷器低 20％左右。

（五）磁吹避雷器

1. 磁吹避雷器的基本元件

磁吹避雷器所用的高温阀片前面已作过介绍，这里着重介绍磁吹避雷器的火花间隙。

磁吹避雷器的火花间隙利用磁场使电弧产生运动来加强去游离，以提高间隙的灭弧能力，又称磁吹间隙。

我国生产的磁吹间隙可分为旋转电弧型和拉长电弧型两类，后者又称限流式间隙。

（1）旋转电弧型磁吹间隙。

旋转电弧型磁吹间隙的火花间隙由圆盘形的内电极和圆环形的外电极组成，调整圆盘和圆环间的偏心度即可改变间隙的击穿电压。间隙上部和下部各有一块永久磁铁。间隙间形成的电弧是径向的，而永久磁铁的磁场是轴向的，所以电弧电流将沿切线方向受到一个力而在间隙中旋转。由于电弧不像在一般间隙中那样停留在电极的某一点上，因此通过的续流较大时也不会使电极烧坏，而且续流过零后间隙中介质强度也比一般间隙恢复得快。前面已经讲过，一般间隙可切断的续流值为 80A（幅值），切断比为 1.8；旋转电弧型磁吹间隙能可靠地切断 300A（幅值）的续流，其切断比可降到 1.5 左右。

（2）拉长电弧型磁吹间隙。

拉长电弧型磁吹间隙的火花间隙由两个装在灭弧盒上的角形电极构成，其磁场也是轴向的。电弧在电极间形成后将被轴向磁场拉入灭弧栅中，其最终长度可达起始长度的数十倍。灭弧盒由陶瓷或云母玻璃或铅玻璃制成，电弧将在灭弧盒的栅片中受到强烈去游离而熄灭。由于电弧形成后很快就被拉到远离击穿点的位置，给击穿点的介质强度恢复创造了极为有利的条件，所以拉长电弧型磁吹间隙的灭弧能力比旋转电弧型的还要强，可切断 450A 的续流，其切断比低达 1.28～1.35。

拉长电弧型磁吹间隙的另一个优点是由于续流电弧被拉得很长同时被压得很扁而且处在去游离很强的灭弧栅中，所以电弧电阻可达很高的数值，以致可以起限制续流的作用。因而这种间隙又称为限流间隙。显然，采用限流间隙，就可以适当地减少避雷器所用的阀片，进一步降低避雷器的残压。

必须指出，限流式磁吹间隙的电弧只能向一个方向（即栅片方向）移动。也就是说，电弧运动的方向应和续流的方向无关。这就要求在续流方向改变时，磁场的方向也作相应的改变。由于永久磁铁所产生的磁场不能满足这一要求，因此限流磁吹间隙的磁场需由和间隙串联的磁吹线圈来产生。

考虑到雷电流通过磁吹线圈时线圈的感抗很大，所以，雷电流在避雷器上的压降，除阀片上的残压之外，还有线圈上的压降，这会大大削弱避雷器的保护性能。为此，磁吹线圈上必须并联一个分流间隙。当雷电流通过磁吹线圈在线圈上形成很大的压降时，分流间隙动作将线圈短路，使避雷器的压降不致增大。当工频续流通过时，电弧压降将大于续流在线圈中的压降，此时电弧会自动熄灭，使续流转入线圈产生吹弧作用。

限流间隙的单个主间隙的工频放电电压为 3kV 左右，每个间隙上都并联有分路电阻。使用时也由多间隙串联。

2. 磁吹避雷器性能的提高

一般说来，单个间隙的介质强度恢复比是不容易提得很高，因为介质强度的恢复需要一定的时间。但鉴于避雷器是由多个间隙串联而成的，改变间隙组合方式却可以在不提高单个间隙介质强度恢复比的条件下，改善避雷器的熄弧性能。具体方法如下：

在间隙（间隙组）上并联不同的分路电阻。例如，在一部分间隙上并联非线性电阻，而在另一部分间隙上并联线性电阻。调节这两种电阻的数值，使在灭弧电压作用下电压沿间隙均匀分布。这时在工频放电电压作用下，电压在间隙上的分布就必然是不均匀的。并联线性电阻的火花间隙所承受的电压要比并联非线性电阻的火花间隙高些，加压时前者将先击穿，击穿后全部电压就加到了并联非线性电阻的火花间隙上，后者就会相继击穿。也就是说，避雷器的工频放电电压将低于其单间隙工频放电电压的总和。因此避雷器的介质强度恢复比将高于其单间隙的介质强度恢复比。

（六）放电记录器

为了判断避雷器是否发生动作并记下动作的次数，以便总结运行经验并有助于事故分析工作，应当使用避雷器放电记录器。下面介绍我国生产的两种典型的放电记录器。

1. JS 型放电记录器

这种记录器的电气接线较为简单，避雷器的接地引下线连接在记录器的接线帽上，然后将记录器的外壳接地。避雷器的下端应装在绝缘瓷套（或瓷垫片）上以保证对地绝缘。记录器的电气回路包括非线性电阻片 R1 和 R2、电容器 C 和计数器电磁线圈 L，并由放电间隙 G 加以保护。其动作原理如下：当过电压使避雷器动作时，冲击电流流入记录器，它在非线性电阻 R1 上产生一定的压降，该压降经非线性电阻 R2 使电容器 C 充电，适当选择非线性电阻 R2 的阻值，能够确保电容器在不同幅值的冲击电流流过记录器时都能储藏足够的能量。微秒级的冲击电流过去后，电容器 C 上的电荷将对计数器的电磁线圈 L 放电，使得刻度盘上的指针转动一个刻数，记下了避雷器的一次动作。

JS 型放电记录器在波形为 $10/20\mu s$、幅值为 $150\sim5000A$ 的冲击电流范围内都能可靠动作。

JS-4 型放电记录器的检查及校正零位的方法：准备一台电压互感器，将其高压输出线绑扎在绝缘棒的一端，手拿着绝缘棒的另一端，调整互感器的输出电压为 1500V（有效值），将输出线接触记录器的高压接线螺栓（记录器的外壳接地）并迅速离开，记录器即应作相应转动。重复操作，记录器可连续指示，最后将其校为零位，即可正式安装。安装时应保证记录器的水平位置。

JS 型放电记录器上有一定的电压降落，它将叠加在避雷器的残压上，从而使电气设备所受残压增大。显然，应当保证 R1 上的压降比避雷器的残压小得多才行。不同压降的 JS 型放电记录器的使用范围不同。JS-4 型适用于 25kV 及以上的 FZ 型避雷器，JS-1 型和 JS-3 型适用于 15kV 及以上的 FZ 型避雷器。JS-2 型适用于 FCZ 型避雷器。应当注意，JS 型放电记录器不要使用在 FCD、FS 型避雷器上，因为它们本身的残压很低，接入 JS 型放电记录器后将使总的残压大为增加，对电气设备绝缘不利。对 FCD、FS 型避雷器来说，可使用压降极小的 JLG 型放电记录器。

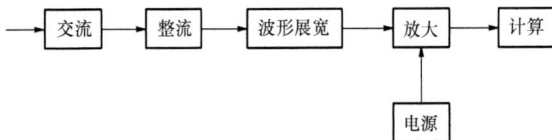

2. JLG 型放电记录器

这种记录器是通过小型电流互感器与避雷器相连的，对被测系统影响极微。JLG 型放电记录器工作原理方框图如图 9-6 所示。

JLG 型记录器没有残压，所以它可

图 9-6　JLG 型放电记录器工作原理方框图

用在所有的避雷器上。

三、变电站防雷

变电站是重要的电力枢纽，一旦遭受雷击而损坏，将会造成大面积、长时间的停电，严重影响社会经济和人民生活。因此，变电站要求有可靠的防雷保护措施。

变电站雷害的来源有三：

（1）雷直击于变电站导线或设备上。

（2）变电站避雷针上落雷时产生的感应过电压。

（3）沿线路传来的雷电波。

每个变电站每年落雷的次数可按下式估计

$$N = 0.015kT(a+10h)(b+10h) \times 10^{-6} \tag{9-5}$$

式中　　T——雷暴日；

　　a,b,h——变电站的长度、宽度和高度，m；

　　　　k——选择性雷击系数，在一般地区取 $k=1$，在选择性雷击区，如有水的山谷、土壤电阻率 ρ 突变处、矿区等，k 值可取 8～12。

【例 9-1】　某 60kV 变电站，长、宽各 100m，平均高度 15m，$T=40$ 日，计算该处每年平均落雷次数。

解： 从式（9-5）得每年落雷次数为

$$N = 0.015 \times 40 \times 1 \times (100+10\times15) \times (100+10\times15) \times 10^{-6} = 0.038(次/年)$$

由 ［例 9-1］ 可见，在一般地区，大约平均运行 1/0.038＝26 年即遭受一次雷击。如果在选择性雷击区（易击区），平均每年可能落雷 0.3～0.45 次，即平均运行 2.3～3.3 年就可能受雷击一次，而这种直击雷绝大多数要造成严重停电的事故。由此可见，在选址时应尽量避开易击区，而所有发电厂、变电站都应装设防直击雷装置——避雷针或避雷线。

我国运行经验表明，装有避雷针（线）的变电站雷电绕击事故率约为 0.2～0.3 次/（百所·年），反击事故率更低，是相当可靠的。

装有避雷针后，当落雷时在其直击附近的导线上产生较高的感应过电压，会使 35kV 及以下的母线或设备产生严重故障。例如，上海某发电厂独立避雷针落雷时，距其 8m 外的 35kV 变压器最远一相套管闪络；广西某发电厂 4.5m 外的 35kV 母线闪络。所以避雷针应尽量远离电气设备，而采用避雷线则可减轻感应过电压的危害。据不完全统计，变电站 35kV 及以下的感应过电压事故率约为 1 次/（百所·年）。

由于线路落雷次数多，所以沿线路侵入的雷电波袭击变电站是最为频繁的。线路的绝缘一般比变电站设备的绝缘高，例如 110kV 线路的 $U_{50\%}$ 为 700kV，它就是由线路侵入雷电波的最大值，但变压器的全波多次冲击保险电压只有 480/1.10＝437kV，因此侵入雷电波会对变压器造成损坏。限制这种侵入雷电波过电压的主要器具是阀型避雷器，并在邻近变电站的 1～2km 线路（称为进线段）上加强防雷设施。据统计，我国 110～220kV 变电站的侵入雷电波事故率约为 0.5 次/（百所·年），而 35kV 变电站侵入雷电波事故率约为 0.67 次/（百所·年）。

发电厂、变电站内的以下设备和建筑物，应加直击雷保护：

（1）屋外配电装置，包括架空母线、软连线和母线廊道。

（2）较高的建筑物和构筑物，如烟囱、冷却塔和煤场的高建筑物等。

（3）易燃对象，如油处理室、燃油泵房、露天油罐、主变压器修理间、易燃材料仓库等。

（4）易爆对象，如乙炔发生站、制氢站、露天氢气罐、氢气罐储存室、天然气调压站、露天天然气罐等。

（5）多雷区的列车电站。

主厂房、主控制室和 35kV 及以下的屋内配电装置室一般不需装设防直击雷装置，而将其金属结构接地即可，因为雷击的机会本来不多，即使落雷一般不会引起严重后果，而这些建筑物本身却对室内电气设备起到了保护作用。

避雷针（线）按其接地方式，可分为独立避雷针（线）和架构避雷针（线）。

独立避雷针（线）与被保护物之间应保持一定距离，以免当避雷针（线）上落雷时造成向被保护物的反击。

35kV及以下配电装置的绝缘较弱，所以其架构或房顶上不宜装设避雷针，而需用独立避雷针来保护。

对于60kV及以上的配电装置，由于电气设备或母线的绝缘水平较高，不易造成反击，所以为降低造价并便于布置，可将避雷针（线）装设在架构或房顶上，成为架构避雷针（线）。

架构避雷针的接地可利用发电厂、变电站的主接地网，但应在附近装设辅助的集中接地装置，可根据土质情况打3～5根垂直接地极或敷设3～5根水平接地体。为保证接地的良好，架构避雷针只许用在 $\rho \leqslant 500\Omega \cdot m$（60kV级时）或 $\rho \leqslant 1000\Omega \cdot m$（110kV级及以上）的情况下。

由于主变压器的绝缘水平较低而重要性较大，为避免万一发生雷电反击，所以在变压器的门型架构上不应安装避雷针。同时，任何架构避雷针的接地引下线入地点到变压器接地线的入地点，沿接地体的地中距离不得小于15m。

有时，由于布置上的困难，需要在主厂房上装避雷针（线）来保护母线桥或软连线。加了避雷针后，主厂房挨雷击的机会增大，此时为防止反击，除应装设上述集中接地装置外，还应采取其他措施，如加强分流（将几支避雷针用金属线连接或与主厂房钢筋焊接，并且多做几个引下线，主厂房各钢筋间也互相焊接），设备的接地线的入地点尽量远离避雷针接地引下线的入地点，避雷针引下线尽量远离电气设备等，并宜在靠近避雷针的发电机出口装设磁吹避雷器和在变压器的低压侧套管上装设避雷器。

在设计避雷针（线）时还应注意以下几个问题：

（1）独立避雷针的设立地点应避开人员经常通行的地方，一般应距道路3m以上，否则应采取均压措施，或铺设碎石路面或沥青路面（厚5～8cm），以保证人身安全。

（2）为避免雷击避雷针时，雷电波沿电线传入室内，严禁将架空照明线、电话线、广播线、无线电天线等架在避雷针（线）上或其下的架构上。

（3）现场中往往需要在独立避雷针上或在装有避雷针的架构上安装照明灯。这些灯的电源线必须采用铅皮电缆或将导线穿入金属管，并应将电缆或金属管直接埋入地中10m以下，才能与35kV及以下配电装置的接地网相连接，或者与屋内低压配电装置相连接。机力通风冷却塔上电动机的电源线也应照此办理。

（4）发电厂烟囱上装有避雷针，烟囱下附近往往有引风机，后者自配电室供电。为使雷击烟囱避雷针时不致使引风机或配电室发生损坏，一般应将二者的接地体分开，而将引风机外壳接于发电厂主接地网。当因位置所限二者不易分开时，引风机的电源线应采用电缆，电缆的金属外皮应与接地装置相连接，并且直接埋入地中10m以下。

由于避雷线有两端分流的特点，在雷击时它要比避雷针引起的电位升高小一些，所以关于避雷线的规定要比避雷针的规定放宽一些。即110kV及以上的配电装置，可以将线路的避雷线引接到出线门型架构上，但土壤电阻率 $\rho > 1000\Omega \cdot m$ 的地区，应装设集中接地装置。

对 35～60kV 配电装置，在 $\rho \leqslant 500\Omega \cdot m$ 的地区，允许将线路的避雷线引接到出线门型架构上，但应装设集中接地装置。当 $\rho > 500\Omega \cdot m$ 时，避雷线应在线路终端杆上终止，最后一档线路的保护可采用独立避雷针，也可在终端杆上加装避雷针。

四、电机防雷

旋转电机包括发电机、调相机、变频机和电动机等，它们防雷的主要困难是冲击绝缘水平很低，要比同一电压等级的变压器冲击绝缘水平低得多。这是因为电机绕组不像变压器那样浸在油中，而是全靠固体介质来绝缘，在制造过程中可能产生气隙或被擦伤，在这些部位容易发生游离；同时也不可能像对变压器那样采取电容环等措施使冲击电压分布均匀些。特别是对大容量的单匝电机来说，它的匝间电容很小，匝间电容使冲击电压分布较匀的作用很小，所以电机主绝缘的冲击系数很低，接近于 1（变压器的冲击系数为 2～3）。电机在出厂时的冲击耐压值只有同级变压器的 1/3 左右，电机出厂冲击耐压值仅仅稍高于相应等级磁吹避雷器的 3kA 时的残压值，这就要求必须大大降低雷电波的陡度。

必须指出，电机绝缘在运行中容易受潮、受脏污及受臭氧等的侵蚀，同时又经常受到机械力的作用（如振动、短路电流电动力及热胀冷缩的作用等）。特别在导线出槽等处，由于电场极不均匀，所以每逢过电压作用后，该处电机绝缘（如云母等）会受一些轻微损伤，日久积累可能发生击穿。这样，电机绝缘的老化很厉害。运行中电机的预防试验电压为 $1.5U_N$。所以，严格说来，运行中电机的保险冲击耐压只有 $1.5 \times \sqrt{2}U_N$，低于相应磁吹避雷器的残压。因此，单单靠磁吹避雷器来保护电机是不够可靠的。磁吹避雷器必须与电容器、电抗器、电缆段甚至变压器联合起来，才能可靠地保护电机。

当雷电波作用于电机绕组时，电机绕组也像变压器绕组一样，可用电感、电容和匝间电容 C_1 组成的等值回路表示。但由于电机线圈是分别放在各个槽中的，匝间电容 C_1 很小。对于容量较大的单匝电机来说，只有露在槽外的线圈端部之间才有不大的电容耦合。因此，一般可忽略匝间电容 C_1 的作用，而将电机绕组内的波过程同线路上的波过程一样看待。考虑到来波陡度 $\dfrac{du}{dt}$ 很低，流过 C_1 的电流 $C_1\dfrac{du}{dt}$ 很小，所以忽略 C_1 不会引起显著的误差。这样，我们可以认为，电机具有一定的波阻，而雷电波在电机中具有一定波速。

雷电波沿电机绕组前进 1 匝后，匝间所受电压值显然受来波陡度影响。来波越陡，则匝间绝缘所受电压就越高。研究结果表明，为使一般电机的匝间绝缘不致损坏，必须将来波陡度限制在 $5kV/\mu s$ 以下。此外，当三相来波到达不接地的电机中性点时，相当于来到电路的末端，电压可提高 1 倍。所以，应当在不直接接地的电机中性点加装相电压的磁吹或普通阀型避雷器保护。

各种电机的容量或重要性差别很大，在设计电机防雷保护时，应根据不同容量或重要性及当地雷电活动情况，因地制宜地处理。例如，大型发电机一旦被雷击毁，会对国民经济产生很大影响，在备用电源紧张时尤其如此，而且雷击短路时如将定子铁芯烧毁，修复起来就比较困难，所以要求其防雷保护特别可靠。又如大型轧钢机的电动机等，一旦受雷击也会造成很大损失，所以其防雷保护也应相当可靠。但普通车间的小电动机，其数目很大，每台被雷击坏后的损失并不太大，所以要特别考虑防雷方案的经济性。

1. 直配电机的防雷保护元件

直配电机的防雷保护元件主要有避雷器、电容器、电抗器和电缆段。

　　由于电机绝缘水平很低，出厂时的冲击耐压仅稍高于相应电压等级的 FCD 型磁吹避雷器（简称 FCD）的 3kA・h 的残压值。所以，一般不用普通阀型避雷器来保护电机，而是用 FCD。此外，还需大大降低来波陡度，以减小避雷器残压与发电机上电压的压差，同时要设法限制流过 FCD 的雷电流不超过 3kA。

　　因为直配线路电压不高（3～10kV），线路绝缘水平低，所以即使架设避雷线，其耐雷水平也很低，因之一般不像变电站那样用进线段的办法靠电晕使波变形来降低来波陡度。考虑到 3～10kV 电容器比较便宜，通常在 FCD 上并联一电容器来降低母线上冲击波陡度。电容器的存在使母线上冲击电压上升速度变慢了。其物理意义为：电容器上的电压不能突变，这就限制了电压上升速度。

　　电压上升速度变慢有四大好处：

　　（1）减低了电机上电压与 FCD 上电压的压差 ΔU。

　　（2）减低了电机匝间绝缘所受冲击电压。为保证匝间绝缘安全，需使电压上升速度在 $5kV/\mu s/$ 以下。

　　（3）减低了中性点上过电压值。当三相来波为直角波时，会在不接地的中性点上出现两倍于来波幅值的电压。但如果来波陡度很小，当来波幅值未到达以前，波已在电机绕组的首端和末端发生多少次来回反射，同时考虑到波的衰减，那么中性点上的电压就不会升高到很大了。实验结果表明，当电压上升速度不超过 $2kV/\mu s$ 时，电机的不接地的中性点上电压基本上等于来波电压。

　　（4）降低了感应过电压。在不用保护电容器时，木杆线路或钢筋混凝土杆木横担线路雷电感应过电压的实测最大值约为 500kV。以雷电波长 $40\mu s$ 计，它在架空线路上所占据的长度为 $40\times 300 = 12$（km），这 12km 线路每相对地电容为 $12\times 0.004\,5 = 0.054$（$\mu F$）。因此，感应过电压的每相总电荷可估计为 $Q = 500\times 1000\times 0.054\times 10^{-6} = 0.027$（C）。当母线上每相连接电容器后，这个电荷 Q 使母线产生的感应过电压显然为

$$U_g = \frac{Q}{C + 0.054} = 500\times \frac{0.054}{C + 0.054} \tag{9-6}$$

式中　U_g——感应过电压，kV；

　　　　C——电容器容量，μF。

　　如为钢筋混凝土杆铁横担线路，则雷电感应过电压受线路绝缘子放电的作用，先限制到线路的 $U_{50\%}$，于是母线上电容器 C 可使之进一步降低到

$$U_g = U_{50\%}\times \frac{0.054}{C + 0.054} \tag{9-7}$$

　　从式（9-6）及式（9-7）可见，适当选择 C 值，可使 U_g 降低到对电机无害的水平。实际上电机进线段首端总有避雷器或保护间隙，它们使雷电感应过电压受到限制，因此所需的 C 值就更小了。

　　当沿线路来波时，无论从哪一种要求出发，所需保护电容值都在每相 $0.25\mu F$ 以下。所以，实际上与 FCD 并联的电容一般为每相 $0.25\sim 0.5\mu F$。电抗器的作用主要是抬高它前面的冲击电压，从而使避雷器容易放电。电抗器 L 装在架空线与电缆段之间，当沿线路有雷电波袭来时，在起始瞬间由于电感 L 中的电流不能突变，所以 L 好像开路一样。这样，波

到达 L 时将被全部反射，从而抬高电感 L 前端的电压，使避雷器容易放电。

装有 $100\sim300\mu H$ 的电抗器，在母线上装有 $0.25\sim0.2\mu F$ 保护电容的条件下，能对电机防雷起到较好的作用。目前，国内外已经有许多地方采用了这种方法。我国在调查到的用电抗器保护的电机在 494 台·年的运行中，未发生过 1 次雷害事故。因此，用电抗器来保护电机是值得推广的。电抗器可按下列参数选择，取线圈直径 300mm，长度 400mm，匝数 30～50 匝。绕好后，可用电桥校验，其电感在 $100\sim300\mu H$ 即可。

下面讨论一下 100m 电缆段对电机的防雷作用。首先要澄清几个概念：此时电缆段的主要作用既不是靠它的电容较大，也不是靠它的波阻较低（因为其波阻远没有保护电容的"等效波阻"低），更不是靠它对波的衰减作用（因为即使 1km 长的电缆使波幅不过衰减 6％左右）。电缆段必须与首端的 FG 型管型避雷器联合作用，利用雷电流将 FG 击穿后的趋肤效应，才能对电机防雷起到重大作用。当来波使电缆首端的 FG 击穿时，电缆首端的外皮和芯线间就短路了。由于雷电流的等值频率很高，强烈的趋肤效应使雷电流沿电缆外皮向前流，而流过芯线的雷电流就比较小，这样，电机母线所受雷电压就比较小，即使 FCD 动作，流过 FCD 的雷电流也比较小。

试验证明，当电缆段长 53m 时，其末端外皮接地引下线到地网的距离由 18m 增加到 43m 时，母线电压大约上升 1/3。因此，在具体布置时，要求电缆段末端外皮接地引下线到地网的距离尽可能短。分析表明，当电缆段长度为 100m、末端外皮接地引下线到地网的距离为 12m、$R_1=5\Omega$ 时，即使在电缆段首端发生直击雷，且雷电流为 50kA 时，流过母线每相 FCD 的电流不会超过 3kA，即有 100m 电缆段的电机耐雷水平约为 50kA。

但应指出，有来波幅值不足以使首端 FG 放电的情况。此时电缆段未能发挥上述限流作用，而雷电流将全部通过芯线袭向电机母线，可能使流过母线上 FCD 的电流超过 3kA。为使 FG 易于放电，以避免上述情况发生，应在 FG 与电缆段首端之间加一个 $100\sim300\mu H$ 的电抗器，这时 FG 的放电就容易多了。详细的分析表明，在装有电抗器时，即使来波尚不足以使 FG 放电，但由于来波很小，也不会使流过母线上 FCD 的电流超过 3kA。当缺乏电抗器时，将 FG 沿架空线前移 70m 左右成为 FG1，这 70m 架空线的电感约为 $1.6\times70=110$（μH），可以代替电抗器，于是 FG1 就易于放电了。FG1 的接地端应和电缆段首端外皮的接地装置用导线连接，连接线应悬挂在杆塔导线下面 2～3m。采用这种方式虽可使 FG1 易于放电，但放电后，由于 FG1 的接地端首端外皮的连接线上的压降不能全部耦合到导线上去，所以沿导线向芯线和电机母线流去的电流就增大了，遇强雷时可能超过 3kA/相。为防止这一情况，应在电缆段首端再加一组 FG2，当强雷时就会使 FG2 放电，这样电缆段的限流作用就可充分发挥。

最后，应当指出，如用阀型避雷器 FS 代替管型避雷器 FG 或 FG1 和 FG2 时，则当 FS 放电后，电缆芯线与外皮并不等于短接，而是有 FS 的残压作用在电缆芯线与外皮之间，这时电缆段的限流作用将大为降低。由于振荡的关系，电机母线电压有可能比 FS 的残压高，而当 FCD 放电时其电流可能超过 3kA，从而使电机的安全不够可靠。所以，除非不得已时，不要用 FS 去代替电缆段首端的 FG。

2. 直配电机防雷保护接线方式

与架空电力线路直接相连的旋转电机（发电机、调相机、变频机和电动机等）的防雷保护方式，可利用上面所讨论的各元件（避雷器、电容器、电抗器和电缆段等），根据电机的容量或重要性、当地雷电活动强弱和对供电可靠性的要求等决定。

由于上述各防雷元件对电机的保护还不能认为完全可靠，考虑到 60 000kW 以上电机的重要性，所以我国禁止直配这种电机。

对单机容量为 25 000～60 000kW 的直配电机，为使管型避雷器易于放电，其外间隙不可过大，应调整到在预放电时间为 $2\mu s$ 时整个避雷器的冲击放电电压不超过 40（对 3kV 级）、50（对 6kV 级）、60kV（对 10kV 级）。

为充分利用电缆金属外皮的散流作用，以尽量减少电缆段末端接地引下线的雷电流压降，应尽可能将电缆段的铅包或铝皮全长或一段直接埋设在土中。如不能做到时，应将电缆金属外皮多点接于地网（即除两端接地外，再在两端中间 3～5 处接地）。容量较大的电机一般在出线上有限流电抗器以限制工频短路电流，并兼作防雷之用，使 FS 容易放电。

对于单机容量为 6000～25 000kW（不包括 25 000kW）而重要性较上述电机差一些的直配电机，可将上述保护接线稍加简化，即可采用 100m 以上的电缆段，在电缆段前 150m 长的避雷线可取消；但在多雷区，仍以不加简化为宜。

运行经验表明，凡用以上防雷保护接线的电机，在所调查到的 210 台·年中未发生过电机雷击损坏事故，这说明这种保护接线是足够可靠的。

对单机容量为 6000～12000kW 的直配电机，一般在出线上可能不装限流电抗器，避雷线的保护角不大于 30°，它们比以上接线又简化了一些，这是由于考虑到电机的重要性又差一些。

对单机容量为 1500～6000kW（不包括 6000kW）或少雷区的直配电机，其保护可更简单些，此时接线方式可以进一步简化，即不仅可取电缆段长度不小于 100m，同时，由于没有限流电抗器，所以应去掉线路中的限流电抗器以及它前面的 FS。

运行经验表明，用这种简化保护方式，直配电机在 284 台·年中共雷击损坏 6 台，即雷击损坏率 2.1 次/（百台·年）或每台电机平均约 48 年雷击损坏一次，可见电机还是相当安全的。还应指出，这 6 台直配电机换环事故全为电缆头首端装的是 FS 的情况，这和上面理论分析关于电缆头首端用 FS 代替 FG 将使电缆段的限流作用大为减低的结论是完全一致的。

对单机容量更小的，如 300～1500kW 的直配电机来说，可视具体情况选用保护接线。这些保护都比前述各种保护更简单一些。

在以上所述各种保护接线中，FCD 一般可装在电机出线处。如一组母线上的电机（容量 25000kW 以下）不超过 2 台，或 FCD 到电机的距离不超过 50m，也可将 FCD 装在母线上。如直配电机中性点可以引出且未直接接地时，应在中性点上装设一只阀型避雷器，其额定电压应不低于最大运行相电压，保护电容器电容一般取 0.25～0.5μF/相。对于中性点不能引出的电机，为保护中性点的绝缘，考虑到当进线段首端直接雷击（50kA）的严重情况，应加大保护电容器电容到 1.5～2μF/相。

对单机容量为 300kW 及以下的电机，更可进一步简化其保护接线。为经济起见，此时母线避雷器可采用普通阀型的，而保护电容器电容应取为 0.5～1μF/相。如电机容量小，也可根据具体情况，只在车间进线处装设一组避雷器，并在车间进线前一电杆处加装保护间隙。后者由主、辅两间隙串联组成。辅间隙的作用是为了防止外物万一将主间隙短路造成事故。

应当指出，按照以上各种标准保护接线进行直配电机防雷保护是很重要的。大中型发电机的运行经验表明，当保护未能达到以上要求时（例如缺保护电容器或缺管型避雷器），则雷害事故率就达 6.25 次/（百台·年）之多。而且在所调查到的全部直配电机雷害事故，都是用 FS 代替 FG 的情况，所以除特殊要求的接线方式外，应尽可能不用或少用 FS 代替 FG，以充分发挥电缆段的保护作用。还需指出，在保护虽稍不完全，但只要有电抗器时，在调查到的 494 台·年中从未发生过直配电机雷击事故。所以，应推广用电抗器保护直配电机。

对于母线通廊防雷问题，为了布线的需要，有时要将 3～10kV 母线用架空通廊的方式送电几百米甚至一千多米。为了使通廊有很高的耐雷水平（大于 150kA），从而使电机能安全运行，母线通廊应满足以下几点要求：

（1）通廊全长应有 8 条（上面 3 条，下面 3 条，左右各 1 条）以上纵向连通的接地导体，作为承受直击雷、屏蔽感应雷并加强雷电分流的措施。

（2）两端各 150m 长的通廊应受独立避雷针的保护。

（3）通廊每个支架的接地电阻 R 与两个支架之间的距离应满足 $R \leqslant 240\Omega \cdot m$。

（4）通廊的绝缘水平为 15kV 级。

（5）通廊的两端加 FZ 型避雷器。

3. 经变压器送电的电机防雷保护

如果说，凡用上述各种有电抗器的接线保护的直配电机，在所调查到的 494 台·年中没有发生过 1 次电机雷害事故，同时凡用有 100m 和以上电缆段首端加管型避雷器的接线保护者，在所调查到的 284 台·年中也没有发生过 1 次电机雷害事故，那么，经变压器送电的电机却没有这样好的防雷效果。

变压器总是有漏感的，变压器对电机防雷的作用反而不如一台电抗器的原因有：

（1）要电抗器充分发挥防雷作用，必须在它后面有电缆段或保护电容器。现在变压器后面一般没有保护电容器，也常常没有电缆段，所以，变压器漏感的保护作用就不大了。还应指出，试验证明，变压器在高频时的漏感可能只有工频时漏感的 1/4（因而，大容量变压器在冲击波作用下的漏感并不很大）。

（2）冲击波由变压器的高压绕组传递到低压绕组，当电机的断路器开路时，静电分量可将电机母线绝缘打坏；而当电机的断路器闭合时，电磁分量也有可能将电机绝缘击穿。

总地说来，变压器变比为 110～220/10.5～15.75kV 时的过电压要比变化为 35～60/3.15～10.5kV 时的低一些，所以电机损坏的可能性要少些。如果此时在电机侧装设 FCD，其作用是：

（1）限制来波的静电感应分量。

（2）限制当电机侧带一相接地故障运行时来波的电磁感应分量。

运行经验证明，在变压器后面电机侧装以 FCD 型磁吹避雷器对电机是有保护作用的。综合以上情况，在多雷区，经升压变压器送电的特别重要的发电机，在其出线上宜装设 1 组磁吹避雷器。如与该避雷器并联 1 组保护电容器（$C = 0.25～0.5\mu F$）并在电机与升压变压器间有较长（大于 50m）的架空母线桥或软母线连线时，除应有直击雷保护外，还应防止雷击附近避雷针时产生的感应过电压。此时应在电机出线上每相加装 $C \geqslant 0.15\mu F$ 的电容器或磁吹避雷器。电机中性点上若装设相电压避雷器，则对限制感应过电压也有一定作用。

第三节　防雷设备和电气接地装置的安装

一、接地装置的敷设要求

（1）为减少相邻接地体的屏蔽作用，垂直接地体的间距不宜小于其长度的 2 倍，水平接地体的间距不宜小于 5m。

（2）接地体与建筑物的距离不宜小于 1.5m。

（3）围绕屋外配电装置、屋内配电装置、主控制楼、主厂房及其他需要装设接地网的建筑物，敷设环形接地网。这些接地网之间的相互连接不应少于两根干线。对大接地电流系统的发电厂和变电站，各主要分接地网之间宜多根连接。

为了确保接地的可靠性，接地干线至少应在两点与地网相连接。自然接地体至少应在两点与接地干线相连接。

（4）接地线沿建筑物墙壁水平敷设时，离地面宜保持 250～300mm 的距离。接地线与建筑物墙壁间应有 10～15mm 的间隙。

（5）接地线应防止发生机械损伤和化学腐蚀。与公路、铁道或化学管道等交叉的地方，以及其他有可能发生机械损伤的地方，对接地线应采取保护措施。

在接地线引进建筑物的入口处，应设标志。

（6）接地线的连接需注意以下几点：

1）接地线连接处应焊接。如采用搭接焊，其搭接长度必须为扁钢宽度的 2 倍或圆钢直径的 6 倍。

在潮湿的和有腐蚀性蒸气或气体的房间内，接地装置的所有连接处应焊接。该连接处如不宜焊接，可用螺栓连接，但应采取可靠的防锈措施。

2）直接接地或经消弧线圈接地的主变压器、发电机的中性点与接地体或接地干线连接，应采用单独的接地线。其截面及连接宜适当加强。

3）电气设备每个接地部分应以单独的接地线与接地干线相连接。严禁在一个接地线中串接几个需要接地的部分。

（7）接地网中均压带的间距 D 应考虑设备布置的间隔尺寸，尽量减少埋设接地网的土建工程量及节省钢材，视接地网面积的大小，一般可取 5、10m。对 330kV 及 500kV 大型接地网，也可采用间距 $D=20$m。但对经常需巡视操作的地方和全封闭电器则可局部加密（如取 $D=2\sim3$m）。

二、接地装置的安装

接地装置的安装分为接地体的安装和接地线的安装。接地体的安装又分自然接地体的利用和人工接地体的装设。

（一）接地体的安装

1. 自然接地体的利用

在设计和安装接地装置时，首先应充分利用自然接地体，以节约投资、节约钢材。自然接地体是用于其他目的，但与土壤保持紧密接触的金属导体。如果实地测量所利用的自然接地体电阻已能满足要求，而且这些自然接地体又满足热稳定条件，就不必再装设人工接地装置，否则应装设人工接地装置。对于大接地电流系统的发电厂和变电站则不论自然接地体的情况如何，仍应装设人工接地体。自然接地体至少应由两根导体在不同地点与接地网相连（线路杆塔除外）。

用来作为自然接地体的有上下水的金属管道，与大地有可靠连接的建筑物和构筑物的金属结构，敷设于地下其数量不少于两根的电缆金属外皮及敷设于地下的非可燃可爆的各种金属管道，非绝缘的架空地线等；对于变配电站来说，可利用其建筑物钢筋混凝土基础作为自然接地体。

利用自然接地体时，一定要保证良好的电气连接，在建筑物结构的结合处，除已焊接者外，凡用螺栓连接或其他连接的，都要采用跨接焊接，而且跨接线不得小于规定值。

2. 人工接地体的装设

用来作为人工接地体的一般有钢管、角钢、扁钢和圆钢等钢材。如在有化学腐蚀性的土壤中，则应采用镀锌的上述几种钢材或铜质的接地体。人工接地体有垂直埋设和水平埋设两种基本结构型式，接地体宜垂直埋设，多岩石地区接地体可水平埋设。

(1) 垂直接地体。在普通沙土壤地区（土壤电阻率 $\rho=3\times10^4\Omega\cdot m$），因地电位分布衰减较快，可以采用以棒形垂直接地体为主的棒带接地装置。垂直接地体常采用的规格有：直径为 48~60mm 的钢管，管壁厚度不小于 3.5mm，或直径为 19~25mm 的圆棒，垂直接地体长度为 2~3m。

接地体的布置根据安全、技术要求，因地制宜安排，可以组成环形、放射形或单排布置。为了减小接地体相互间的散流屏蔽作用，相邻垂直接地体之间的距离不应小于 2.5~3m，垂直接地体的顶部采用扁钢或圆钢相连，上端距地面不小于 0.6m，通常取 0.6~0.8m。常用的几种垂直接地体布置形式如图 9-7 所示。

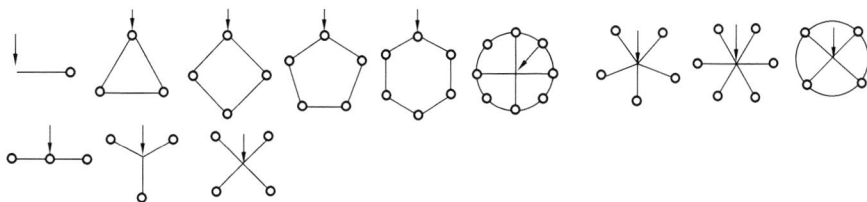

图 9-7　常用的几种垂直接地体的布置形式

(2) 水平接地体。多岩石地区和土壤电阻率较高（$3\times10^4\Omega\cdot m\leqslant\rho\leqslant5\times10^4\Omega\cdot m$）的地区，因地电位分布衰减较慢，接地体宜采用水平接地体为主的棒带接地装置。水平接地体通常采用扁钢或直径为 $\phi12mm\sim\phi16mm$ 的圆钢组成，可以组成放射形、环形或成排布置。水平接地体应埋设于冻土层以下，一般深度为 0.6~1m。扁钢水平接地体应立面竖放，这样有利于减少流散电阻。常用的几种水平接地体布置形式，如图 9-8 所示。

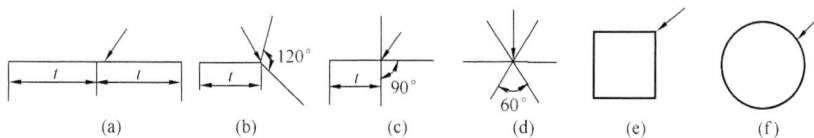

图 9-8　常用的几种水平接地体的布置形式
(a) 一字形；(b) Y形；(c) 十字形；(d) ＊形；(e) 口字形；(f) O形

（二）接地线的安装

1. 自然接地线的利用

接地线是接地装置的另一组成部分。在设计接地线中为了节约有色金属、减少施工费用，应尽量选择自然导体作为接地线，但要求它具有良好的电气连接。只有当自然导体在运行中电气连续性不可靠或有发生危险的可能，以及阻抗较大不能满足接地要求时，才考虑采用人工接地线或增设辅助接地线。在选择人工接地线时，除了其电阻值要达到设计要求外，还应检验其热稳定及机械强度。

用来作为自然接地线的有：①数量为两根的电缆的金属外皮；若只有一根，则应敷设辅助接地线。②各种金属构件、金属管道、钢筋混凝土等，其全长应为完好电气通路。若金属构件、金属管道串联后作接地线时，应在其串接部位焊接金属跨接线。

2. 人工接地线的安装

为了连接可靠并有一定的机械强度，人工接地线一般采用钢质扁钢或圆钢，只有当采用钢质线施工安装困难时，或对移动式电气设备和三相四线制照明电缆的接地线，才可采用有色金属作人工接地线，但铝线不能作为埋设在地下的接地线。

为了防止机械损坏及锈蚀，接地线必须要有足够大的尺寸。对于 1000V 以上的系统，一般要根据单相短路电流校验其热稳定。对于 1000V 以下中性点不接地系统，其接地干线的截面，根据载流量来说，不应小于相线中最大容许负荷的 50%；对单独用电设备的接地线，则不应小于其分支供电线路容许负荷的 1/3；在任何情况下，钢质接地线的截面不大于 100mm^2，铝质接地线则为 35mm^2，铜质接地线则为 25mm^2。接地线应该敷设在易于检查的地方，并须有防止机械损伤及防止化学作用的保护措施。从接地体或从接地体连接干线引出的接地干线应明设，并涂漆标明，一般涂上紫色；穿越楼板或墙壁时，应穿管保护；接地干线要支持牢固；若采用多股导线连接时，要采用接线耳。从接地干线敷设到用电设备的接地支线的距离愈短愈好。

接地线相互之间及接地体之间的连接应采用焊接，焊接时应牢固无虚焊。

接地线与电气设备的连接可采用焊接或用螺栓连接。接至电气设备上的接地线，应用镀锌螺栓连接；有色金属接地线不能采用焊接时，可用螺栓连接。

接地线与接地体之间的连接应采用焊接或压接，连接应牢固可靠。

电气装置中的每一个接地元件，应采用单独的接地线与接地体或接地干线相连接。几个接地元件不可串联连接在一个接地线中。

三、避雷针（线）的安装

避雷针的安装可分为两种，一种是独立避雷针，另一种是安装在高耸建筑物或构筑物上的避雷针。

（一）独立避雷针的制作及安装

1. 制作

独立避雷针常用镀锌圆钢、角钢或钢板分段焊接而成，通常设计应给出如图 9-9 所示结构图。避雷针各段材料规格见表 9-1。

2. 组对

在安装现场清理出宽 5m，长度大于避雷针总高度的一段平地，其中一端位于避雷针的安装基础（基础一般由土建完成）旁，以便整体吊装。

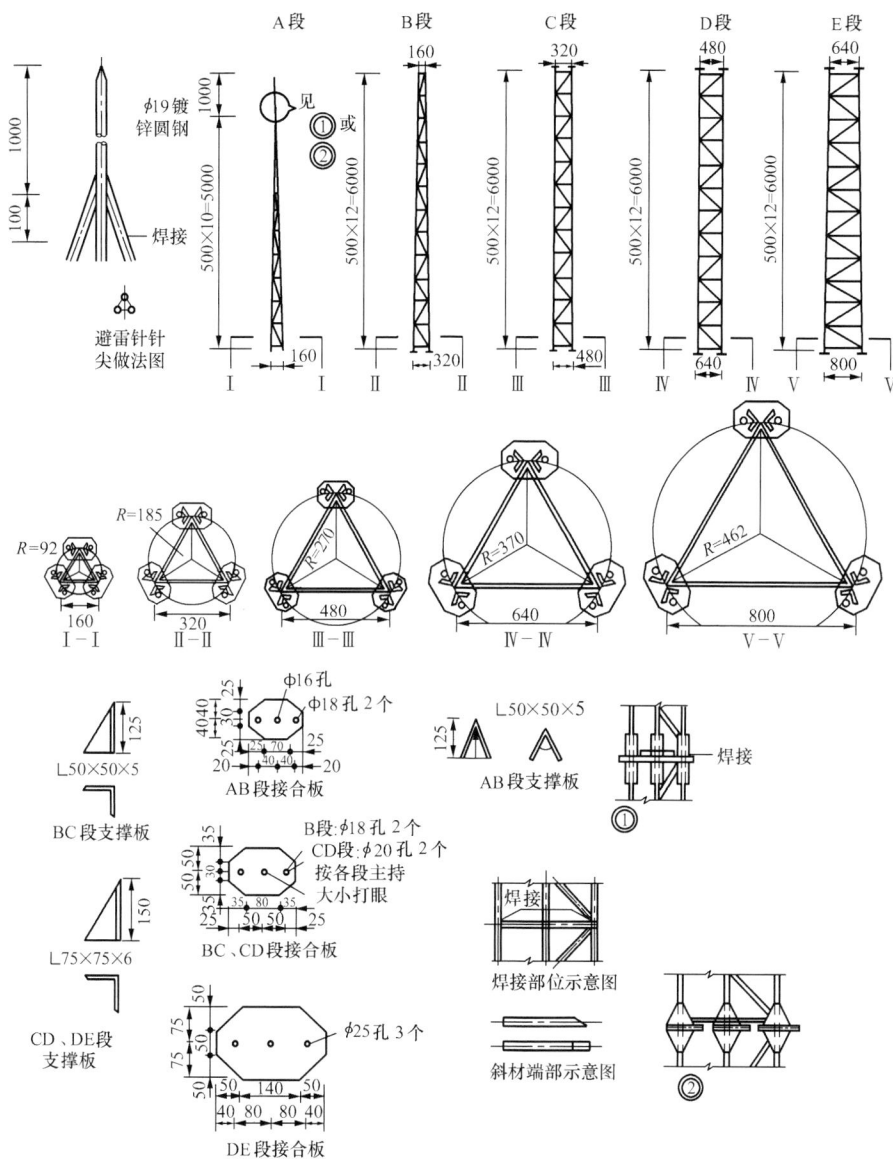

图 9-9　独立避雷针结构图

表 9-1　　　　　　　　　　　　　避雷针各段材料规格

	段别	A 段	B 段	C 段	D 段	E 段
各段材料规格	主材（mm）	$\phi16$ 圆钢	$\phi39$ 圆钢	$\phi22$ 圆钢	$\phi25$ 圆钢	$\phi25$ 圆钢
	横材（mm）	$\phi12$ 圆钢	$\phi16$ 圆钢	$\phi16$ 圆钢	$\phi19$ 圆钢	$\phi19$ 圆钢
	斜材（mm）	$\phi12$ 圆钢	$\phi16$ 圆钢	$\phi16$ 圆钢	$\phi19$ 圆钢	$\phi19$ 圆钢
	接合板厚度	8mm 钢板	12mm 钢板	12mm 钢板	12mm 钢板	12mm 钢板
	支撑板	L50mm×	L50mm×	L50mm×50mm	L75mm×75mm	L75mm×75mm
	螺栓	50mm×5mm	50mm×5mm	×5mm	×6mm	×6mm
		M16mm×70mm	M16mm×75mm	M18mm×75mm	M18mm×75mm	—
	质量（kg）	39	99	134	206	229

将避雷针的各段按顺序在平地上摆好，摆放时应将最下一段的底部靠近基础，然后将各段组对好再用螺栓连接，并在螺栓连接处的上段与下段之间用 $\phi12mm$ 的镀锌圆钢焊接跨接线。有时为了连接可靠，可用电焊将螺母点焊死。

在最下一段距基础 1m 处焊接两个 M16mm 的镀锌螺栓，间隔 100mm，作为与接地体连接的紧固点。

3. 检查与补漆

组对好的避雷针，应进行检查和补漆。避雷针的散件通常采用镀锌铁件，有时也可采用涂防锈漆或银粉漆的铁件。

（1）采用镀锌铁件的避雷针，组装好后应在焊接处及锌皮脱落处补漆。焊接处应先涂沥青漆，风干后再涂银粉漆，涂刷前应将焊碴清除掉。脱锌皮处应先用砂布将污迹清除干净，然后涂银粉漆。

（2）采用铁件焊接的避雷针，应先将触点的焊碴清除干净，然后用金属刷、砂布除锈，并用破布将污物擦干净，然后涂防锈漆 1 遍，银粉漆 1 遍。

4. 吊装

独立避雷针下大上小，重心低，重量不大，宜于吊装。一般使用汽车吊或人字抱杆吊装。

5. 埋设接地体

（1）在距避雷针基础处大于 3m 的地方挖一个深 0.8m、宽度适中（人能操作即可）的圆形地沟，地沟的圆弧半径不小于 1m。

（2）将 $\phi30mm \times 3000mm$ 的圆钢镀锌地极棒（也可用 L50mm×50mm 的镀锌角钢或 $\phi32mm$ 的镀锌钢管作为地极棒）垂直打入沟内，沟底上留 100mm，间隔可按总根数计算，一般为 5m。如打入过程中遇到障碍物（如大石块），应另换一个地方再打，间隔也适当调整。

（3）将所有地极棒打入沟内以后分别测量它们的接地电阻，然后计算并联总电阻，总电阻应不超过 10Ω；如果大于 10Ω，则应增加地极棒，直到符合要求为止。

6. 接地电阻的测量

测量接地电阻时应注意如下事项：

（1）测量时必须断开接地引线和接地体或接地干线的连接。

（2）电流极、电压极的布置方向应与线路方向或地下金属管道方向垂直。

（3）雨雪天后或气候恶劣天气应停止测量，防雷接地宜在春季最干燥时测量，工作接地、保护接地宜在春季最干燥时或冬季冰冻最严重时测量，否则，应将测量结果乘以季节调整系数。调整系数见表 9-2 和表 9-3。

表 9-2　　　　　　　　　　　　土壤的季节调节系数（按土壤类别）

土壤类别	深　度（m）	ϕ_1（mm）	ϕ_2（mm）	ϕ_3（mm）
黏土	0.5~0.8	3	2	1.5
	0.8~3	2	1.5	1.4
陶土	0~2	2.4	1.4	1.2
砂砾盖于陶土	0~2	1.8	1.2	1.1
园地	0~2	—	1.3	1.2

土壤类别	深　度（m）	ϕ_1（mm）	ϕ_2（mm）	ϕ_3（mm）
黄沙	0~2	2.4	1.6	1.2
混有黄沙的砂砾	0~2	1.5	1.3	1.2
泥灰	0~2	1.4	1.1	1.0
石灰石	0~2	2.5	1.5	1.2

注　ϕ_1—测量前下过较长时间的雨，土壤很潮湿时适用；ϕ_2—测量时土壤较潮湿，具有中等含水量时适用；ϕ_3—测量时土壤干燥或测量前降雨量不大时适用。

表 9-3　　　　　　　　　　　　土壤的季节调整系数（按月份区分）

月　　份	1	2	3	4	5	6
调整系数	1.05	1.05	1	1.60	1.90	2.00
月　　份	7	8	9	10	11	12
调整系数	2.20	2.55	1.60	1.55	1.50	1.35

注　此表是按月份区分的接地电阻的季节调整系数，不考虑土壤类别主要是按土壤的潮湿程度来衡量的，最干燥的月份是 3 月份，最潮湿的月份是 8 月份，通常宜在 3 月份测量接地电阻。

7. 复测接地电阻

符合要求后，将接地引线与避雷针的接地螺栓可靠连接。各项工作检查无误后，即可回填土，回填要求同前。

（二）高耸独立建筑物或构筑物上避雷针的安装

高耸独立建筑物或构筑物主要指水塔、烟囱、高层建筑物、化工反应塔、桥头堡等高出周围建筑物或构筑物的物体。

高耸独立建筑物的避雷针通常是将避雷针（$\phi25mm$~$\phi30mm$，顶部锻尖 70mm，全长 1500~2000mm 镀锌圆钢）固定在物体的顶部，然后焊接引下线，并与接地体连接。引下线一种是用混凝土内的主筋（不少于 2 根）或构筑物的钢架本身，另一种是在物体的外部敷设 $\phi12mm$~$\phi16mm$ 的镀锌圆钢。敷设方法是用电焊点焊在预理角钢上，角钢出墙壁不大于 150mm，引线必须垂直引下，在距地 2m 处应套竹管或钢管保护，竹管或钢管应刷黑白相间的油漆，间隔各 100mm。金属构架可用其本身作为引下线，上部的避雷针及下部的接地体的安装方法与独立避雷针的安装方法相同。接地电阻的要求与独立避雷针的要求相同。底面积较大且为钢筋混凝土框架结构的高大建筑物或构筑物，在其基础施工前，应在基础坑内将数条接地极棒打入坑内，间距不小于 5m，并用镀锌接地母线连接形成一个接地网。基础施工时，再将主筋（每柱至少 2 根）与接地网焊接，一直引至顶层。

避雷带是在建筑物顶部用镀锌圆钢（或扁钢）沿四周作成的闭合接地防雷系统，一般和避雷针及顶部避雷网连接，然后可靠接地，常用于高耸建筑物的顶部，用支持卡子支持。

均压环是在建筑物腰部用镀锌圆钢（或扁钢）沿四周并和建筑物作成一体的闭合接地防雷系统。均压环一般与避雷针或避雷带的接地引线可靠连接（通常指建筑物柱体的主钢筋），常用于高层建筑。通常是在距地 30m 处设第一环，然后每隔 12m 设一环，直到顶部。

避雷带、避雷针和均压环是高耸建筑物常用的避雷形式，它们通常又结合在一起使用。

（三）避雷线的安装

避雷线常用在架空线路中，作为线路预防雷击的主要措施，安装方法详见第六章。

四、避雷网（带）的安装

避雷网的安装应先配合土建施工预埋铁件，之后再进行其他各项工作。

（一）预埋铁件的检查和验收

避雷网的接地引线一般采用钢筋混凝土主筋或外墙敷设引线的方式，采用第一种方式时，必须焊接可靠，采用第二种方式时，应在墙上预埋铁件。

1. 采用钢筋混凝土主筋敷设的检查验收

（1）内筋作为引下线时，其上、下端应有引下线焊接的 T 形铁，铁件的平面应露出抹灰面或外装饰面，上端 T 形铁距顶面 400～500mm，下端距地平面 800～1200mm。

（2）检查钢筋的隐蔽工程及焊接记录，并测量上、下 T 形铁间的电阻。对于高层建筑，在测量时应减去测量仪器探测线的电阻，因为这段导线较长，电阻很大，测量结果应与钢筋换算后的电阻相符，一般不得超过 5％（可根据高度、截面、及钢的电阻率计算）。对于层数较少的建筑物，可用万用表直接测量。

2. 外墙敷设引线预埋件的检查

预埋件一般用 φ12mm 镀锌圆钢，埋入深度 150mm，外露 150mm，间隔 1.5m，且在一条直线上，同时与地面垂直。

3. 屋顶预埋件的检查

顶部外沿预埋的支持卡子或圆钢应为镀锌件，间隔小于或等于 0.6～0.8mm，距屋顶边缘不大于 100mm，且同一面的预埋件应成为一条直线。

（二）避雷网线的安装

（1）避雷网线一般都采用 φ12mm～φ25mm 镀锌圆钢，在运往屋顶前应用拉伸机进行伸直处理，每根的长度宜为屋顶的边长。

（2）屋顶外沿埋设支持圆钢，则将避雷线与其焊接，焊接时应左右两侧全焊，然后涂沥青漆防腐。

（3）屋顶避雷网格一般用混凝土支座架设，与避雷线的固定同上。网格的面积一般不大于 10m×10m，网格可用 φ8mm～φ12mm 的镀锌圆钢，其端部与外沿避雷网线焊接。层顶所有凸起的金属物应与避雷网格线焊接，凸起的小建筑物（如烟囱）应在其位置上竖起 φ12mm～φ14mm 的镀锌圆钢和网格线焊接。

（4）屋顶有避雷针时安装方法同前，避雷针应和避雷网格可靠焊接，也可直接与引下线焊接。

（三）避雷引线的安装

（1）采用柱子内筋作引线时，在屋顶预埋件上用 φ12mm～φ14mm 镀锌圆钢和屋顶外沿避雷线焊接，焊接长度不小于 200mm，然后将其折弯（圆弧状），沿外沿轮廓下伸至柱子上部预埋 T 形铁件处，进行焊接，折弯时与建筑物的距离应不小于 150mm。

柱子下端在预埋铁上焊一根 5mm×200mm 的镀锌扁钢，上开 φ12mm～φ14mm 圆孔 2 个，准备和接地体连接。焊接长度不小于 100mm。

（2）沿墙外敷引线的安装。将放开伸直的 φ12mm～φ14mm 的镀锌圆钢，由下拉至屋顶，上端与外沿避雷线焊接，用上述同样方法将其折弯引至顶上与预埋圆钢支架电焊牢固。

然后将其伸至从上往下与每个预埋圆钢点焊，直至距地 1.4m 处，在引线下端焊接一根 5mm×200mm 的镀锌扁钢，开两个 $\phi12mm\sim\phi14mm$ 的孔。焊接长度不小于 100mm。

（四）避雷带的安装

高层建筑中的避雷带，在配合土建时，必须与作为接地引线的柱内主筋可靠焊接，并将避雷带用 50mm 扁钢引出，以便外墙上的金属装饰物与此连接。

（五）接地体的安装

接地体的安装同前，由接地干线引来的接地引线应焊接与上述对应相同的镀锌扁钢，然后用 M12～M14 的镀锌螺栓与接地引下线的镀锌扁钢可靠连接，不应直接焊接。连接前应复测一次接地电阻。然后在距地面 2000mm 段用竹管或角钢保护，并刷漆。

五、电气设备的接地安装

（1）变压器的接地。电力变压器有两个接地，一个是变压器外壳的保护接地，另一个是中性点（零线端子）的工作接地。保护接地应直接与接地体连接，工作接地应将连接线（一般采用铝母带）从地沟引入低压柜并与零母线连接，同时将其与电缆沟内的接地引线可靠连接。

（2）电动机的接地。低压小型电机的接地螺栓一般在接线盒内，将接地线与电动机线同时引入接线盒，或者利用管路作为接地引线，利用管口的螺栓再将接地线引入接线盒内。

高压或大中型电动机的接地螺栓一般在外壳的底座上，接地方法同变压器。

（3）电器金属外壳接地线引入同低压小型电动机。

（4）金属构架的接地是直接与接地干线连接或焊接。

（5）室内接地干线的敷设。大中型工业厂房、变配电室或设备较多的房间内，常将接地线沿墙明设，有需要接地的设备便直接与地线连接，而干线可在适当的位置和地极相连，有的地极便敷设于室内。

接地点的连接必须焊接或螺栓连接，焊缝（点）要求牢固、饱满，螺栓连接接触面要接触良好，任何时候不得用绑扎方法连接，杜绝接触不良。

六、接地体（线）的安装

（一）接地体的安装

常用的接地体有角钢接地体与管形接地体两种。在一般土壤中采用角钢接地体，在坚实土壤中采用管形接地体。

角钢接地体一般为 40mm×40mm×4mm 或 50mm×50mm×5mm 角钢，长 2.5m，端部削尖，以便打入土中。接地体的顶部采用 40mm×4mm 扁钢相连。

管形接地体一般采用 $\phi50mm\times2.5m$ 的钢管。

对于特别坚实的土壤，接地体还要加装管针。管针打入地下后不能再取出，因此管针的数目应和接地体的数目一致。

如果接地体安装在有腐蚀性的土壤中，所用材料应为镀锌构件。

当埋设接地体时，先挖一地沟，然后将接地体打入地下。接地体上面的端部离开沟底 100～200mm，以便连接接地线。

（二）垂直接地体的制作及安装

1. 制作方法

垂直安装的接地体采用角钢或钢管制作，长度一般为 2～3m，下端应加工成尖形。用角钢时，其尖点应在角钢的钢脊线上，且两个斜边要对称。用钢管时，要单向加工，只保持一个尖点。凡用螺栓连接时，要先钻好螺栓孔。为便于连接，要在接地体上端或垂直面上装设连接板。

2. 安装方法

采用打桩法将接地体打入地下。接地体应与地面垂直，不可歪斜，有效深度不小于 2m；多极接地或接地网的各接地体之间应保持 2.5m 以上的直线距离。

用锤子敲打角钢时，应敲打角钢端面的角脊处，这样锤击力就会顺着脊线直传到其下部尖端，容易打入、打直。若是钢管，则锤击力应集中在尖端的切点位置，否则不但打入困难且不易打直，致使接地体与土壤产生缝隙，增大接触电阻。接地体打入地下后，应在四周用土壤回填、夯实，以减小接触电阻。若接地体与接地线在地面下连接，则应先将接地体与接地线用电焊焊接后再回填、夯实。

对于直流接地装置，能与地构成闭合回路且经常流过电流的接地线，应沿绝缘垫板敷设，不得与金属管道、建筑物和设备构件有金属的连接；经常流过电流的接地线和接地体，除应符合载流量热稳定的要求外，其地下部分的最小规格不应小于：圆钢直径 10mm，扁钢和角钢厚度 6mm，钢管管壁厚度 4.5mm。

接地装置应尽量避免敷设在土壤中含有在电解时排出活性作用物质或各种溶液的地方，必要时可采用外引式接地装置，否则应采取改良土壤的措施。

（三）接地线的施工安装

在一般情况下采用扁钢或圆钢作为人工接地线。接地线应该敷设在易于检查的地方，并须有防止机械损伤及防止化学作用的保护措施。从接地干线敷设到用电设备的接地支线的距离越短越好。当接地线与电缆或其他电线交叉时，其间距至少要维持 25mm。在接地线与管道、铁道等交叉的地方，以及在接地线可能受到机械损伤的地方，接地线上应加保护装置，一般采用加装套管的方法。当接地线跨过有振动的地方时，接地线应略加弯曲，以便在振动时有伸缩的余地，免于断裂。

1. 接地线支架的安装

应根据下列要求的距离安装接地线支架：

（1）当接地线直线敷设时，支架间的距离应为 500～1000mm。

（2）当接地线转弯敷设时，在离转角处 100mm 以内的地方应设有支架。

（3）在引出接地支线处 100mm 范围以内的地方应设有支架。

（4）当接地线在电缆沟中敷设时，支架离开电缆沟盖板下面的距离不小于 50mm。

（5）接地线的支架离开地面的距离应为 400～600mm 范围。

接地线沿墙、柱、天花板等敷设时，应有一定距离，以便维护、观察，同时避免因距离建筑物太近、容易接触水汽而造成锈蚀现象。在潮湿及有腐蚀性的建筑物内，接地线离开建筑物的距离至少为 10mm，在其他建筑物内则至少为 5mm。

当接地线穿过墙壁时，可先在墙上预留孔洞或设置钢管，钢管伸出墙壁至少 10mm。接地线放入墙洞或钢管内后，在洞内或管内先填充黄沙，然后在两端用沥青或沥青棉纱封口。当接地线穿过楼板时，也必须装设钢管。钢管离开楼板上面至少 30mm，离开楼板下面至少 10mm。

当接地线跨过伸缩缝时，应采用补偿措施。通常采用的补偿措施有两种：一种方法是将接地线在伸缩缝处略为弯曲，以补偿受到伸缩时的影响，可避免接地线断裂；另一种方法是采用挠性连接线，该连接线的电导不得小于接地线的电导。

当接地线跨过门时，必须将接地线埋入门口的混凝土地坪内。

接地线连接时一般采用对焊。采用扁钢在室外或土壤中敷设时，焊缝长度为扁钢宽度的2倍，在室内明敷焊接时，焊缝长度可等于扁钢宽度；当采用圆钢焊接时，焊缝长度应为圆钢直径的6倍。

接地线与电气设备连接的方法可采用焊接或用螺栓连接。采用螺栓连接时，接地线与电气设备间用螺栓连接好后，连接的地方要用钢丝刷刷光并涂以中性凡士林油，在接地线的连接端最好镀锡以免氧化，然后再在连接处涂上一层防锈漆。

2. 接地线的安装工艺

（1）接地干线与接地体的连接，尽可能采用电焊焊接，连接处要加镶块以增加焊接面积。无条件时也允许用螺钉压接，但接触面须经镀锌或镀锡处理，并采用12mm或14mm的镀锌螺钉。安装时接触面应保持平整、严密，不可有隙缝，螺钉要拧紧，在振动场所，螺钉上要加弹簧垫圈。连接处应设置在便于检查和维修的地方，如果埋入地下，应在地面上做好标记。

（2）接地网各接地体之间的连接。如需提供接地线，就要安装在沟中，沟上应覆有沟盖，且要与地面平齐。若接地体连接干线采用扁钢宽面垂直安装时，应预先钻好接线用的通孔并在连接处镀锡。如不需提供接地线，则应埋入地中600mm左右，并在地面标明干线走向的连接点位置，以便于检修。埋入地下的连接，尽量采用电焊焊接。

（3）公用配电变压器的接地干线与接地体的连接方法与（1）相同，连接点一般埋入地下100～200mm。在接地干线引出地面2～2.5m的地方应先断开，再用螺钉重新压接，以便于测量接地电阻。

（4）从接地体引出的接地干线应明设，并涂漆标明；穿越楼板或墙壁时，应穿管保护；接地干线要支持牢固；若采用多股导线连接时，要采用接线耳。

（5）接地支线的安装。

1）每台设备的接地点必须用一根接地支线与接地干线相连接；不允许用一根接地支线把几台设备串接起来，也不允许将几根接地支线并接在接地干线的一个连接点上。

2）户内接地支线要采用多股绝缘绞线，户外常采用多股绞线；明敷的接地线在穿越墙壁或楼板时应套入管内保护；接地支线与接地干线及设备连接点的连接，一般采用螺钉压接，接地支线的线头要用接线耳。

3）固定敷设的接地支线需要接长时，连接必须正规。用于移动电动工具的接地支线不允许中间有接头；接地支线的每一个连接处都应置于明显部位，以便于日后检修。

为防止机械损伤，接地线与铁路或公路交叉时，均应穿管或用角钢保护。如穿越铁路，接地线宜向上拱起，以便有伸缩余地，防止断裂。

接地线穿过墙壁时，应敷设在明孔、管道或其他坚固的保护管中。接地线与建筑物伸缩缝交叉时，应弯成弧状或另加补偿装置。

接地线的布置位置应便于检查，并不应妨碍设备的拆卸和检修。

接地线涂色和标志应符合相关国家标准。

4）直流电力回路专用的中性线、接地体、接地引线不得与自然接地体有金属连接；如无绝缘隔离装置时，两者间的相互距离不应小于1m。三相制直流回路的中性线应直接接地。

（6）直流电力网中的接地装置，能与地构成闭合回路且经常流过电流的接地线应沿绝缘垫板敷设，不得与金属管道、建筑物和设备的构件有金属连接，同时，在土壤中含有在电解时能产生腐蚀性物质的地方，不宜敷设接地装置，否则应采取外引式接地装置或改良土壤的措施。

（7）携带式电气设备应用专用的橡胶绝缘软铜电缆（防水线），三相设备用四芯电缆，单相设备用三芯电缆。

（8）由固定电源或移动式发电机组供电的移动式机械，应和这些供电电源的接地装置有金属连接，在中性点不接地的电网，可在移动式机械附近设若干接地体，在设备移动时，至少有一个接地体与设备连接。

七、降低接地电阻的方法

降低接地电阻，主要从选择复式接地装置和降低土壤电阻率这两方面进行。

（一）选择复式接地装置

为了降低接地电阻，往往用多根的单一接地体以金属体并联连接而组成复合接地体或接地体组。由于各单一接地体埋置的距离往往等于单一接地体的长度而远小于40m，此时，电流流入各单一接地体时，将受到相互的限制，而妨碍电流的流散。换句话说，即等于增加各单一接地体的电阻。这种影响电流流散的现象，称为屏蔽作用。由于屏蔽作用，接地体组的接地电阻，并不等于各单一接地体接地电阻的并联值，即总的接地电阻比由单个接地体的接地电阻并联求得的要大，其影响可用接地体的利用系数来表示。此时，接地体组的冲击接地电阻按式（9-8）计算。其中，η_E 为接地体的工频利用系数，它与接地体的形状、单一接地体的根数和位置有关。

工频利用系数 η_E 和冲击利用系数 η_{ch} 之间的关系为 $\eta_E = \eta_{ch}/0.9$（但应小于1或等于1）。则复式接地装置的冲击接地电阻为

$$R_{ch} = \frac{R'_{ch}}{n\eta_{ch}} \tag{9-8}$$

式中　R'_{ch}——单根水平接地体或垂直接地体的冲击接地电阻，Ω；

　　　η_{ch}——冲击利用系数，其值恒小于1，在0.8左右，具体数值列于表9-4中。

表 9-4　　　　　　　　　　各种接地装置的冲击利用系数

接地装置型式	接地体个数	冲击利用系数 η_{ch}	说　明
n 根水平射线（每根长 10～80m）	2	0.83～1.0	较小值用于较短的射线
	3	0.75～0.90	
	4～6	0.65～0.80	
以水平接地带连接的垂直接地体	2	0.80～0.85	较小值用于电极间距离与电极长度的比值为2时，较大值用于比值为3时
	3	0.70～0.80	
	4	0.70～0.75	
	6	0.65～0.70	

如用三根垂直接地体并联组成的复式接地装置，由于采用多个并联支路，加之接地体与土壤的接触面增大，各接地体之间的相互屏蔽作用妨碍了每个接地体向土壤中扩散电流，所

以，它的冲击接地电阻比单根接地体的要小。

（二）降低土壤电阻率

决定接地电阻的主要因素是土壤电阻率。如果在土壤电阻率大的地方埋设接地装置，为了降低接地电阻，可以设法降低土壤的电阻率。常见的降低土壤电阻率的方法有以下几种：

（1）将接地装置附近的高电阻率的土壤置换成低电阻率的土壤。

（2）经常在埋设接地装置的地方浇以盐水。

（3）当上层土壤的电阻率很大（例如干砂），而下层土壤的电阻率又较小时，可以采用深埋接地体的方法。

（4）当遇到土壤的电阻率很大，而附近一定距离内有水源时，可以将接地体延伸到有水源的地方埋设。但应注意"延伸"的长度不宜过长，一般不超过 40m，否则雷电流传来时，将因电感的作用而使接地装置始端电位增高。

（5）如在电力设备附近 1km 以内有电阻率较低的土壤，可敷设引外接地体，以降低厂、站内的接地电阻。经过公路的引外线，埋设深度不应小于 0.8m。

（6）把进变电站线路的地线全部连接起来，电流通过地线散流，对降低接地电阻也是有效的。

（7）对于多年冻土的地区，电阻率极高，可将接地体敷设在溶化地带或溶化地带的水池或水坑中；敷设深钻式接地体，或充分利用井管或其他深埋在地下的金属构件作接地体；在房屋溶化范围内敷设接地装置；除深埋式接地体外，还应敷设深度约 0.5m 伸长接地体，以便在夏季地表层化冻时起散流作用；在接地体周围人工处理土壤，以降低冻结温度和土壤电阻率。

第四节　防雷设备和电气接地装置的试验

一、避雷器的试验

阀型避雷器的试验可分为型式试验、工厂试验和运行试验三大类。

型式试验是用来确定避雷器性能的，它的试验项目比较全面，主要包括下列内容：

（1）决定避雷器放电电压和伏秒特性的工频放电试验和冲击放电试验。

（2）决定避雷器残压和冲击通流容量的冲击电流试验。

（3）决定避雷器工频通流容量的工频通流试验及决定避雷器熄弧性能的续流切断试验。

当避雷器定型后，间隙的切断比和冲击系数及阀片的通流容量等性能不再会有很大的变化。因此，在产品成批生产时，可以不再进行简单易行的工频放电试验。对阀片的通流容量也只进行抽查。抽查时只检查其冲击通流容量，但对出厂的每一个阀片都需作残压测定，以便选配、组装。

在避雷器的运行过程中，为了及时发现其隐患，检查其受潮情况和分流电阻的好坏，除工频放电试验外，还要进行绝缘电阻和泄漏电流的测量。

下面简单介绍避雷器的几种专门试验的方法和设备。

（一）工频放电试验

工频放电试验的主要设备就是工频高压试验变压器和调压器。在变压器的高压输出端串有保护电阻以限制试验品放电时的短路电流。为了保护避雷器的火花间隙不被烧坏，技术条件要求把短路电流的幅值限制在 0.7A 以下，并在放电后的 0.5s 内把电流切断。但保护电阻的数值也不能过大，否则将造成测量误差。

不带分流电阻的避雷器，在间隙未击穿前，泄漏电流是很小的。如果保护电阻的数值不大，可以认为变压器高压侧的电压即是作用于避雷器上的电压。因此，可以近似地根据变压器的变比和低压侧电压表的读数来求避雷器的放电电压。试验时电压宜均匀上升，不要升得太快，以免电压表由于机械惯性作用而得不到正确的读数。上升速度可控制在（10kV 及以下的避雷器）3~5kV/s。升压过快时，测量结果可能有有±15%的误差。

相关规程规定，FS 系列避雷器工频放电电压应在规定的范围内。

带有非线性分流电阻的避雷器，在进行工频放电试验时，必须严格规定升压速度。这是因为分流电阻的热容量不大，在接近放电电压时，如果升压时间拖得太长，就会使分流电阻发热损坏。因此，技术条件中规定，超过灭弧电压以后至避雷器放电的升压时间，不能大于 0.2s，为此，在制造厂常用冲击励磁的发电机及试验变压器供电的方法来达到这一要求。

带有非线性分流电阻的避雷器的泄漏电流较大，将在保护电阻上形成较大的压降，因此用低压表的读数来求避雷器的放电电压时误差很大。最好在高压端直接测量，例如用分压器进行测量，或直接用静电电压表测量。

（二）阀片的工频通流容量试验

当避雷器受到雷电波侵袭而动作后，就会有工频续流通过阀片，故应做工频半波通流容量试验。技术条件规定，避雷器的阀片应能承受 20 次工频半波试验（两次试验时间的间隔为 40~60s）的冲击而不损坏。普通避雷器的工频半波的幅值应达到 50A 或 80A，磁吹避雷器则应达到 300A。因此，进行此项试验时，需要有大的工频电流发生装置。下面介绍两种试验方法。

1. 用电力变压器产生工频半波

试验装置的开关是放在油槽内的一对触头，其中动触头装在一根转动的绝缘杆上，由同步电动机带动。预先调整好，使触头每隔 40~60s 接触一次，且接触的时间正好是 0.01s，从电压过零时接通，到 0.01s 后又过零时切断，如此重复进行。

这种方法因为需要专用的电力变压器，所以目前应用并不广泛。

2. 用振荡回路得到工频半波

当电容充电并经电感放电时，如果回路的 $R<2\sqrt{\dfrac{L}{C}}$，则放电电流将是衰减的振荡。如果选择合适的 L 和 C 值，就可使这一振荡的频率接近工频，振荡回路就是利用这一原理来获得大的工频电流的。被试阀片串联在振荡回路中，试验时先将电容 C 充电到一定的数值，关合开关，即有工频电流流经阀片。振荡回路的放电电流是衰减的正弦波，但进行工频通流容量试验时，只允许有工频半波流经阀片，故应设法将半波以后的电流全部切断或旁路掉。实际生产中通常采用串入熄弧能力很强的磁吹间隙，这样就可以在工频电流第一次过零时把电流切断。

（三）避雷器的续流遮断试验

避雷器续流试验的目的是判断避雷器在运行过程中动作时能否可靠灭弧。续流遮断试验应尽可能接近避雷器的实际工作条件。

避雷器在运行过程中的工作条件是：在正常情况下火花间隙不放电，只有当雷电流袭击时火花间隙才放电，火花间隙放电后，幅值很大的雷电流流过避雷器，雷电流过去后，在系统电压的作用下，工频续流将继续经避雷器流过，避雷器应在工频续流第一次过零点时把电流切断（即续流过零后避雷器在灭弧电压的作用下应不重燃），使系统恢复正常工作。进行该项试验时必须联合使用大电流的工频电源和模拟雷电流的装置，这种试验又称联合试验。

通常，雷电流可用冲击电流发生器来模拟，而大电流的工频电源可以是实际电网，也可以是振荡回路。避雷器的间隙靠冲击电流引燃，其幅值应为 5kA，电流波形周期为 $10\sim20\mu s$，续流及续流过零后的恢复电压靠电网供给。冲击电流回路内设有磁吹的隔离间隙以防止工频电压加到冲击电流发生器部分去，工频电流回路内则设电感 L' 来削平侵入电网的冲击电流的陡波部分。

试验时先闭合接通电网电源的断路器使被试避雷器带电，然后给冲击电流发生器充电到预定的电压（为使试品间隙能击穿，应充电到足够高的电压），点燃冲击电流发生器的间隙，使隔离间隙及被试避雷器间隙击穿。此时避雷器动作，冲击电流流过避雷器，如果点燃的时间恰当，则继冲击电流后将有工频续流流过，如果冲击点火的时刻刚好在工频电流的零点附近，则避雷器内将不能形成工频续流。为确保每次试验都有工频续流流过，必须把冲击电流发生器的引燃角度控制在工频电流过零值后的 $5°\sim15°$ 电气角度（以恰好能稳定可靠地产生续流为原则）。为此，在试验回路中要设专门的点火装置来进行控制。

在电网上进行避雷器的续流试验时，将受到种种限制，例如电网电压常常不能与试品的灭弧电压相当，试验时被试品要进行改装，使其灭弧电压与所加电网电压相当，而且每次试验必须停电。因此，最好用模拟大电流工频电源的振荡回路来代替电网。

用冲击电流发生器和振荡回路进行联合试验时，先给振荡回路的电容和冲击电流发生器的电容充电，然后闭合断路器，发点火信号点燃间隙，使隔离间隙和被试避雷器的间隙击穿，避雷器动作。

（四）避雷器电导电流（或泄漏电流）的测量

这是检查运行中带分流电阻的避雷器的一个重要项目。当分流电阻老化、接触不良时，其电导电流将大大下降，如果分流电阻断裂，电导电流可下降到零。相反，如果分流电阻受潮，则电导电流将大大上升。

电导电流用直流电源来进行测量，测量线路通常采用半波整流。当被试避雷器的接地端可以打开时，测量泄漏电流的微安表可以接在避雷器的接地端，此时微安表是低电位的，观测较方便。如避雷器的接地端不便打开时，可把微安表接到高压端，此时微安表处于高电位，故应放在遮栏内。为了消除杂散电流对测量的影响，微安表及其引线还需加以屏蔽。

应当注意到，由于分路电阻是非线性的，所以整流电压的脉动对测量结果将有很大的影响，因此，实验时要求电压的脉动不大于 $\pm1.5\%$，一般情况下在直流的输出端接上一个 $0.1\mu F$ 以上的电容即可满足要求。

二、电气设备的试验

电气设备包括电机、变压器及其他电器，其绝缘大致可分为外绝缘与内绝缘两种。外绝缘指暴露在空气中的外部套管等，其耐压值与大气条件（脏污、湿度、气压、雨水等）有很大关系；内绝缘的耐压值基本不受大气条件的影响。在长期运行条件下，内、外绝缘应能经受工作电压、大气过电压和内部过电压的多次作用而不受破坏。试验电压应模仿实际运行中各种过电压的情况，试验电压太高，造价就增大；试验电压太低，则运行维护费用大，而且会严重影响供电的可靠性。所以，绝缘试验电压的规定应同时满足以下三项要求：

（1）建设费用较少。

（2）运行维护费用较少。

（3）供电可靠性高。

电机槽中的绝缘部分在嵌入时可能受到局部机械损伤，电机端部又受到强电场及潮气等作用，所以其耐压值较低。如果要提高它的试验电压，势必增厚绝缘，这就会严重影响电机的出力或造价。因此，对电机绝缘来说，第一项要求应多加考虑，允许其出厂试验电压刚好能满足内部过电压和外部过电压的要求，而在运行中的老化问题则靠加强检修维护来解决。

（一）内绝缘的冲击试验

发电厂、变电站电气设备内绝缘的冲击试验电压是和阀型避雷器的残压相配合的。

全波试验电压值的决定：当线路远处落雷时，冲击波沿导线向变电站传播，由于冲击电晕的作用，它传到变电站时，波的陡度 a' 已经很小，此时被保护的主变压器与避雷器残压 U_5 之差很小，变压器上电压的波形振荡也不明显，它相当于全波的作用。所以，有工频励磁的变压器的全波冲击试验电压可按下式决定，即

$$U_{BY} = 1.1 \times (1.1U_5 + 15) \tag{9-9}$$

式（9-9）中将 U_5 乘以 1.1，是考虑到避雷器与变压器间有一点振荡，同时当来波波头小于残压试验用的 $10\mu s$ 波头时，U_5 有一点升高。15 是考虑到避雷器联线及接地电阻上压降的影响。括号外面的 1.1，是考虑到运行中冲击全波多次作用于变压器内绝缘后绝缘抗电强度可能降低，通常将它称为累积系数。

（二）外绝缘的冲击试验

外绝缘的累积效应很小，但外绝缘处在大气之中，受大气条件的影响较大。一般电器和变压器可用在海拔 1000m 及以下，因此，应考虑海拔 1000m 时，空气密度系数 0.925 及湿度的修正系数 0.91，两者的乘积为 $0.925 \times 0.91 = 0.84$，所以外绝缘的全波试验电压为

$$U_w = \frac{1.1U_5 + 15}{0.84} \tag{9-10}$$

（三）内绝缘的工频试验

工频试验电压按内部过电压水平来计算。

试验证明，内绝缘抗内部过电压的强度与抗 1min 工频电压的强度之比 β 为 1.3～1.35。60kV 以下内绝缘的 β 较小，可取 1.3；而 110kV 及以上可取 1.35，考虑到累积效应（累积系数取为 1.1），所以内绝缘的 1min 工频试验可由下式决定，即

$$U_{ne} = \frac{1.1}{1.3 \sim 1.35} K_0 U_{xg} = \frac{1.1}{1.3 \sim 1.35} \times \frac{K_0 \times 1.15 U_N}{\sqrt{3}} = (0.56 \sim 0.54) K_0 U_N \tag{9-11}$$

变压器的内绝缘还应按大气过电压来核算。如果冲击试验电压除以内绝缘的冲击数 β 后高于式（9-11）式的值，则应按较高的值选定工频试验电压。

（四）外绝缘的工频试验

试验表明，晴天或雨天对室外外绝缘的冲击放电电压影响不大，但对工频放电电压影响十分显著。所以，外绝缘的工频试验电压主要指淋雨状态，室内电气设备才用其干燥状态的工频试验电压。

在干燥状态下，外绝缘的工频试验电压同样要考虑密度及温度校正系数。通常按下式决

定外绝缘干燥状态下的工频试验电压

$$U_{wg} = \frac{1.15 K_0 U_N}{\sqrt{3} \times 0.84} = 0.79 K_0 U_N \tag{9-12}$$

淋雨状态下，外绝缘的工频试验电压为

$$U_{wg} = \frac{1.15 K_0 U_N}{\sqrt{3} \times 1.03} = 0.755 K_0 U_N \tag{9-13}$$

式（9-13）中 1.03 为综合考虑海拔 1000m 的空气密度系数 0.925、脏污系数 0.95、雨量系数 1.05（试验时所用雨量为 5mm/min，较实际为大）和雨阻系数 1.1（试验时所用水的电阻率为 100Ω·m，较实际为小）后得到的系数。

三、电气接地装置的试验

（一）接地装置的试验项目及各项要求（见表 9-5）

表 9-5　　　　　　　　　　　接地装置的试验项目及各项要求

序号	项目	要求	说明
1	有效接地系统的电力设备的接地电阻	$R \leqslant \dfrac{2000}{I}$ 或 $R \leqslant 0.5\Omega$（当 $I > 4000A$ 时） 式中　I——经接地网流入地中的短路电流，A； 　　　R——考虑到季节变化的最大接地电阻，Ω	1. 测量接地电阻时，在必须的最小布极范围内土壤电阻率基本均匀时，可采用各种补偿法，否则，应采用远离法 2. 在土壤电阻率较高的地区，如果接地电阻按规定值要求在技术经济上极不合理时，允许有较大的数值。但必须采取措施以保证发生接地短路时，在该接地网上： 　（1）接触电压和跨步电压均不超过允许的数值 　（2）不发生高电位引外和低电位引内 　（3）3～10kV 避雷器不动作 3. 在预防性试验前或每 3 年及必要时验算一次 I 值，并校验设备接地引下线的热稳定性
2	非有效接地系统的电力设备的接地电阻	1. 当接地网与 1kV 及以下设备共用接地时，接地电阻为　$R \leqslant \dfrac{120}{I}$ 式中　I——经接地网流入地中的短路电流，A； 　　　R——考虑到季节变化时的最大接地电阻，Ω 2. 当接地网仅用于 1kV 以上设备的接地时，接地电阻为　$R \leqslant \dfrac{250}{I}$ 3. 在上述任一情况下，接地电阻一般不得大于 10Ω	
3	利用大地作导体的电力设备的接地电阻	1. 长久利用时，接地电阻为　$R \leqslant \dfrac{50}{I}$ 2. 临时利用时，接地电阻为　$R \leqslant \dfrac{100}{I}$ 式中　I——接地装置流入地中的电流，A； 　　　R——考虑到季节变化的最大接地电阻，Ω	

序号	项　目	要　求	说　明
4	1kV 以下电力设备的接地电阻	使用同一接地装置的所有这类电力设备，总容量达到或超过 100kVA 时，接地电阻不宜大于 4Ω；总容量小于 100kVA 时，接地电阻允许大于 4Ω，但不超过 10Ω	对于在电源处接地的低压电力网（包括孤立运行的低压电力网）中的用电设备，只接零，不接地。所用中性线接地电阻就是电源设备的接地电阻，其要求按序号 2 确定，但不得大于相同容量的低压设备的接地电阻
5	独立燃油器、易爆气体储罐及其管道的接地电阻	不宜大于 30Ω	
6	露天配电装置避雷针的集中接地装置接地电阻	不宜大于 10Ω	与接地网连在一起时可不测量，但要求检查与接地网的连接情况
7	独立避雷针（线）的接地电阻	不宜大于 10Ω	在高土壤电阻率地区难以将接地电阻降到 10Ω 时，允许有较大的数值，但应符合防止避雷针（线）对罐体、管、阀等反击的要求
8	与架空线直接连接的旋转电机进线段上避雷器的接地电阻	避雷器的接地电阻分别不大于 5Ω 和 3Ω，但对于 300～1500kW 的小型直配电机，如不采用 SDJ 7—1979《电力设备过电压保护设计技术规程》中相应接线时，此值可酌情放宽	
9	有架空地线的线路杆塔的接地电阻	杆塔高度在 40m 以下时，按下表要求，如杆塔高度达到或超过 40m 时，则取下表值的 50%，但当土壤电阻率大于 2000Ω·m、接地电阻难以达到 15Ω 时可增加到 20Ω 土壤电阻率 (Ω·m) / 接地电阻 (Ω) 100 及以下 / 10 100～500 / 15 500～1000 / 20 1000～2000 / 25 2000 以上 / 30	高度在 40m 以下的杆塔，如土壤电阻率很高，接地电阻难以降到 30Ω 时，可采用 6～8 根总长不超过 500m 的放射形接地体或连续伸长接地体，其接地电阻可不受限制。但对于高度达到或超过 40m 的杆塔，其接地电阻也不宜超过 20Ω

续表

序号	项　目	要　求	说　明
10	无架空地线的线路杆塔接地电阻	<table><tr><td>种　类</td><td>接地电阻（Ω）</td></tr><tr><td>非有效接地系统的钢筋混凝土、金属杆</td><td>30</td></tr><tr><td>中性点不接地的低压电力网中的钢筋混凝土杆、金属杆</td><td>50</td></tr><tr><td>低压进户线的绝缘子铁脚</td><td>30</td></tr></table>	

注　进行序号 1、2 项试验时，应断开线路的架空地线。

（二）工程交接验收

1. 验收时的检查内容

（1）整个接地网外露部分的连接可靠，接地线规格正确，防腐层完好，标志齐全明显。

（2）避雷针（带）的安装位置及高度符合设计要求。

（3）供连接临时接地线用的连接板的数量和位置符合设计要求。

（4）工频接地电阻值及设计要求的其他测试参数符合设计规定，雨后不应立即测量接地电阻。

2. 验收时应提交的资料和文件

（1）实际施工的竣工图。

（2）变更设计的证明文件。

（3）安装技术记录（包括隐蔽工程记录等）。

（4）测试记录。

思 考 与 练 习

1. 什么是接地？接地有哪几种形式？

2. 某工厂的原油罐直径为 10m，高出地面 10m，需要独立避雷针保护，避雷针距离油罐最少 5m，试设计避雷针的保护方案。

3. 选择管型避雷器应注意哪些事项？管型避雷器的优缺点及其使用范围如何？

4. 阀型避雷器的基本电气参数有哪些？试述阀型避雷器的熄弧原理。

5. JS 型放电电记录器能否用在 FCD 型避雷器上？

6. 电气装置有哪些接地要求？接地装置敷设的要求是什么？

7. 试述阀型避雷器工频放电电压试验时应注意的事项。

8. 电气装置有哪些接地要求？如何选择接地装置和满足敷设要求？

9. 变压器和电动机各有什么接地方法？

10. 接地系统的安装施工程序是什么？

11. 接地线的安装有何要求？其安装工艺应注意什么？

12. 装设接地装置应注意哪些事项？

13. 当土壤电阻率较高时，有哪些降低接地电阻的方法？

14. 接地装置的试验项目有哪些？

第十章 电气识绘图基本知识

电气设备的安装位置、配线方式及其他一些特征，用文字一般很难表示清楚，所以需要用图来表示，本章主要介绍电气识图与绘图的基本知识。

第一节 电路及电路图

一、电路图的类型

用导线把电源及各电气设备按一定的顺序连接起来，就构成电路，将电路中各元件用规定的图形符号（见表 10-1）和文字符号画成的图叫做电路图。常用的电路图有主接线图、二次原理图和安装图。

表 10-1　　　　　　　　　　常 用 电 工 符 号

名　　称	图形符号	名　　称	图形符号
直　　流	——— =	导线十字连接	+
交　　流	∿	正极	+
接地一般符号	⏚	负极	—
		中性（中性线）	N
保护接地	⏚	屏蔽	⌐ ¬
故障	⚡	电感线圈	⌒⌒⌒
闪络、击穿	⚡	带铁芯的电感线圈	⌒⌒⌒
导线间绝缘击穿	⚡	电能表	Wh
导线对地绝缘击穿	⚡	无功电能表	varh
连接、连接点	●	功率表	Ⓦ
端　　子	○	电压表	Ⓥ
导线 T 形连接	⊥		

名　称	图形符号	名　称	图形符号
电流表	(A)	电抗器	
电容器	—||—		
导线的不连接		电流互感器	形式1 / 形式2
接通的连接片			
电缆密封终端		可变电容器	
V 形连接的三相绕组		电阻一般符号	—▭—
开口三角形连接的三相绕组		可调电阻	
直流发电机	(G)	三角形连接的三相绕组	△
		星形连接的三相绕组	Y
交流发电机	(G~)	直流电动机	(M)
交流电动机	(M~)	三相绕线式转子感应电动机	(M 3~)
双绕组变压器		三相鼠笼式感应电动机	(M 3~)
三绕组变压器		星形—三角形连接的三相变压器	(Y △)

名　称	图形符号	名　称	图形符号
熔断器		火花间隙	
跌开式熔断器		灯的一般符号	
电压互感器	形式1 形式2	电铃	
		多极开关	
断路器		原电池或蓄电池	
		整流器	
低压断路器（自动空气开关）		避雷器	
隔离开关		电警笛、报警器	
		蜂鸣器	

　　表示电气一次设备间相互连接关系的图叫做电气主接线图（又叫一次电路图）。主接线图可以用三根线表示三相电路的连接情况，这样的主接线图称为三相图，但这种图画起来非常繁琐，看图也不方便，所以实际生产中通常只画出三相中的任意一相，这样的接线图叫单线图。

　　在发电厂、变电站中，一次回路是主体，但为了达到安全、可靠、经济地运行，二次回路也是重要的组成部分。用来表示二次回路各元件动作原理的图形称为二次原理图，二次原理图又可分为归总式原理图和展开式原理图。

通常，为了安装施工的需要，有时需要将二次回路中各元件（设备）的安装位置及布线方式表示出来，这样的图形叫安装图。安装图包括屏面布置图和屏后接线图。

识图，就是认识并确定电路图上所画设备的名称、型号和规格，设备的各个组成部分怎样连接，电路的技术要求以及电路的工作原理等，以便正确地进行安装、试验、检查及维修。

二、电气识图基本常识

1. 比例

在绘制电路图时，常将电路按一定比例缩小或放大。所谓比例，就是所绘图形与实物之间放大或缩小的倍数。如 1∶5，表示实物是图形的 5 倍，相反，比例 5∶1 表示图形较实物大 5 倍，即实物只有图形的 1/5。

2. 线形

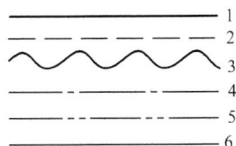

图 10-1　线型图

1—粗实线；2—虚线；

3—波浪线；4—单点划线；

5—双点划线；6—细实线

电路图中常用不同的线型表示不同的含义，如图 10-1 所示。

（1）粗实线。表示主回路。

（2）虚线。长虚线表示事故照明电路；短虚线表示屏蔽。

（3）波浪线。表示移动式用电设备所用的软电缆或软电线。

（4）点划线。表示控制及信号回路。

（5）双点划线。表示 36V 及以下控制及信号回路。

（6）细实线。表示控制回路或一般电路。

3. 符号

电气符号包括图形符号和文字符号，均采用国家规定的标准形式（见表 10-1）。

第二节　电气主接线图

一、主接线的基本要求及主接线的形式

1. 对电气主接线的基本要求

（1）可靠性。根据电力系统和用户的要求，应保证供电的可靠性和电能质量。

（2）灵活性。能适应各种运行方式，而且应便于检修。

（3）方便性。电路简单清晰，布置合理，运行方便。

（4）经济性。在满足可靠、灵活和操作方便的前提条件下，力求投资少。

2. 主接线的形式

发电厂和变电站常用的主接线形式，可分为有母线和无母线两大类，其中有母线的主接线有单母线和双母线接线两种；无母线的主接线有单元接线、桥型接线和多角形接线等。

二、单母线接线

1. 不分段的单母线接线

不分段的单母线接线就是每个电源和引出线回路都经过断路器 QF 和母线隔离开关 QS 接到一条公共的母线上，如图 10-2 所示。引出线回路可以是若干个，其中断路器的作用是当某一回路出现故障或检修时将其回路从母线断开，隔离开关是在某一回路检修时作隔离电压之用，其他不作任何操作。

单母线接线的优点是：接线简单清晰，操作方便，所用电气设备少，配电装置造价低。

单母线接线的缺点是：

（1）当母线和母线隔离开关检修时，在全部检修时间内，各个回路必须全部停止工作。

（2）当母线和母线隔离开关短路或者断路器母线侧绝缘套管损坏时，所有电源回路的断路器都会因继电保护装置动作而自动断开，从而造成停电。

（3）检修任一回路的断路器或电源时，此回路必须停电。

比较而言，不分段的单母线接线可靠性相对较差，所以实际生产中这种接线形式只适用于小容量的发电厂或变电站。

2. 断路器分段的单母线接线

用断路器分段的单母线接线如图 10-3 所示，分段的数目决定于电源的数目和功率值，一般为 2～3 段（用 Ⅰ 、Ⅱ 、Ⅲ 表示）。

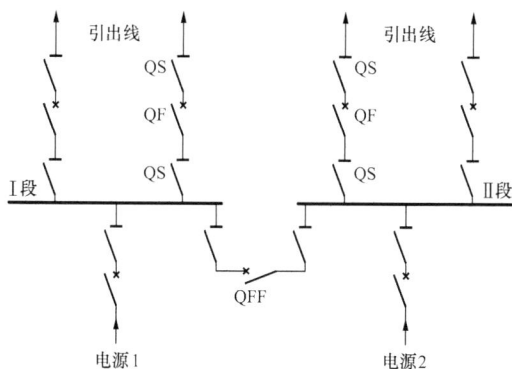

图 10-2　不分段的单母线接线

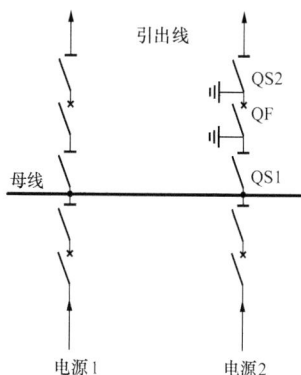

图 10-3　用断路器分段的单母线接线

在分段的单母线中，分段断路器 QFF 上装有继电保护装置，在正常工作时分段断路器 QFF 可以是断开的，也可以是接通的。如果正常工作时分段断路器 QFF 是断开的，则它还应装有备用电源自动投入装置，当某一段母线上的电源故障，其断路器自动断开后，在备用电源自动投入装置的作用下，分段断路器可以自动接通，从而保证该段母线上引出线的正常供电。

如果正常工作时分段断路器是接通的，任一段母线发生短路时，在母线继电保护的作用下，分段断路器和连接在故障母线上的电源回路断路器便自动断开，保证无故障段母线仍正常工作。

单母线分段接线的优缺点是：

（1）母线发生故障时，只有故障母线上的电源回路停止工作，非故障母线仍可继续工作。

（2）对重要用户，可采用从不同母线分段引出的双回线路供电，从而保证对重要用户供电的连续性。

（3）当母线的一个分段故障或检修时，必须断开该分段上的电源和全部引出线，则该段上用户供电停止。

（4）任一回路的断路器检修时，该回路必须停止工作。

3. 单母线分段带旁路母线的接线

单母线分段带旁路母线的接线，除工作母线外，还有一组旁路母线，每段母线装设一台旁路断路器 QFP 和旁路母线连接，而每一回路均装有一组旁路隔离开关 QSP 和旁路母线连接，如图 10-4 所示。

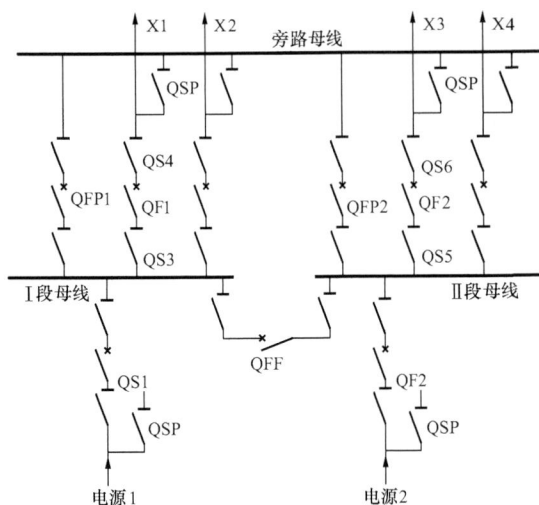

图 10-4　单母线带旁路母线的接线

正常工作时，旁路断路器 QFP1、QFP2 和旁路隔离开关 QSP 都是断开的。当检修引出线 X1 的断路器 QF1 时，首先投入旁路断路器 QFP1 两侧的隔离开关，再接通旁路断路器 QFP1，先对旁路母线充电，然后接通引出线 X1 的旁路隔离开关 QSP，断开断路器 QF1，并拉开其两侧的隔离开关 QS3 和 QS4，这时由 QFP1 代替 QF1 工作，引出线 X1 供电并不中断。

断路器 QF1 检修完毕投入运行时的操作步骤如下：合上 QF1 两侧的隔离开关 QS3 和 QS4，接通 QF1，然后断开 QFP1 两侧的隔离开关和引出线 X1 的旁路隔离开关 QSP，则引出线 X1 恢复正常供电。

三、双母线接线

双母线接线可分为三种方式，如图 10-5 所示。

1. 单断路器的双母线接线

单断路器的双母线接线方式如图 10-5（a）所示，每一电源和引出线都通过一个断路器和两组隔离开关分别接在两组母线上。

正常运行时，只有一组母线工作，所有连接在母线上的母线隔离开关是接通的，另一组母线为备用，所有连接在备用母线上的隔离开关是断开的。双母线接线中任一组母线都可以是工作母线或备用母线。

单断路器的双母线接线的优点是：

（1）检修任一组母线可不使供电中断。

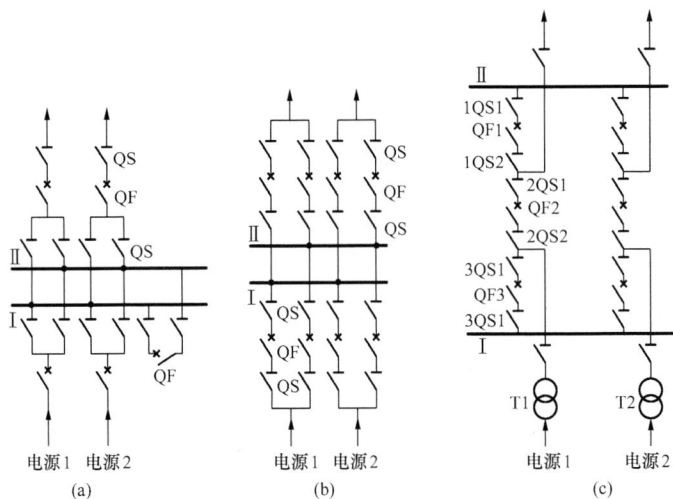

图 10-5　双母线接线

（a）单断路器；（b）双断路器；（c）二分之三断路器接线

（2）检修任一回路的母线隔离开关时只断开该回路。

（3）当工作母线故障时，可将全部回路转移到备用母线上，从而使整个装置迅速恢复供电。

（4）检修任一回路的断路器时，不致使该回路的供电长时间中断。

（5）在个别回路需单独进行试验时，可将该回路从工作母线上退出，并单独接至备用母线上。

2. 双断路器的双母线接线

双断路器的双母线接线如图 10-5（b）所示。这种接线方式的特点是双母线同时运行，每一回路装有两台断路器。其主要优点是任一组母线或断路器发生故障或进行检修时都不会造成停电，而且运行灵活，检修方便，同时，隔离开关只在检修时用于隔离电源，不作倒闸操作之用，因而避免了切换过程中因误操作而发生事故的可能性。其缺点是使用断路器的台数增多，设备投资和占地面积大。

3. 二分之三断路器接线

二分之三断路器接线如图 10-5（c）所示。这种接线是在两组母线之间装有 3 个断路器 QF1、QF2 和 QF3，组成一个单元，从这个单元上可引出两个回路，故称为二分之三断路器接线。正常运行时断路器都接通，双母线同时工作。这种接线在任一母线故障或检修时均不会造成停电，检修任一台断路器时也不会造成该回路停电。

第三节　二次回路原理图

一、归总式原理图

归总式原理图常常简称为原理图，其特点是以元件的整体形式表示二次设备间的电气联系，并且与一次设备画在一起。读这种原理图易于了解各元件之间的相互关系和作用，便于形成清晰的整体概念，对于了解元件的动作原理也有利，其缺点是当元件比较多时，接线互相交叉，显得很零乱，而且元件的端子及线路又无标号，使用很不方便。

低压变压器的保护原理图如图 10-6 所示。其中一次设备包括 6kV/380V 变压器 T、断路器、电流互感器及母线，它们和二次设备画在同一幅图中。二次设备均用整体形式表示，包括：①由电流继电器

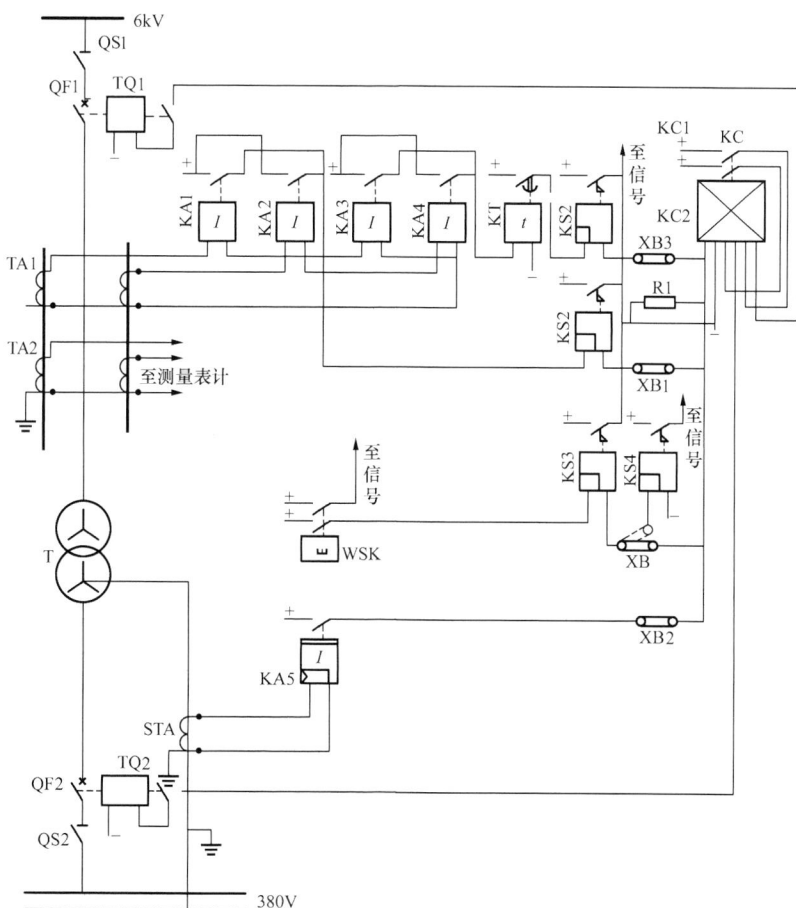

图 10-6　低压变压器的保护原理图

KA1、KA2 和信号继电器 KS1 组成的电流速断保护；②由电流继电器 KA3、KA4 和时间继电器 KT 及信号继电器 KS2 组成的过流保护；③由电流继电器 KA5 组成的零序过电流保护；④由气体继电器 WSK 和信号继电器 KS3 组成的气体保护等。

当一次设备故障时，从归总式原理图上很容易看出二次设备的整个动作过程。如图 10-6 中当变压器高压套管短路时，会有很大的电流通过电流互感器 TA1、TA2 的一次侧，这时电流互感器二次侧的电流也跟着增加，使电流继电器 KA1、KA2 动作，启动信号继电器 KS1 发出信号，同时启动出口继电器 KC，出口继电器的动合触点 KC1、KC2 闭合，分别作用于断路器 QF1 和 QF2 的跳闸线圈 TQ1 和 TQ2，最后将变压器从两侧切断。

二、展开式原理图

展开式原理图常常简称为展开图，其特点是将交流电路与直流电路分开；将继电器的线圈和触点分开，并分别用图形和文字符号加以注明。任何一条回路、按钮、触点、线圈等按照电流通过的方向由左至右，由上到下排列起来。在展开图的右侧，为了帮助了解回路的动作过程，还有文字说明。图 10-6 所示的低压变压器保护的展开图如图 10-7 所示。

由于展开图条理清晰，能一条一条回路地分析检查，因此，在实际工作中用的最多。

三、展开图中回路的编号

实际工作中为了方便设备的安装、试验及维修，展开图中各回路常给以编号。为了通过编号了解各回路的功用，对回路编号应有一个规定的范围，对目前我国采用的回路编号范围介绍如下。

1. 直流回路

保护回路：01～099（或 J1～J99）

控制回路：1～599（正电源用 1，负电源用 2）

励磁回路：601～699

信号及其他回路：701～999（信号正电源用 701，负电源用 702）

2. 交流回路

回路不同的相别，数字前应加上 A、B、C、N。

控制、保护、信号回路：1～399

电流回路：400～599

电压回路：600～799

编号按照电位的高低顺序进行，接在同一点的所有线段用同一编号。直流电源的正极标奇数，负极标偶数；交流可按某一瞬时的正、负极性来标。对于同一回路的各个线段，直流回路由电源正极出发以奇数顺序编号，直到最后一个有压降的元件止，然后再由电源负极出发以偶数顺序编号，直到已有编号的位置止。交流回路不分奇数和偶数，由电源处顺序编号。

在具体工程中，并不需要对展开图中的所有回路编号，而只对引入端子排上的回路加以编号。

在展开图中，小母线用粗实线表示，并注明文字符号，如图 10-7 的控制回路电源小母线注以＋KM 和－KM。

现以图 10-7 为例，分析展开图的动作关系。

假如变压器低压侧发生故障，首先由交流电流回路反映出一次侧电流增加，电流互感器 1TAa 和 1TAc 的二次侧电流也相应增加，致使电流继电器 KA3 和 KA4 动作（通过 KA1 和 KA2 的电流未达到动作值而不动作）。再看直流回路展开图，首先＋KM→触点 KA3（或触

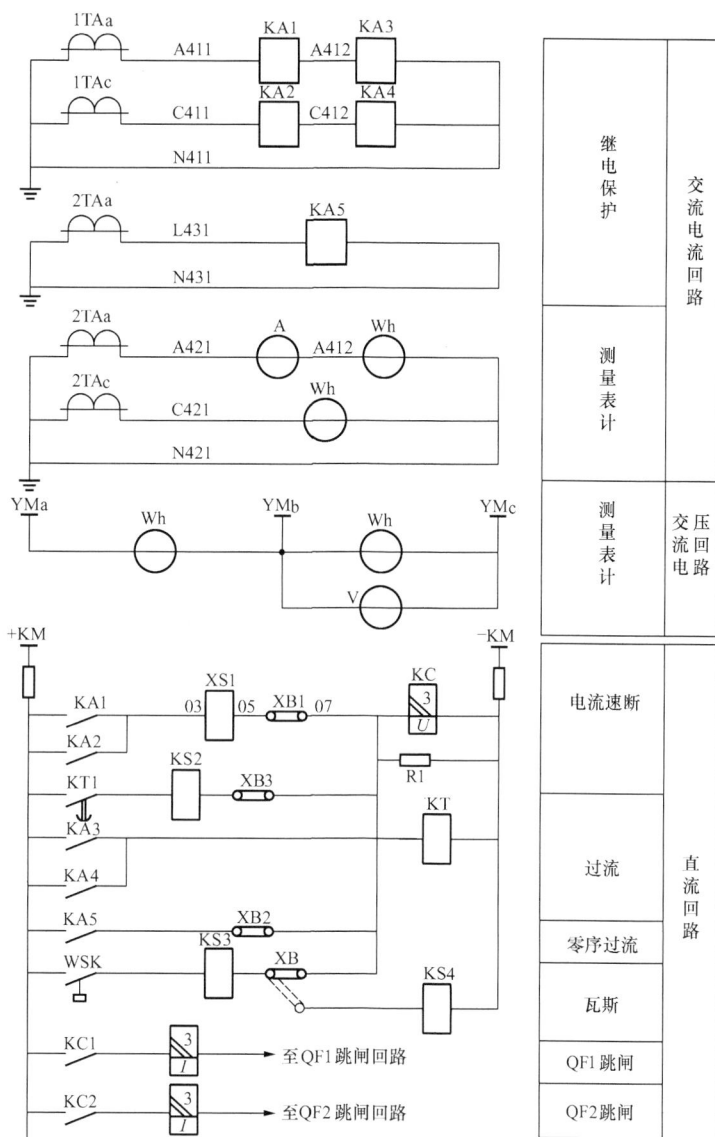

图 10-7 低压变压器保护展开图

点 KA4)→线圈 KT→－KM 回路接通，并使时间继电器 KT 带电，触点 KT1 经一定时间后闭合，将回路＋KM→延时闭合触点 KT1→信号继电器 KS2→连接片 XB3→出口继电器 KC→－KM 接通，使 KC 带电，KC 的触点 KC1 和 KC2 动作接通跳闸回路，断路器 QF1 和 QF2 跳闸，切断变压器两侧电流，同时 KS1 接通信号回路发出信号。

第四节　二次回路安装图

根据安装施工要求，将二次设备的具体位置和布线情况表示出来的图形叫安装图。安装图包括屏面布置图和屏后接线图，前者反映屏内元器件的具体布置位置，后者反映屏内元器件的连接布线情况。

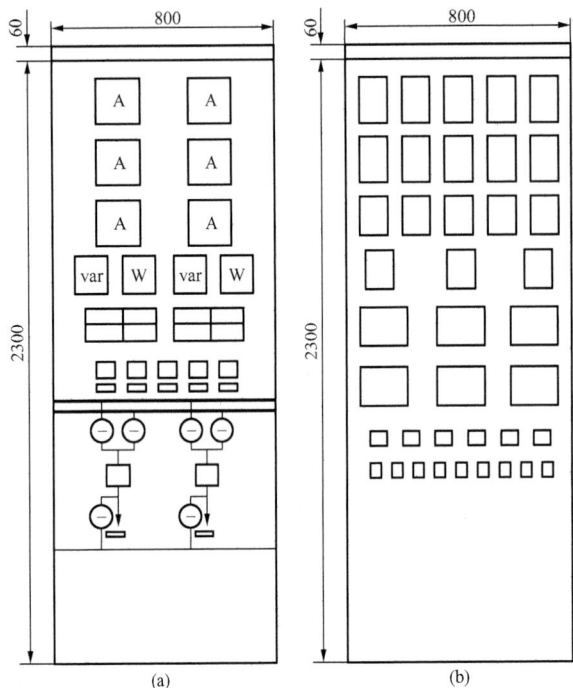

图 10-8　屏面布置图
(a) 控制屏；(b) 继电屏

一、屏面布置图

实际生产中，值班人员是通过屏上的仪表、指示灯、控制开关和按钮等对一次设备进行监视和控制的。屏面布置应掌握下列原则：

（1）凡需经常监视的仪表和继电器，都不要布置得太高。

（2）操作元件，如控制开关、调节手轮、按钮等的高度要适中，以便于操作，为使操作时不至于影响其他设备，它们之间要有一定的距离。

（3）检查和试验次数较多的设备应位于中部，而且同一类型的设备应尽量布置在一起，这样检查和试验比较方便。

（4）元器件、仪表等的布置应尽量紧凑和美观。

展面布置图如图 10-8 所示。

图 10-8（a）所示是一个线路控制屏的布置图，其中测量表计位于最上几排，其下面为转换开关、同期开关、光字牌等，再下面是模拟母线、隔离开关位置指示器、控制开关及信号灯。

为了便于区分交流、直流及电压等级，小母线应有不同的颜色：直流涂褐色，交流 0.4kV 涂黄褐色，交流 3kV 涂深绿色，交流 6kV 涂深蓝色，交流 10kV 涂绛红色，交流 35kV 涂橙黄色。

图 10-8（b）所示为某继电屏屏面布置图，其中不经常观察的继电器布置在上部，运行中需要经常监视和检查的继电器位于屏的中部，下部安置较大的继电器（如重合闸继电器，时间继电器，方向继电器等），最下排为连接片和试验部件。

二、屏后接线图

屏后接线图是现场安装

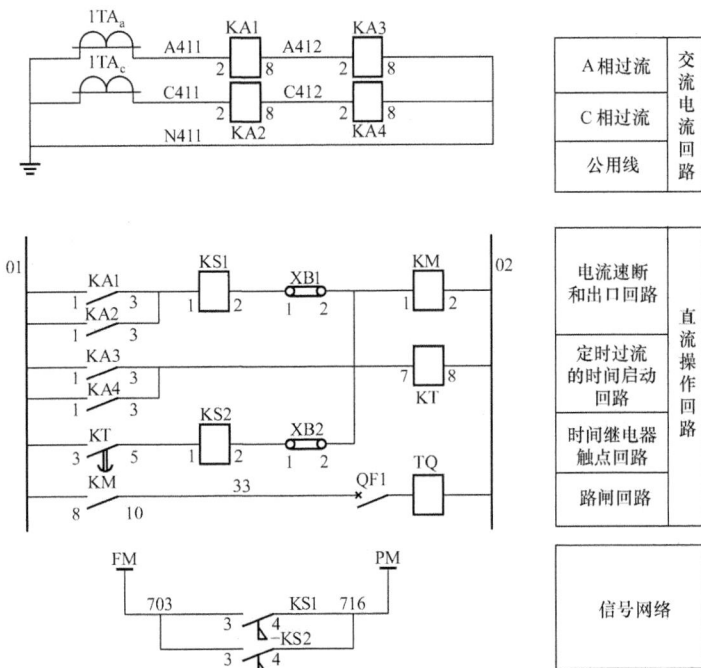

图 10-9　35kV 线路电流保护展开图

不可缺少的图纸，又叫安装接线图。在接线图中，每个设备都有一定的顺序号和代号，设备接线柱上也有标号（与产品上的位置相对应），此外，每个接线柱还标有明确的去向。这种接线图便于检查和安装，比原理图方便得多。下面介绍有关接线图的基本知识。

1. 设备编号

在屏后接线图中，各种设备图形符号的上方注有设备编号，其方法是：先画一个小圆，

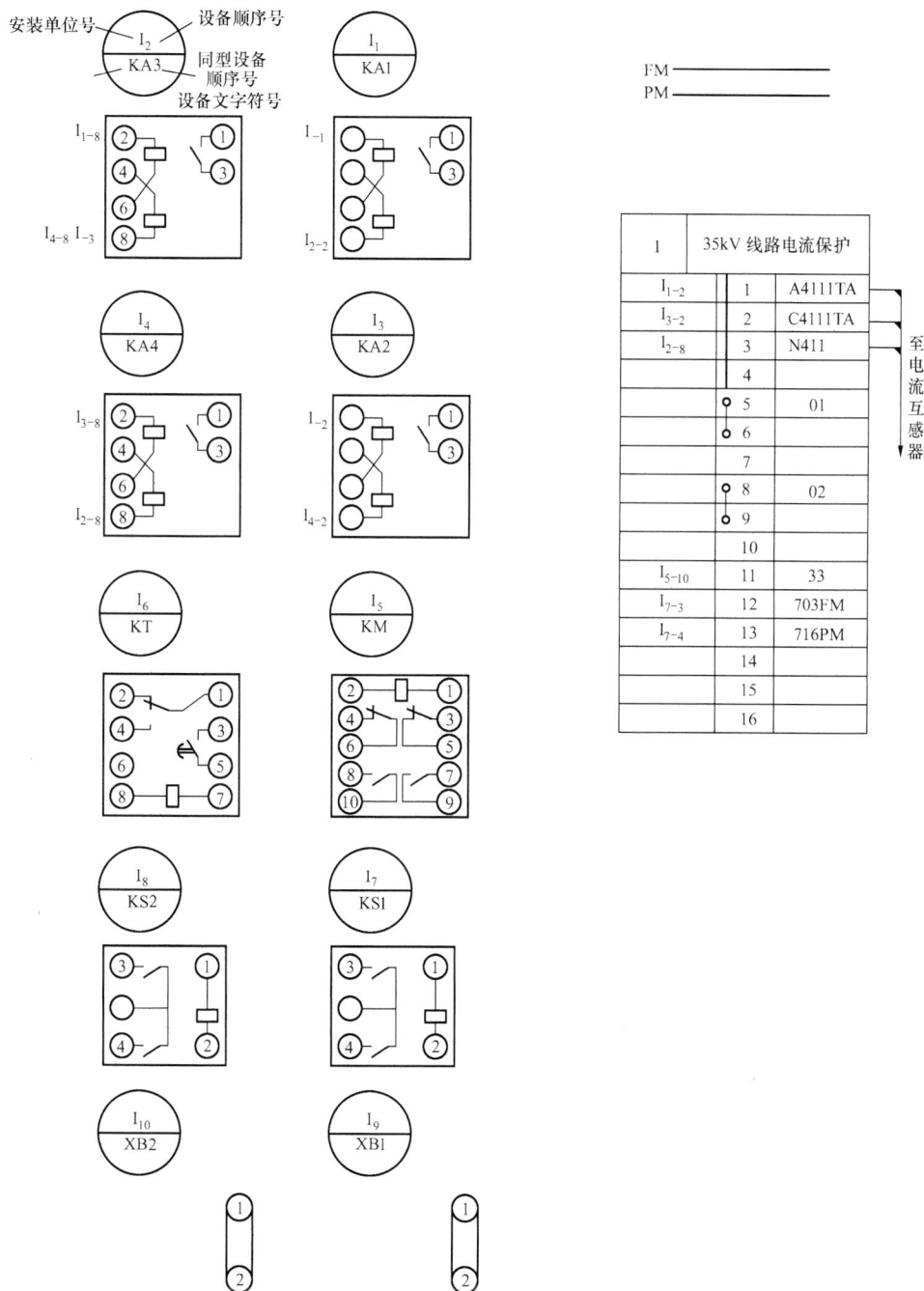

图 10-10 35kV 线路电流保护屏后接线图

将圆分成上、下两部分，上部标注安装单位编号和设备顺序号，下部标注设备的文字符号和同一安装单位中同型设备的顺序号。所谓安装单位，是指一个屏上属于某一次回路或同类型回路的所有二次设备的总称，比如一个屏上有两台变压器的二次设备，那么就可以将第一台变压器的二次设备叫Ⅰ安装单位，而第二台变压器的二次设备叫Ⅱ安装单位。同一安装单位的二次设备按照从左到右、从上到下的顺序编号，就叫设备顺序号。在同一安装单位中，有些设备是同型的，这些同型设备也应按顺序编号，叫同型设备顺序号。35kV线路电流保护展开图如图 10-9 所示，其设备编号如图 10-10 所示，图中设备符号内部标有设备接线注标号。

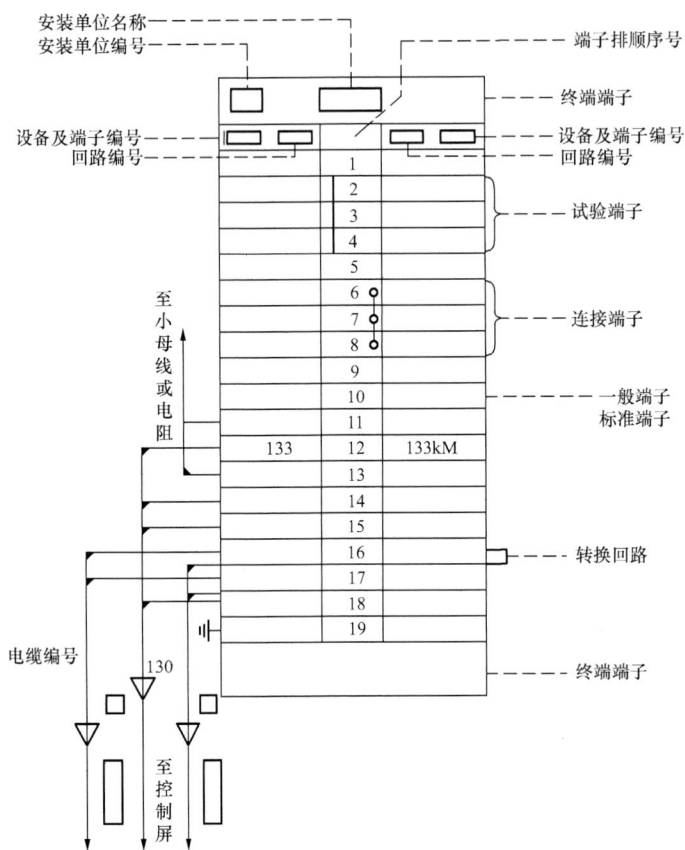

图 10-11　端子排编号

2. 端子排编号

当屏内设备需与屏外设备相连接时，都要通过专门的接线端子，这些接线端子组合在一起，就称为端子排，为便于接线，端子排位于屏的左右两侧，端子排的编号如图 10-11 所示。

最上面一个始端端子，标出安装单位号及安装单位名称，下面的端子在图上均画成 3 格，中间 1 格标注端子排顺序号，其两侧标注回路编号及设备编号。

图中 2、3、4 号端子为试验端子，它用于需要接入仪表或继电器的电流回路中，以保证在切换过程中该回路不致断路，6、7、8 号端子为连接端子，这些端子可以互相连接起来构成通路。

端子排的顺序按下列次序排列：交流电流回路、交流电压回路、信号回路、直流回路、其他回路和转接回路。

3. 设备接线标号

在安装接线图中，设备与设备、设备与端子排、端子排与屏外设备间的连接情况均采用相对编号法来表示，如：现有甲、乙两个设备需要连接，则在甲设备的接线柱上标出乙设备接线柱的编号，在乙设备接线柱上标出甲设备接线柱的编号（见图 10-10）。

为了熟悉相对编号法，请读者自行将图 10-10 中未标明设备连接标号的地方补充完整。

思 考 与 练 习

1. 什么叫电路图？电路图有哪些种类？
2. 什么是屏面布置图？什么是屏后接线图？
3. 屏面布置图中各设备的布置应遵循什么原则？
4. 什么是安装单位号？什么是设备顺序号？什么是同型设备顺序号？
5. 将图 10-10 中的设备连接标号补充完整。
6. 展开图中各回路的编号范围是怎样规定的？
7. 比较归总式原理图和展开式原理图各自的应用特点。

第十一章　　电气安全技术

在电气施工过程中，工作人员经常要接触电气装置，有时会由于疏忽大意、操作技术不熟练或者没有遵守操作规程和安全技术规程而造成安全事故。因此，实际生产中除了应该全面掌握操作技术，正确使用工、量、器具外，还需要了解安全用电常识，认真执行有关的各项安全技术规程，只有这样才能防止事故发生，确保生产任务的全面完成。

第一节　电流对人体的作用

一、影响触电伤害程度的因素

电流流过人体会发生触电伤亡事故，触电严重与否，决定于以下几个因素：

1. 通过人体电流值的大小

电流是触电时危害人体的直接因素，通过人体的电流越大，伤害程度越严重。研究证实，当人体内通过的电流值达到 0.1A 时，人就有死亡的危险。

2. 人体的电阻值

皮肤如同人的绝缘外壳，在触电时起着一定的保护作用。当人体触电时，流过人体的电流与人体的电阻有关，人体电阻越小，通过人体的电流就越大，也就越危险。

人体的电阻不是固定不变的，而与皮肤状况（是潮湿还是干燥）、接触电压高低、接触面积大小、电流值及其作用的时间长短等多种因素有关，一般认为人体电阻的平均值为 $1000\sim2000\Omega$ 左右（不计皮肤角质层电阻）。

3. 电压值

触电使人伤亡的直接因素是电流，但电流的大小又决定于作用在人体上电压的高低和人体的电阻值。安全电压值的规定，各国都不统一，我国规定的安全电压等级有 48、36、24、12V 和 6V 等 5 个等级。

4. 电流作用于人体的时间

电流在人体内作用的时间越长，人体内产生热和化学的危害性也就越严重，人体获救的可能性也就越小。因此，当我们发现有人触电时，应当迅速地使触电者脱离带电体。

5. 电流在人体内流过的路径

电流在人体内流过的途径，对人体触电的严重性有密切的关系。研究表明，电流流过人体不同部位所造成的伤害中，以对心脏的伤害最严重。电流通过人体的途径与流经心脏的电流比例数的关系见表 11-1。从表中可以看出：最危险的途径是从手到胸部（心脏）到脚；较危险的途径是从手到手；危险性较小的途径是从一只脚流经另一只脚。

表 11-1　电流通过人体的途径与流经心脏电流比例系数的关系

电流通过人体的途径	流经心脏的电流所占的比例（%）
从一只手到另一只手	3.3
从左手到脚	6.4
从右手到脚	3.7
从一只脚流经另一只脚	0.4

二、触电后的伤害形式

触电对人体的伤害形式一般有两种：电击和电伤。

电流流过人体时，造成人体内部组织、器官等的损伤，这种触电现象称为电击伤害。电击的危险性最大，多数死亡事故都是由电击造成的。

电伤不是造成人体内部组织器官的损伤，而是电弧等对人体外部（表皮）造成的局部创伤现象。电伤往往在肌体上留下伤痕，严重时，也可导致人死亡。

第二节　触电的形式及触电后的紧急救护

一、触电的形式

触电的基本形式有单相触电、两相触电、跨步电压触电和接触电压触电等。

1. 单相触电

单相触电是指人体接触到电源的任意一相所引起的触电形式，单相触电的危险程度根据电压的高低、绝缘情况、电网的中性点是否接地和每相对地电容的大小等有所不同。

在电压低于 1kV，中性点不接地的电力系统中，人碰到电源的任意一相时，电流经过人体和其他两相的对地绝缘电阻而形成回路，如图 11-1（a）所示。这时人处在线电压之下，通过人体的电流不但决定于人体的电阻，同时也决定于线路绝缘电阻的大小。如果线路的对地绝缘电阻非常大，人又穿着橡胶底鞋，可能不至于发生危险。如果线路比较长，电压也较高，此时线路的对地电容就相当大，即使线路的对地绝缘电阻非常大，也可能发生危险。

在中性点接地的系统中，如果人接触到电源的任意一相，那么人处在相电压之下，电流经过人体、大地和中性点的接地电阻而形成回路，如图 11-1（b）所示。这种情况比中性点不接地电力系统中发生的单相触电更加危险。

2. 两相触电

两相触电是指人体同时接触带电的任何两相，如图 11-2 所示。不管电力系统的中性点接地与否，两相触电时人体处在线电压之下，这是最危险的触电形式。

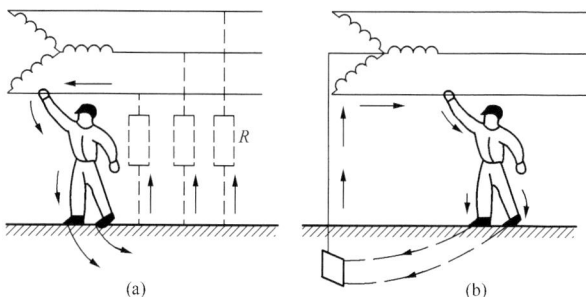

图 11-1　单相触电
（a）中性点不接地；（b）中性点接地

图 11-2　两相触电

3. 跨步电压触电

当架空线路的带电导线断落在地上时，落地点的电位就是导线的电位，电流就会从落地点向四周流散开去，从而在地面上呈现不同的电位分布。人的两脚站在这种带有不同电位的地面上时，两脚间由于存在电位差而造成的触电形式称为跨步电压触电。越靠近落地点，跨步电压越高，触电危险性越大；落地导线电压越高，跨步电压也越高，触电危险性就更大。

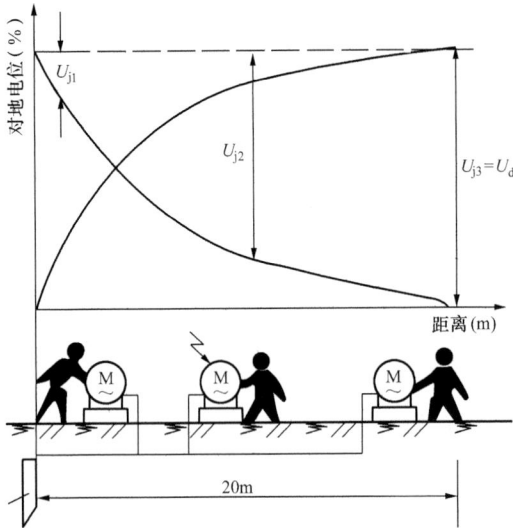

图 11-3　接触电压触电

4. 接触电压触电

电气设备（如电动机）的外壳正常时是不带电的，但由于绝缘损害等原因可能使得其外壳带电，这时，如果人体触及带电的外壳，也会发生触电事故，这种触电形式称为接触电压触电，如图 11-3 所示。这种触电形式相当于单相触电。

二、触电后的紧急救护

当发现有人触电时，首先必须设法使触电者迅速脱离电源，并立即通知相关的医疗救护单位，同时应进行现场紧急救护。现场紧急救护的常用方法有以下几种。

1. 口对口人工呼吸法

口对口人工呼吸法如图 11-4 所示，它是急救触电者的有效方法，该法适用于对有心跳而无呼吸的触电者进行急救，其具体步骤如下：

（1）使触电者伸直仰卧，颈部垫上衣服等较柔软的物品，使头部稍后仰，松开衣服和腰带。

（2）清除触电者口腔中的血块、痰液或口沫，取下假牙等杂物。

（3）急救者深吸气，捏紧触电者的鼻子，大口地向触电者口中吹气，然后放松其鼻子，使之自身呼气；同时，急救者又大口吸气，再向触电者吹气。每次重复，应保持均匀的间隔时间，以每 5s 1 次为宜，不可间断，直至触电者苏醒为止。

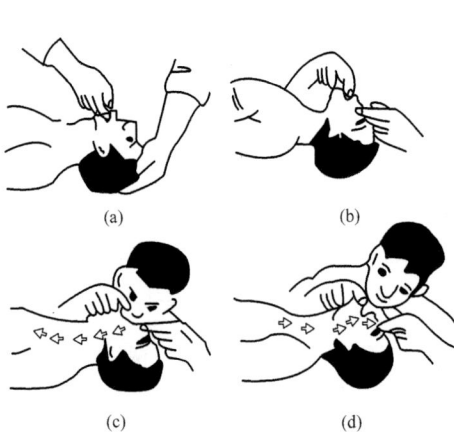

图 11-4　口对口人工呼吸法
（a）步骤 1；（b）步骤 2；（c）步骤 3；（d）步骤 4

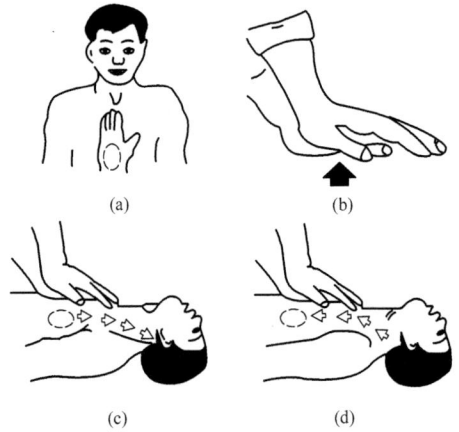

图 11-5　胸外心脏挤压法
（a）步骤 1；（b）步骤 2；（c）步骤 3；（d）步骤 4

2. 胸外心脏挤压法

胸外心脏挤压法如图 11-5 所示，它适用于对有呼吸而无心跳的触电者进行急救，其具体步骤为：

（1）使触电者伸直仰卧，在两肩下面垫入柔软的东西，使其头部向后仰。

（2）救护者屈膝跪在触电者臀部位置，右手掌平放在触电者胸口上，左手掌压在右手背上。

（3）救护者用手掌根以适当的力度垂直按压触电者胸部，压下深度一般为 3~4cm，之后突然放松，挤压与放松的动作要有节奏，每秒钟进行一次；必须坚持连续进行，不可中断，直到触电者苏醒为止。注意挤压时切忌用力过猛，以防造成触电者内伤。

3. 口对口呼吸法联合胸外心脏挤压法

这种方法适宜于对心跳和呼吸都停止的触电者进行急救。救护时，如果现场只有一人，可采用单人操作，此时，先给触电者吹气 3~4 次，然后再挤压 7~8 次，如此交替重复进行，直至触电者苏醒为止。如果由两人合作进行，效果更好，这时应将上述两种方法结合起来，但应注意在吹气时应将其胸部放松，只可在换气时进行挤压。

触电现场紧急救护方法是电气工作人员所必须熟练掌握的知识，如果平时不把它学会，那么万一有人触电，就会延误抢救时机，造成不可弥补的损失。所以，一定要在平时学习过程中经常练习，提高熟练程度。

第三节　电气安全操作基本措施

从事电气作业必须坚持贯彻"安全第一，预防为主"的方针，杜绝鲁莽的作业方式和侥幸麻痹心理。由于电能生产和使用的特殊性，在电气作业中，必须采取安全操作的措施，这种措施一般分为组织措施和技术措施。

一、组织措施

保证电气安全操作的组织措施包括工作票制度，工作许可制度，工作监护制度，操作票制度，工作间断、转移和终结制度等。本教材只介绍前三项制度的内容，有关安全操作组织措施的全部内容，读者可查阅《电业安全工作规程》。

1. 工作票制度

工作票既是允许作业人员在电气设备或线路上工作的书面命令，也是明确安全职责、向工作人员安全交底、履行工作许可手续和实施安全技术措施等的书面依据。工作票应该由本单位电气部门领导签发，一式两份，其中一份现场保存（由工作负责人收执），作为进行工作的依据，另一份由运行值班人员收执，交接班时移交，妥善保管备查。

2. 工作许可制度

工作许可制度是为确保电气检修作业安全所采取的一项重要措施，它可以加强运行值班单位和检修单位双方的安全责任感，工作许可手续应在完成各项安全措施后办理。

工作许可人（主管值班人员）在接到检修工作负责人交来的工作票后，应审查工作票上所列安全措施是否正确完善，确定无误后应按工作票上所列要求完成施工现场的安全技术措施，并会同检修工作负责人到现场复查安全措施是否正确落实，双方确认无误后分别在工作票上签名表示允许开始工作。在检查工作未结束之前，检修工作负责人和工作许可人都不得擅自变更安全措施，值班人员则不得变更有关检修设备的运行接线方式，同时也不准在检修设备上合闸送电。

工作中如果需要变更某些措施，则应事先取得对方同意，并在工作票上书面修订，签字后应经电气运行负责人核准，而值班人员则在运行日志上备案，并按值班顺序在交接班时交待。

3. 工作监护制度

执行工作监护制度的目的，是使工作人员在工作中得到监护人的指导和监督，以确保人身安全和检修质量。一般情况下，现场检修负责人也同时是安全监护人，在工作期间内必须始终在现场对工作人员的安全认真监护，及时纠正不安全的操作。当工作较复杂、安全条件较差及作业面较大时，还应增设专人监护。专职监护人因故离开现场时，应指定临时负责人，离开前应将现场情况交待清楚，并通知工作人员。如果发现工作人员违反相关安全规程或发生危及人员和设备安全的情况，运行值班人员应及时向工作负责人提出，若仍不能纠正，则应立即向上级报告。

二、技术措施

（1）一般情况下不要带电作业，在检修电气设备前应先断开电源，并用试电笔检验确认无误后才能进行工作。

（2）各种运行的电气设备，如电动机、启动器、变压器等的金属外壳，必须采取保护接地。

（3）经常对电气设备进行检查，发现温升过高或绝缘下降时，应及时查明原因，消除故障。

（4）临时用电线路及设备的绝缘必须良好。裸露的带电部分应布置在不易触及的地方。

（5）凡容易被人碰到的电气设备装在地面上时，周围应设围栏，并挂上警告牌。

（6）地下隧道或地沟内的照明，为了预防触电事故，应采取 36V 或以下的安全电压。

（7）电动施工机械和手持电动工具的外壳应接地，所使用的导线应是绝缘的橡皮软线。

（8）连接电动施工机械和工具时，应经过开关或插座，露天使用的开关应有防水措施。

（9）电动机械、电气照明设备拆除后，不应留有可能带电的电线头。如果电线必须保留，应将电源切断，并将裸露的电线线头缠上绝缘胶布。

（10）所有的隔离开关及熔丝，应用保护罩保护，熔丝的容量必须符合电路的安全电流。

（11）操作高压电源时，应使用安全用具，如操作棒、胶皮手套、胶皮靴等。

（12）停电工作时，必须在切断电源的开关上挂出"有人工作，严禁合闸"等警告牌，并将不带电部分接地。挂上上述警告牌的开关，未经挂牌人同意，在任何情况下不得合闸，更不能擅自将警告牌摘除。

思 考 与 练 习

1. 触电事故严重与否与哪些因素有关？我国规定的安全电压值是多少？
2. 触电的形式有哪几种？
3. 什么是电击？什么是电伤？
4. 触电后的紧急救护方法有哪几种？简述口对口人工呼吸法的基本步骤。
5. 电气安全操作的组织措施包括哪些？工作票制度有何现实意义？
6. 电气安全操作的技术措施包括哪些方面的内容？

附录

电气装置安装工程低压电器施工及验收规范（GB 50254—1996）与
电气装置安装工程盘、柜及二次回路接线施工及验收规范
（GB 50171—2006）中的相关内容

一、低 压 电 器 施 工 规 范

1. 低压电器安装前的检查，应符合下列要求：

1.1 设备铭牌、型号、规格，应与被控制线路或设计相符。

1.2 外壳、油漆层、手柄，应无损伤或变形。

1.3 内部仪表、灭弧罩、瓷件、胶木电器，应无裂纹或伤痕。

1.4 螺丝应拧紧。

1.5 具有主触头的低压电器，触头的接触应紧密，采用 0.05mm×10mm 的塞尺检查，接触两侧的压力应均匀。

1.6 附件应齐全、完好。

2. 低压电器的安装高度，应符合设计规定；当设计无规定时，应符合下列要求：

2.1 落地安装的低压电器，其底部宜高出地面 50～100mm。

2.2 操作手柄转轴中心与地面的距离，宜为 1200～1500mm；侧面操作的手柄与建筑物或设备的距离，不宜小于 200mm。

3. 低压电器的固定，应符合下列要求：

3.1 低压电器根据其不同的结构，可采用支架、金属板、绝缘板固定在墙、柱或其他建筑构件上。金属板、绝缘板应平整；当采用卡轨支撑安装时，卡轨应与低压电器匹配，并用固定夹或固定螺栓与壁板紧密固定，严禁使用变形或不合格的卡轨。

3.2 当采用膨胀螺栓固定时，应按产品技术要求选择螺栓规格；其钻孔直径和埋设深度应与螺栓规格相符。

3.3 紧固件应采用镀锌制品，螺栓规格应选配适当，电器的固定应牢固、平稳。

3.4 有防震要求的电器应增加减震装置；其紧固螺栓应采取防松措施。

3.5 固定低压电器时，不得使电器内部受额外应力。

4. 电器的外部接线，应符合下列要求：

4.1 接线应按接线端头标志进行。

4.2 接线应排列整齐、清晰、美观，导线绝缘应良好、无损伤。

4.3 电源侧进线应接在进线端，即固定触头接线端；负荷侧出线应接在出线端，即可动触头接线端。

4.4 电器的接线应采用铜质或有电镀金属防锈层的螺栓和螺钉，连接时应拧紧，且应有防松装置。

4.5 外部接线不得使电器内部受到额外应力。

4.6　母线与电器连接时，接触面应符合现行国家标准《电气装置安装工程母线装置施工及验收规范》的有关规定。连接处不同相的母线最小电气间隙，应符合附表 1 的规定。

附表 1　　　　　　　　　　　　不同相的母线最小电气间隙

额定电压（V）	最小电气间隙（mm）	额定电压（V）	最小电气间隙（mm）
$U \leqslant 500$	10	$500 < U \leqslant 1200$	14

5. 成排或集中安装的低压电器应排列整齐；器件间的距离，应符合设计要求，并应便于操作及维护。

6. 室外安装的非防护型的低压电器，应有防雨、雪和风沙侵入的措施。

7. 电器的金属外壳、框架的接零或接地，应符合现行国家标准《电气装置安装工程接地装置施工及验收规范》的有关规定。

8. 低压电器绝缘电阻的测量，应符合下列规定：

8.1　测量应在下列部位进行，对额定工作电压不同的电路，应分别进行测量。

（1）主触头在断开位置时，同极的进线端及出线端之间。

（2）主触头在闭合位置时，不同极的带电部件之间、触头与线圈之间以及主电路与同它不直接连接的控制和辅助电路（包括线圈）之间。

（3）主电路、控制电路、辅助电路等带电部件与金属支架之间。

8.2　测量绝缘电阻所用兆欧表的电压等级及所测量的绝缘电阻值，应符合现行国家标准《电气装置安装工程电气设备交接试验标准》的有关规定。

9. 低压电器的试验，应符合现行国家标准《电气装置安装工程电气设备交接试验标准》的有关规定。

二、盘、柜的安装

1. 基础型钢的安装应符合下列要求：

1.1　允许偏差应符合附表 2 的规定。

1.2　基础型钢安装后，其顶部宜高出抹平地面 10mm；手车式成套柜按产品技术要求执行。基础型钢应有明显的可靠接地。

2. 盘、柜安装在震动场所，应按设计要求采取防震措施。

3. 盘、柜及其内设备与各构件间连接应牢固。主控制盘、继电保护盘和自动装置盘等不宜与基础型钢焊死。

4. 盘、柜单独或成列安装时，其垂直度、水平偏差以及盘、柜面偏差和盘、柜间接缝的允许偏差应符合附表 3 的规定。

附表 2　基础型钢安装的允许偏差

项　　目	允　许　偏　差	
	mm/m	mm/全长
不直度	<1	<5
水平度	<1	<5
位置误差及不平行度		<5

注　环形布置按设计要求。

附表 3　盘、柜安装的允许偏差

项　　目		允许偏差（mm）
垂直度（每米）		<1.5
水平偏差	相邻两盘顶部	<2
	成列盘顶部	<5
盘间偏差	相邻两盘边	<1
	成列盘面	<5
盘间接缝		<2

模拟母线应对齐，其误差不应超过视差范围，并应完整，安装牢固。

5. 端子箱安装应牢固，封闭良好，并应能防潮、防尘。安装的位置应便于检查；成列安装时，应排列整齐。

6. 盘、柜、台、箱的接地应牢固良好。装有电器的可开启的门，应以裸铜软线与接地的金属构架可靠地连接。

成套柜应装有供检修用的接地装置。

7. 成套柜的安装应符合下列要求：

7.1 机械闭锁、电气闭锁应动作准确、可靠。

7.2 动触头与静触头的中心线应一致，触头接触紧密。

7.3 二次回路辅助开关的切换接点应动作准确，接触可靠。

7.4 柜内照明齐全。

8. 抽屉式配电柜的安装尚应符合下列要求：

8.1 抽屉推拉应灵活轻便，无卡阻、碰撞现象，抽屉应能互换。

8.2 抽屉的机械连锁或电气连锁装置应动作正确可靠，断路器分闸后隔离触头才能分开。

8.3 抽屉与柜体间的二次回路连接插件应接触良好。

8.4 抽屉与柜体间的接触及柜体、框架的接地应良好。

9. 手车式柜的安装尚应符合下列要求：

9.1 检查防止电气误操作的"五防"装置齐全，并动作灵活可靠。

9.2 手车推拉应灵活轻便，无卡阻、碰撞现象，相同型号的手车应能互换。

9.3 手车推入工作位置后，动触头顶部与静触头底部的间隙应符合产品要求。

9.4 手车和柜体间的二次回路连接插件应接触良好。

9.5 安全隔离板应开启灵活，随手车的进出而相应动作。

9.6 柜内控制电缆的位置不应妨碍手车的进出，并应牢固。

9.7 手车与柜体间的接地触头应接触紧密，当手车推入柜内时，其接地触头应比主触头先接触，拉出时接地触头比主触头后断开。

10. 盘、柜的漆层应完整，无损伤。固定电器的支架等应刷漆。安装于同一室内且经常监视的盘、柜，其盘面颜色宜和谐一致。

三、二 次 回 路 接 线

1. 二次回路接线应符合下列要求：

1.1 按图施工，接线正确。

1.2 导线与电气元件间采用螺栓连接、插接、焊接或压接等，均应牢固可靠。

1.3 盘、柜内的导线不应有接头，导线芯线应无损伤。

1.4 电缆芯线和所配导线的端部均应标明其回路编号，编号应正确，字迹清晰且不易脱色。

1.5 配线应整齐、清晰、美观，导线绝缘应良好，无损伤。

1.6 每个接线端子的每侧接线宜为 2 根，不得超过 2 根。对于插接式端子，不同截面的两根导线不得接在同一端子上；对于螺栓连接端子，当接两根导线时，中间应加平垫片。

1.7 二次回路接地应设专用螺栓。

2. 盘、柜内的配线电流回路应采用电压不低于 500V 的铜芯绝缘导线，其截面不应小于 2.5mm²；其他回路截面不应小于 1.5mm²；对电子元件回路、弱电回路采用锡焊连接时，在满足载流量和电压降及有足够机械强度的情况下，可采用不小于 0.5mm² 截面的绝缘导线。

3. 用于连接门上的电器、控制台板等可动部位的导线尚应符合下列要求：

3.1 应采用多股软导线，敷设长度应有适当裕度。

3.2 线束应有外套塑料管等加强绝缘层。

3.3 与电器连接时，端部应绞紧，并应加终端附件或搪锡，不得松散、断股。

3.4 在可动部位两端应用卡子固定。

4. 引入盘、柜内的电缆及其芯线应符合下列要求：

4.1 引入盘、柜的电缆应排列整齐，编号清晰，避免交叉，并应固定牢固，不得使所接的端子排受到机械应力。

4.2 铠装电缆在进入盘、柜后，应将钢带切断，切断处的端部应扎紧，并应将钢带接地。

4.3 使用于静态保护、控制等逻辑回路的控制电缆，应采用屏蔽电缆。其屏蔽层应按设计要求的接地方式接地。

4.4 橡胶绝缘的芯线应外套绝缘管保护。

4.5 盘、柜内的电缆芯线，应按垂直或水平有规律地配置，不得任意歪斜交叉连接。备用芯长度应留有适当余量。

4.6 强、弱电回路不应使用同一根电缆，并应分别成束分开排列。

5. 直流回路中具有水银接点的电器，电源正极应接到水银侧接点的一端。

6. 在油污环境，应采用耐油的绝缘导线。在日光直射环境，橡胶或塑料绝缘导线应采取防护措施。

参 考 文 献

［1］　白玉岷. 电气工程安装及调试技术手册. 北京：机械工业出版社，1998.
［2］　郭仲礼. 高压电工实用技术. 北京：机械工业出版社，2000.
［3］　刘光源. 简明电气安装工手册. 2 版. 北京：机械工业出版社，2001.
［4］　刘介才. 供电工程师技术手册. 北京：机械工业出版社，1998.
［5］　尹厚丰，应明耕. 水电站电气设备. 北京. 中国水利水电出版社，1996.
［6］　《电气工程师手册》第二版编辑委员会. 电气工程师手册. 2 版. 北京：机械工业出版社，2000.
［7］　华孝敏. 电工及电气设备. 北京：中国水利水电出版社，2000.
［8］　解广润. 过电压及保护. 北京：电力工业出版社，1980.
［9］　陈家瑚，包晓晖，等. 供配电系统及其电气设备. 北京：中国水利水电出版社，2004.
［10］　龚顺镒，施启达. 安装与维修电工技术. 北京：机械工业出版社，1999.
［11］　郑时伊. 电气工程师手册. 北京：机械工业出版社，1987.
［12］　左宝信. 电气设备故障和处理方法. 北京：科学技术出版社，1997.
［13］　赵识明. 电气工程师手册. 北京：机械工业出版社，1987.
［14］　杜玉清，等. 送电工人施工手册. 北京：中国水利水电出版社，1986.
［15］　徐德淦. 电机学. 北京：机械工业出版社，2004.
［16］　王晓敏. 电工学. 北京：机械工业出版社，1998.
［17］　罗尉擎. 电机及其运行与检修. 北京：中国水利水电出版社，1998.
［18］　单文培，等. 电气设备安装运行与检修. 北京：中国水利水电出版社，2008.
［19］　戴仁发. 输配电线路施工. 北京：中国电力出版社，2006.